Studien zum Parlamentarismus | 4

Die Reihe
„Studien zum Parlamentarismus"
wird herausgegeben von

Prof. Dr. Sabine Kropp, Düsseldorf
Prof. Dr. Werner J. Patzelt, Dresden
Prof. Dr. Suzanne S. Schüttemeyer, Halle
Prof. Dr. Uwe Thaysen, Lüneburg

Stephan Dreischer

Das Europäische Parlament und seine Funktionen

Eine Erfolgsgeschichte aus der Perspektive von Abgeordneten

Gefördert mit Mitteln der Deutschen Forschungsgemeinschaft im Rahmen des Sonderforschungsbereichs 537 „Institutionalität und Geschichtlichkeit" der Technischen Universität Dresden.

Die Deutsche Bibliothek – CIP-Einheitsaufnahme

Die Deutsche Bibliothek verzeichnet diese Publikation in der Deutschen Nationalbibliografie; detaillierte bibliografische Daten sind im Internet über http://dnb.ddb.de abrufbar.

Zugl.: Dresden, Univ., Diss., 2004
    unter dem Titel: „Das Europäische Parlament – ein Erfolgsmodell? Eine Analyse parlamentarischer Funktionserfüllung aus akteurszentrierter Sicht"

ISBN 3-8329-1697-0

1. Auflage 2006
© Nomos Verlagsgesellschaft, Baden-Baden 2006. Printed in Germany. Alle Rechte, auch die des Nachdrucks von Auszügen, der fotomechanischen Wiedergabe und der Übersetzung, vorbehalten. Gedruckt auf alterungsbeständigem Papier.

Vorwort

Bei der vorliegenden Studie handelt es sich um die leicht überarbeitete und gekürzte Fassung meiner an der Philosophischen Fakultät der Technischen Universität Dresden im November 2004 verteidigten Dissertation.

Das Europäische Parlament und der europäische Integrationsprozess insgesamt sind faszinierende Forschungsfelder, für die ich mich bereits seit meiner Studienzeit in Kassel interessiert habe. Dafür, dass Sie diese Neugier geweckt hat, und für ihre Bereitschaft, sich als externe Gutachterin dieser Arbeit zur Verfügung zu stellen, gebührt Prof. Dr. Annette Jünemann mein besonderer Dank. Ebenso möchte ich mich bei Prof. Dr. Wolfgang Ismayr bedanken, welcher die Arbeit als Zweitgutachter bewertet hat.

Meine politikwissenschaftliche Entwicklung wurde in Dresden entscheidend durch meinen Doktorvater und langjährigen Chef Prof. Dr. Werner J. Patzelt geprägt. Jenem ist es zu verdanken, dass aus einem generellen Interesse an der europäischen Integration ein konkretes Forschungsprojekt mit einer parlamentarismusbezogenen Fragestellung wurde.

Eine empirische Studie, die eine akteurszentrierte Sicht auf die parlamentarische Arbeit in den Mittelpunkt stellt, ist nur dann möglich, wenn die entsprechenden wissenschaftlichen Freiheiten und finanziellen Mittel zur Verfügung stehen. Solche idealen Bedingungen habe ich dankenswerterweise in dem durch die DFG geförderten Sonderforschungsbereich 537 „Institutionalität und Geschichtlichkeit" vorgefunden.

Natürlich hätte diese Arbeit auch nicht entstehen können, wenn Mitarbeiter und Mitglieder des Europäischen Parlaments nicht bereit gewesen wären, mit mir über ihre alltagspraktischen Wahrnehmungen und Erfahrungen zu sprechen. Ihnen allen ist zu danken. Ein besonderer Dank geht jedoch an den Abgeordneten Jürgen Schröder, der mir während vieler Aufenthalte in Brüssel ein hilfsbereiter, aufgeschlossener und interessierter Gesprächspartner war.

Großer Dank gebührt außerdem meinen beiden langjährigen Kollegen Dr. Romy Messerschmidt und Dr. Roland Schirmer für Ihre kritischen Kommentare, fachlichen Anregungen und die gute Zusammenarbeit. Ebenso ist den beiden studentischen Hilfskräften Franziska Lauer und Astrid Scholz für Ihre Mithilfe bei den notwendigen Bibliotheks-, Recherche- und Korrekturarbeiten zu danken.

Zuletzt danke ich natürlich jenen, denen zu danken mir am wichtigsten ist: meinen Eltern dafür, dass sie mich in meiner Entscheidung zu Studium und Promotion bestärkt und unterstützt haben, meiner Frau Tanja für ihre schier unendliche Geduld, Aufmunterung und Hilfe, ohne die diese Arbeit wohl niemals beendet worden wäre.

Dresden, im Oktober 2005   Stephan Dreischer

Inhaltsverzeichnis

Verzeichnis der Abbildungen und Tabellen	10
1. Einführung	11
1.1. Problemstellung und forschungsleitende Fragen	11
1.2. Zum Forschungsstand	14
1.3. Methodisches Vorgehen	17
1.4. Zeitlicher und institutioneller Untersuchungsrahmen	23
1.5. Aufbau der Studie	24
2. Effektivität, Leitideen, Funktionen – Definitionen und theoretische Konzepte	26
2.1. Effektivität	26
2.1.1. Sprachliche Verwirrung durch Begrifflichkeit – Effizienz oder Effektivität?	27
2.1.2. Inhaltliche Effizienz- und Effektivitätsdefinitionen	31
2.1.2.1. Ökonomische und sozialwissenschaftliche Definitionen im Überblick	32
2.1.2.2. Management Audit, Ziel- und Systemansatz	39
2.1.2.3. Effizienz, Transparenz und Partizipation als Analysekategorien des Deutschen Bundestages	41
2.1.3. Forschungsleitende Effektivitätskriterien	46
2.2. Bausteine parlamentarischer Funktionskataloge im Überblick	49
2.2.1. Funktionskataloge des Deutschen Bundestages	49
2.2.2. Funktionskataloge der legislature studies	52
2.2.3. Funktionskataloge des Europäischen Parlaments	54
2.3. Kernelemente einer Funktionsprüfung des Europäischen Parlaments	57
2.3.1. Leitidee und Funktionen	59
2.3.2. Instrumentelle Funktionen	63
2.3.2.1. Selbsterhaltung als Funktion?	63
2.3.2.2. Regierungskreation und Regierungskontrolle	65
2.3.2.3. Gesetzgebung	75
2.3.2.4. Repräsentationsfunktion	77
2.3.3. Symbolische Funktionen	80
2.3.3.1. Symbolik und Repräsentation	83
2.3.3.2. Symbolik und Handlungsort	85
2.3.3.3. Symbolik und parlamentarisches Handeln	87
2.4. Leitfragen zur Analyse effektiver Funktionserfüllung des Europäischen Parlaments	90

3. Die Leitideenentwicklung des Europäischen Parlaments 92
   3.1. Gründungsphase 92
   3.2. Erweiterungen, Direktwahlen und Vertragsreformen 99

4. Wandel und Anpassung des strukturellen und administrativen Unterbaus 110
   4.1. Administrativ-organisatorischer Unterbau und parlamentarische Steuerungsgremien 110
   4.2. Ausschüsse und Fraktionen als Orte der Willensbildung 116
      4.2.1. Funktion und Wirksamkeit der Ausschüsse 116
      4.2.2. Entwicklung und Aufgabe der Fraktionen 126

5. Instrumentelle Funktionen des Europäischen Parlaments 134
   5.1. Einfluss des Europäischen Parlaments auf die Regierungskreation 134
   5.2. Kontrollbefugnisse des Europäischen Parlaments 144
      5.2.1. Misstrauensvotum 146
      5.2.2. Fragerechte 151
      5.2.3. Haushaltskontrolle 156
      5.2.4. Rechtliche Kontrolle 159
   5.3. Die Gesetzgebungskompetenzen des Europäischen Parlaments: zwischen Unterrichtung und Zustimmung 161
      5.3.1. Formale und informelle Initiativrechte in der Gesetzgebung 162
      5.3.2. Verfahren der Unterrichtung, Konsultation und Konzertierung 166
      5.3.3. Kooperations- und Zustimmungsverfahren 170
      5.3.4. Das Mitentscheidungsverfahren 173
   5.4. Repräsentationsleistungen des Europäischen Parlaments 179
      5.4.1. Vernetzung des Europäischen Parlaments 181
      5.4.2. Responsivität, Politikdarstellung und kommunikative Führung 194
   5.5. Erfolge und Schwierigkeiten instrumenteller Funktionserfüllung 200

6. Symbolische Funktionen des Europäischen Parlaments 202
   6.1. Symbolische Repräsentation 203
   6.2. Symbolik und Architektur 206
   6.3. Ornamentik, Rituale, Traditionen und Zeremonien 213
   6.4. Erfolge und Schwierigkeiten symbolischer Funktionserfüllung 218

7. Das Europäische Parlament in den Augen der Bürger 221
   7.1. Wahlbeteiligung und Perzeption des Europäischen Parlaments 221
   7.2. Vertrauen in das Europäische Parlament 229

8. Das Europäische Parlament – erfolgreich und zukunftsfähig	234
8.1. Zentrale Ergebnisse der empirischen Studie	234
8.2. Entwicklungschancen des Europäischen Parlaments	239
8.3. Modellqualität und theoretische Anschlussstellen	241
Methodischer Anhang	245
Leitfaden für die Befragung von Abgeordneten des Europäischen Parlaments	245
Begleitbogen für Interviews	253
Liste der Gesprächs- und Interviewpartner	254
Literaturverzeichnis	255

Verzeichnis der Abbildungen und Tabellen

Abbildung 1: Modell der Effektivität als Optimierung von Effizienz,
Partizipation und Transparenz 44
Abbildung 2: Vereinfachte Organisationsstruktur des General-
sekretariats des Europäischen Parlaments 112
Abbildung 3: Mitarbeiter des Europäischen Parlaments 1953-2004 113
Abbildung 4: Anzahl ständiger Ausschüsse 1952-2004 119
Abbildung 5: Anzahl der Fraktionen 1953-2004 127
Abbildung 6: Innenansicht aus dem Europäischen Parlament
in Straßburg 214
Abbildung 7: Innenansicht aus dem Europäischen Parlament
in Brüssel 215
Abbildung 8: Rolle des Europäischen Parlaments im
Institutionengefüge 224
Abbildung 9: Medienvermittelte Wahrnehmung des EP durch die
Bürger 1977-2002 227
Abbildung 10: Anzahl der beim EP eingegangenen Petitionen
1971/72-2003/04 228
Abbildung 11: Vertrauen in das Europäische Parlament 1995-2003 232

Tabelle 1: Effizienz- und Effektivitätsdefinitionen bei G. Grabatin 30
Tabelle 2: Vierfeldermatrix der Funktionserfüllung 58
Tabelle 3: MdEP nach Mitgliedstaaten und Fraktionen 2004 130
Tabelle 4: Anfragen an Rat, Kommission (KOM), Außenminister (AM)
und Hohe Behörde (HB) zwischen 1963 und 2004 154
Tabelle 5: Geographischer und Bevölkerungs-Repräsentationsquotient
EU, Frankreich und Deutschland im Vergleich 189
Tabelle 6: Besucherzahlen bei Parlamentsführungen 1981/83 und
1995-1999 191
Tabelle 7: Wahlbeteiligung in den Mitgliedstaaten bei den Wahlen
zum EP 1979-2004 in Prozent 223
Tabelle 8: Auswirkungen des Europäischen Parlaments auf das alltägliche
Leben der Unionsbürger 2000/2002/2003 (Angaben in Prozent) 225

Rien n' est possible sans les hommes,
rien n'est durable sans les institutions.

Jean Monnet, Mémoires

1. Einführung

1.1. Problemstellung und forschungsleitende Fragen

„Hast Du einen Opa, schick ihn nach Europa!" So lautete ein weit verbreitetes Sprichwort aus den 60er und 70er Jahren des vorigen Jahrhunderts.[1] Diese etwas respektlose Aussage symbolisiert auf das klarste, welchen Stellenwert Europa und die europäischen Institutionen zu jener Zeit aus der Sicht der Bürger Europas hatten. Und auch das Europäische Parlament war in diese generelle Bewertung eingeschlossen. Denn mitnichten setzte man bei diesen ‚geflügelten Worten' auf die Erfahrung und Weitsicht des Alters, sondern derlei Äußerungen waren vielmehr ein konkreter Ausdruck der Unwichtigkeit, die den europäischen Institutionen und vor allem dem Europäischen Parlament beigemessen wurde.

Freilich hat sich die Situation inzwischen erheblich verändert. Denn zwischen der Gründung der Europäischen Gemeinschaft für Kohle und Stahl im Jahr 1951 und dem gegenwärtigen Zeitpunkt lässt sich ein kontinuierlicher Prozess der Verschiebung nationaler Regelungskompetenzen auf die europäische Ebene nachzeichnen. Ein großer Teil der gesetzlichen Normen, die in den jeweiligen Mitgliedstaaten der Europäischen Union gelten, werden inzwischen auf supranationaler Ebene beschlossen. Dabei werden Finanzmittel in nicht unerheblichem Maß auf europäischer Ebene verausgabt. So sah der Gesamthaushaltsplan der Europäischen Union mit etwas weniger als 100 Mrd. Euro im Jahr 2003 ein Ausgabenvolumen vor, das in etwa zwei Fünfteln des deutschen Bundeshaushalts entsprach.[2] Zunehmend verlieren die nationalen Parlamente also an Einflussmöglichkeit und gewinnen supranationale Institutionen wie Kommission, Ministerrat[3] und das Europäische Parlament Kompetenzen

---

[1] Dass es auch heute nicht vollkommen unüblich ist, dieses Sprichwort zu nutzen, zeigte sich unlängst bei der Debatte um die Besetzung des EU-Konvents zur Reform der Europäischen Union. In einem Interview des Deutschlandfunks (DLF) bemühte der Journalist Martin Zagatta in einem Gespräch mit Daniel Cohn-Bendit diese ‚Weisheit', um auf das fortgeschrittene Alter des Vorsitzenden des EU-Konvents Valery Giscard d'Estaing hinzuweisen. Aufgezeichnet: DLF am 28. Februar 2003, 08:10h.

[2] Der Bundeshaushaltsplan sah im Jahr 2003, inklusive Nachtragshaushalt, Ausgaben in Höhe von 260,2 Mrd. Euro vor. Siehe Bundesministerium der Finanzen 2004, S. 36. Der Haushaltsplan der Europäischen Union hatte im Jahr 2003 ein Ausgabenvolumen von ca. 99,6 Mrd. Euro. Siehe Europäische Kommission 2003a, S. 8.

[3] In dieser Arbeit werden die Begriffe Rat und Ministerrat synonym genutzt.

hinzu. Vor allem durch die seit Mitte der 1980er Jahre in immer dichterer Folge ausgearbeiteten Reformverträge – Einheitliche Europäische Akte (1986), Vertrag von Maastricht (1992) sowie die Verträge von Amsterdam (1997) und Nizza (2001) – wurde die Tendenz der ‚Supranationalisierung' forciert. In Folge dessen werden viele Entscheidungen also nicht mehr unter Mitwirkung nationaler Parlamente getroffen. Da es aber dem Demokratieprinzip widerspricht, wenn Willensbildungs- und Entscheidungsprozesse völlig losgelöst von gesellschaftlicher Partizipation und Kontrolle stattfinden, werden supranationalen Institutionen jene Funktionen übertragen, welche ehedem die nationalen Vertretungskörperschaften innehatten.

Von den auf europäischer Ebene agierenden Institutionen hat allerdings allein das Europäische Parlament eine – seit seiner Direktwahl im Jahr 1979 direkte und vorher zumindest indirekte – Legitimation, wie sie sonst nur die nationalstaatlichen Parlamente haben – seine Bestallung erfolgt nämlich durch die Bürger der Europäischen Union.[4] So scheint es eigentlich zwingend geboten, dass die supranationale Repräsentationskörperschaft – also das Europäische Parlament – eben jene Funktionen erfüllen sollte, welche vormals die nationalen Parlamente erbracht haben. Denn durch Wahlen erteilen die Bürger in einer repräsentativen Demokratie dem Parlament den Auftrag, stellvertretend für sie zu handeln.

Jedoch fand erst durch geschichtliche Wandlungsprozesse eine Ausdifferenzierung der europäischen Institutionenlandschaft statt, und nur schrittweise hat sich das Europäische Parlament dabei zu einem mitbestimmenden Faktor europäischer Politik entwickelt. Denn sowohl nationalstaatliche als auch weitere europäische Institutionen konkurrieren mit dem Europäischen Parlament um das Erbringen von Steuerungs- und Integrationsleistungen. War das Europäische Parlament deshalb anfänglich auch nur ‚schmückendes Beiwerk' der Europäischen Gemeinschaft, ist es inzwischen zu einem wichtigen Bestandteil des europäischen Institutionengefüges geworden und erbringt eine Vielzahl von Leistungen für das politische System. Zwar verfügt das Europäische Parlament noch immer nicht über die gleichen Kompetenzen wie viele nationale Parlamente in freiheitlich demokratischen Systemen, aber es hat eine große Veränderungsdichte in relativ kurzer Zeit durch- und überlebt und dabei eine kontinuierliche Stärkung seiner Position erfahren.

Darum ist das Europäische Parlament als Prototyp eines supranationalen Parlaments eine überaus erkenntnisträchtige Vertretungskörperschaft, deren Entwicklung geradezu eine sehr konkrete Frage danach provoziert, wie gut die Leistungserfüllung des Parlaments nun tatsächlich gelingt. Schließlich ist es nicht selbstverständlich,

---

4 Definitorisch korrekt muss zwischen der Europäischen Union und den Europäischen Gemeinschaften (EGKS, EAG und EWG) unterschieden werden, da erst durch den Maastrichter Vertrag (1992) das Konstrukt der Europäischen Union geschaffen wurde. In der vorliegenden Arbeit wird für alle Sachverhalte, die sich auf die Zeit nach Inkrafttreten des Maastrichter Vertrags beziehen, die Bezeichnung ‚Europäische Union' verwendet, bei zeitlich früheren Ereignissen der Begriff ‚Europäische Gemeinschaften'.

dass aus einer unbedeutenden eine relativ machtvolle Vertretungskörperschaft wird.[5] Doch der Versuch, die Frage nach der Qualität europaparlamentarischer Funktionserfüllung zu beantworten, offenbart zwei zentrale Forschungslücken: Einesteils fehlt es nämlich bisher weitgehend an einer *empirischen* Grundlage, andernteils mangelt es an einem geeigneten *theoriegeleiteten* Begriffsapparat, um eben genau diese Frage überhaupt beantworten zu können. Auf der Suche nach einer brauchbaren Beschreibungssprache für gutes Funktionieren bietet sich der Begriff der Effektivität nachgerade an. Kurz zusammengefasst meint dieser Begriff nämlich folgendes: Effektivität ist dann erreicht, wenn ein Parlament *das Richtige tut*, nicht jedoch dann, wenn es das, was es tut, *richtig macht*. Letzteres wäre nämlich Effizienz und damit eben auch die Möglichkeit, höchst effizient immer das Falsche zu tun. Zuvorderst steht darum auch die Frage, welches die notwendigen Elemente von Effektivität sind und wie sich der sehr allgemeine Begriff auf die Operationalisierungsebene überführen lässt.

Ob ein Parlament das Richtige tut, ist dann nämlich eine Frage, die sich empirisch prüfen lässt. So zeichnen sich erfolgreiche nationale Parlamente freiheitlich demokratischer Staaten dadurch aus, dass sie dem politischen System durch das Erbringen von Leistungen Vorteile verschaffen. Sie tun also das Richtige. Das richtige Tun manifestiert sich in Leistungen, die durch einen Funktionskatalog beschrieben und auch empirisch geprüft werden können. Doch trotz der Existenz einer Vielzahl parlamentarischer Funktionskataloge, die im wesentlichen auf einen durch Walter Bagehot formulierten Urkatalog rückführbar sind, bleiben die vorgelegten Leistungsbeschreibungen zumeist unvollständig. Denn neben der instrumentellen hat auch die symbolische Funktionserfüllung – so zumindest eine zentrale Annahme des Dresdner Sonderforschungsbereichs „Institutionalität und Geschichtlichkeit" – große Bedeutung für die Leistungsbilanz einer Institution. Die Aufgabe besteht also darin, diese beiden Komponenten zu vereinen und einen erweiterten Funktionenkatalog für das Europäische Parlament zu präsentieren.

Obwohl parlamentarische Funktionsprüfung ein in der Parlamentarismusforschung hinlänglich bekanntes Untersuchungsfeld ist, mangelt es neben der Berücksichtigung symbolischer Funktionen häufig auch noch an der notwendigen Verbindung mit den allgemeinen Fragen institutioneller Analyse. Verbindet man aber einen auf symbolischen und instrumentellen Leistungen basierenden Funktionskatalog mit den Kriterien institutioneller Analyse, dann ergeben sich so wichtige Fragen, wie etwa die folgenden: Welches ist der vom Europäischen Parlament eigentlich verfolgte Zweck? Ist der Aufbau des Parlaments geeignet, diesen Zweck zu erfüllen? Stimmen eigentlicher Zweck und tatsächliche erbrachte Leistungen überein? Es geht also um die Frage, wie gut Leitideen und Funktionen eines Parlaments zusammen-

---

5 So ist etwa der Bayerische Senat abgeschafft worden, weil er offensichtlich keine nützlichen Funktionen erbrachte. Das gleiche Schicksal ereilte die Volkskammer der DDR, die bei Strafe ihres Untergangs solange existierte, bis sie mit dem das sie stabilisierende System zugrunde ging.

passen und wie gut das Parlament dazu konstruiert ist, diese Leistungen auch tatsächlich zu erbringen.

Auf der Basis dieser wichtigen Fragen lässt sich ein Prüfkatalog von Kriterien konstruieren, der eine empirisch fundierte Antwort darauf erlaubt, wie effektiv das Europäische Parlament tatsächlich ist. Bislang fehlt ein solches Analyseinstrument, dessen Notwendigkeit jedoch evident ist. Denn über das konkrete Forschungsinteresse am Europäischen Parlament hinaus könnte ein solcher Prüfkatalog im Fall der empirischen Bewährung auch für andere Parlamente – zumindest für solche in freiheitlich demokratischen Systemen – deshalb überaus nützlich sein, weil dessen Abarbeitung Aussagen darüber ermöglichte, was ein Parlament besser tun oder lassen sollte, um erfolgreich zu sein.

1.2. Zum Forschungsstand

Die Parlamentarismusforschung ist innerhalb der Politikwissenschaft gut etabliert. Schließlich sind Parlamente seit Jahrzehnten und in manchen Fällen sogar seit Jahrhunderten eines der Wesensmerkmale gesellschaftlicher Ordnungskonstruktionen – sowohl auf nationaler als auch – zumindest seit einigen Jahrzehnten – auf supra- oder internationaler Ebene.[6] Darum ist die Untersuchung parlamentarischer Vertretungskörperschaften auch kein wissenschaftliches Neuland. Und selbst die Analyse des Europäischen Parlaments als Prototyp des supranationalen Parlamentarismus ist in den letzten 25 Jahren zum vielfachen Objekt der Forschung geworden.

Es lässt sich jedoch kein geradliniger Prozess steigenden Forschungsinteresses am Europäischen Parlament nachzeichnen. Anfänglich war die wissenschaftliche Attraktivität des supranationalen Parlaments nämlich noch recht begrenzt.[7] Besondere Anziehungskraft hat die Entwicklung des europäischen Parlamentarismus erstmalig vor allem in zeitlicher Nähe zu den ersten im Jahr 1979 durchgeführten Direktwahlen entwickelt.[8] Anschließend war es bis zur Verabschiedung des Maastrichter Vertrags im Jahr 1992 wiederum relativ ruhig um die auf europäische Themen ausge-

---

6 Hier wären wohl in erster Linie die Vollversammlung der Vereinten Nationen oder die Parlamentarische Versammlung des Europarats zu nennen.

7 Einige wenige Ausnahmen sind die Arbeiten von C. Schöndube 1969; K.-H. Naßmacher 1972; R. Bieber 1974; V. Herman/J. Lodge 1978.

8 Siehe etwa R. Bieber 1976; M. Bangemann/R. Bieber 1976; E. Klepsch/E. Reister 1978; M. Pöhle 1978; E. Grabitz/T. Läufer 1980; W. Woyke 1984; M. Bangemann/E. A. Klepsch/ B. Weber/R. Bieber 1984. Eine Bilanzierung der Funktionserfüllung nach der ersten Direktwahl findet sich bei E. Grabitz/O. Schmuck/S. Steppat/W. Wessels 1988. Eine Funktionsbeschreibung der europäischen Organe und auch der Kompetenzen des Europäischen Parlaments aus juristischer Perspektive findet sich bspw. bei B. Beutler/R. Bieber/J. Pipkorn/J. Streil 1979.

richtete politikwissenschaftliche Forschung.[9] Mit der Verabschiedung des Maastrichter Vertrages wandelte sich dieser Zustand jedoch ganz erheblich. Denn zum ersten Mal wurde in der Geschichte der europäischen Integration ein ernsthafter Elitedissenz über die Richtung der weiteren Integration sichtbar. Der ‚permissive consensus',[10] der das politische System und die europäische Integration jahrelang getragen hatte, wurde abrupt unterbrochen. Es gab also weder stillschweigende noch offen zur Schau gestellte Einigkeit mehr darüber, dass die weitere Integration Europas grundsätzlich begrüßens- und erstrebenswert sei. Dies führte in der Folge zu einer Reihe wissenschaftlicher Publikationen, deren inhaltliche Zielrichtung meistens die unterschiedlichen Politikfelder oder einzelne Säulen der durch den Maastrichter Vertrag geschaffenen Europäischen Union waren.[11] Besonderes Interesse wurde außerdem der Frage zuteil, wie es denn nun um die Demokratie in der Europäischen Union bestellt sei.[12]

Außer solchen auf einzelne Felder der europäischen Integration konzentrierten Analysen, die auch nach den weiteren Reformen durch Amsterdam und Nizza Konjunktur haben, gibt es seitdem eine stetig wachsende Zahl von Überblicksdarstellungen zur Europäischen Union. Darin wird das Europäische Parlament meistens in unterschiedlicher Breite und Intensität behandelt.[13] Die Fülle an Material, das sich mit dem europäischen Integrationsprozess oder einzelnen Politikfeldern befasst, darf aber keinesfalls über eine weiterhin bestehende Forschungslücke hinwegtäuschen. Bisher erheblich seltener wurde nämlich das Europäische Parlament selbst einer um-

---

9 Größere Resonanz hatten jedoch die veränderten Verfahrensweisen, die durch die Einheitliche Europäische Akte geschaffen wurden, zur Folge. Im Mittelpunkt der Analysen stand dabei die Qualität der neuen Gesetzgebungsverfahren. Siehe etwa C.-D. Ehlermann 1986; H. J. Glaesner 1986; W. Ungerer 1986; R. Corbett 1989. Daneben ist in der Zeit bis 1992 vor allem ein von Otto Schmuck und Wolfgang Wessels herausgegebener Sammelband hervorzuheben, in dem eine Bestandsaufnahme, Bewertung und Zukunftsstrategie für das Europäische Parlament dargestellt wird. Siehe O. Schmuck/W. Wessels 1989.
10 Siehe zur Begriffsdefinition K. Reif 1993, S. 25.
11 Einen guten Überblick über den Prozess der Verabschiedung des Maastrichter Vertrages liefert etwa R. Corbett 1993.
12 Siehe bspw. G. Falkner/M. Nentwich 1992; R. A. Dahl 1992; T. Evers 1994; P. G. Kielmansegg 1995; W. Steffani 1995 oder D. N. Chryssochoou/S. Stavridis/M. J. Tsinisizelis 1998.
13 Siehe u.a. M. Jachtenfuchs/B. Kohler-Koch 1996; W. Woyke 1998; N. Nugent 1999; S. Hix 1999; H. Wallace/W. Wallace 2000; F. R. Pfetsch 2001; W. Weidenfeld/W. Wessels 2002; I. Tömmel 2003.

fassenden *Funktionenanalyse* unterzogen.[14] Hier stellt sich die Forschungslage also erheblich anders als auf nationaler Ebene dar, wo etwa für den Deutschen Bundestag oder den US-Kongress eine ganze Reihe von Publikationen vorliegen.[15] Und erst recht gibt es bislang nur wenige Analysen, in denen versucht wird, die normative Perspektive mit der Binnenperspektive der Abgeordneten zu verknüpfen. Neben der ohnehin ein wenig vernachlässigten Forschung auf dem Gebiet europäischer Parlamentarismusforschung tut sich an dieser Stelle somit eine erhebliche Forschungslücke in Form einer nicht stattgefundenen Analyse *akteurszentrierter Wirklichkeitskonstruktion* parlamentarischer Strukturen, Prozesse und Funktionen im Europäischen Parlament auf.[16]

Bei einer weitergehenden Suche nach jenen Anschlussstellen, die eine Verbindung von parlamentarischer Funktionserfüllung mit Theoremen von Effektivität erlaubten, wird man im Grunde in der politikwissenschaftlichen Forschung nahezu überhaupt nicht fündig. Einesteils fehlt es an der notwendigen Definition von Effektivität in bezug auf parlamentarische Funktionserfüllung, andernteils gibt es aufgrund dieses Mangels natürlich auch keinerlei Operationalisierung der Effektivität parlamentarischer Funktionserfüllung. Zwar wurden in den 1970er Jahren in der Bundesrepublik Deutschland etwa unter dem Stichwort der ‚Parlamentsreform' einige Arbeiten veröffentlicht, die sich auch mit der Effizienz von Parlamenten beschäftigten. Aber diese Arbeiten sind zum einen auf den Deutschen Bundestag als eine voll ausdifferenzierte Institution konzentriert, zum anderen handelt es sich hierbei meistens um Analysen, deren Stoßrichtung auf die institutionellen Reformen zielt. Nicht parlamentarische Effektivität wird zum zentralen Untersuchungsaspekt gemacht, sondern die Frage der Effizienz von Prozeduren und Verfahren. Zudem wurde Effizienz dann – etwa bei Uwe Thaysen – gemeinsam mit den Kategorien der Transparenz und Partizipation diskutiert.[17]

Das zentrale Anliegen dieser Studie ist aber anders gelagert. Es interessiert der viel allgemeinere Begriff der Effektivität, der eine Art Globalmaß des Erfolgs dar-

---

14 Von den immer noch hervorragenden Analysen von E. Grabitz/O. Schmuck/S. Steppat/W. Wessels 1988 und der Arbeit von E. Grabitz/T. Läufer 1980 abgesehen, gibt es kaum ausführliche Funktionsbeschreibungen des Europäischen Parlaments. Wenige Ausnahmen sind meistens auf die Initiativen von Abgeordneten des Europäischen Parlaments selbst zurückzuführen. Siehe dazu etwa M. Westlake 1995; F. Jacobs/R. Corbett/M. Shackleton 1995 oder C. Schöndube 1993 sowie die Darstellung der Arbeitsweise aus Akteurssicht bei J. C. Grund 1995. Ausführlichere Funktionsbeschreibungen finden sich zudem bei den von der Generaldirektion Wissenschaft des Europäischen Parlaments unter Federführung von Klaus Pöhle herausgegebenen Darstellungen. Siehe Europäische Parlament 1982 sowie Europäisches Parlament 1989.
15 Zum Forschungsstand für den Fall des Deutschen Bundestages siehe etwa H. Oberreuter/U. Kranenpohl/M. Sebaldt 2002, S. 7ff.; zum US-Kongress vgl. etwa die Hinweise bei E. Hübner 2003, S. 107ff.
16 Eine der wenigen Arbeiten, in denen der europäische Abgeordnete der zentrale Ansatzpunkt ist, ist eine Analyse von Peter Schönberger, in der die Einstellungen und Arbeitsbedingungen deutscher Europaparlamentarier geprüft werden. Siehe P. Schönberger 1996.
17 Siehe etwa U. Thaysen 1976.

stellt, während Effizienz eher die ‚Erfolge' einzelner Teilaspekte beschreibt. Es geht demnach nicht um so genannte input-output Analysen, weil daran allenfalls deutlich werden kann, ob ein einzelner Prozess schneller, ergiebiger oder kostengünstiger abläuft. Nicht aber sind solche (Einzel)analysen geeignet, etwas über den generellen Erfolg des Europäischen Parlaments auszusagen. Das notwendige Begriffsinventar ist also überhaupt erst einmal zu erschließen und findet sich weniger in der politikwissenschaftlichen Literatur,[18] sondern muss vielmehr aus verschiedenen Wissenschaftsdisziplinen wie der Ökonomie[19] oder Organisationssoziologie[20] zusammengetragen werden.

1.3. Methodisches Vorgehen

Die vorliegende Arbeit hat die Untersuchung des Erfolgs parlamentarischer Funktionserfüllung zum Gegenstand. Diese Frage wird über den Begriff der Effektivität operationalisiert und mündet in einem ganz konkreten Kriterienkatalog. Dabei lassen sich Antworten im Grunde auf drei Ebenen finden, nämlich im verfügbaren *Primär- und Sekundärschrifttum* sowie aus der Perspektive von *Akteuren* und *Adressaten*. In dieser Analyse steht vor allem die Sichtweise parlamentarischer Akteure im Mittelpunkt, weil es sich dabei einesteils um genau jene noch bestehende Forschungslücke handelt, die es in dieser Arbeit zu schließen gilt, und anderenteils der Erfolg des Europäischen Parlaments sich eben gerade nicht allein aus der Außenperspektive erschließen lässt, sondern nur unter Einschluss der Binnenwahrnehmung von in der Institution tatsächlich handelnden Akteuren. Es geht also vor allem darum, zu *beschreiben*, auf welche Weise das Parlament bestimmte Funktionen erfüllt, und wie es durch die Erfüllung der Funktionen zur Selbsterhaltung und Stabilisierung des Gesamtsystems beiträgt.

Derlei Beschreibung gelingt am besten durch die Nutzung qualitativer Forschungsmethoden, weil diese nämlich – anders als quantitative Methoden – nicht primär dazu dienen, Dinge zu messen und Hypothesen zu testen, sondern die Exploration bisher wenig erforschter Fragestellungen der jeweiligen Wissenschaftsdisziplin im Zentrum steht.[21] Dennoch kann nicht vollständig auf die wichtigen Resultate von Messungen verzichtet werden. Genau genommen darf auch gar nicht auf solche Ergebnisse verzichtet werden, wenn auf die vorgelegten Schlussfolgerungen nicht

---

18 Darin wird nämlich, wie etwa bei Donald A. Wittman, nicht die Frage der *Effektivität* eines Parlaments analysiert, sondern die Frage, ob ein Parlament genauso *effizient* funktioniert wie eine ökonomische Institution. Oder aber es wird, wie etwa bei R. K. Weaver/B. A. Rockman 1993b, der Begriff der Effektivität nur am Rande genutzt, um sich dann der Frage von gelungener Performanz zuzuwenden.
19 Siehe u.a. R. Gzuk 1975; K. Reding 1981; H. Duda 1987; T. P. Harker/S. A. Zenios 2000.
20 Siehe etwa B. S. Georgopoulos/A. S. Tannenbaum 1957; R. Mayntz 1961; F. Naschold 1968; A. Etzioni 1969; F. Naschold 1971; J. L. Price 1972; I. Bruns 1974; G. Grabatin 1981.
21 Siehe J. Bortz/N. Döring 1995, S. 274.

der Vorwurf zutreffen soll, allzu einseitig auf die Wirklichkeitskonstruktion von Akteuren reduziert zu sein. Und deshalb wird auch anhand verfügbarer Sekundärdaten, aber ebenso auf der Grundlage primärer und sekundärer Quellen die Funktionserfüllung zu prüfen sein. Soweit wie manch andere Autoren, die eine Methodentriangulation einfordern,[22] muss man jedoch nicht gehen. Denn dies würde neben der qualitativen Erhebung und dem Literatur- und Dokumentenstudium auch eine Prüfung durch eine primäre Datenerhebung auf dem Gebiet der Adressaten implizieren.

In dieser Studie wurde jedoch bewusst mit leitfadengestützten Experteninterviews gearbeitet.[23] Die alltagspraktischen Erfahrungen von Abgeordneten weisen nämlich den Weg zu einem besseren Verständnis europaparlamentarischer Funktionswirklichkeit. Parlamentarier sind als Akteure innerhalb des Europäischen Parlaments nämlich zugleich auch ausgewiesene Experten,[24] aus deren Aussagen deutlich wird, mittels welcher Alltagspraktiken Funktionen erfüllt und institutionelle Strukturen und Organisationsprinzipien geschaffen, verändert oder gar vollständig aufgelöst werden. Hierbei spielen informelle, nicht aus Verträgen oder Geschäftsordnungen zu erschließende Informationen eine zentrale Rolle. Und genau solche Informationen sind eben nur direkt von den daran beteiligten Funktionsträgern im Gespräch mit ihnen zu erhalten.[25]

Die Auswahl der Interviewpartner erfolgte nach der Maßgabe, Einsichten in das ‚Betriebswissen' der Akteure zu erhalten. Deshalb, und weil Parlamente nun einmal sehr komplexe und in sich vielschichtig strukturierte Institutionen sind, ist es zwingend erforderlich, die Auswahl der Interviewpartner nicht dem Zufall zu überlassen. Denn schließlich sollen die Forschungsresultate „nicht nur Hypothesen über den untersuchten bereichsspezifischen Gegenstand [sein], sondern zugleich auch Prüfinstanz für die Reichweite der Geltung des zugrundegelegten theoretischen Erklärungsansatzes."[26] Als potentielle Experten galten in dieser Studie alle 626 Abgeordneten des Europäischen Parlaments der Wahlperiode 1999-2004. Forschungspraktisch und finanztechnisch realisierbar waren 25 Interviews. Aus praktischen, aber auch aus theoretischen Gründen naheliegend war die Eingrenzung der zu befragenden Personen auf die Gruppe der deutschen Abgeordneten. Einesteils konnte nämlich durch die Auswahl deutscher Abgeordneter ausgeschlossen werden, dass es zu Sprachproblemen kommen würde, anderenteils hatte sich bereits in der Phase der Feldvorbereitung herausgestellt, dass die Bereitschaft zu Interviews auf Seiten der

---

22 Siehe G. Abels/M. Behrens 1998, S. 79.
23 Die teilnehmende Beobachtung wurde als mögliche weitere Methode ebenfalls in Betracht gezogen. Die Anforderungen an diese Methode sind allerdings sehr hoch und können von einem einzelnen Forscher unmöglich bewältigt werden. Zur Beobachtung als Methode der Datenerhebung siehe u.a. J. Friedrichs 1990, S. 269ff., sowie P. Atteslander 1995, S. 94ff.
24 Zum Begriff des Experten siehe etwa G. Endruweit 1979, S. 43; H. A. Mieg 2000; M. Meuser/U. Nagel 1991, S. 443ff. Zu möglichen Problemen bei der Befragung von Experten mittels Leitfadeninterview siehe etwa U. Flick 2000, S. 110.
25 Zu den Stärken und Schwächen von Leitfadeninterviews allgemein siehe etwa R. Liebold/ R. Trinczek 2002, S. 2; C. Hopf 1978, S. 99ff.
26 M. Meuser/U. Nagel 1991, S. 447.

Abgeordneten aufgrund häufiger Interviewanfragen und eines sehr dichten Zeitplans begrenzt war. Da die Gruppe der deutschen Abgeordneten 99 Personen umfasste, war diese ‚neue Grundgesamtheit' der möglichen Ansprechpartner noch hinreichend groß, um eine theoriegeleitete Auswahl zu ermöglichen, die zunächst 40 potentielle Gesprächspartner einschloss. Bei deren Auswahl waren vier Kriterien zu berücksichtigen: Fraktionszugehörigkeit, Ausschusszugehörigkeit, Mandatsdauer und Geschlecht. Letztlich wurde das Ziel, von den 40 Personen mindestens 25 zu befragen, mit 24 durchgeführten Leitfadengesprächen nahezu erreicht. Konkret charakterisiert sich die Interviewstichprobe folgendermaßen: Von den fünf größten Fraktionen im Europäischen Parlament konnten vier durch die Auswahl deutscher Abgeordneter in die Untersuchung einbezogen werden, nämlich die Fraktionen der Europäischen Volkspartei (EVP), der Sozialdemokratischen Partei Europas (SPE), der Grünen im Europäischen Parlament/Europäischen Freien Allianz (GRÜNE/EFA) und der Konföderalen Fraktion der Europäischen Linken/Nordischen Grünen Linken (KVEL/NGL). Nicht berücksichtigt wurden die Liberalen[27] und die drei kleineren Fraktionen. Aufgrund der Stärke von deutschen Abgeordneten in EVP- und SPE-Fraktion sind diese überrepräsentiert, bei der Fraktion der GRÜNEN/EFA und der KVEL/NGL entspricht der Anteil deutscher Parlamentarier hingegen in etwa dem durchschnittlichen Anteil von Abgeordneten des Europäischen Parlaments in diesen Fraktionen. Durch die Auswahl der 24 Interviewpartner sind jedoch zwei wesentliche, die Funktionserfüllung beeinflussende Faktoren berücksichtigt: eine gute ‚ideologische Mischung' sowie die Präsenz großer und kleiner Fraktionen.

Auch bei den übrigen Auswahlkriterien wurden die Ziele erreicht. So wurde mit mindestens einem Abgeordneten aus jedem der 17 Ausschüsse des Europäischen Parlaments ein Interview geführt. Dadurch konnten die aufgrund von Größe und Schwerpunkt der Funktionserfüllung vermuteten Unterschiede in der Struktur und Organisation der Ausschüsse berücksichtigt werden. Ebenfalls konnten Abgeordnete befragt werden, deren Eintritt in das Parlament zwischen der ersten (1979-84) und der fünften Wahlperiode (1999-2004) lag.[28] Dieses Kriterium war entscheidend, weil es bei der hier vorgelegten Analyse nicht nur um eine momentane Bestandsaufnah-

---

27 Bei den Wahlen zum Europäischen Parlament erreichte die FDP 1999 nur 3,0%, so dass sie nach 1994, wo sie mit 4,1% ebenfalls an der 5%-Hürde gescheitert war, erneut keine Vertreter in das Europäische Parlament entsandte. Da keine deutschen Abgeordneten der FDP mehr im Europäischen Parlament vertreten waren, wurde Kontakt mit deren ehemaligen Abgeordneten aufgenommen. Da diese jedoch letztmalig in der Wahlperiode 1989 - 1994 im Europäischen Parlament waren, fanden sich keine ehemaligen Europaparlamentarier, die bereit waren, an einem Interview teilzunehmen. Zu den Wahlergebnissen siehe Europäisches Parlament 1999, S. 9.
28 Forschungstheoretisch und -praktisch glücklich wäre es gewesen, wenn sich zum Zeitpunkt der Erhebung noch deutsche Abgeordnete im Europäischen Parlament befunden hätten, die bereits vor der ersten Wahlperiode (1979-1984) im Parlament waren. Solche Abgeordnete waren in der Gruppe der deutschen Abgeordneten allerdings nicht anzutreffen. Aus den Äußerungen jener Abgeordneten hätte nämlich der Unterschied zwischen dem direkt gewählten und dem aus nationalen Parlamentariern zusammengesetzten Parlament deutlich werden können.

me geht, sondern um eine Darstellung von langfristiger Stabilität und Kontinuität oder eben Instabilität und Diskontinuität bei der Funktionserfüllung. Solche Wandlungsprozesse können aber nur von den Parlamentariern wahrgenommen werden, die schon über reichlich alltagspraktische Erfahrung in der Institution verfügen. Andernteils sollten aber auch jene zu Wort kommen, die erst relativ neu in das Parlament eingezogen sind, weil aus deren Perspektive vieles über die parlamentarische Sozialisation zu erfahren ist und ‚Neulinge' auch einen Korrekturfaktor zu einer möglicherweise idealisierten Darstellung langjähriger Mitglieder darstellen, also helfen, die Validität der Daten zu erhöhen. Letztlich entsprach auch der Frauenanteil mit 36% bei den Interviews in etwa der Frauenquote des Gesamtparlaments von 30%.[29] Aus theoretischen Gründen ist dieser Aspekt eher unbedeutend, weil die Spannungslinien innerhalb des Parlaments im allgemeinen nicht entlang der Geschlechtsunterschiede verlaufen. Deshalb werden sich bei der Beurteilung der Funktionserfüllung kaum Unterschiede auftun. Forschungspraktisch war es aber sinnvoll, solche Unterschiede zu berücksichtigen, um die Ausgewogenheit der Studie auf eine möglichst breite Basis zu stellen.

Die Feldphase der Interviewstudie lief von März bis Juni 2001. Abgesehen von zwei Ausnahmen wurden alle Interviews im Parlamentsgebäude in Brüssel geführt. In sämtlichen Gesprächen wurde ein Leitfaden verwendet, der eine zentrale Steuerungsfunktion hatte und neben einem Einleitungs- und Schlussteil fünf Fragenblöcke enthielt, die sich auf die Leitidee, die instrumentellen und die symbolischen Funktionen, die innere Organisation und Entscheidungsfindung sowie die Reformen der Europäischen Union und des Europäischen Parlaments bezogen. Grundsätzlich wurden zur Unterstützung des Interviewers bei allen Fragen das erklärte Ziel der Frage und zusätzliche Instruktionen oder Achtungshinweise formuliert.[30] Der ‚Standardleitfaden' war so konstruiert, dass die Fragen in einem etwa 60minütigen Interview beantwortet werden konnten.[31] In der Praxis hat sich die Handhabung des Leitfadens bewährt,[32] was nicht wenig damit zu tun hat, dass dessen Brauchbarkeit vor dem Feldeinsatz in drei pre-tests überprüft worden ist.

Durch die für dieses Forschungsprojekt gewählte Vorgehensweise wurde zudem sichergestellt, dass neben den speziellen Gütekriterien leitfadengestützter Inter-

---

29 Siehe Europäisches Parlament 1999, S. 8.
30 Ein Abdruck des Leitfadens und des Begleitbogens findet sich im Methodischen Anhang.
31 In der Methodenliteratur wird immer wieder vor ‚Leitfadenbürokratie' durch zu strikte Orientierung an den Leitfäden gewarnt, weil dies zu Informationsverlusten führen könne. Siehe etwa C. Hopf 1978, S. 101ff., sowie R. K. Merton/P. L. Kendall 1946, S. 548. Dieser Aspekt sollte jedoch nicht überbewertet werden, da schließlich durch einen gut vorbereiteten Leitfaden überhaupt erst die Möglichkeit geschaffen wird, Informationen strukturiert und nicht nur willkürlich von den Parlamentariern zu erfragen.
32 Bei den beiden ‚Ausreißern' nach oben (120'') und unten (30'') handelt es sich um Einzelfälle, die nicht auf die Person des Interviewers oder den Leitfaden zurückzuführen waren, sondern durch besondere Umweltfaktoren bedingt wurden.

views[33] auch die allgemeinen Kriterien der Objektivität, Reliabilität und Validität eingehalten werden konnten.[34] Alle Gespräche wurden auf Stenoretten aufgezeichnet und transkribiert. Dabei erfolgte die Transkription der Interviews zwar wortgetreu, auf die Verschriftung von phonetischen oder sprachstilistischen Distinktionsmerkmalen wurde jedoch verzichtet. Betonungen, Dehnungen oder Tonhöhen finden sich also ebensowenig in den Texten wie dialektabhängige Besonderheiten des Ausdrucks. Da es a priori nicht um eine Konversations- oder linguistische Analyse ging, sondern das Verstehen von Wirklichkeitskonstruktionen im Mittelpunkt stand, war eine solche Form der Transkription vollständig ausreichend. Und weil zudem kein allgemein anerkanntes oder gar standardisiertes Transkriptionssystem zur Verfügung stand,[35] wurde der pragmatische Weg einer einfachen Transkription gewählt, um die Daten der Interpretation zugänglich zu machen.

Die Auswertung stellt den zentralen, aber auch aufwendigsten Teil von Experteninterviews dar. Qualitative Forschung zeichnet sich grundsätzlich dadurch aus, dass sie das Verstehen, den Fallbezug und die Konstruktion von Wirklichkeit zum Inhalt hat.[36] Zwar wäre auch qualitatives Interviewmaterial für die quantitative Analyse zugänglich,[37] aber dann könnten nur schwerlich „die manifesten und latenten Inhalte des Materials in ihrem sozialen Kontext und Bedeutungsfeld"[38] interpretiert sowie die Perspektiven der Akteure herausgearbeitet werden. Darum wurde derlei Auswertungsstrategie nicht verfolgt, sondern von vornherein eine qualitative Analyse angestrebt, zu deren Durchführung mittlerweile eine ganze Reihe von Publikationen vorliegen.[39] Dabei lassen sich vor allem drei Methoden des Umgangs mit qualitativen Daten feststellen: das Konzept der objektiven Hermeneutik, die ‚Grounded Theory' und das Konzept der Lebensweltanalyse. Daneben wird in der Literatur die Idealtypenbildung im Sinne Max Webers als mögliche Methode der Interviewauswertung genannt.[40]

Für die Auswertung dieser Interviewstudie wurde in Anlehnung an M. Meuser und U. Nagel eine Art Entdeckungsstrategie verfolgt. Die Interpretation der Interviews orientierte sich nicht an individuellen Fällen, sondern an thematischen Einheiten, die über mehrere Stellen im gesamten Text verstreut waren. Der Prozess vollzog

---

33 Dazu sind Nichtbeeinflussung, Spezifizität, Reichweite sowie Tiefe und personaler Kontext zu zählen. Siehe R. K. Merton/P. L. Kendall 1946, S. 545.
34 Siehe zu den Gütekriterien J. Bortz/N. Döring 1995, S. 301ff.
35 K. Ehlich/B. Switalla 1976.
36 U. Flick 2000, S. 43.
37 So wäre es bspw. möglich, verschriftete Interviews nach bestimmten Häufigkeiten zu durchforsten. Dies könnten grammatische, stilistische oder pragmatische gewählte Merkmale sein. Die einzelnen Textteile könnten sodann bestimmten Kategorien zugeordnet und diese wiederum könnten quantitativ, etwa in Form des Auszählens von kategorialen Häufigkeiten, ausgewertet werden.
38 J. Bortz/N. Döring 1995, S. 304.
39 Für den deutschsprachigen Raum siehe u.a. die Arbeiten von S. Aufenanger 1991; Y. Bernart/S. Krapp 1998; P. Buhr 1994; U. Kuckartz 1999; P. Mayring 2000; M. Meuser/U. Nagel 1991.
40 Siehe P. Buhr 1994, S. 122f.

sich in fünf Schritten: Transkription, Codierung und Kategorienbildung sowie Auffinden thematischer Einheiten und Generalisierung der Aussagen. Die vollständige Verschriftung bildete dabei überhaupt erst die Basis, um die entsprechenden Fundstellen innerhalb der Interviews lokalisieren zu können. Die weiteren Schritte des Auswertungsprozesses wurden durch den zentralen Stellenwert des Leitfadens erleichtert, da die thematischen Schwerpunkte des Fragebogens bereits die Vorformulierungen theoretischer Annahmen über die Funktionserfüllung des Europäischen Parlaments widerspiegelten. Die vorformulierten theoretischen Annahmen dienten darum auch als zentrale Kategorien und thematische Blöcke der Auswertung des Interviews, so dass das Codieren der Interviewpassagen und das Auffinden thematischer Blöcke relativ leicht durchgeführt werden konnte.

Aufwendiger gestaltete sich die Arbeit indessen bei solchen Textpassagen, die nicht nur speziell zu bestimmten durch den Leitfaden vorformulierten Themenkomplexen Auskunft gaben, sondern die elementaren Fragestellungen nach dem Wandel der Institution oder den verfügbaren institutionellen Mechanismen betrafen. So kam es etwa vor, dass sich die Befragten bei der Beschreibung der Gesetzgebungsfunktion gleichzeitig auch zu den anderen beiden Fragestellungen äußerten.[41] Bei diesen funktionsübergreifenden Interviewpassagen war es dann notwendig, Mehrfachcodierungen vorzunehmen und das Inventar der thematischen Blöcke um eben diese zentralen Kategorien zu erweitern.

Um zu generalisierbaren Aussagen zu kommen, spielen die Gütekriterien schließlich eine sehr wichtige Rolle. Im Grunde gilt es drei wichtige Qualitätsmerkmale bei der Auswertung des Interviewmaterials zu berücksichtigen: Objektivität, Reliabilität und Validität. Objektivität und Reliabilität sind in der Sprache qualitativer Sozialforschung allerdings eher ungewöhnlich und es wird eher von unterschiedlichen Stufen der Validität gesprochen, „die sicherstellen sollen, daß die verbalen Daten wirklich das zum Ausdruck bringen, was sie zu sagen vorgeben bzw. was man erfassen wollte ... ."[42] Bei der Expertenbefragung im Europäischen Parlament war insbesondere die Authentizität der Äußerungen der befragten Parlamentarier zu prüfen. Zwar gilt zuerst einmal die ‚Unschuldsvermutung', da Interviews freiwillig gegeben werden und dauerhafte Täuschung des Interviewers schwierig ist. Dennoch wurden die Interviews hinsichtlich ihres Interaktionsverlaufs kontrolliert. Daraus ließ sich nämlich schon erkennen, ob es sich um ein ‚flüssiges' oder eher ‚verkrampftes' Interview handelte, in dem es nie zu einem echten Frage- und Antwortspiel zwischen den

---

41 Das für die Codierung der Interviews verwendete Programm winMAX lässt zwar die Option offen, die Relevanz der Aussagen prozentual zu gewichten, aber diese Option wurde hier nicht genutzt. Denn für das Verwenden von Gewichtungen hätten Kriterien entwickelt werden müssen, nach denen zu entscheiden gewesen wäre, ob eine Passage bspw. eine hundertprozentige oder nur eine neunzigprozentige Aussage zu einem bestimmten Sachverhalt beinhaltet. Zudem wäre der Nutzen einer solchen Gewichtung zweifelhaft, weil es für das Funktionieren des Parlaments nicht wichtig ist, zu welchem Grad sich die Wirklichkeitskonstruktion der Akteure mit den theoretisch formulierten Kategorien des Forschers deckt.

42 J. Bortz/N. Döring 1995, S. 301f.

beiden Interaktionspartnern kam. Des weiteren diente die Prüfung auf Widersprüche zwischen den Interviews oder starkes Abweichen einzelner Interviews von anderen Interviewäußerungen als Indizien einer ersten oberflächlichen Validierung.

Weitere Prüfungen konnten durch den Vergleich mit Hintergrundinformationen vorgenommen werden. Diese fanden sich bei der Funktionsanalyse des Europäischen Parlaments sowohl in Form von Gesetzestexten und Geschäftsordnungen als auch als interne Leitfäden für Abgeordnete.[43] Durch das Heranziehen solchen Materials hätte schnell deutlich werden können, falls ein Interviewpartner nicht authentisch gewesen wäre. Neben diesen Möglichkeiten der Validitätsprüfung, die allesamt auch in die Analyse des Europäischen Parlaments eingeflossen sind, stehen weitere Möglichkeiten zur Verfügung, die J. Bortz und N. Döring als konsensuelle, kommunikative oder dialogische und argumentative Validierung bezeichnen.[44] Problematisch wirkte sich bei der Arbeit mit dem hier vorliegenden Interviewmaterial aus, dass außer dem Forscher selbst keine weiteren Personen an der Durchführung und Auswertung des Interviewmaterials beteiligt waren. Es blieb deshalb weitgehend bei der argumentativen Validierung.

1.4. Zeitlicher und institutioneller Untersuchungsrahmen

Das Europäische Parlament unterliegt starken Wandlungsprozessen. Diese werden hervorgerufen durch den Umbau der primärrechtlichen Regelungen in Form der Verträge, durch sich wandelnde Zusammensetzung nach Wahlen oder aber aufgrund von Neustrukturierungen und Umbauten interner Organisationsstrukturen und -mechanismen. Da diese Wandlungsprozesse in der Regel Fortschreibungen bereits erkannter Entwicklungen sind, ist diese Einschränkung nicht hinderlich für die Qualität der Arbeit. Weil es jedoch zu eben diesen Veränderungen etwa durch die Direktwahlen im Jahr 2004 oder aber aufgrund von Verschiebungen in den Fraktionszusammensetzungen oder der Ausschusslandschaft kommen kann, muss eine zeitliche Eingrenzung vorgenommen werden. Für die vorliegende Analyse spielt der historisch zu betrachtende Wandel des Europäischen Parlaments eine zentrale Rolle. Deshalb erstreckt sich der zeitliche Rahmen der Untersuchung auf die Zeit seit der Gründung des Europäischen Parlaments bis Mitte des Jahres 2004, so dass in diese Analyse nicht mehr die Ergebnisse der bislang gescheiterten Implementierung einer Verfassung für die Europäische Union einfließen. Zwar liegt ein solcher Entwurf aus dem Jahr 2003 vor und würde bei einem möglichen Inkrafttreten die Kompetenzlage des Parlaments erneut verändern. Zur Zeit ist jedoch nicht absehbar, ob, wann und in welcher Form eine europäische Verfassung tatsächlich umgesetzt wird. Eine auf die

---

43 So gibt es etwa von der EVP-Fraktion einen Leitfaden für die Mitglieder der Fraktion sowie einen vom Generalsekretariat des Europäischen Parlaments herausgegebenen Leitfaden, der Strukturen, Organisationsweise und Funktionen des Parlaments erläutert.
44 J. Bortz/N. Döring 1995, S. 303f.

Ergebnisse des Verfassungskonvents gestützte Analyse hätte somit sehr hypothetischen Charakter und wird in dieser Arbeit ausgeklammert.

Eine wichtige Eingrenzung des Untersuchungsgegenstandes ist auch hinsichtlich des institutionellen Rahmens zu machen, in dem sich die Arbeit bewegt. Es handelt sich bei der vorgelegten Analyse um eine akteurszentrierte Untersuchung der Effektivität des Europäischen Parlaments. In der politischen Praxis spielen für das Parlament vor allem Ministerrat und Europäische Kommission als Interaktionspartner eine wichtige Rolle. Weniger wichtig, und deshalb weitgehend unberücksichtigt, sind in dieser Studie der Wirtschafts- und Sozialausschuss sowie der Ausschuss der Regionen. Beiden kommt eine nur beratende, aber keine entscheidende oder mitentscheidende Funktion auf europäischer Ebene zu. Zwar könnten auch sie, ebenso wie das Europäische Parlament, eine erfolgreiche Entwicklung beschreiten. Momentan spielen sie für die Funktionsanalyse des Europäischen Parlaments jedoch keine entscheidende Rolle.

Weiterhin wird die Untersuchung allein auf die parlamentarische Ebene der Europäischen Union eingegrenzt. Das Verhältnis und die Interaktion des Europäischen Parlaments mit der nationalen und regionalen Parlamentsebene bleiben also weitgehend ausgespart. Die Frage, ob und wie die nationalen Parlamente auf den Transfer von Regelungskompetenzen auf die supranationale Ebene reagieren, wird nur an den Stellen gestreift, wo es um Erkenntniszuwachs für die Frage der Funktionserfüllung des Europäischen Parlaments geht. Das Europäische Parlament konkurriert zwar im Grunde mit den nationalen Parlamenten um die Funktionserfüllung. Diese Konkurrenz ist jedoch nicht institutionalisiert. Es gibt keinen Ort, an dem die verschiedenen Ebenen direkt miteinander um die Funktionserfüllung streiten. Diese Aufgabe fällt dem Ministerrat oder eben dem bislang relativ bedeutungslosen Ausschuss der Regionen zu.

1.5. Aufbau der Studie

Die Analyse gliedert sich im wesentlichen in drei größere thematische Abschnitte, die sich auf acht Kapitel verteilen. Im auf diese Einleitung folgenden Abschnitt (Kapitel 2) wird zunächst das Problem der Definition von Effektivität und deren Überprüfung im Rahmen der Analyse der Funktionserfüllung des Europäischen Parlaments erörtert. Im Kern geht es darum, eine Definition von Effektivität anzubieten, die im engen Kontext mit den parlamentarischen Funktionen steht. Dazu ist es notwendig, zuerst Klarheit über die Vielfalt sprachlicher und inhaltlicher Definitionen von Effektivität herzustellen. In einem zweiten Schritt wird eine Arbeitsdefinition von Effektivität synthetisiert werden. Diese Definition eröffnet bereits die Schnittstellen zur institutionellen Analyse parlamentarischer Vertretungskörperschaften. Der andere Teil dieses Kapitels widmet sich nämlich einesteils der Präsentation ‚klassischer' parlamentarischer Funktionskataloge, andernteils stellt er ein Analyseinstrument vor, in dem Leitideen und instrumentelle sowie symbolische Funktionen miteinander verbunden werden. Am Ende des Abschnitts findet sich schließlich ein Fragenkatalog zur empirischen Prüfung der Effektivität der Funktionserfüllung des Europäischen Parlaments.

Die darauf folgenden Kapitel (3-7) bilden den Schwerpunkt der empirischen Prüfung und damit den zweiten großen Abschnitt dieser Arbeit. Diesem Teil der Analyse kommt deshalb zentraler Stellenwert zu, weil hier das Kategorienschema zur Ermittlung der Effektivität parlamentarischer Funktionserfüllung seine Tauglichkeit beweisen muss. Das dritte Kapitel widmet sich der Darstellung der empirischen Ergebnisse zur Leitideenkonstruktion des Europäischen Parlaments. Wandel und Anpassung der Leitidee sind zwei der wichtigsten Kriterien für die effektive Funktionserfüllung. In Leitideen finden sich die Ziele einer Institution in Form ihrer Geltungsansprüche und Ordnungsvorstellungen verankert. Durch diese Ziele wird die Institution auf die Erfüllung bestimmter Leistungen verpflichtet. Deshalb werden im vierten Kapitel die Wandlungs- und Anpassungsprozesse des administrativ-organisatorischen Unterbaus des Europäischen Parlaments untersucht. Jene Organisationsstrukturen bilden nämlich die notwendige Basis für die Erfüllung der in den Kapiteln fünf und sechs untersuchten instrumentellen und symbolischen Funktionen. Die Prüfung all dieser Teile erfolgt auf der Basis des Selbstdarstellungsschrifttums des Europäischen Parlaments, der Analyse von Literatur und an vorderster Stelle auf Grundlage der empirischen Befunde von Interviews mit den Parlamentariern.

Hiervon hebt sich das siebte Kapitel methodisch ganz entscheidend ab. Denn dort geht es um die Frage, welchen Stellenwert das Europäische Parlament in den Augen der Bürger hat. Kursorisch wird anhand von vorhandenem Schrifttum geprüft, ob und wie das Europäische Parlament von den Bürgern überhaupt wahrgenommen wird. Ergänzt wird das Bild durch die Ermittlung des Vertrauens, welches das Europäische Parlament in den Augen der Bürger genießt. Gerade das siebte Kapitel hat einen nur schließenden und abrundenden Charakter für die Fragestellung der Effektivität von Funktionserfüllung. Diesem Teil kommt also keine zentrale, sondern eine das Bild des Europäischen Parlaments ergänzende Funktion zu.

Der Schlussteil der Arbeit (Kapitel 8) greift die grundsätzliche Fragestellung nach der Effektivität des Europäischen Parlaments wieder auf und stellt die wesentlichen empirischen Ergebnisse knapp zusammengefasst dar. Auf der Basis dieser Ergebnisse wird sodann eine Prognose der Zukunftschancen des Europäischen Parlaments formuliert. Außerdem dient der abschließende Teil der Beurteilung der Brauchbarkeit des Kriterienkatalogs zur Analyse der Effektivität parlamentarischer Funktionserfüllung. Neben einer Einschätzung der Übertragbarkeit auf weitere parlamentarische Vertretungskörperschaften finden sich an dieser Stelle auch mögliche Schnittstellen zu weiteren Erklärungsmodellen dargestellt.

2. Effektivität, Leitideen, Funktionen – Definitionen und theoretische Konzepte

Parlamente erbringen nützliche Funktionen für das politische System. Es ist kein Zufall, dass jene Staaten, die sich großer wirtschaftlicher und politischer Stärke sowie dauerhafter Stabilität und Prosperität erfreuen, über relativ gut funktionierende und einflussreiche Vertretungskörperschaften verfügen. Die Erfüllung parlamentarischer Funktionen, also das Erbringen von Leistungen für die Gesellschaft, ist die Basis ‚erfolgreicher' Staaten und sorgt dafür, dass diese im Vergleich zu Gesellschaften mit anderen Systemvoraussetzungen in der Regel besser abschneiden. Darum ist es wichtig, dass Parlamente als deren zentrale Integrations- und Steuerungsinstitutionen funktionstüchtig sind. Wenn sie es nicht wären, ginge der von ihnen ausgehende Vorteil für das gesamtgesellschaftliche System verloren. Gerade ein Parlament wie das Europäische, das sich auf dem Weg von einer eher bedeutungslosen parlamentarischen Forumseinrichtung hin zu einem voll ausdifferenzierten und eben solche Leistungen immer stärker erbringenden Institution entwickelt, sollte einer Effektivitätsanalyse unterzogen werden. Denn kaum ein anderes Parlament bietet eine solche – wohl einmalige – Chance, einen Entwicklungsprozess aus nächster Nähe beobachten zu können. Und genau aus diesem Grund ist das Europäische Parlament so überaus gut zur Effektivitätsanalyse geeignet.

Zu Beginn einer solchen Analyse müssen jedoch klare Definitionen stehen, welche eine Beantwortung der Frage, ob das Europäische Parlament erfolgreich ist, überhaupt ermöglichen. Und weil in dieser Arbeit die Eingangshypothese lautete, Effektivität einer Vertretungskörperschaft sei von deren Funktionserfüllung und der Passung von Funktionswirklichkeit und Leitidee abhängig, ist auch ein Katalog der zu prüfenden parlamentarischen Funktionen unerlässlich. Am Ende dieses Abschnitts steht darum ein auf der Verbindung von Effektivität und parlamentarischer Funktionserfüllung basierender Kategorienkatalog. Denn nur mit einem – einer empirischen Analyse zugänglichen – Fragenkatalog kann überhaupt geprüft werden, ob das Europäische Parlament tatsächlich eine Erfolgsgeschichte oder vielleicht doch ein ‚Ladenhüter' ist.

2.1. Effektivität

Die an dieser Stelle ganz bewusst sehr allgemein gehaltene Überschrift enthält lediglich eine Festlegung darauf, dass das zu untersuchende und an dieser Stelle näher einzugrenzende Phänomen sich mit dem Begriff der Effektivität beschreiben lässt. Natürlich handelt es sich letztendlich um die Frage parlamentarischer Effektivität. Was sich jedoch genau hinter dem Begriff der Effektivität verbirgt und welche Elemente jener beinhaltet, kann erst dann bestimmt werden, wenn dessen Variantenreichtum hinreichend entzerrt ist. Vor allem der Frage, wo Gemeinsamkeiten und Unterschiede zwischen der Bedeutung von Effektivität und Effizienz existieren, soll größere Aufmerksamkeit gewidmet werden. Am Ende dieses Abschnitts steht schließlich eine Definition, die eine praktikable Arbeitsgrundlage zur Analyse der Effektivität bietet. Zuvor ist jedoch das sprachliche und inhaltliche Verwirrspiel, welches sich um das Phänomen von Effektivität und Effizienz rankt, aufzulösen. Allzu oft nämlich geht bei dieser Unterscheidung vieles durcheinander.

2.1.1. Sprachliche Verwirrung durch Begrifflichkeit – Effizienz oder Effektivität?

Wenn von Effektivität oder Effizienz die Rede ist, herrscht häufig große Verwirrung. Das hat nicht wenig damit zu tun, dass es den meisten Menschen Schwierigkeiten bereitet, diese beiden Begriffe tatsächlich auseinander zu halten. So konnte etwa bei Sportübertragungen der Tour de France 2003 jeder Zuschauer den Äußerungen des ARD-Kommentators Herbert Watterott entnehmen, dass die Trittfrequenz des mehrmaligen Gewinners Lance Armstrong in einem Moment sehr effizient im nächsten Augenblick jedoch sehr effektiv war. Zur Beschreibung des gleichen Phänomens wurden also unterschiedliche Worte genutzt. Gemeint war in diesem speziellen Fall jeweils dasselbe, doch gesagt wurde eben einfach etwas anderes. Offensichtlich sind diese beiden Begriffe so eng miteinander verwoben, dass es alltagssprachlich schwer ist, sie zu unterscheiden.

Eine wissenschaftliche Beschäftigung mit einem Sachverhalt macht es jedoch unumgänglich, zu eindeutigen Definitionen zu kommen oder zumindest zu klären, aus welchen Gründen diese nicht möglich oder sinnvoll sind. Wenn man die tatsächliche Bedeutung von Worten ergründen will, bietet sich natürlich ein Ausflug in die Etymologie an, um den wahren Ursprung eines Wortes zu finden und von daher auf seine Bedeutung zu schließen. Das ist im konkreten Fall jedoch mit einigen Problemen behaftet. Denn sowohl Effizienz als auch Effektivität sind ihrem Ursprung nach aus dem gleichen lateinischen Wortstamm *efficere* abgeleitet, was soviel wie ‚eine Wirkung erzielen' bedeutet. Zu vermuten, der Begriff habe seine Entsprechung eher im deutschen Wort Effizienz und nicht in dem der Effektivität, wäre zwar naheliegend. Jedoch hilft eine solche Einordnung nur dann weiter, wenn verlässlich festgestellt werden kann, dass die Entwicklung innerhalb einer Sprachgemeinschaft nicht zur Projektion anderer Inhalte auf den Begriff der Effizienz geführt hat. Das einleitende Beispiel des effektiven und effizienten Lance Armstrong zeigt jedoch, dass die Grenzen einer Analyse hier schnell erreicht sind, weil eben eine genau solche Durchmengung von Bedeutungsinhalten stattgefunden hat.

Obwohl die wissenschaftliche Verwendung von sprachlich ähnlichen Begriffen die Herausarbeitung ihrer Distinktionsmerkmale notwendig macht, ist es nicht nur ein Kennzeichen alltagssprachlicher Kommunikation, dass auf die Differenzierung von Effektivität und Effizienz kein allzu großer Wert gelegt wird. Selbst in der wissenschaftlichen Literatur ist nämlich zuweilen ein fast fahrlässiger Umgang mit diesen Begriffen zu konstatieren. So ist etwa in manch einem Aufsatz eine weitgehend parallele Verwendung der Termini Effektivität und Effizienz zu beobachten, ohne dass sich der Autor die Mühe gemacht hätte, die beiden Begriffe inhaltlich zu unterscheiden oder zu definieren. Lediglich implizit wird Effizienz dann eher den Entscheidungsprozessen im Sinn von schneller oder besser zugeordnet. Effektivität bleibt demgegenüber diffus und wird nicht näher definiert.[45] Gegenbeispiele, wie sie beispielsweise durch die Sprachwissenschaftlerin Lesley B. Olswang in einem Aufsatz vorgeführt werden,[46] sind natürlich ebenfalls zu finden. So schreibt jene mit Bezug auf das Problem von ‚treatment efficacy' folgendes:

> „*Efficacy* is a term that encompasses several aspects of accountability: effectiveness, efficiency, and effects [...]. *Treatment effectiveness* refers to issues of validity, specifically addressing whether a particular treatment works or not. [...] *Treatment efficiency* addresses the relative effectiveness of two or more treatments within a given time frame. Specifically, treatment efficiency research asks if one treatment works better than another, for example, whether goals are accomplished more completely using one treatment, or one is more cost effective than another. *Treatment effects* refers to issues of multiple behavior change as a result of treatment [...]."[47]

Die hier vorgenommene Differenzierung zwischen den vier Begriffen efficacy, effectiveness, efficiency und effects erweitert das Spektrum der Begriffe um zwei zusätzliche Varianten. Dabei ist efficacy als die überwölbende Kategorie anzusehen, unter der sich die anderen Begriffe einordnen lassen. Wirkungen (effects) sind das Ergebnis von bestimmten Handlungen. Effektivität (effectiveness) lässt sich daran messen, ob eine bestimmte Handlung Wirkung zeigt oder nicht, während Effizienz (efficiency) sich daran bemisst, in welcher Relation das Ergebnis zu den eingesetzten Mitteln steht. Anders als in der deutschen Sprache lassen sich somit unter dem einen Terminus der efficacy die beiden anderen der efficiency und effectiveness aufspalten. Beides zusammen ist neben den effects konstitutiv für die efficacy. Die von Olswang vorgeschlagene Lösung eines abgestuften Modells der efficacy führt in der deutschen Sprache jedoch zu Verwirrungen, da es für efficacy kein sprachliches Äquivalent gibt, wenn Effizienz und Effektivität bereits für die anderen beiden Begriffe, also efficiency und effectiveness besetzt sind. Zudem ist die hier formulierte begriffliche Klarheit natürlich keineswegs gleichermaßen anerkannt in allen Wissenschaftsdisziplinen, sondern auch nur ein Versuch, eben diese zu stiften.

Innerhalb der politikwissenschaftlichen Literatur ist in jüngerer Zeit vor allem auf die Untersuchung von Bert A. Rockman und R. Kent Weaver zu verweisen, wenn es um die Frage von Effektivität oder Effizienz politischer Institutionen geht. Die beiden Autoren operieren zuerst mit dem Begriff der Effektivität (‚effectiveness'), um die Leistungen von Regierungen messen zu können. Dazu nennen sie verschiedene Indikatoren:

---

45 Vgl. G. Edwards 1998, S. 44ff.
46 L. B. Olswang 1990, S. 1.
47 Ebenda.

> „One common standard is that of democratic rule. Government should be responsive to the will of the populace. Citizens should be able to hold their elected officials accountable for their actions. The likelihood that elected officials will abuse power should be minimalized."[48]

Eine andere Methode zur Messung von Effektivität bestünde nach Auffassung von Rockman und Weaver darin, diese anhand des jeweiligen Ergebnisses von Politik zu beurteilen, also etwa in der Form wie es bei L. B. Olswang als ‚effects' von Handlungen erläutert wurde. Allerdings greift diese output-orientierte Analyse auch Rockman und Weaver offenbar zu kurz, so dass sie einen Begriffswechsel praktizieren, um die Effektivität am Beispiel von (US-amerikanischen) Institutionen zu ‚messen':

> „This book assesses governmental performance from a different perspective, and does in a manner more consistent with current concerns about the effectiveness of U.S. institutions. It focuses on a specific set of tasks and on capabilities that governments, regardless of their specific policy objectives, need in order to perform those tasks."[49]

Der Begriff der Effektivität drückt nach Meinung der Autoren nur unzureichend aus, was sie tatsächlich untersuchen wollen, so dass sie von Performanz („performance") der Regierung sprechen. Diese Erweiterung des zu verwendenden Begriffinventars trägt aber kaum zu größerer Klarheit bei, zumal der Begriff der Effektivität doch bestens bezeichnet, was genau hier gemeint ist: Es geht um eine Reihe von Aufgaben – oder auch Funktionen – und um Fähigkeiten, aufgrund derer die Aufgaben erfüllt werden. Übertragen auf die Frage parlamentarischer Effektivität bedeutet das folgendes: Effektiv wäre ein Parlament demnach dann, wenn es ihm gelänge, seine Funktionen aufgrund der ihm zur Verfügung stehenden Kompetenzen zu erfüllen, also – wie eingangs bereits formuliert – das Richtige zu tun. Deshalb ist der zusätzliche Begriff der Performanz zumindest an dieser Stelle vollkommen überflüssig.

Das Definitionsproblem und die stete Vermengung der Begriffe Effektivität und Effizienz ist in der wissenschaftlichen Literatur reichlich behandelt worden. So findet sich in einer älteren Arbeit von Günter Grabatin bereits der Versuch, Licht in das definitorische Dunkel zu bringen. Dessen Synopse verschiedener Definitionen unterschiedlicher Autoren führt zwar eindrucksvoll die große Heterogenität der Diskussion vor Augen, schafft jedoch auch keine Klarheit darüber, welche Definition für welchen Sachverhalt angemessen ist.

---

48 R. K. Weaver/B. A. Rockman 1993b, S. 5.
49 Ebenda, S. 6.

Tabelle 1: Effizienz- und Effektivitätsdefinitionen bei G. Grabatin[50]

Autor	Effizienz	Effektivität
Barnard	Erfüllung der individuellen und sozialen Ziele der Organisationsmitglieder	Erfüllung des objektiven Zwecks der Institution
Gibson/Ivancevich/ Donnelly	bezieht sich auf Prozesse zur maximalen Zielerreichung bei möglichst kleinem input	bezieht sich aus gesellschaftlicher Sicht auf den Zielerreichungsgrad innerhalb vorgegebener sozio-ökonomischer Bedingungen
Becker/Neuhauser	= Effektivität	= Effizienz
Bohne/König	„...Kennzeichnung von Zweck-Mittel-Relationen..."	„...nur für Soll-Ist-Vergleiche"
Budäus/Dobler	„...dient zur Erfassung von input-output-Relationen..." (z.B. Produktivität, Wirtschaftlichkeit)	„...Kennzeichnung der Erreichung langfristiger Ziele einer Organisation."
Hill/Fehlbaum/Ulrich	Entspricht ungefähr: sozio-emotionaler Rationalität (Befriedigung der Systemmitglieder, d.h. Beitrag der Organisation zur Erfüllung der Erwartungen der Systemmitglieder in bezug auf ihre Arbeitssituation)	Entspricht ungefähr: instrumentaler Rationalität (= Produktivität der Systemprozesse, d.h. der Beitrag der Organisation zum Verhältnis zwischen Systemleistungen an die Umwelt einerseits und aus der Umwelt bezogenen Ressourcen und Arbeitsleistungen der Systemmitglieder andererseits)
Bartölke/Nieder	„...das Ausmaß der Zufriedenheit der Systemmitglieder."	„...das Ausmaß der Zielerreichung des Systems."

Die Tabelle zeigt, dass sich aus der Fülle der Begriffsbestimmungen keine konsistente Definition von Effektivität und Effizienz ableiten lässt, da die Definitionsansätze sehr unterschiedlich sind und selbst die hier dargestellten Versuche letztlich nur einen kleinen Ausschnitt möglicher Begriffsauslegungen repräsentieren.

---

50 Siehe G. Grabatin 1981, S. 18.

Zusammenfassend lässt sich also zunächst festhalten, dass einige Definitionen allein schon aus sprachlichen oder praktischen Gründen für die Verwendung in dieser Arbeit ausscheiden müssen, weil sie nicht zum Ziel der empirischen Prüfung beitragen. So lässt sich etwa aus sprachlichen Gründen nicht so verfahren, wie es L. B. Olswang tut, indem sie die Inhalte der zwei Begriffe efficiency und effectiveness der Oberkategorie efficacy unterordnet. Und auch der Begriff der Performanz, der im Sinne von B. A. Rockman und R. K. Weaver dieses Problem auflösen soll, hilft wenig. Denn dadurch, dass ein weiterer Begriff in die Diskussion eingeführt wird, ist das Definitionsproblem keineswegs gelöst. Doch trotz aller Uneinheitlichkeit oder sogar Widersprüchlichkeit der Definitionen zeichnen sich bei der Mehrheit *übereinstimmende Tendenzen* ab. So wird in den meisten Fällen davon ausgegangen, dass Effektivität einen größeren Rahmen umfasst als Effizienz. Denn Effektivität wird häufig mit der Zielerreichung des Systems, der Organisation oder der Institution in Verbindung gebracht. Effizienz hingegen zielt auf die eher kleinteiligen Prozesse, die überhaupt erst zur Effektivität führen. So sieht es wohl auch Günter Grabatin, wenn er mit Bezug auf Chester Barnard formuliert:

> „In der Literatur wird häufig in Anlehnung an Barnard [...] zwischen *Effizienz* und *Effektivität* unterschieden. Danach wird die Organisation im instrumentalen Sinne gesehen, also als Instrument zur Erfüllung sowohl individueller und sozialer Ziele der einzelnen Organisationsmitglieder (Effizienz) als auch zur Erfüllung des objektiven Zwecks der Organisation (Effektivität) [...]. Obwohl diese Unterscheidung einer gewissen Plausibilität nicht entbehrt, z.B. Effektivität bezeichnet ein Globalmaß, Effizienz dagegen stellt eine aus differenzierten Größen zusammengesetzte Bewertung dar, hat sich noch keine einheitliche Verwendung dieser Definition durchgesetzt."[51]

Bislang fehlt eine einheitliche Definition. Darum ist es stets aufs Neue die Aufgabe des Forschenden, eine Entscheidung über die Verwendung des Begriffes Effektivität oder Effizienz zu treffen. In dieser Arbeit wird – anders als bei G. Grabatin – der Begriff der Effektivität dem der Effizienz vorgezogen. Denn auf den ersten Blick scheint es plausibel, dass Effektivität besser geeignet ist, etwas darüber auszusagen, ob das Europäische Parlament erfolgreich ist. Eine tatsächlich inhaltlich begründete Definition basiert jedoch auf der Präsentation und Bewertung verschiedener Effektivitäts- und Effizienzdefinitionen.

2.1.2. Inhaltliche Effizienz- und Effektivitätsdefinitionen

Wenn zwei Begriffe sprachlich parallel und nicht wohl abgewogen genutzt werden, so muss der Versuch, einen möglichen Kriterienkatalog der Effektivität zu schaffen, auch die Diskussion beider Begriffe beinhalten. Denn unmöglich kann a priori festgelegt werden, welche Inhalte welcher Diskussion besser oder schlechter die Frage beantworten helfen, ob das Europäische Parlament das Richtige tut. Deshalb ist es

---

51 Ebenda, S. 17.

für die Schaffung eines Kriterienkatalogs der Effektivität des Europäischen Parlaments zwingend geboten, beide Diskussionsstränge zu betrachten und dann zu entscheiden, welche basalen Elemente für die Effektivitätsprüfung tatsächlich relevant sind.

Effizienz und Effektivität tauchen in alltagssprachlichen und wissenschaftlichen Diskursen in steter Regelmäßigkeit auf, und aufgrund der sehr weiten Konnotation werden sie auch in vielen Wissenschaftsdisziplinen gebraucht.[52] Darum haben die Begriffe zwar auch Eingang in die politikwissenschaftliche Debatte gefunden, aber sie werden dort nicht als eigenständige Kategorien zur Analyse von Parlamenten verwendet. Deshalb ist es sinnvoll, sich dem Problem von zwei Seiten zu nähern. Einesteils muss ganz allgemein nach den basalen Elementen von Effektivität und Effizienz in verschiedenen Forschungskontexten gefahndet werden, andernteils sind die Kernpunkte der politikwissenschaftlichen Debatte nachzuzeichnen. Konkret wird wie folgt vorgegangen: Ein erster und eher allgemein gehaltener Überblick wird an die *Inhalte* diverser Effektivitäts- und Effizienzdefinitionen heranführen, bevor eine Konzentration auf drei konkrete Ansätze stattfindet. Anschließend wird näher betrachtet, was die deutsche Parlamentarismusforschung zur Frage von Effizienz und Effektivität beigetragen hat und welche Elemente dort hilfreich zur Beantwortung der Forschungsfrage sind. Am Ende dieses Abschnitts steht schließlich eine Arbeitsdefinition für die hier betriebene Analyse.

2.1.2.1. Ökonomische und sozialwissenschaftliche Definitionen im Überblick

Für die bislang seltene Verwendung von Effektivität und Effizienz in der Politikwissenschaft gibt es mindestens zwei Gründe. Zum einen hat es nicht wenig mit definitorischen Schwierigkeiten zu tun, da die Ausdrücke – trotz aller Widersprüchlichkeiten – alltagssprachlich bereits stark besetzt sind und meistens das Verständnis darüber widerspiegeln, dass durch Effektivität oder Effizienz ein im Vergleich zu einer vorherigen Situation subjektiv besserer ‚Aggregatzustand' erreicht wird. In der politikwissenschaftlichen Debatte – aber eben nicht nur dort – ist eine einfache Erklärung dieser Art jedoch selten möglich. Und zwar vor allem deshalb nicht, weil sich weder Effizienz noch Effektivität monokausal erklären lassen. Genau darin findet

---

52 In der Ökonomie bspw. bei G. Grabatin 1981; R. Gzuk 1975; G. Gäfgen 1974; H. Duda 1987. Der Versuch, wirtschaftliche Entwicklung mit institutioneller Effizienz zu koppeln und in den Kontext politischer Partizipation zu stellen, wird bspw. unternommen bei C. Winiker 1998. In der umweltökonomischen Literatur findet sich ein alternativer Versuch der Effizienzbestimmung mit einem ausführlich diskutierten Planungsbeispiel bei R. Marggraf 1992. Politikwissenschaftliche Analysen zur Effizienz von Institutionen, die über eine einfache, outputorientierte Beschreibung von ‚Erfolgen' hinausgehen, finden sich eher selten. Eine Ausnahme mit entsprechender empirischer Fundierung ist E. Veser 1999. Die Frage, ob politische Institutionen genauso gut funktionieren wie ökonomische, versucht Donald A. Wittman zu beantworten. Siehe Donald A. Wittman 1989, 1995.

sich der zweite Grund für die bislang eher zaghafte Verwendung dieses Begriffsapparates. Die Operationalisierung ist nicht einfach zu leisten und verlangt eine recht differenzierte Analyse. Für das Europäische Parlament beispielsweise muss eine solche Analyse über das Konstatieren eines Demokratie-Effizienz-Dilemmas, wie es von Wolfgang Merkel einmal genannt wurde, hinausreichen.[53] Aber auch in naturwissenschaftlichen Fachdisziplinen oder in der Ökonomie ist die Analyse nur vermeintlich einfacher. Auch wenn sich diese Fachrichtungen häufig mathematischer Rechenmodelle bedienen können, um dem Problem der ‚Messung' von Effizienz oder Effektivität Herr zu werden, funktioniert auch dies nur eingeschränkt. Denn solche mathematischen Modelle leiden häufig darunter, einen statischen Zustand wiederzugeben, nicht auf die Dynamik der Veränderungen von Prägefaktoren Rücksicht nehmen zu können oder mit wenigen Variablen auskommen zu müssen, um nicht zu großer Komplexität zum Opfer zu fallen.

Die Bandbreite der Elemente von Effizienz und Effektivität ist weit gefächert. Im alltäglichen Sprachgebrauch reichen die Definitionen von Wirksamkeit, Leistungsfähigkeit, Tat- und Durchschlagskraft, Wirtschaftlichkeit, Vorteilhaftigkeit oder Ergiebigkeit über Sachlichkeit und Genauigkeit bis hin zu Sparsamkeit oder Einfachheit.[54] In der Ökonomie wird häufig das Gegensatzpaar von Aufwand und Ertrag bemüht und das Verhältnis dieser beiden Faktoren zueinander bestimmt.[55] Die Relation aus Aufwand und Ertrag wird dann als Indikator der *Wirtschaftlichkeit* eines Unternehmens, einer Organisation oder einer Institution gewertet. Derlei Modelle basieren auf der für ökonomische Kategorisierungen unerlässlichen Notwendigkeit genauer Messbarkeit, dem sich auch die betriebs- oder wirtschaftswissenschaftliche Forschung nicht entziehen kann. Das Problem besteht nämlich darin, dass Wirtschaftlichkeit kein absoluter Begriff ist, sondern stets im Verhältnis zu einem anderen Parameter definiert werden muss. Deshalb verwendet die ökonomische Forschung häufig eindimensionale Zieldefinitionen. Das heißt, eine Handlung ist dann um so wirksamer oder wirtschaftlicher, wenn sie näher an ein vorher definiertes Ziel heranführt.[56] Oder wie Gérard Gäfgen es beschreibt: Eine Alternative a ist effizienter als eine Alternative b, wenn sie ein höher bewertetes Ergebnis mit gleichen Kosten erzielt wie die Alternative b.[57] Anders herum gewendet kann jedoch auch das Ziel vorher definiert sein: Höhere Wirksamkeit bedeutet dann, dass die Kosten bei einem vordefinierten Ziel bei Handlungsalternative a geringer sind als bei Handlung b. Wenn man beide Dinge in einer Aussage zusammenfassen will, so liest sich das in den Worten Kurt Redings folgendermaßen:

---

53 Siehe Wolfgang Merkel: Das Demokratie-Effizienz-Dilemma. Die Europäische Union gerät in eine Legitimitätsfalle. FAZ vom 24. April 1996, S. 12.
54 U. Thaysen 1972, S. 84.
55 G. Gäfgen 1968, S. 163.
56 Siehe U. Thaysen 1972, S. 84f.
57 G. Gäfgen 1968, S. 159.

„Effizienz einer Handlung bzw. Entscheidung ist dann gegeben, wenn sie ein bestimmtes Ziel mit geringstem Aufwand oder bei gegebenem Aufwand in höherem Maße verwirklicht als eine alternative Handlungsweise."[58]

Ähnlich, aber in der Bewertung ein wenig kritischer formuliert, findet sich diese Aussage bei Irmgard Bruns, wenn sie schreibt:

„In der klassischen Organisationstheorie und noch weiter Teile der Betriebswirtschaftslehre bezieht sich Effizienz ausschließlich auf die Umsetzung eines festgesetzten Zieles der Organisation in Zweck-Mittel-Relationen [...]. Effizienz bedeutet in dieser Definition die Herstellung eines günstigen Verhältnisses zwischen Aufwand und Leistung; d.h. es geht darum, die Kosten zur Erbringung von Produkten oder Dienstleistungen möglichst gering zu halten oder bei gegebenen Kosten den Ausstoß zu erhöhen. Effizienz entspricht also hier dem herkömmlichen Begriff der Wirtschaftlichkeit, die sich in dem Gewinn, den eine Organisation macht, ausdrückt."[59]

Unverkennbar liegt der Schwachpunkt solcher Effizienzbestimmungen darin, dass sie nur dann sinnvolle Ergebnisse liefern, wenn Vergleiche mit alternativen Handlungsweisen möglich sind. Wenn es um die Effizienzbestimmung eines industriell zu fertigenden Produkts geht, ist es wahrscheinlich möglich, solche Kriterien in einem bestimmten, sehr begrenzten Rahmen anzulegen. Für die Politikwissenschaft hingegen, aber auch für die wirtschaftliche Kosten-Nutzen Rechnung, ist eine input-output basierte Effizienzbestimmung in der Regel sehr problematisch.

Das Grundproblem aller Wirtschaftlichkeitsdefinitionen ist darauf zurückzuführen, dass Einsatz und Ertrag häufig keine identische Rechengröße aufweisen. So wird etwa seitens des Staates beim Autobahnbau Geld eingesetzt. Der Ertrag dessen sind jedoch geteerte Straßen. Wie also sollte hier normativ festgelegt werden, ob der Ertrag den Einsatz rechtfertigt, ob also das Geld effizient eingesetzt worden ist. Eine solche Effizienzbestimmung würde überhaupt erst dann möglich, wenn im Vergleich zu einem anderen Straßenbauprojekt bei gleichem Finanzeinsatz mehr oder weniger Kilometer gebaut worden wären, oder aber die gleiche Anzahl von Kilometern zu einem geringeren oder höheren Preis fertiggestellt worden wäre. Um einen zuverlässigen Vergleich vornehmen zu können, müssten zudem entweder die Umweltvariablen gleich sein oder als intervenierende Umweltfaktoren in die Rechnung integriert werden. Zudem müssten deren Wertigkeit oder Einflussgröße jeweils bestimmt werden, um ein vollständiges Modell der Effizienz für einen bestimmten Sachverhalt zu erzielen. Bliebe man bei dem Bild des Straßenbaus, so würde man feststellen, dass es schließlich schon einen Unterschied machte, ob die Fertigstellung einer Straße ohne Berge, Täler oder Flussüberquerungen erfolgen könnte, oder ob es sich um unwegsames Gelände handelte. Daraus ergäben sich wiederum Folgeprobleme, wie etwa die Frage der Gewichtung einzelner Komponenten.

Derlei Probleme entstünden zwangsläufig auch bei der Bewertung von parlamentarischer Effizienz. Auch hier wären Einsatz und Ertrag nicht auf einer einheitlichen Skala abbildbar. So ist beispielsweise ein Ertrag in Form von Gesetzen nicht iden-

---

58 K. Reding 1981, S. 28.
59 I. Bruns 1974, S. 21.

tisch mit dem Einsatz in Form von investierter Zeit. Die Effizienz bei einem einzigen Gesetzesabschluss herauszufinden wäre ohnehin unmöglich. Denn wodurch ließe sich im vorhinein bestimmen, ob eine Dauer von 100 oder 300 Tagen bis zur Verabschiedung eines Gesetzes effizient wäre. Erst durch den Vergleich mehrerer Verfahren wären überhaupt – und selbst dann auch nur für eine Kategorie wie etwa die Zeit – sinnvolle Ergebnisse zu erwarten. Dann könnten Aussagen darüber getroffen werden, ob ein Verfahren zeitlich effizienter funktioniert hat als ein anderes. Was jedoch hätte man mit solch einer Feststellung überhaupt gewonnen? Für einen Funktionsbereich könnte unter Berücksichtigung einer einzigen Variable eine Aussage getroffen werden. Das jedoch ist nicht das Ziel des hier zu formulierenden Kriterienkatalogs. Für die Beantwortung der Frage, ob das Parlament erfolgreich ist, braucht es Kriterien, die eine viel umfassendere Betrachtung ermöglichen.

Ökonomische Ansätze der zuvor geschilderten Art sind also nur dann überhaupt brauchbar, wenn es um die Analyse eher kleinteiliger und leicht abgrenzbarer Prozesse geht. Deshalb können rein zieldefinierte Analysen zur Beurteilung institutionellen Erfolgs nur begrenzt beitragen. Zwar hat die Summe einzelner Prozesse gewiss Auswirkungen auf die Frage, ob ein Parlament insgesamt erfolgreich ist. So lässt nur unter großer zeitlicher Verzögerung stattfindende Gesetzgebung sicherlich auf eine wenig gelungene Steuerungsfunktion eines Parlaments schließen. Das Problem besteht jedoch eindeutig darin, dass der zeitliche Aspekt nicht der einzige Faktor zur Beurteilung der Qualität von Gesetzgebung ist. Partizipation oder Transparenz wären zwei naheliegende weitere Kriterien, die es zu berücksichtigen gelte. Augenfällig wird also folgendes Problem: Eine auf die Gesamtperspektive von Institutionen ausgerichtete Effektivitätsanalyse mit einem allein zieldefinierten Modell wäre nur dann möglich, wenn alle Einzelaspekte addiert würden.

Wenn man dennoch ein zieldefiniertes Modell verwenden will, kann man sich, so zumindest Kurt Reding, nur mit zweierlei Reduktionen behelfen: Einesteils ist zu akzeptieren, dass eine Beschränkung bei der Anzahl der zu berücksichtigenden inputs vorgenommen werden muss, andernteils muss eine Begrenzung auf Teilbereiche des Handelns vorgenommen werden. Freilich geht man dadurch unweigerlich das Risiko ein, *keine allgemeingültigen* Aussagen über die Effektivität mehr machen zu können. Denn dazu wäre wieder die Addition einer Vielzahl von Einzelbefunden notwendig, aus der dann ein Gesamtergebnis resultieren würde.[60]

Trotzdem hat der Vorschlag K. Redings, die Anzahl der Kategorien zu vermindern, einiges an Plausibilität aufzuweisen. Die Frage für den Forscher kann nämlich nicht sein, ob er *alle* effektivitätsrelevanten Kriterien gefunden hat, sondern sie muss lauten: Habe ich von allen möglichen Kriterien aus nachvollziehbaren Gründen die für meine Fragestellung *richtigen* ausgewählt? Kurt Reding selbst schlägt für sein spezifisches Thema der Messung der Effektivität staatlicher Aktivitäten deshalb ein Modell vor, das drei Faktoren berücksichtigt: Verfahren, Organisation und Personal. Diese drei Faktoren werden dann mit verschiedenen Kriterien verbunden, wie etwa

---

60 K. Reding 1981, S. 31f.

Innovativität, Flexibilität, Wirtschaftlichkeit, Qualität von Entscheidungen, Schnelligkeit, Partizipation und Zufriedenheit.[61] Ohne Frage sind dies alles Kriterien, die Relevanz für die Fragestellung der Effektivität haben. Allerdings tappt auch K. Reding in die Operationalisierungsfalle. Denn würde man etwa für den Faktor ‚Verfahren' alle sieben Kriterien mit nur drei möglichen Zuständen (+, o, -) prüfen wollen, kämen rechnerisch 343 verschiedene Kombinationsmöglichkeiten dabei heraus. Dabei wäre es zudem fraglich, wie groß die ‚gemessenen' Unterschiede überhaupt sein könnten. Noch größer würde das Problem zwangsläufig dann, wenn eine Kombination mit den übrigen zwei Faktoren stattfinden würde. Zwei Schlussfolgerungen sind somit aus diesen Erwägungen für das Modellkonstrukt zur Messung des Erfolgs des Europäischen Parlaments zu ziehen: *Eine ‚mathematische' Bestimmung von Effektivität aufgrund mehrerer Variablen ist weder praktikabel noch besonders aussagefähig. Es sollten Prüfkriterien gewählt werden, die auch tatsächlich vernünftige Aussagen zulassen, ohne dass es zu Operationalisierungsproblemen kommt.*

Nur unter großen Schwierigkeiten ließen sich also Modelle, die auf die Addition von einzelnen Zielvariablen basieren, für die Analyse der Effektivität einer Institution wie das Europäische Parlament nutzen. Die grundlegenden Probleme einer solchen Modellierung von Effektivitätsmodellen haben Georgopoulos und Tannenbaum bereits in den 1950er Jahren erkannt:

> „With the exception of organizational productivity, however, practically all variables used as criteria for organizational effectiveness have been found inadequate and unsatisfactory. For example, previous findings regarding 'morale' and member satisfaction in relation to effectiveness (effectiveness measured on the basis of productivity) have frequently been inconsistent, nonsignificant, or difficult to evaluate and interpret."[62]

Von der Ausnahme organisatorischer Produktivität einmal abgesehen, die an dieser Stelle jedoch weitgehend unbegründet bleibt, sehen die beiden Autoren keine Chance, mit Hilfe verschiedener Variablen die Effektivität einer Organisation zufriedenstellend zu beurteilen. Und auch eine Reihe weiterer Variablen, wie etwa Motivation zur Arbeit oder Austausch der Akteure innerhalb einer Organisation, die sich jedoch im konkreten Fall mehrheitlich auf die Effektivität von Firmen beziehen, sind nach Meinung der beiden Autoren zu diesem Zweck ungeeignet. Obgleich Georgopoulos und Tannenbaum feststellen, dass die Vielfalt der Variablen groß ist, die sich zur Analyse der Effektivität finden lassen, sind die Ziele einer Organisation und die Art und Weise wie diese Ziele erreicht werden, gemeinsames Merkmal aller Effektivitätsanalysen.[63] Aus diesem Grund bilden die Ziele auch den Ausgangspunkt ihrer Effektivitätsdefinition. Diese lassen sich, die Selbsterhaltung des Systems als Grundbedingung vorausgesetzt, nach Meinung der beiden Autoren wie folgt formulieren:

---

61 K. Reding 1981, S. 34f.
62 B. S. Georgopoulos/A. S. Tannenbaum 1957, S. 534f.
63 Ebenda, S. 535.

„(a) high output in the sense of achieving the end results for which the organization is designed, whether quantitatively or qualitatively; (b) ability to absorb and assimilate relevant endogenous and exogenous changes, or the ability of the organization to keep up with the times without jeopardizing its integrity, and (c) the preservation of organizational resources of human and material facilities."[64]

Zielerreichung, Anpassungsfähigkeit und optimale Ressourcenausnutzung sind demnach die entscheidenden Zwecke einer Organisation. Und damit wird das Spektrum der Zielmodelle des betriebs- und wirtschaftswissenschaftlichen Genres um zwei weitere Aspekte erweitert, die Georgopoulos und Tannenbaum direkt in ein System organisationaler Effektivität überführen:

„This conception of effectiveness subsumes the following general criteria: (1) organizational productivity; (2) organizational flexibility in the form of successful adjustment to internal organizational changes and successful adaptation to externally induced change; and (3) absence of intraorganizational strain, or tension, and of conflict between organizational subgroups."[65]

Der Vorteil dieser ziemlich allgemein gehaltenen Definition liegt nach Meinung der Autoren vor allem darin, dass sie mühelos auf jegliche Organisationen übertragen werden kann. Eine Überprüfung ihrer Definition leisten sie indessen ausschließlich anhand einer empirischen Untersuchung in einem Transportunternehmen. Für genau diesen Zweck ist das Modell durchaus brauchbar, da es den Autoren mit Hilfe von bestimmten Vergleichszahlen unterschiedlicher Filialen gelingt, die Produktivität jeder einzelnen dieser Zweigstellen aufgrund von Arbeitsstandards (oder besser: Arbeitsergebnissen) zu operationalisieren. Gleichzeitig offenbart sich an dieser Vorgehensweise erneut die entscheidende Schwäche aller relational angelegten Operationalisierungen: Nur durch einen Vergleich lassen sich Informationen über die Produktivität gewinnen, *eine* Organisation *allein* lässt sich mit diesem Indikator jedoch nicht ‚messen'.

Anders als mit der Produktivität verhält es sich allerdings mit den beiden übrigen Kriterien. Diese können sehr fruchtbar für die Analyse parlamentarischer Effektivität sein, da sie sich auch auf *eine* Organisation oder Institution anwenden lassen, ohne dass diese mit anderen Institutionen verglichen werden müsste. So ließe sich Anpassungsfähigkeit innerhalb des Europäischen Parlaments etwa durch den Abgleich zwischen Umweltveränderungen und formalen Wandlungsprozessen feststellen oder aber durch die Wahrnehmung der Akteure zu der Anpassungsfähigkeit der Institution an veränderte Umweltzustände. Spannungen oder relative Spannungsfreiheit wären anhand der Häufigkeit oder der Intensität von Konflikten innerhalb des Parlaments oder zwischen Parlament und umgebendem System festzustellen. *Beide Kriterien, Anpassung und Spannungsfreiheit, ließen sich demnach für die Untersuchung der Effektivität des Europäischen Parlaments operationalisieren und sind deshalb auch nützliche Kriterien zur Effektivitätsanalyse.*

---

64 Ebenda, S. 535.
65 Ebenda, S. 536.

In den Ausführungen von Georgopoulos und Tannenbaum sind zudem weitere Kriterien der Effektivität implizit genannt worden, ohne dass diese im Detail näher beschrieben wurden. So wird von den beiden Autoren die Selbsterhaltung einer Organisation als selbstverständlich vorausgesetzt, obwohl dies nun wirklich kein naturgegebener Zustand ist. Zwar ist es evident, dass eine Institution nur dann effektiv sein kann, wenn sie auch existiert. Diese auf den ersten Blick triviale Behauptung ist aber keineswegs so banal, wie es zunächst scheinen mag. Denn die Existenz selbst ist durchaus auch ein Kriterium der Effektivität, und zwar deshalb, weil es geeignete Mechanismen, Regeln oder Organisationsprinzipien geben muss, durch welche das Fortbestehen der Institution gesichert wird. *Darum ist es für die Effektivität eines Parlaments nicht unwichtig, die entsprechenden Prinzipien der Selbsterhaltung zu implementieren, zu erhalten oder ggf. anzupassen.* Und genau darin findet sich ein Kriterium der Effektivität, welches oftmals bereits als gegeben vorausgesetzt wird, dessen Existenz jedoch überhaupt erst einmal geprüft werden muss.

Ebenso wie der Grundsatz der Selbsterhaltung auf elegante Weise ausgespart bleibt, weil Effektivität allein anhand funktionaler Kriterien analysiert wird, verzichten Georgopoulos und Tannenbaum auch darauf, sich mit der Frage der Ressourcen weiter zu beschäftigen, obgleich sie deren Erhaltung und den schonenden Umgang mit ihnen als eines der Ziele einer Organisation sogar explizit benennen. Im allgemeinen spielt dieser Aspekt jedoch eine wichtige Rolle, wie etwa anhand einer organisationssoziologischen Effektivitätsdefinition von Renate Mayntz zu sehen ist:

> „Dabei versteht sie [die Organisationssoziologie, SD] unter Leistungswirksamkeit jedoch nicht einfach den Grad der Zielverwirklichung oder Produktivität, im erweiterten Sinne, und auch nicht nur die Ergiebigkeit, d.h. das Verhältnis von input zu output. Man geht vielmehr wieder von der Vorstellung des Systems aus, in dem mittels verschiedener Hilfsmittel – zu denen außer Kapital, Rohstoffen und Instrumenten auch Zahl, Zeit und Energie von Mitgliedern, der ‚good will' der sozialen Umwelt und anderes gerechnet werden – ein Ziel verfolgt wird. Das Maß der Leistungswirksamkeit muß dann nicht nur das Verhältnis von Hilfsmitteln zu Erfolgsgrad berücksichtigen, sondern ebenso, wieweit die Mittel für zukünftige Leistungen bewahrt werden (z.B. auch: die Mitglieder zufrieden und leistungswillig erhalten werden) und inwieweit das Interaktionsgefüge der Organisation unbeeinträchtigt und funktionsfähig bleibt (z.B. anpassungsfähig, spannungsfrei und bewahrt vor der Verselbständigung von Teilgruppen, die von der Gesamtaufgabe abweichende Ziele verfolgen)."[66]

In diesem Zitat von Renate Mayntz sind nahezu alle Faktoren genannt, die in den bisherigen Definitionen von Effizienz oder Effektivität vorgefunden wurden. Nicht nur, dass der Erhalt von Ressourcen in dieses zieldefinierte Modell integriert wurde, es wurde auch ein Hinweis auf den Faktor der Dauerhaftigkeit gegeben. Denn Leistungswirksamkeit ist in den Worten von Renate Mayntz nur dann tatsächlich vorhanden, wenn die verfügbaren Ressourcen, die für das Erbringen der Leistung zur Verfügung stehen, auch dauerhaft erhalten bleiben. Auch wenn der Blick von Mayntz qua definitionem in die Zukunft gerichtet ist, so ist es doch evident, dass die Überprüfung nur geschichtlich möglich ist. Schließlich ist erst im Rückblick fest-

---

[66] R. Mayntz 1961, S. 46f.

stellbar, ob eine Handlung ressourcenschonend war oder nicht. Dauerhaftigkeit setzt jedoch voraus, was wohl kaum treffender als mit den Worten von Irmgard Bruns formuliert werden kann, nämlich dass die Institution um ihrer Selbsterhaltung willen auch über Eigenschaften, wie z.b. die „Fähigkeit zur Beweglichkeit, Anpassung und Einführung von Neuerungen verfügen muss."[67] Damit wurde ein weiterer wichtiger Aspekt für ein praktikables Kategoriensystem zur Analyse der Effektivität des Europäischen Parlaments benannt: *Sinnvoll lässt sich eine Analyse der Effektivität nur dann durchführen, wenn die geschichtlichen Wandlungsprozesse der Institution bei der Untersuchung berücksichtigt werden.*

2.1.2.2. Management Audit, Ziel- und Systemansatz

Aus den betriebs- und volkswirtschaftlichen sowie sozialwissenschaftlichen Definitionen sind die wesentlichen Elemente sowie deren Vor- und Nachteile für die Effektivitätsbestimmung offensichtlich geworden. Im Grunde lassen sich alle Definitionen auf drei Ansätze reduzieren, nämlich den ‚Zielansatz' und den ‚Systemansatz' sowie das sehr praxisorientierte ‚Management Audit'.[68] Auffällig ist vor allem, dass sich die einzelnen Konzepte nur formal, nicht aber inhaltlich trennscharf voneinander unterscheiden lassen. Denn die Ziele, die für den Zielansatz das einzig gültige Kriterium der Effektivität darstellen, sind auch im Systemansatz als ein wichtiges Element enthalten.

Der Zielansatz macht – wie der Name bereits vermuten lässt – *allein die Ziele einer Institution oder Organisation zum Maßstab der Messung von Effektivität*. Genau aus diesem Grund ist jener zur Effektivitätsmessung auch relativ ungeeignet. Denn einesteils können sich die Ziele einer Organisation oder Institution verändern, anderenteils ist in den meisten Fällen nicht nur ein Ziel, sondern ein ganzes Bündel von Zielen auffindbar. Da hilft es dann auch wenig, in selbstgesteckte und fremddefinierte Ziele einer Institution zu unterscheiden,[69] weil auch diese sich kaum vollständig erfassen und operationalisieren ließen. Wenn aber die Kriterien, die zum Maßstab der Effektivität gemacht werden, nicht erfasst werden können, kann natürlich auch die Effektivität selbst nicht festgestellt werden. Die daraus zu Recht folgende Kritik liest sich in den Worten von James L. Price dann so:

---

67 I. Bruns 1974, S. 21.
68 G. Grabatin 1981, S. 21ff.
69 Natürlich ist die Unterscheidung in fremdbestimmte und selbstbestimmte Ziele nicht unwichtig. Denn ein hohes Maß an selbstbestimmten Zielen ist ein Indikator für die Autonomie einer Institution. Und aus der Autonomie einer Institution ist mancherlei über deren Fähigkeiten zum effektiven Handeln abzulesen, so dass dieses Kriterium große Bedeutung für die Beantwortung der Frage einer effektiven Funktionserfüllung besitzt.

> „The lack of general measures discourages measurement standardization; the lack of measurement standardization hinders the comparison of findings; and, where the comparison of findings is difficult, it is difficult to arrive at abstract formulations, such as theory and empirical generalizations."[70]

Die Frage der Operationalisierung der Ziele ist ein wesentlicher Kritikpunkt am Zielansatz. Dieses Problem ließe sich jedoch durch eine sehr dichte Beschreibung im Prinzip lösen. Viel schwerer wiegt jedoch, dass sich das Modell nur auf eine Dimension bezieht und *allein* die Ziele einer Institution zur Messung der Effektivität heranzieht.

Systemansätze hingegen gehen über diese eindimensionale Engführung hinaus und ermöglichen es, mehrere Kategorien in die Analyse zu integrieren. Das heißt, dass nicht mehr allein die *Ziele* zum Gegenstand der Untersuchung gemacht werden, sondern auch die *Strukturen und Prozesse* sowie die *Beziehungen zwischen System und Umwelt*. Diese Mehrdimensionalität wird allerdings ‚erkauft' durch eine höhere Komplexität und gesteigerte Anforderungen an die Operationalisierung. Grabatin formuliert dieses Problem wie folgt:

> „Effizienz wird nicht mehr auf einen der drei Bereiche [Ziele, Strukturen und Prozesse, System und Umwelt, SD] beschränkt, sie umfaßt alle. Damit entzieht sich der Effizienzbegriff einer direkten Meßbarkeit. Er wird zu einem mehrdimensionalen Konstrukt und kann allenfalls mittelbar über ein System operational zu definierender *Indikatoren* gemessen werden."[71]

Im Gegensatz zum Zielansatz, der aufgrund seiner Eindimensionalität zu unterkomplex ist, um tatsächlich brauchbare Ergebnisse zu erzielen, ist die Chance hier ungleich höher. Denn schließlich liegt es in der Hand des Forschenden, jene Kategorien bzw. Indikatoren zu finden, die sich für das jeweilige Untersuchungsfeld eignen. Freilich ist die Aufgabe damit allein nicht gelöst. Denn in der Literatur wird in der Regel innerhalb des Systemansatzes noch einmal zwischen Bestands- und Erfolgsmodellen unterschieden. Das Bestandsmodell ist dadurch gekennzeichnet, dass eine Reihe von Anforderungen an eine Organisation gestellt werden, damit sie überhaupt funktionieren kann. Wenn eine der Anforderungen nicht erfüllt wird, ist die Funktionsfähigkeit nicht mehr gewährleistet. Das Erfolgsmodell hingegen nennt „die Arten von Wechselbeziehungen zwischen den Systemelementen, die die Realisierung eines Zieles wirksamer ermöglichen als andere Kombinationen gleicher oder ähnlicher Elemente".[72] Wie Amitai Etzioni betont, besteht zwischen diesen beiden Modellen ein beträchtlicher Unterschied: Während für das Bestandsmodell verschiedene Alternativen in ihrer Bewertung gleich sind, wenn sie dem Ziel der Erhaltung dienen, muss beim Erfolgsmodell unterschieden werden, welche der möglichen Alternativen besser oder schlechter ist.[73] Für ganz konkrete Forschungsvorhaben sind die Anforderungen also unterschiedlich. Bei der Nutzung des Erfolgsmodells wäre wiederum das Herstellen von Vergleichen notwendig, da nur damit greifbar würde, ob eine

---

70 J. L. Price 1972, S. 8.
71 G. Grabatin 1981, S. 27.
72 A. Etzioni 1969, S. 37.
73 Ebenda.

Alternative erfolgreicher wäre als eine andere. Die damit verbundenen Schwierigkeiten wurden bereits weiter oben erläutert, so dass dieses Modell wenig tauglich im Rahmen der Effektivitätsanalyse des Europäischen Parlaments ist.

Während sich Ziel- und Systemansatz unter Berücksichtigung der damit verbundenen Operationalisierungsprobleme grundsätzlich zur Untersuchung der Effektivität von Parlamenten eignen könnten, ist das im Fall des Management Audit zweifelhaft. Diese in der Ökonomie häufig angewandte Methode der Effizienzmessung basiert auf so genannten Kennzahlensystemen. Mit Hilfe solcher Kennzahlen wird entweder die Frage beantwortet, ob es Unterschiede bei bestimmten Werten (wie z.B. Menge der hergestellten Produkte) zu zwei *verschiedenen* Zeitpunkten gibt oder aber, ob das erwartete ‚Soll' zu *einem* bestimmten Zeitpunkt mit dem ‚Ist' übereinstimmt oder nicht.[74] Parlamentarische Vertretungskörperschaften sind für eine solche Analyse jedoch nur sehr eingeschränkt geeignet. Während nämlich für industrielle Fertigung von Produkten angegeben werden kann, wie hoch das ‚Soll' eines Produktes sein sollte, ist dies beispielsweise bei der Gesetzgebung nicht möglich. Wie groß die Menge zu produzierender Gesetze sein sollte, kann – zumindest sinnvoll – nicht normativ festgelegt werden, weil es nämlich keine Konstante in Form einer Mindestzahl notwendiger Gesetze gibt, deren nicht Erreichen mit Ineffektivität gleichzusetzen wäre.[75]

Ein zwar im Grunde möglicher Zeitvergleich brächte ebenfalls keine effektivitätsrelevante Aussage in bezug auf Parlamente. Denn allein die Angabe darüber, ob mehr oder weniger Gesetze in einem Zeitraum verabschiedet wurden, wäre völlig untauglich, um etwas über die Effektivität einer Vertretungskörperschaft auszusagen. Genauso wie beim Zielansatz fehlt es hier nämlich an der notwendigen Berücksichtigung weiterer Umweltfaktoren, die jedoch für eine solche Einschätzung unerlässlich sind. Um mit einem solchen Modell sinnvoll arbeiten zu können, wäre es notwendig, die intervenierenden Faktoren zu kennen. Und das ist bei einem industriell zu fertigenden Produkt besser möglich als bei gesellschaftlichen Prozessen, deren Steuerung Parlamenten obliegt.

2.1.2.3. Effizienz, Transparenz und Partizipation als Analysekategorien des Deutschen Bundestages

Löst man sich von den oben beschriebenen *theoretischen* Modellen und sucht nach *empirischen* Arbeiten, in denen die Effizienz oder Effektivität von Institutionen untersucht wird, so wird man – wie bereits erwähnt – besonders häufig im Bereich der Ökonomie fündig.[76] Das hat vor allem damit zu tun, dass diese Forschungsdisziplin schon seit jeher nach Möglichkeiten zur Leistungsbewertung von Unternehmen, Or-

---

74 Siehe dazu die verschiedenen Definitionen im Abschnitt 2.1.2.1.
75 Siehe hierzu vor allem die Ausführungen im vorherigen Kapitel.
76 Siehe hierzu etwa P. T. Harker/S. A. Zenios 2000 oder J. Martiensen 2000.

ganisationen oder Verfahren gesucht hat. In der – zumindest für diese Arbeit viel wichtigeren – politikwissenschaftlichen Forschung hingegen werden zwar die Begriffe Effizienz und – weitaus seltener – Effektivität eingesetzt, jedoch kaum als Untersuchungskriterium durchgehalten.

Parlamentarische Effizienz wird in der Politikwissenschaft meistens im Kontext von Reformbestrebungen diskutiert. Deshalb ist es auch nicht überraschend, dass jene in Deutschland bekannt gewordenen politikwissenschaftlichen Arbeiten, welche sich diesem Thema widmen, im Umfeld der Reformdebatten des Deutschen Bundestages entstanden sind. Zwei Beispiele sollen hier näher betrachtet werden. Beide beschäftigen sich mit der Frage des Verhältnisses von Effizienz, Transparenz und Partizipation. So stellt Winfried Steffani in einem 1971 erstmalig herausgegebenen Sammelband die Frage, ob ein parlamentarisches System sich in einer ständig veränderten Umwelt mit neuen Herausforderungen als hinreichend leistungsfähig erweisen würde. Außerdem sucht Steffani eine Antwort auf die Frage, ob ein parlamentarisches System demokratischer Selbstbestimmung zuträglich sei und ob es demokratische Legitimation staatlichen Handelns zu vermitteln vermöge.[77] Als Kriterien zur Beantwortung dieser Frage dienen Effizienz, Transparenz und Partizipation, mit denen laut Steffani im Grunde die Qualität eines jeden politischen Systems erfasst werden könne. Folgerichtig kommt Steffani zu dem Schluss, dass die Antworten auf diese Frage von der Wahl des Modells abhängig seien. Ähnlich wie Günther Grabatin stellt er nämlich fest, dass eindimensionale Zielmodelle, die allein die Maximierung einer der drei Kategorien postulierten, wenig hilfreich seien, um die Qualität eines Parlaments zu beurteilen. Auf das konkrete Kategorieninventar umgemünzt kommt Steffani darum zu folgender Aussage:

> „Wird bei der Analyse komplexer Systeme das Effizienzkriterium im Sinne von leistungssteigernder Wirtschaftlichkeit zur ausschließlichen Norm erhoben, dürfte die Fragestellung technokratischen Zielbestimmungen entsprechen. Werden der Partizipations- und Transparenzaspekt zum alleinigen Kriterium erklärt, spricht die Vermutung für die Orientierung an einem verkürzten Demokratiebegriff. Von einem verkürzten Demokratiebegriff kann dann gesprochen werden, wenn und insoweit die Effizienzproblematik und deren Bedeutsamkeit für die Existenz- und Funktionsfähigkeit hochkomplexer Industriegesellschaften außer Acht gelassen bleibt und als Definitionskriterien die Identität von Regierenden und Regierten sowie ein rigides Partizipations- und Transparenzmaximierungskonzept postuliert werden."[78]

Eindimensionale Zielmodelle sind in der Parlamentarismusforschung deshalb relativ nutzlos, weil sie lediglich hypothetische Konstruktionen gesellschaftlicher Wirklichkeit abbilden können. Zwar ist dies eine wichtige Erkenntnis, die auch bezüglich der Effektivität des Europäischen Parlaments weiterhelfen kann. Steffani versäumt es in dem hier zitierten Aufsatz nach der Schilderung des Problems jedoch, mit der Trias von Effizienz, Partizipation und Transparenz an konkreten Fallbeispielen weiterzuarbeiten. Durch die Einführung der Trias wird lediglich eine Aufmerksamkeitshaltung beim Leser erzeugt. Das verfolgte Ziel besteht also vor allem darin, deutlich

---

77 W. Steffani 1973, S. 19.
78 W. Steffani 1973, S. 20.

zu machen, dass eine Maximierung der jeweils einzelnen Kategorien dem Demokratieverständnis moderner parlamentarischer Systeme widerspricht.

Nichtsdestoweniger sind die Ausführungen Steffanis gewinnbringend für die hier vorliegende Arbeit. In Form von Transparenz und Partizipation wurden nämlich zwei weitere Kategorien in die Diskussion eingeführt, und es wurde deutlich, dass es Wechselwirkungen zwischen den einzelnen Kategorien der Trias gibt. Eine tiefere Durchdringung dieses Wechselverhältnisses erreicht indessen Uwe Thaysen durch seine 1972 erschienene „empirische Analyse der Parlamentsreform im 5. deutschen Bundestag".[79] Mit Blick auf die drei Kategorien äußert sich Thaysen wie folgt:

> „Sie besitzen (1) jene hohe ‚interdisziplinäre Eignung', die insbesondere dort erforderlich ist, wo für die unübersehbare Vielfalt der Realität einige wenige Grundstrukturen zu benennen sind."[80]

Daneben nennt Thaysen fünf weitere Gründe, warum sich Effizienz, Transparenz und Partizipation besonders gut zur sozialwissenschaftlichen Analyse eignen. Dies sind – in Kürze zusammengefasst – folgende: geringe ideologische Vorbelastung, Anwendbarkeit auf unterschiedliche soziale Einheiten, unmittelbarer Praxisbezug, ein normativer und nicht nur analytischer Wert von Effizienz, Transparenz und Partizipation und die Offenheit der Begriffe für Dynamik aufgrund der ‚Steigerungsformen' (also mehr Effizienz, Partizipation oder Transparenz).[81]

Auch Thaysen kann sich natürlich nicht dem Problem entziehen, für die einzelnen Kategorien Definitionen oder zumindest Definitionsversuche anzubieten. Und ebenso muss jener versuchen, Effizienz zu operationalisieren. Ganz konkret klingt das dann so:

> „Mit dem Problem der Effizienz des parlamentarischen Regierungssystems ist einerseits die Frage nach der optimal leistungsfähigen Gesamtstruktur gestellt; aber auch – gleichsam betriebsorganisatorisch – die Frage nach der inneren Leistungsfähigkeit der Einzelinstitute des Regierungssystems. Nach allem, was bisher zur Meßbarkeit von Effizienz gesagt wurde, ist offenkundig, daß die Effizienz des parlamentarischen Regierungssystems und die Effizienz von Parlamentsreformen eine außerordentlich variable, noch keineswegs meßbare – wie der Effizienzbegriff selbst – eher intuitiv zu ermittelnde Größe ist."[82]

Auch wenn Thaysen an dieser Stelle nicht zu einer Lösung des Operationalisierungsproblems kommt, werden zwei wichtige Kriterien sichtbar, die im Kontext einer späteren Indikatorenbildung von Bedeutung sind, nämlich die „Gesamtstruktur" und die „innere Leistungsfähigkeit". Problematisch an Thaysens Ausführungen ist jedoch, dass – obgleich es sich um zwei vollständig divergente Betrachtungsebenen handelt – sprachlich nicht zwischen der Effizienz des Gesamtsystems und der Effizienz einzelner Teile dieses Gesamtsystems unterschieden wird. Das wiederum führt zu gedanklichen Verwirrungen, weil ja gar nicht klar ist, was nun tatsächlich

---

79 So der Untertitel der Arbeit von U. Thaysen 1972.
80 U. Thaysen 1972, S. 82.
81 Ebenda, S. 82f.
82 Ebenda, S. 85.

betrachtet wird, wenn von Effizienz geschrieben wird – das Gesamte oder nur ein Prozess innerhalb des gesamten Systems?

Im Grunde ließe sich dieses Problem jedoch recht einfach lösen, wenn man die einzelnen Prozesse mit dem Effizienzkriterium belegte und die Gesamtbewertung als Effektivität bezeichnete. Ähnlich wie es weiter unten in der Grafik dargestellt ist, erleichterte dies nämlich eine allgemeine Bewertung, in die ja außer der Effizienz – zumindest nach den Einlassungen Thaysens und Steffanis – auch die Transparenz und Partizipation einfließen müssten. Somit wäre es unumgänglich, ein mehrstufiges Modell zu entwickeln. Dieses Modell müsste auf der ersten Stufe die Effizienz einzelner Prozesse bezeichnen, in einer zweiten Stufe müssten sodann die beiden anderen Kriterien der Transparenz und Partizipation integriert werden und in einer dritten Stufe müsste die Herstellung eines optimalen Verhältnisses dieser drei Kategorien zueinander enthalten sein. Grafisch könnte das dann in etwa wie folgt aussehen:

Abbildung 1: Modell der Effektivität als Optimierung von Effizienz, Partizipation und Transparenz

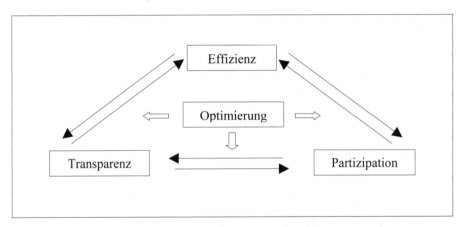

Aus alledem, was bis hierher geschrieben wurde, wird jedoch folgendes deutlich: *Effizienz* im Rahmen institutioneller Prozesse zu messen ist schon dann fast unmöglich, wenn nur die drei Kategorien Effizienz, Transparenz und Partizipation in die Analyse einbezogen werden. Aber allein diese Kategorien reichen in keinem Fall aus, um die *Effektivität* eines Parlaments zu bestimmen. Im wesentlichen hat dies folgende Gründe. Wenn – erstens – die Trias aus Effizienz, Transparenz und Partizipation nicht nur eindimensional auf die Maximierung einer dieser drei Kategorien zugeschnitten sein soll, so muss es einen ziemlich ausgewogenen, also optimalen Zustand dieser drei Kategorien zueinander geben. Doch daraus resultiert nun offenkundig ein Problem: Was ist nämlich – zweitens – ein optimaler Zustand? Der optimale Zustand der Trias kann nicht normativ festgelegt werden. Wenn aber ein optimaler Zustand nicht normativ bestimmbar ist, so ist er schon gar nicht messbar. Durch den Einsatz eines solchen Modells würde also nur vorgeblendet, man könne etwas leisten, was kaum durchführbar ist. Wenn es – wie in dieser Arbeit – um die Beantwortung der Frage geht, ob das Europäische Parlament erfolgreich ist, muss das über eine Einzelfallanalyse hinausgehen.

Anhand eines Beispiels soll die Unzulänglichkeit des triadischen Modells kurz erläutert werden. Im Bereich der Gesetzgebung ließe sich ein dreidimensionales Maximierungsmodell formulieren, das grob dargestellt folgenden Charakter hätte: Zuerst einmal wäre festzulegen, was als Prozesseffizienz in bezug auf die Gesetzgebung anzusehen wäre. Es handelte sich dabei also um eine normative Festlegung der Gesetzgebungsdauer, die z.B. mit 50 Tagen von der Einbringung in das Parlament bis zur Verabschiedung festgelegt werden könnte. Auf einer zweiten Stufe wäre nun danach zu fragen, welche Partizipationsmöglichkeiten es für Bürgerschaft, einzelne Abgeordnete, Ausschüsse, Fraktionen, intermediäre Gruppen etc. geben sollte. Hier ist schon absehbar, dass dies normativ kaum noch bestimmbar ist, also müsste man modellhaft davon ausgehen, dass alle potentiell betroffenen Gruppen oder Individuen in irgendeiner Weise an dem Prozess teilhaben könnten. Schließlich wäre nach der Transparenz zu fragen. Idealerweise müssten z.B. Dokumente allen Beteiligten zugänglich gemacht werden und jeder der Beteiligten müsste über sämtliche Vorgänge, die einen bestimmten Gesetzesakt betreffen, Bescheid wissen sowie ständig informiert werden, damit eine nahezu vollständige Transparenz erreicht werden könnte.

Diese hier kurz skizzierten Parameter wären in dem Beispiel als Maximalleistung zu begreifen.[83] Offenkundig ist die Maximierung aller einzelnen Kriterien jedoch unmöglich, weil Vernunftgründe ebenso dagegen sprechen wie praktische Undurchführbarkeit in einer repräsentativen Demokratie. Und um eine solche handelt es sich sowohl bei der von Thaysen untersuchten Bundesrepublik Deutschland als auch bei dem hier zu analysierenden europäischen politischen System. Deshalb ist es wenig erstaunlich, dass auch Uwe Thaysen in bezug auf den Deutschen Bundestag nicht von einem Maximierungs- sondern von einem Optimierungsmodell spricht.

Die einzelnen Parameter müssen also, wenn das Modell erfolgreich angewandt werden soll, in ein optimales Verhältnis gebracht werden. Doch wie sieht ein optimales Verhältnis der einzelnen Kategorien zueinander aus? Es ist nur schwer vorstellbar, dass sich für Funktionen ein optimiertes Verhältnis von Effizienz, Transparenz und Partizipation a priori angeben ließe. Zwar wäre es durchaus wünschenswert, ein solches optimiertes Verhältnis normativ bestimmen zu können, in der Praxis scheint das jedoch unmöglich. Und selbst wenn es gelänge, für einen Teilbereich der Funktionen ein Optimum zu bestimmen, was hätte man dadurch gewonnen?

---

83 Es ist offensichtlich, dass solche Maximalforderungen mit einer repräsentativen Demokratie kaum vereinbar sind. Forderungen, die darauf hinauslaufen, möglichst alle Beteiligten an Prozessen teilhaben zu lassen, sind ein Kennzeichen direkter und nicht repräsentativer Demokratie. Deshalb ist das Beispiel auch nur insoweit förderlich für das Verständnis, als es deutlich macht, dass ein repräsentatives System sinnvoller Weise nicht mit solchen Maximalforderungen konfrontiert werden kann. Denn die Systemumwelt macht es unmöglich, diese Vorgaben auch nur näherungsweise zu erfüllen.

Allenfalls würde man sehr begrenzt aussagefähige Erkenntnisse erhalten. Lediglich für einen bestimmten Fall – zu einem einzigen Zeitpunkt bei relativ stabilen Umweltbedingungen – wären überhaupt Aussagen zu erwarten. Zwar ist auch das natürlich aller Ehren wert, aber für die Analyse des Europäischen Parlaments griffe dies doch zu kurz. Denn hier geht es um Aussagen, die dem Ziel verpflichtet sind, etwas über das Funktionieren der Institution über einen langen Zeitraum auszusagen, ohne sich auf eine Einzelfallanalyse zu beschränken. *Darum ist die wichtigste Erkenntnis für den Kriterienkatalog zum Europäischen Parlament, dass Effizienz, Transparenz und Partizipation zwar wichtige Hinweise auf die Qualität parlamentarischen Funktionierens liefern, aber nicht als Optimierungskategorien angewandt werden können.* Das hängt vor allem damit zusammen, dass keine Einzelfallanalyse betrieben wird, sondern eine ‚institutionelle Analyse', die auf eine Gesamtschau des Europäischen Parlaments zielt und bei der keine normative Vorgabe des zu erreichenden Optimums bestimmbar ist.

2.1.3. Forschungsleitende Effektivitätskriterien

Anhand der vorgestellten Definitionsansätze zu Fragen von Effektivität und Effizienz wurde gezeigt, dass es – erstens – weder sprachliche noch inhaltliche Homogenität bei der Begriffsverwendung gibt; darum kann auch kein plausibler Kriterienkatalog zur Frage eines ‚erfolgreichen' Parlaments unmittelbar daraus abgeleitet werden. Zweitens ist durch die Diskussion der verschiedenen Konzepte sichtbar geworden, dass es eine Reduktion von Komplexität geben muss. Das heißt, dass nicht alle Kriterien, welche die Effektivität des Europäischen Parlaments möglicherweise beeinflussen, erfasst werden können, sondern eine für die Fragestellung gezielte Auswahl getroffen werden muss.[84] Außerdem muss man sich – drittens – von der Vorstellung lösen, aus einem für das Europäische Parlament erarbeiteten Kriterienkatalog eine für alle Institutionen oder Organisationen generalisierbare Aussagefähigkeit abzuleiten. Zwar ist es das erklärte Ziel dieser Arbeit, solche basalen Kategorien zu benennen, aber einsetzen lassen sie sich stets nur dann, wenn der je spezifische institutionelle Kontext einer Institution (hier: eines Parlaments) umfassend erfasst ist. Somit wird deren Gültigkeit – viertens – wahrscheinlich (vorerst) beschränkt bleiben auf eine bestimmte Sorte oder Spezies von Institutionen, nämlich parlamentarische Vertretungskörperschaften. Für deren Analyse können – fünftens – allerdings Kernaussagen formuliert werden, die für einen Kriterienkatalog zur Messung von Erfolg konstitutiv sind.
- Der Begriff Effektivität bezeichnet in der Regel etwas anderes als der Begriff der Effizienz. Die Grenzen zwischen der Verwendung sind alltagssprachlich jedoch fließend und wissenschaftlich ebenso wenig eindeutig. Trotzdem lassen sich gute Gründe für die Verwendung des Begriffs Effektivität zur Erfolgsana-

---

84 K. Reding 1981, S. 31.

lyse finden. Aus sprachlichen Verständnisgründen steht dem ohnehin nichts entgegen, da sowohl das Wort Effizienz als auch das Wort Effektivität auf den gleichen Wortstamm rückführbar und nahezu beliebig austauschbar sind. Inhaltlich, und das ist die weitaus plausiblere Begründung, scheint es deshalb zwingend erforderlich von Effektivität zu sprechen, weil es sich bei der Unterscheidung von Effizienz und Effektivität um eine Art Stufenmodell handelt, bei dem Effektivität auf einer höheren Stufe angesiedelt ist als Effizienz. Gleichzeitig ist Effizienz jedoch ein wichtiger Bestandteil von Effektivität. Darum gilt: „Effektivität bezeichnet ein Globalmaß, Effizienz stellt eine aus differenzierten Größen zusammengesetzte Bewertung dar."[85]

- Ökonomische Analysen lassen auf der Basis von input-output Bestimmungen häufig mehr Fragen offen als sie tatsächlich beantworten können. Das gilt zumal dann, wenn es um die Beantwortung der Frage geht, ob eine Institution tatsächlich erfolgreich ist. Das Problem liegt in der Operationalisierung, welche meist nur eindimensional auf *eine* Zielkategorie hin erfolgt. Unter diesem Problem leiden im übrigen auch all jene sozialwissenschaftlichen Modelle, die allein *ein* Ziel zum Maßstab der ‚Erfolgsmessung' erheben. Effektivität ist nicht gleichbedeutend mit der Verwirklichung nur *eines* Ziels.

Das auch in der Sozialwissenschaft vor allem von Frieder Naschold stark kritisierte eindimensionale Zielmodell[86] darf jedoch nicht mit dem Messen des Grades der Verwirklichung der *Leitidee*[87] als wichtigem Effektivitätskriterium verwechselt werden. Eine Leitidee ist die Zusammenfassung verschiedener Ziele zu einem leicht vermittelbaren Begriffs- oder Symbolapparat. Dabei wird selten nur auf eine einzige Funktion Bezug genommen, sondern es verbergen sich hinter einer Leitidee verschiedene Funktionen, Strukturen, Prinzipien oder Mechanismen, die zusammengenommen dem Zweck der Institution dienen. Darum gilt: Die Leitidee eines Parlaments ist als übergeordnetes Kriterium zu begreifen. Wird das Handeln einer Institution so ausgerichtet, dass die Leitidee tatsächlich ernstgenommen und ausgefüllt werden kann, so ist das effektivitätsrelevant.

- Effektivität ist abhängig von der Organisation, den Verfahren und den jeweiligen Akteuren. Deshalb kann eine Organisation oder Institution nur dann effektiv sein, wenn sich Verfahren, Organisation und Personal zur Erfüllung der von der Leitidee intendierten Funktionen eignen.
- Effektivität beruht einesteils auf der Fähigkeit zur Anpassung an externe Umweltveränderungen und der Erhaltung eines relativ spannungsfreien Zustandes mit der Umwelt. Andernteils ist die Anpassung jedoch nicht auf die externen Veränderungen beschränkt, sondern es müssen auch die inneren Wandlungsprozesse erkannt und mögliche Spannungen zwischen den Subgruppen einer Insti-

---

85 G. Grabatin 1981, S. 17.
86 F. Naschold 1968, S. 502.
87 Zum Konzept der Leitidee siehe das Kapitel 2.3.1.

tution durch ausgleichende Maßnahmen reduziert werden. Effektiv ist eine Institution oder Organisation also nur dann, wenn es ihr gelingt, ihre eigenen Arbeitsweisen, Strukturen, Mechanismen und Organisationsprinzipien veränderten intra- und interinstitutionellen Umweltzuständen anzupassen. Nur dann wird es glücken, innere und äußere Zerrkräfte gering zu halten, also effektiv zu sein.

- Allein die Selbsterhaltung einer Institution ist zwar nicht gleichzusetzen mit Effektivität, aber zumindest parlamentarische Effektivität ist an die Existenz auf Dauer gekoppelt.[88] Somit ist die Frage nach der Effektivität eines bestehenden Parlaments ein Stück weit tautologisch, weil eine wichtige Voraussetzung zur Analyse gleichzeitig ein wichtiges Element für die Effektivität selbst ist – nämlich die Existenz auf Dauer.
- Effektivität ist nur dann sinnvoll zu erfassen, wenn deren Analyse als Mehrebenenprozess verstanden wird. Handelt es sich um die Effektivität von Institutionen, die ihrem Wesen nach auf die Interaktion mit der Umwelt ausgerichtet sind, lassen sich mindestens zwei verschiedene Ebenen ausmachen, auf denen eine empirische Prüfung erfolgen kann: Adressaten- und Akteursebene.
- Effektivität ist weder ein Zustand, der sich einmalig erreichen lässt und für immer Gültigkeit hat, noch kann Effektivität allein aufgrund einer momentanen Bestandsaufnahme bestimmt werden. Effektivität ist kein Prozess*produkt*. Denn nicht allein das Erreichen eines Ziels wird damit erfasst, sondern auch der Prozess des Agierens und Reagierens des Handelns und des Wandels von Handlungen. Nur durch eine historische Betrachtung können dann Aussagen zur Effektivität getroffen werden.
- Parlamentarische Effektivität hat etwas mit der Qualität von Meinungsbildung und Entscheidungsfindung zu tun. Jene lässt sich etwa mit den Begriffen Effizienz, Transparenz und Partizipation beschreiben. Effektivität ist jedoch nicht als Optimierung des triadischen Verhältnisses dieser drei Elemente zu verstehen, weil dieses Optimum nicht normativ bestimmt werden kann. Wertvoll und wichtig sind die drei Kategorien, weil Prozesse weder vollständig transparent oder intransparent noch unter Ausschluss jeglicher Partizipation oder unter Einschluss größtmöglicher Partizipation demokratischer Qualität genügen und in einem als sinnvoll zu bezeichnenden Zeitrahmen zu Ergebnissen führen. Der Stellenwert der drei Kategorien lässt sich jedoch eher intuitiv als normativ ermitteln.

Die Liste von Kernelementen einer Analyse institutioneller Effektivität zeigt, dass es sich um einen mehrdimensionalen Verstandesbegriff handelt. Inhaltlich ist dessen Bestimmung nur dann sinnvoll zu leisten, wenn man sich auf ein bestimmtes Untersuchungsfeld konzentriert. In dieser Analyse geht es um das Europäische Parlament

---

[88] Anders verhält es sich freilich dann, wenn eine Institution von vornherein nur auf eine bestimmte Dauer angelegt ist, wie etwa eine Kommission zur Veränderung sozialer Sicherungssysteme. Wenn die entsprechende Aufgabe erfüllt ist, also der Zweck der Institution erreicht wurde, ist das nahende Ende natürlich nicht als Ineffektivität zu betrachten. Schließlich existieren solche Institutionen nur aus einem bestimmten und sehr begrenzten Grund.

und ganz konkret darum, ob jenes gut funktioniert. Darum muss man nicht nur wissen, wie man gutes Funktionieren ‚misst', sondern auch festlegen, welche parlamentarischen Leistungen als Maßstab einer solchen Erfolgsanalyse dienen.

2.2. Bausteine parlamentarischer Funktionskataloge im Überblick

Der Erfolg bemisst sich in dieser Arbeit an der Fähigkeit zur und an der tatsächlichen Erbringung von Funktionen. Parlamentarische Funktionskataloge weisen – abhängig davon, welche Autoren als Referenz herangezogen werden – zwischen drei und sieben verschiedene Funktionsbereiche auf. Im Kern läuft es jedoch stets darauf hinaus, dass der von Walter Bagehot bereits 1867 in „The English Constitution"[89] publizierte Kriterienkatalog weiter verfeinert und ergänzt wird. Neben diesen im Schwerpunkt auf Bagehot zurückgehenden Aufgabenbeschreibungen existieren – vor allem durch die nordamerikanische Forschung vorangetrieben – Funktionskataloge, welche stärker die Aufgabe des Parlamentes im Rahmen der Politikgestaltung in den Blick nehmen. Speziell auf das supranationale Europäische Parlament zugeschnittene Funktionskataloge sind ziemlich selten.[90] Wohl aber gibt es einige Funktionsbeschreibungen, die sich ausschließlich mit dem Europäischen Parlament beschäftigen.

In einem ersten Schritt wird eine Auswahl von Funktionskatalogen kursorisch vorgestellt werden, bevor in einem zweiten Schritt das hier genutzte Instrumentarium detailliert präsentiert wird. Das Ziel ist es, die notwendige begriffliche Klarheit zu schaffen, um die Effektivität des Europäischen Parlamentes anhand der Funktionserfüllung beurteilen zu können. Dieser Abschnitt stützt sich ganz wesentlich auf jene Vorarbeiten, die innerhalb des Forschungsprojektes ‚Instrumentelle und symbolische Funktionen von Repräsentationsinstitutionen' im Dresdner Sonderforschungsbereich 537 geleistet wurden. Ein aus dieser Arbeit hervorgegangener Text von W. J. Patzelt stellt die unterschiedlichen Funktionskataloge verschiedener Autoren zusammen, um darauf basierend einen fruchtbaren Funktionsbegriff für den Vergleich parlamentarischer Vertretungskörperschaften herauszuarbeiten.[91] Jene Zusammenstellung wird in weiten Teilen leitend für die vorliegende Analyse sein.

2.2.1. Funktionskataloge des Deutschen Bundestages

Die Analysen von Parlamentsfunktionen lehnen sich in der Literatur in der Regel an die folgenden fünf Grundfunktionen Walter Bagehots an: elective, expressive, tea-

---

89 W. Bagehot 1963.
90 Zu den wenigen Ausnahmen gehören etwa E. Grabitz/O. Schmuck/S. Steppat/W. Wessels 1988 sowie M. Westlake 1995 oder F. Jacobs/R. Corbett/M. Shackleton 1995.
91 Siehe W. J. Patzelt 2003b, S. 16ff.

ching, informing function sowie die function of legislation.[92] Ausgehend von diesen fünf Grundfunktionen finden sich im Schrifttum unterschiedlich stark ausdifferenzierte Verfeinerungen oder Modifizierungen jener für den englischen Parlamentarismus beschriebenen Funktionen. Uwe Thaysen hat in einer Analyse des parlamentarischen Regierungssystems der Bundesrepublik Deutschland nach eigenem Bekunden den Funktionskatalog Walter Bagehots

> „[...] unter zeitgerechten Fragestellungen eines demokratisierten Parlamentarismus neu formuliert und entsprechend der Wahrnehmung der folgenden Funktionen durch den Bundestag untersucht: 1. Wahlfunktion[;] 2. Artikulationsfunktion[;] 3. Initiativfunktion[;] 4. Kontrollfunktion[;] 5. Gesetzgebungsfunktion."[93]

Zudem liefert Thaysen wichtige Hinweise darauf, wie die Messung von Funktionserfüllung möglich wird. Neben einer Deskription der verfassungsintendierten Ausführung der Funktionen fragt er jeweils danach, wie die Funktionserfüllung in der Öffentlichkeit, in der Wissenschaft und im Urteil der Abgeordneten wahrgenommen wird. In ähnlicher Form soll auch in der hier vorliegenden Analyse vorgegangen werden.[94]

Neben Uwe Thaysen gibt es eine ganze Reihe weiterer Parlamentarismusforscher, die sich mit der Frage parlamentarischer Funktionserfüllung im Bundestag beschäftigt haben. Schon sehr früh hat etwa Gerhard Loewenberg den Deutschen Bundestag untersucht. Das hat er mit Hilfe eines Kategorienschemas getan, welches nur drei zentrale Funktionsbereiche beinhaltete, nämlich die „Auswahl der Regierungsmitglieder", die „Gesetzgebung" und schließlich „Kommunikation zwischen Regierung und Öffentlichkeit".[95] Bei Loewenberg finden wir eine Konzentration auf drei Aufgaben, wobei eine so wichtige Funktion wie die Kontrolle im Kriterienkatalog nicht explizit genannt wird. Weitreichender ist dagegen der Funktionskatalog von Winfried Steffani. Jener nennt neben der Grundfunktion aller demokratischen Parlamente, nämlich „demokratische Legitimation staatlichen Handelns zu bewirken",[96] sieben Funktionsbereiche, die in parlamentarischen Regierungssystemen unterschieden werden können.

> „1. Gouvernementale Kreations- und Terminierungsfunktion (Bestellung und Abberufung der Regierung). 2. Kommunikationsfunktion (Öffentlichkeitsarbeit im Plenum und über die Ausschüsse). 3. Interessenartikulations-Funktion (Vertretung des allgemeinen Interesses unter Beachtung von ‚Sonderinteressen'; ‚Repräsentation des Volkswillens'). 4. Integrationsfunktion (Regierungsmehrheit und Opposition als Gesprächspartner). 5. Kontrollfunktion (permanente Kontrolle der Regierung und Verwaltung). 6. Gesetzgebungs- und Geldbewilligungsfunktion (vor allem letztinstanzliche Beschlußfassung). 7. Rekrutierungsfunktion (Auslese politischen Führungspersonals)."[97]

---

92 W. Bagehot 1963, S. 117ff.
93 U. Thaysen 1976, S. 13.
94 Zu methodischen Fragen siehe Abschnitt 1.3.
95 G. Loewenberg 1969, S. 15.
96 W. Steffani 1979, S. 92.
97 Ebenda, S. 92f.

Die Ausprägung der einzelnen Funktionen ist laut Steffani davon abhängig, auf welchem Gebiet das Schwergewicht des jeweiligen Parlaments liegt. Dennoch hat der Funktionskatalog nach seiner Auffassung grundsätzlichen Charakter, gleichgültig ob es sich um ein ‚präsidentielles' oder um ein ‚parlamentarisches' Parlament handelt.[98] Unterschiede werden sich nach seinem Dafürhalten in der Ausprägung der Funktionserfüllung finden, weil die Funktionslogik des Systems jeweils unterschiedlich fokussiert ist. Handelt es sich etwa um ein präsidentielles System, wird das Parlament in der Gesetzgebung anders arbeiten (müssen) als in einem parlamentarischen System, wo regierende Fraktion oder Koalition die Gesetzgebung weitgehend der Regierung überlassen werden. Und auch bei Emil Hübner und Heinrich Oberreuter ist der Funktionskatalog ähnlich angelegt wie in den bereits genannten Fällen, wenn sie die Aufgaben des Deutschen Bundestags[99] in „Kreationsfunktion", „Kontrollfunktion", „Gesetzgebungsfunktion" sowie „Willensbildung und Mobilisierungsfunktion" und „Artikulationsfunktion" untergliedern.[100] Ein ähnlicher Kriterienkatalog findet sich zwar nicht explizit, aber doch implizit etwa in der Darstellung des Deutschen Bundestags von Wolfgang Ismayr, welcher neben einer Beschreibung von Arbeitsweise und Organisation, sowohl Regierungsbildung und Gesetzgebung als auch Kontrolle und Kommunikation zum Gegenstand seiner Analyse macht.[101]

Weitere Arbeiten zur Funktionserfüllung des Deutschen Bundestages, wie etwa die von Dietrich Herzog, beschäftigen sich mit der Frage des Funktionswandels von Parlamenten im Lichte gesellschaftlicher Transformationsprozesse. Weil die traditionellen Konfliktlinien zwischen Kapital und Arbeit, Regionalismus und Zentralismus sowie Konfessionalismus und Laizismus an Bedeutung verlieren, können sie auch zunehmend weniger die politischen Auseinandersetzungen strukturieren. Das wiederum hat eine Entkoppelung von Wählern und Parteien im traditionellen Sinn zur Folge.[102] Aus der Auflösung dieser alten Spannungslinien erwächst eine veränderte Funktionsanforderung an Parlamente. Vor allem die Fragen der Responsivität im Rahmen der Repräsentationsfunktion müssen zusehends anders beurteilt werden. Die Selektion von Themen gewinnt an Bedeutung, da nicht mehr alle Probleme behandelt werden können, um das Parlament nicht funktional zu überfordern. Aus einer Artikulationsfunktion wird deshalb eine „Strategiefunktion".[103] Die „teaching function" des Parlaments, die vielfach in den Funktionskatalogen neuerer Prägung nicht mehr auftaucht, gewinnt wieder an Bedeutung. Zwar nicht im Sinn eines ober-

---

98 Winfried Steffanis Unterscheidung beruht auf der Analyse des britischen, US-amerikanischen und deutschen parlamentarischen Systems, weshalb er aus Gründen der besseren Unterscheidbarkeit die Differenzierung in präsidentielle und parlamentarische Parlamente einführt. Ders. 1979, S. 92.
99 Eine gute Zusammenstellung möglicher Funktionskataloge für den Bundestag, die über das hier genante Schrifttum hinausgeht, findet sich etwa bei P. Schindler 1999, S. 2834-2847.
100 E. Hübner/H. Oberreuter 1977, S. 12. Ähnlich auch H. Oberreuter 1992, S. 309.
101 W. Ismayr 2001.
102 D. Herzog 1993, S. 20ff.
103 Ebenda, S. 24.

lehrerhaften Dozierens über das Richtige und Falsche, wohl aber in der Form, dass dem Parlament die Aufgabe zukommt, konfligierende Erwartungen in konkrete Perspektiven politischen Handelns umzumünzen.[104] Kommunikation zwischen Gesellschaft und Parlamentariern muss demnach gestärkt werden und darf nicht länger ein ohnehin unerfülltes Postulat bleiben. Deshalb kommt Herzog auch zu dem Schluss, dass die wesentliche Herausforderung nicht im Bereich der Gesetzgebung oder der Kontrolle liegt, sondern dass die Repräsentationsfunktion und dabei ganz besonders die Responsivität vor neuen Herausforderungen steht. Und zwar vor allem deshalb, weil es in Zukunft immer wichtiger werden wird, dass das Parlament die Aufgabe der Konversion unterschiedlicher Interessen in konkrete Problemlösungen erbringt.[105]

Allen genannten Funktionskatalogen ist gemeinsam, dass sie allgemeine, grundlegende Aufgaben eines Parlaments in einem freiheitlich-demokratischen politischen System beschreiben. Funktionen sind dabei als Leistungen von Parlamenten zu verstehen, die jene für das sie umbettende System erbringen.[106] Unterschiede gibt es hinsichtlich der Akzentuierung einzelner Funktionen. Dabei finden sich zum Teil stärkere Betonungen auf spezifische Funktionsbereiche – wie im Falle Herzogs auf eine verstärkte Responsivität zum Zweck der Konversion gesellschaftlicher Interessenlagen –, ohne dass deshalb eine generell andere Funktionsdefinition zu erkennen wäre. Zudem lässt sich festhalten, dass der Aspekt parlamentarischer Selbsterhaltung weitgehend unterbelichtet bleibt. Obzwar es sich nicht um eine direkte Leistung des Parlaments für die Umwelt handelt, kann doch leicht ein Brückenschlag hergestellt werden. Denn nur dann, wenn die notwendigen Reproduktionsprozesse stattfinden und ein Parlament weiterhin existiert, können überhaupt Leistungen erbracht werden.

2.2.2. Funktionskataloge der legislature studies

Politikwissenschaftliche Funktionsanalysen im angloamerikanischen Raum unterscheiden sich ein Stück weit von der Funktionsanalyse deutscher Parlamentarismusforschung. Die Forschungen haben „zumeist die Wirkungsweise und Aufgabenstellung von Parlamenten sowie ihre Einflüsse auf den Prozeß der Politikformulierung zum Gegenstand."[107] Gerhard Loewenberg und Samuel C. Patterson formulieren etwa folgende Triade von Funktionen:

---

104 Ebenda, S. 25.
105 Ebenda, S. 51f.
106 Parlamente sind Strukturen, die auf der Mesoebene des Schichtenbaus sozialer Wirklichkeit angesiedelt sind. Sie werden von darunter liegenden Schichten, also Gruppen, Einzelmenschen, kulturspezifischen Wissensbeständen und Wahrnehmungsstrukturen ebenso beeinflusst wie von dem darüber liegenden gesamtgesellschaftlichen System und den territorialen und supra- sowie internationalen Systemen. Siehe W. J. Patzelt 2003a, S. 46ff.
107 E. Grabitz/O. Schmuck/S. Steppat/W. Wessels 1988, S. 52.

> „Therefore we will describe what legislatures do under three general holdings: communication, or *linkage* between government and its constituents; selecting and dismissing executives, or *recruiting leaders*; and the policy-making activities that we will call *conflict management*."[108]

Während diese Funktionsbeschreibung noch starke Elemente der Kategorisierung beinhaltet, wie sie auch von vielen deutschen Parlamentarismusforschern und sogar von Loewenberg selbst in bezug auf den Deutschen Bundestag formuliert werden,[109] beschreibt der amerikanische Politikwissenschaftler Michael L. Mezey eine hiervon abweichende Aufgabenordnung:

> „A good deal has been written about what 'function' and 'role' mean, how the two concepts are related, and how the terms should and should not be used. Without minimizing the importance of these distinctions, they are somewhat besides the point of this discussion. What I will be writing about in the following sections are the activities of legislatures and their members. Whatever their conceptual anchor, with only a modest amount of pushing and shoving these activities can be grouped into three broad categories: policy making activities, representational activities, and system maintenance activities."[110]

M. L. Mezey ist sich des Unterschieds zu den Funktionskatalogen anderer Autoren durchaus bewusst. Er wählt genau diese Herangehensweise, weil er Aussagen nicht nur über *eine* Vertretungskörperschaft treffen will, sondern den Vergleich unterschiedlicher Parlamente anstrebt. Deshalb klassifiziert er Parlamente in fünf Gruppen, wobei letztlich für die Eingruppierung in eine der Gruppen als „active", „vulnerable", „reactive", „marginal" oder „minimal legislature" zwei Faktoren ausschlaggebend sind – nämlich die Unterstützung des Parlaments durch die Öffentlichkeit und die Fähigkeiten des „policy-making". Offensichtlich ist hier, dass sich die Funktionserfüllung von Parlamenten – anders als in der deutschen Parlamentarismusforschung – nicht an dem oben genannten Funktionskatalog orientiert, sondern einen vollständig anderen Zugang hat. Konkret haben Fragen der Kreation, Kontrolle und Gesetzgebung nämlich nicht den Stellenwert, den diese Kriterien in der europäischen und zumal deutschen Forschung haben. Der Grund dafür dürfte in der Orientierung auf die Frage nach dem Vergleich von Vertretungskörperschaften liegen, der nach Meinung Mezeys dann besser gelingt, wenn man nicht Funktionen, sondern Ergebnisse politischen Handelns kontrastiert.

Ähnlich gehen auch Jean Blondel und Valentine Herman vor, die Anfang der 1970er Jahre ein Arbeitsbuch vorgelegt haben, in dem ein Kapitel den Funktionen und Strukturen des politischen Systems gewidmet ist. Hier wird deutlich, dass das Ergebnis von input-output Relationen im Mittelpunkt steht, wenn die Autoren schreiben:

---

108 G. Loewenberg/S. C. Patterson 1979, S. 44.
109 Vgl. dazu Fn. 95.
110 M. L. Mezey 1979, S. 7.

"Clearly, the political system does act like a machine which receives inputs and turns them into outputs. It is characterised by a series of operations, to which the name of 'functions' has often been given (regrettably perhaps, but none the less quite commonly)."[111]

Blondel und Herman lehnen den Funktionsbegriff für die Beurteilung der Leistungserfüllung eines Parlaments ab. Stattdessen bevorzugen sie eine stärkere Konzentration auf den Prozess der Politikverarbeitung, also die Phase des Umwandelns von input in einen konkreten output. Das birgt den Vorteil, den für die Leistungserfüllung relevanten Selektionsprozess besser berücksichtigen zu können.

Falsch wäre es an dieser Stelle jedoch, diese Ergebnisse als ein Kontrastprogramm zur deutschen Forschung zu verstehen; vielmehr bezeichnen sie eine andere Schwerpunktsetzung. Dabei können vor allem die Ausführungen Mezeys sehr gut weiterhelfen, parlamentarische Vertretungskörperschaften zu analysieren. Die kurze Beschreibung angloamerikanischer und deutscher Funktionskataloge zur Parlamentsanalyse offenbart, dass es von dem je spezifischen systemaren Umfeld abhängt, welche Funktionen in den Vordergrund rücken oder dahinter zurückstehen müssen. Handelt es sich bei den deutschen Kriterienverzeichnissen um solche, die geprägt sind von der Vorstellung Walter Bagehots, so sind US-amerikanische Forschungen dadurch gekennzeichnet, dass sie nicht mit einem Funktionenkanon arbeiten, sondern überwiegend systemstabilisierende Faktoren berücksichtigen. Drei Aspekte sind dabei laut Eberhard Grabitz u.a. besonders hervorzuheben, nämlich die Fragen parlamentarischer Beteiligung am „policy-making Prozess", das „management of conflicts" und letztlich die Beziehung Wähler und Repräsentant – manifestiert in Studien zu „responsiveness" oder „representativeness".[112]

2.2.3. Funktionskataloge des Europäischen Parlaments

Zwar sind die Unterschiede zwischen angloamerikanischer und deutscher Forschung unübersehbar, jedoch gibt es auch eine Reihe von Gemeinsamkeiten:

> „Beiden gemeinsam ist jedoch, daß ein in sich gefestigtes und von den Bürgern akzeptiertes politisches System vorhanden ist, auf das die Funktionen der untersuchten Parlamente projiziert werden können."[113]

Auf den ersten Blick würde das Zitat nahelegen, für die Analyse des Europäischen Parlaments einen speziellen Funktionskatalog zu schaffen, der einer sich entwickelnden und ständigen Wandlungsprozessen unterworfenen Repräsentationsinstitution eher gerecht wird. Denn es handelt sich beim europäischen politischen System (noch) nicht um ein in sich gefestigtes politisches System mit weitgehender Bürgerakzeptanz. Das Problem der möglichen Inkompatibilität von national zugeschnittenen Funktionskatalogen bei der Untersuchung des Europäischen Parlaments konsta-

---

111 J. Blondel/V. Herman 1972, S. 8.
112 E. Grabitz/O. Schmuck/S. Steppat/W. Wessels 1988, S. 53.
113 Ebenda, S. 54.

tiert etwa auch Birgit Suski, wenn sie schreibt, „daß unser heutiges Demokratieverständnis auf den modernen Staat zugeschnitten und nicht ohne weiteres auf die neuen Strukturen der Europäischen Union zu übertragen ist."[114] Dennoch nutzt B. Suski ebenso wie andere Autoren einen Funktionskatalog, um den Demokratisierungsprozess anhand der Vertragsentwicklung der Europäischen Gemeinschaften/Europäischen Union nachzuzeichnen und skizziert folgende Funktionen: Wahl- und Abberufungsfunktion, Gesetzgebungsfunktion, Kontrollfunktion, Rückkopplungsfunktion bzw. Artikulationsfunktion und Unterrichtungs- und Aufklärungsfunktion.[115] Die Autorin kann sich der Sinnhaftigkeit von Kriterienkatalogen nicht entziehen und kommt schließlich zu dem Schluss, dass die

„Union [...] sich nicht eindeutig dem speziellen parlamentarischen System zuordnen [lässt]. [...] Ansonsten bestehen jedoch starke Parallelen zum parlamentarischen Regierungssystem, weshalb die Parlamentsfunktionen in einem solchen System auch für die Union von Bedeutung sind."[116]

So ähnlich liest sich das auch bei einer ganzen Reihe weiterer Autoren, die das Europäische Parlament ebenfalls mit Hilfe eines Kriterienkatalogs analysieren, der in der Regel nicht speziell dafür konstruiert wurde.[117] Zu nennen ist hier etwa die Arbeit von Thomas Läufer und Eberhard Grabitz, die sich vollständig an den Kriterien Walter Bagehots orientieren und jene um die Grundfunktion eines jeden Parlaments ergänzen, die in der Etablierung, Kontrolle und Legitimation von Herrschaft liegt.[118] Leicht differenziert, aber auch an die ‚traditionelle' Funktionsgliederung angelehnt, beschreiben Helen Wallace und Valentine Herman die Aufgaben des Europäischen Parlaments. Dabei hat die Beziehung zwischen Abgeordneten und Adressaten einen herausragenden Stellenwert, der sich durch die Kategorisierung der Aufgaben in informing, education, legitimate und representation function manifestiert. Und auch in der Literatur, welche aus der Binnensicht des Europäischen Parlaments entstanden ist, wird die Funktionsanalyse meist anhand von Aufgaben oder ‚powers' formuliert.[119] Richard Corbett u.a. identifizieren legislation, budgetary role, scrutiny, control and appointments sowie forum and channel for communication als elementare Funktionsbereiche des Europäischen Parlaments.[120]

Anders wird allerdings bei Eberhard Grabitz u.a. verfahren, die ein gezielt für die Funktionserfüllung des Europäischen Parlaments abgestimmtes Funktionsraster entwerfen, welches nicht so stark durch die Kriterien Walter Bagehots geprägt ist. Da das europäische politische System keinem nationalen politischen System wirk-

---

114 B. Suski 1996, S. 102.
115 Ebenda, S. 100f.
116 Ebenda, S. 104.
117 Siehe auch K.-H. Naßmacher 1972, S. 100ff., sowie F. R. Pfetsch 2001, S. 156f.
118 E. Grabitz/T. Läufer 1980, S. 361.
119 Zur Kategorie der Texte, die eine Binnensicht der Funktionserfüllung nachzeichnen, muss auch die hervorragende Beschreibung von M. Westlake 1995 gerechnet werden. Dort vor allem S. 114-183.
120 F. Jacobs/R. Corbett/M. Shackleton 1995.

lich ähnlich ist, werden nach Meinung von Eberhard Grabitz u.a. durch die Anwendung herkömmlicher Funktionskataloge tendenziell eher jene Funktionen beschrieben, die das Europäische Parlament ohnehin nicht erbringt. Die Politikverflechtung,[121] die aus einer stetigen Verschiebung von Kompetenzen auf die Gemeinschaftsebene resultiert, wobei gleichzeitig eine Überlappung nationaler und supranationaler Kompetenzen sowie auf Konsens beruhenden Entscheidungsfindungen zwischen den Nationalstaaten und zu geringer Teilhabe der Gemeinschaftsorgane an der Entscheidungsfindung festzustellen ist, wird nicht angemessen berücksichtigt. Aus der Stellung des Europäischen Parlaments in dieser ‚Politikverflechtungsfalle' und unter Berücksichtigung der von ihnen primär untersuchten Demokratisierungserwartungen formulieren Grabitz u.a. die Funktionen des Europäischen Parlaments wie folgt:

> „Entsprechend diesen Überlegungen können drei Funktionen voneinander abgegrenzt werden, die im folgenden als Politikgestaltungs-, Systemgestaltungs- und Interaktionsfunktion bezeichnet werden. Jede dieser Funktionen läßt sich in jeweils drei Funktionssegmente weiter ausdifferenzieren. Die Grenzen zwischen den einzelnen Funktionen sind fließend. Einzelne Aktivitäten des EP können zwei oder sogar allen drei Funktionen zugerechnet werden."[122]

Die hier vorgestellte Kategorisierung ist der Versuch, die Ergebnisse der US-amerikanischen legislatures-Forschung mit denen der Parlamentarismusforschung europäischer und vor allem deutscher Prägung zu verbinden. Die Aufnahme der Systemgestaltungsfunktion ist – obwohl alle Funktionen als gleichwertig betrachtet werden – deshalb als zentraler Punkt zu betrachten, weil es sich beim Europäischen Parlament noch nicht um eine institutionell saturierte Vertretungskörperschaft handelt und die Entwicklung keineswegs abgeschlossen ist. Darum ist es nötig, den Fähigkeiten des Parlaments zur weiteren Systemgestaltung durch Aufnahme dieser Kategorie Rechnung zu tragen. Sinnvoll erscheint Grabitz u.a. die Aufnahme der Systemgestaltungsfunktion vor allem deshalb, weil das Europäische Parlament mangels Kompetenzen im Bereich der Politikgestaltung, also der klassischen Parlamentsfunktionen, nicht durch politische Weichenstellungen systementwickelnd wirken kann.[123]

Die Erweiterung des Funktionskatalogs basiert auf der speziellen Forschungsfrage von Grabitz u.a., welche auf die Bilanzierung der Demokratisierungserfolge durch die Direktwahl abzielt. Zwar ist es möglich, dass die vermeintliche ‚Engführung' herkömmlicher Funktionsraster für jene spezifische Untersuchung aufgebrochen werden muss; aber will man – wie in der hier vorgelegten Analyse intendiert – historisch vergleichend arbeiten, wird ein Funktionskatalog benötigt, der über den gesamten Zeitraum der Existenz der Institution anwendbar ist. Und genau zu diesem Zweck bietet sich ein auf System- und Politikgestaltung sowie Interaktion beruhender Kriterienkatalog wegen seiner spezifischen Anlehnung an die Demokratisie-

---

121 Zum Problem der Politikverflechtung siehe den entsprechenden Aufsatz von Fritz W. Scharpf 1985.
122 E. Grabitz/O. Schmuck/S. Steppat/W. Wessels 1988, S. 78.
123 E. Grabitz/O. Schmuck/S. Steppat/W. Wessels 1988, S. 82f.

rungserfolge nicht an. Bei genauerer Betrachtung ist zudem leicht festzustellen, dass sich hinter der Interaktionsfunktion nichts wesentlich anderes verbirgt als die Kommunikationsfunktion. Diese wiederum wäre leicht in den Begriff Politikgestaltung zu integrieren, hinter dem sich in weiten Teilen die weiter oben ausführlich angesprochenen ‚traditionellen' Funktionsraster finden.

2.3. Kernelemente einer Funktionsprüfung des Europäischen Parlaments

Die Beantwortung der Frage, ob das Europäische Parlament erfolgreich ist, bedarf aufgrund der bisherigen Literaturbefunde noch einiger Ergänzungen und Reformulierungen, bevor ein brauchbarer Kriterienkatalog skizziert werden kann. Der zentrale Ansatzpunkt ist die parlamentarische Funktionserfüllung. Was jedoch ist ganz konkret eine parlamentarische Funktion? Woran orientiert sie sich und welche Bedingungen braucht es zur Funktionserfüllung? Vor allem zu den letzten beiden Fragen geben die ‚herkömmlichen' Analysewege nur begrenzt Auskunft, aber auch die erste Frage ist noch unzureichend beantwortet.

Mehr Einsicht gewinnt in jedem Fall, wer sich eine Funktion als eine Leistung für die Umwelt vorstellt. Nirgends findet sich das bisher eindeutiger formuliert als bei Werner J. Patzelt, wenn er schreibt:

> „Darum stiftet es viel verlässlicher Klarheit, als Funktionen grundsätzlich nur jene Leistungen zu bezeichnen, die ein distinktes System für seine Umwelt erbringt, also auch eine bestimmte Institution für die sie umgebende Gesellschaft."[124]

Auch parlamentarische Funktionen sind somit nichts anderes als Leistungen eines Teilsystems für das gesamte System. Freilich werden Funktionen in herkömmlichen Kriterienkatalogen zwar nicht so eindeutig als Leistungen des Subsystems explizit formuliert, aber im Grunde sind sie wohl in allen Modellen als solche gedacht. Derlei Gemeinsamkeiten dürfen jedoch nicht eine gravierende Fehlstelle verdecken. Die meisten Funktionskataloge beschäftigen sich nur mit instrumentellen Funktionen und lassen es allein schon an der Frage vermissen, welchen Stellenwert symbolische Funktionen haben. Wer sich jedoch an dem Forschungsprogramm eines Sonderforschungsbereichs orientiert, dessen eine Kernaussage lautet, dass „...nur solche ‚Sozialregulationen' idealtypisch als ‚Institutionen' bezeichnet werden, in denen die handlungsleitenden und kommunikationssteuernden Grundlagen einer Ordnung immer auch symbolisch zum Ausdruck gebracht werden...",[125] wird sich der Notwendigkeit zur Analyse symbolischer Funktionen schwer entziehen wollen. Das gilt um so mehr, wenn man in Anlehnung an Gerhard Göhler die Funktionen einer politischen Institution nicht nur als Ordnungs-, sondern auch als Orientierungsleistung versteht. Denn dann kommt

---

124 Siehe W. J. Patzelt 2003c, S. 62.
125 TU Dresden 1996, S. 14.

"[...] zur instrumentellen Dimension der Steuerung [...] die sinnhafte Dimension der Integration hinzu; sie wird durch Symbole vermittelt und kommt durch sie zum Ausdruck. Politische Institutionen müssen deshalb zum zweiten auch als Instanzen der symbolischen Darstellung von Orientierungsleistungen einer Gesellschaft verstanden und untersucht und auch kritisch bewertet werden."[126]

Steuerung und Integration sind eng miteinander verzahnt und politische Institutionen sollten diese beiden als Orientierungs- und Ordnungsleistung klassifizierten Aufgaben gleichermaßen erfüllen. Dabei stellt sich laut Göhler das Leistungsspektrum wie folgt dar:

> „*Integration* erfolgt primär [...] durch Orientierung an einer Leitidee oder an einem Set von Leitideen, vermittelt durch ihre symbolische Darstellung. Die Integration kann sich auch als Folge von Ordnungsleistungen (Steuerung) ergeben, wenn die Ordnungsleistungen Sinnressourcen und Symbole generieren, die ihrerseits auf der Symbolebene orientierende Kraft gewinnen. In beiden Fällen kann dadurch ein Resonanzboden aktiviert oder offengehalten werden, um Steuerungsleistungen durch Orientierungsangebote zu verstärken. Integration ist sekundär [...] ein Faktor der Ordnungsleistung politischer Institutionen: In diesem Sinne ist Integration ein Sonderfall von Steuerung, nämlich die technisch geregelte und organisierte Einführung von Handlungsabläufen in eine umfassende Einheit (,technische Integration'); die erfolgreiche Vernetzung von Handlungsoptionen ist Voraussetzung für die Effektivität von Steuerungsleistungen.
>
> *Steuerung* erfolgt primär [...] als Regulierung von Handlungsoptionen durch organisatorische Mechanismen, sekundär als Schaffung neuer oder Nutzbarmachung geeignet zu interpretierender vorhandener Symbole innerhalb der Ressource ,Sinn', um Politikinhalte anschaulich zu präsentieren und durch die Generierung, Verstärkung und Verstetigung von Motiven besser durchzusetzen (,symbolische Politik'). Voraussetzung ist ein Resonanzboden [...], da eine Steuerung vermittels Symbolen ihre Orientierungsangebote nur mit Aussicht auf Erfolg einsetzen kann, wenn eine entsprechende Disposition bei den Adressaten bereits besteht."[127]

Bezüglich der integrativen und steuernden Leistungen ergibt sich aus den Definitionen Göhlers folgendes vereinfachtes Schema der Wirkrichtung instrumenteller und symbolischer Funktionen von Parlamenten.

Tabelle 2:   Vierfeldermatrix der Funktionserfüllung

	Instrumentell	**Symbolisch**
Steuerung	Primär	Sekundär
Integration	Sekundär	Primär

Instrumentelle und symbolische Funktionserfüllung hat also eine primäre und eine sekundäre Wirkrichtung. Keinesfalls darf dies jedoch mit einer weiteren wichtigen

---

126 G. Göhler 1996, S. 599.
127 G. Göhler 1994, S. 43 mit weiteren Nachweisen.

Kategorie einer Parlamentsanalyse, nämlich der Frage von latenter und manifester Funktionserfüllung verwechselt oder sogar gleichgesetzt werden. Instrumentelle wie symbolische Funktionen sind nämlich zusätzlich danach zu gliedern, ob das Erbringen der Leistung *manifest* oder *latent* geschieht.[128] Von manifester Funktionserfüllung spreche ich dann, wenn die erbrachte Leistung der *Leitidee* des Parlaments entspricht, also bereits durch deren Zweckbestimmung festgelegt ist, dass diese Funktion erbracht werden soll.[129] Latente Funktionserfüllung ist somit im umgekehrten Fall gegeben, also wenn die Funktionserfüllung zwar nicht von der Leitidee intendiert ist, aber faktisch stattfindet.[130]

Instrumentelle und symbolische Funktionen bilden mit deren latenter oder manifester Erfüllung eine Vierfeldermatrix. Es ist also keineswegs so, dass die instrumentellen Funktionen ausschließlich im manifesten und die symbolischen Funktionen allein im latenten Bereich zu suchen sind; beide Arten der Funktionserfüllung sind in beiden Feldern anzutreffen. Parlamente erfüllen symbolische und instrumentelle Funktionen also sowohl latent als auch manifest. Während der Unterschied zwischen latent und manifest recht einfach durch die Prüfung einer Übereinstimmung oder Differenz von Funktionserfüllung und Leitidee zu erfassen ist, müssen das Konzept der Leitidee selbst sowie der Unterschied zwischen symbolischer und instrumenteller Funktionserfüllung im folgenden noch konkretisiert werden.

2.3.1. Leitidee und Funktionen

Eines der wesentlichen Unterscheidungsmerkmale zur Beurteilung effektiver Funktionserfüllung ist die Frage, ob die erbrachten Leistungen eines Parlaments seiner intendierten Leitidee entsprechen oder zuwiderlaufen. Was jedoch ist ganz konkret eine Leitidee und speziell die Leitidee eines Parlaments, und wie hängt die Leitidee mit der Funktionserfüllung zusammen? Die allgemeine Frage nach der Leitidee ist recht leicht zu beantworten, wenn man – in Anlehnung an Maurice Hauriou – davon ausgeht, dass jede Institution über ein leitendes Prinzip verfügt, das die Maximen ihres Handelns im wesentlichen bestimmt. Denn

---

128 Die Begriffe latente und manifeste Funktionen gehen zurück auf Robert K. Merton. Jener unterschied zwischen diesen beiden Aspekten, um unbeabsichtigte Nebenfolgen bei der Verfolgung selbstgesteckter Ziele zu beschreiben. Vgl. L. A. Coser 2000, S. 164f.
129 An einem einfachen Beispiel lässt sich der Unterschied zwischen latenter und manifester Funktionserfüllung deutlich machen. Universitäten haben den manifesten Zweck, Studierende auszubilden und dadurch akademischen Nachwuchs hervorzubringen. Latent dienen sie jedoch als ‚Aufbewahrungsort' für all jene Abiturienten, die keinen geeigneten Ausbildungsplatz finden oder sich nicht hinreichend Gedanken zur eigenen Zukunftsplanung gemacht haben und darum die Institution als soziale Pufferstation nutzen.
130 Siehe W. J. Patzelt 2001b, S. 30; allgemeiner zu dem Problem der Unterscheidung manifester und latenter Handlungen siehe H. Bude 1994, S. 114ff.

„[...] eine Institution ist eine Idee vom Werk und oder vom Unternehmen, die in einem sozialen Milieu Verwirklichung und Rechtsbestand findet. Damit diese Idee in die konkrete Tatsachenwelt umgesetzt wird, bildet sich eine Macht aus, von der sie mit Organen ausgestattet wird. Zwischen den Mitgliedern der an der Durchsetzung der Idee beteiligten sozialen Gruppe ergeben sich unter der Oberleitung der Organe Gemeinsamkeitsbekundungen, die bestimmten Regeln folgen."[131]

Auf der Basis dieser Definition erläutert Hauriou sodann die Elemente, die den Bestand einer Institution besonders festigen und deren Fortbestand auf Dauer sichern. Im Grunde sind dies drei Dinge, nämlich die Idee von dem zu erfüllenden Zweck einer Institution, die Macht zur Umsetzung dieser Idee sowie die Gemeinsamkeitsbekundungen institutioneller Akteure in bezug auf die leitende Idee der Institution. Die Idee des zu schaffenden Werks (idée de l'œuvre à réaliser) ist nach Maurice Hauriou das wichtigste Element institutioneller Ordnungen und verdient die Bezeichnung *Leitidee* (idée directrice). Diese wiederum sei, so Hauriou, nicht gleichzusetzen mit dem Zweck oder der Funktion einer Institution. Der Zweck sei vielmehr eine Zuschreibung von außen, während die Idee in der Institution selbst liege. Die Idee sei zudem schon deshalb nicht mit dem Zweck vereinbar, weil sie die Planung eines Vorhabens und seiner Organisation beinhalte, nicht aber seine Ausführung, weshalb das erste auch mit Aktionsprogramm gleichzusetzen und das zweite am Erfolg zu messen wäre.

An dieser Stelle tut sich allerdings eine Fehlwahrnehmung Hauriou auf, die vermutlich seiner eher juristischen und tendenziell praxisfernen Definitionsarbeit geschuldet ist. Denn die von außen an die Institution herangetragenen und die selbst gesteckten Ziele können ja durchaus identisch sein. So könnte man etwa erwarten, dass ein parlamentarischer Untersuchungsausschuss Missstände in einem bestimmten Fall aufdecken soll. Das wird sicherlich sowohl von den institutionellen Akteuren als auch von den Bürgern gleichermaßen als leitende Idee angesehen, so dass es zu einer Übereinstimmung von eigen- und fremddefiniertem Ziel kommt. Außerdem ist es auch wenig hilfreich, den Zweck von der Idee mit der Begründung abzugrenzen, der Zweck enthalte zugleich die Mittel, die zur Zielerreichung notwendig seien und sei deshalb erfolgsabhängig, während die Leitidee nicht am Erfolg gemessen werden könne. Zumindest in dieser von Hauriou formulierten Absolutheit und Klarheit ist derlei Argumentation zweifelhaft, da der Erfolg einer Institution sich zumindest auch daran bemisst, inwieweit sich ihre Leitidee(n) im Handeln wiederfindet.

Die Stimmigkeit der von Hauriou vorgenommenen Unterscheidung zwischen Leitidee und Funktion ist hingegen evident. Eine Funktion ist – wie bereits weiter oben eingehend erläutert – eine Leistung für die Umwelt. Deshalb können Funktionen also allenfalls in Form der Handlungsergebnisse – und der Art und Weise wie diese hergestellt werden – mit der Leitidee einer Institution übereinstimmen. Sie sind jedoch nicht mit Leitideen identisch. Folglich ist der Zusammenhang zwischen Leitidee und Funktionen relativ leicht herzustellen. Eine Leitidee muss hinreichend klar sein und darf nicht im Widerspruch zum institutionellen Handeln stehen. Wenn

---

131 M. Hauriou 1965, S. 34.

die Leitidee nämlich dem tatsächlichen Handeln widerspricht oder sogar verschiedene miteinander in Konkurrenz stehende Leitideen gleichzeitig existieren, dann verliert die Institution an Glaubwürdigkeit auf Seiten ihrer Adressaten und die Leitidee wird als allenfalls deklamatorisch-vorgeblendet entlarvt. Außerdem muss die Leitidee zur

> „[...] Eigenart der Akteure der Institution sowie zur Umwelt der Institution passen. Das heißt: die Leitidee muß zu solchen institutionellen Handlungen veranlassen, welche sich einesteils von den Handelnden auf Dauer durchhalten lassen, und die anderteils zu stabilen Austauschbeziehungen mit der Umwelt der Institution führen."[132]

Damit ist die Frage der Leitidee und ihrer Verbindung mit den Funktionen eindeutig erfasst. Die leitende Idee einer Institution stellt quasi einen ‚Masterplan' oder ein Programm dar, mit dem es gelingen sollte, die Institution dauerhaft am Leben zu erhalten, wenn und solange die Funktionen, also die Leistungen für das umgebende Milieu, nicht im Widerspruch dazu stehen. Darum sind Leitideen verdichtete Darstellungen des gewollten Zwecks einer Institution oder wie Rehberg es formuliert:

> „Leitideen sind also nicht einfach auf den Begriff gebrachte ‚Notwendigkeiten', sondern sie symbolisieren jeweils durchgesetzte (wenn zuweilen auch auf lange Traditionen zurückgreifen könnende) Ordnungsarrangements."[133]

An späterer Stelle heißt es dann bei Rehberg:

> „Die Realität von ‚Leitideen' kann – und darin liegt die institutionenanalytische Pointe – erst begriffen werden durch einen Blick auf die Divergenzen, welche auf diese Weise kodifiziert und vereinheitlicht werden. Jede Leitidee leistet eine Heraushebung aus einer Vielzahl oftmals unvereinbarer Orientierungsmöglichkeiten; sie ist eine Synthese von Widersprüchlichem und verleugnet zugleich die Mehrzahl der in ihr spannungsreich verarbeiteten und mit ihr konkurrierenden Sinnsetzungen und Ordnungsentwürfe."[134]

Der Leitidee einer Institution kommt also ein zentraler Stellenwert zu. In ihr findet sich nicht nur die Programmatik einer Institution, sondern sie ist der Bindekitt verschiedener Wertvorstellungen und Ordnungsmuster, die zu einer gemeinsamen Idee zusammengefasst werden. Von Zielbestimmung und Geltungsanspruch der Institution zu sprechen ist – entgegen Haurious Auffassung – also absolut zutreffend, denn schließlich handelt es sich bei der Leitidee nun wirklich um nichts anderes als um die – von innen gewollte oder von außen gesetzte – Zielvorstellung einer Institution, die in verdichteter Weise präsentiert wird, um bei den Adressaten und Akteuren die Glaubwürdigkeit der Institution zu erhöhen.

Parlamentarische Leitideen sind also nichts anderes als Kondensate des zentralen Geltungsanspruches einer Institution. Die Leitidee darf aber keine Fiktion bleiben. Es muss zumindest die Chance bestehen, dass sie auch eingelöst wird. Die Leitidee einer Institution wird – genauso wie es Hauriou beschrieben hat – erstmalig in der Gründungsphase einer Institution artikuliert. Dabei wird die Formulierung der Leit-

---

[132] W. J. Patzelt 2001b, S. 31.
[133] K.-S. Rehberg 1994, S. 67.
[134] Ebenda, S. 68.

idee meistens in den Händen jener liegen, welche die Institution gründen oder ein starkes Interesse an ihrer Gründung haben.[135] Deshalb ist die Leitidee einer Institution am Anfang häufig durch eine gewisse Unschärfe gekennzeichnet und muss erst durch die Akteure konkretisiert werden. Dieser Prozess des Umbaus, der Neuformulierung und Konkretisierung erfolgt zudem kontinuierlich. Es bedarf nämlich stets dann notwendiger Konkretisierungen und Anpassungen, wenn sich das Umfeld einer Vertretungskörperschaft verändert. Versäumen es die Akteure, die Leitidee neuen Gegebenheiten anzupassen, so wird schnell aus einer ehedem vielleicht instrumentell-ernstgemeinten und tatsächlich zu verwirklichenden Leitidee eine nur mehr deklamatorisch vorgeblendete und keineswegs tatsächlich anzustrebende Zielvorstellung. So wäre es beispielsweise fatal, wenn die Leitidee einer Vertretungskörperschaft, die sich von einer sozialistischen Absegnungsmaschinerie[136] zu einem zumindest formal voll-ausdifferenzierten Parlament in einem parlamentarischen Regierungssystem entwickelt hat, nicht die Kontrolle der Regierung als eines der Wesensmerkmale des Parlaments beinhaltete.

Umgekehrt kann es jedoch auch so sein, dass die Leitidee sehr stark fremdbestimmt ist, so dass die notwendigen Anpassungsleistungen nicht erbracht werden und die institutionellen Akteure nicht genügend Einfluss auf die Leitideenkonstruktion haben. Wenn aber der Einfluss institutioneller Akteure gering und die Leitidee stark fremdbestimmt ist, hat die Leitidee oftmals von vornherein einen rein deklamatorischen Charakter. So ist etwa der Sozialismus durch diese Widersprüchlichkeiten gekennzeichnet, weil nämlich deklamatorisch die Leitidee einer Demokratie neuen Typs vorgeblendet wird, instrumentell ernstgemeint aber der Führungsanspruch der sozialistischen Partei verwirklicht wird. Das hat zur Folge, dass die manifesten, also die von der Leitidee her *gesollten* Funktionen gegenüber den latenten, also den nicht primär durch die Leitidee intendierten Funktionen zurückgedrängt werden. Für den real existierenden Sozialismus der DDR und die Volkskammer hieß das beispielsweise, dass nicht die notwendigen Funktionen parlamentarischer Demokratie im Vordergrund standen, sondern die Vermittlung der sozialistischen Ideologie an die Bürgerschaft des Staates.[137]

Offensichtlich gibt es einen starken Zusammenhang zwischen der Leitidee von Institutionen sowie deren symbolischen und instrumentellen Funktionen. Zur Erhaltung der Glaubwürdigkeit einer Institution dürfen Funktionserfüllung und Leitidee nicht dauerhaft im Widerspruch stehen. Denn eine rein deklamatorisch-vorgeblendete Leitidee wird spätestens in Zeiten der Krise entlarvt und der Geltungsanspruch der Institution wird in Frage gestellt, was im schlimmsten Fall zur De-Institutionalisierung und damit zum Untergang der Institution führen kann.

---

135 Siehe M. Fixemer 2001, S. 101.
136 Zum Begriff siehe Nelson W. Polsby, der solche Parlamente als ‚rubber-stamp legislatures' bezeichnet, N. W. Polsby 1975, S. 264.
137 Vgl. R. Schirmer 2001, S. 146ff.

2.3.2. Instrumentelle Funktionen

Bei der Beschreibung eines *instrumentellen* Funktionsinventars kann man sich der oben bereits dargestellten Funktionskataloge bedienen. Zwar leiden laut Patzelt all diese Beschreibungen darunter, trotz ihrer unbestreitbaren Plausibilität zu einem guten Teil beliebig zu sein, aber diese ‚Plausibilitätslücke' lässt sich leicht schließen, wenn man wie folgt verfährt:

> „Solcher Beliebigkeit wehrende typologische Kategorien lassen sich aber unschwer aus einer – im Anschluss an Hannah Pitkin formulierten – Repräsentationstheorie ableiten und einesteils mit den politikwissenschaftlich gängigen Theoremen zur Rolle eines Parlaments im Gefüge politischer Gewaltenteilung verbinden, anderntteils mit einfachen Überlegungen zu den Notwendigkeiten institutioneller Selbsterhaltung."[138]

Es geht demnach um nicht weniger, als die Funktionen eines Parlaments im Grunde in drei Kategorien zu unterteilen: auf die Repräsentation bezogene Aufgaben,[139] Aufgaben, die sich aus der Gewaltenteilung ergeben, also Regierungskontrolle und -einsetzung sowie Gesetzgebung und schließlich die Aufgabe der Selbsterhaltung.

2.3.2.1. Selbsterhaltung als Funktion?

Gerade die Selbsterhaltung einer Institution als Funktion zu benennen, kann – unter der weiter oben formulierten Prämisse, dass Funktionen Leistungen für die Umwelt sind – leicht zu Verwirrungen führen. Denn sich selbst zu erhalten ist in erster Linie keine Leistung für die Umwelt, sondern eine Leistung für sich selbst. Deshalb formuliert Patzelt zurecht, dass es sich wohl eher um eine *Aufgabe* als um eine Funktion handelt. Trotzdem könnte man über Umwege zum Funktionsbegriff zurückfinden, wenn man sich eine – im Grunde triviale – Behelfsbrücke der folgenden Art baute: Funktionen sind Leistungen für die Umwelt, deren tatsächliche Umsetzung jedoch an die Existenz von derlei Leistungserfüllung ermöglichende Institutionen geknüpft ist. Damit eine solche Institution, wie etwa ein Parlament, kontinuierlich eben diese Leistungen erbringen kann, muss es auch dauerhaft erhalten bleiben. Deshalb ist die Selbsterhaltung zumindest funktionsrelevant, auch wenn sie selbst keine Funktion ist.

Trotz der Nähe und engen Verbindung der Selbsterhaltung des Parlaments zu dessen Funktionserfüllung, empfiehlt es sich nicht, Selbsterhaltung als parlamentarische Funktion zu definieren. Denn täte man dies, so wären alle Leistungen eines Parlaments als Funktionen zu begreifen. Dann müsste man sich natürlich auch fragen las-

---

138 W. J. Patzelt 2003b, S. 17.
139 Eine detaillierte Darstellung der Aufgaben, die sich aus dem Prinzip der Repräsentation ergeben, findet sich – allerdings nicht auf den Anwendungsfall des Parlamentarismus bezogen – bei Hannah F. Pitkin 1972. Eine ausführliche Umsetzung für die deutsche Parlamentarismusforschung ist nachzulesen bei W. J. Patzelt 1993.

sen, ob die Effektivitätsbestimmung auf der Basis von Funktionserfüllung überhaupt sinnvoll ist. Denn die hier vorgenommene Reduktion von Komplexität, die durch die Einschränkung erreicht wurde, Effektivität sei von der Funktionserfüllung abhängig, wäre dann konterkariert. Dennoch ist es wohl überaus plausibel, dass der Aspekt der Selbsterhaltung ebenso wie die Leitideenkonstruktion zu einem der wesentlichen Untersuchungspunkte dieser Arbeit gehört. Denn Funktionserfüllung einer Institution lässt sich nicht ohne das Wissen über die dazu notwendige Konstruktion und Aufrechterhaltung inner-institutioneller Strukturen erklären.

Im Grunde sind es also zwei Dinge, die unter der Rubrik der Selbsterhaltung von Interesse sind: Zum einen ist es die Frage, wie sich ein Parlament intern organisiert und strukturiert, und zum anderen ist es die Frage, wie es sich rekrutiert und seine notwendigen Praktiken tradiert. Beides zusammen ist entscheidend für die Selbsterhaltung und Stabilität einer Vertretungskörperschaft.[140]

Zur Selbsterhaltung eines Parlamentes gehört notwendigerweise, dass es seine internen Handlungsabläufe selbst organisieren kann. Das heißt, dass ein Parlament sich seine eigene Geschäftsordnung geben kann, die innere Strukturierung selbst festlegt, die Zusammensetzung von Gremien bestimmen kann und beispielsweise deren Tagungsablauf und -häufigkeit selbständig anordnet. Ebenso fällt in diese Kategorie aber auch die Notwendigkeit, sich parlamentarische Hilfsdienste einzurichten, die eine Funktionserfüllung überhaupt erst gewährleisten. Ein Parlament, das nicht selbst über seine eigenen organisatorischen Belange entscheiden kann, etwa weil es zu großer Fremdsteuerung von außen unterliegt, kann diese Aufgabe für sich selbst natürlich nicht erbringen. Es ist deshalb auch ein relativ untrügliches Kennzeichen machtvoller Vertretungskörperschaften, dass sie ein Selbstorganisationsrecht besitzen und dies auch unabhängig von Einflüssen durch andere Institutionen des politischen Systems ausüben können.

Die Fähigkeit und Freiheit zur Selbstorganisation ist eine grundsätzliche Voraussetzung parlamentarischer Funktionserfüllung. Sinnvoll ist sie von einer parlamentarischen Institution jedoch nur dann zu leisten, wenn jene auch über das dazu notwendige Personal verfügt. Es müssen demnach sowohl geeignete Parlamentarier als auch entsprechend qualifizierte Mitarbeiter für die parlamentarischen Dienste rekrutiert werden. Beiden Gruppen von Akteuren obliegt es jedoch nicht nur die Alltagsgeschäfte des Parlaments so zu erledigen, dass die Funktionen erfüllt werden können, sondern es ist zudem deren Aufgabe, Wissen um die entsprechenden Routinen und Praxen an Neuankömmlinge weiterzugeben. Die Vermittlung parlamentarischer Wissensbestände an nachfolgende Akteure ist deshalb zwingend erforderlich zur Selbsterhaltung eines Parlaments, weil nämlich nicht vorstellbar ist, dass ein Parlament bei jeder Neu-Konstituierung aufgrund von Wahlen seine kompletten Wissensbestände erneuert. Da es sich hierbei allerdings nicht um eine ‚echte' Funktion

---

140 Ähnlich sieht es wohl auch Gerhard Loewenberg, wenn er in seiner Analyse des Deutschen Bundestags der Rekrutierung und Zusammensetzung sowie der Organisation und Arbeitsweise zentralen Stellenwert zu Beginn seiner Untersuchung zumisst. Siehe G. Loewenberg 1969, S.67ff.

handelt, sondern nur um eine Aufgabe, die zwangsläufig erledigt werden muss, ist sie in den Funktionskatalogen auch nicht zu finden. Nichtsdestoweniger ist sie unbedingt notwendig zur Beantwortung der Frage nach einem effektiven Parlament. Schließlich ermöglicht überhaupt erst das Gelingen genau jener Selbsterhaltungsaufgaben das stabile und dauerhafte Funktionieren eines Parlaments.

2.3.2.2. Regierungskreation und Regierungskontrolle

Während die Aufgabe der Selbsterhaltung aus den zuvor genannten Gründen nicht in den Funktionskatalogen auftaucht, ist die Regierungskontrolle und die Einsetzung der Regierung zumindest implizit Bestandteil aller bereits beschriebenen Funktionskataloge.

Denn gerade die Frage, ob das Parlament für die Regierungsbildung und deren Erhalt verantwortlich ist, ist das zentrale Kriterium, welches die Funktionserfüllung und die Funktionslogik eines politischen Systems prägt. Zwar handelt es sich bei der Kreationsfunktion nicht zwingend um eine jener Funktionen, welche die Qualität des Parlaments an sich zum besseren oder schlechteren wenden würde. Die Kreationsfunktion beeinflusst jedoch sowohl die Kommunikationsfunktion als auch die Fragen der Gesetzgebung und die Ausgestaltung der Regierungskontrolle. Außerdem wird aus einem Regierungssystem eben durch die parlamentarische Kontrolle über die Einsetzung der Regierung und deren Verantwortlichkeit gegenüber dem Parlament ein *parlamentarisches Regierungssystem* geschaffen, wie man es idealtypisch am Beispiel des Deutschen Bundestages verkörpert findet.[141] Da jedoch nur die wenigsten politischen Systeme ‚echte' parlamentarische Regierungssysteme sind, kann eben die Qualität der Funktionserfüllung nicht an diesem Kriterium gemessen werden. Außerdem sollte man stets im Blick behalten, dass die Spannbreite der Ausgestaltung der Kreationsfunktion laut W. J. Patzelt recht groß ist:

> „Im äußersten Fall dürfen ohnehin nur Parlamentsmitglieder der Regierung angehören und braucht es ausdrückliche parlamentarische Wahlakte, um ein Regierungsmitglied in sein Amt einzusetzen. Im Mindestfall kann diese Kreationsfunktion aber auch so ausgestaltet sein, dass Regierungsmitglieder vom Staatsoberhaupt nach eigenem Ermessen eingesetzt werden, für ihre Amtsführung allerdings des jederzeit förmlich entziehbaren Vertrauens einer Parlamentsmehrheit bedürfen, wobei auf dessen Entzug unabwendbar der Amtsverlust folgt. Derlei kann ein ins Regierungsamt berufendes Staatsoberhaupt natürlich antizipieren und von vornherein seinen Personalentscheidungen zugrunde legen."[142]

Zwischen diesen beiden Extremen gibt es eine Vielzahl von Variationsmöglichkeiten, die natürlich prägend für das jeweilige politische System sind. Je weiter man sich jedoch dem ersten Fall, also einer sehr engen Verbindung zwischen Parlament und Regierung nähert, um so stärker wird auch die Gesetzgebungs- und Kontrolltä-

---

141 Zur Entstehungsgeschichte der Regierungskreation siehe detailliert W. J. Patzelt 2003b, S. 26.
142 W. J. Patzelt 2003b, S. 28.

tigkeit des Parlaments verändert. Denn es macht schon einen großen Unterschied, ob das Parlament für die Wahl und die Unterstützung einer Regierung zuständig ist oder nicht. Die Kontrolle, aber auch die Gesetzgebung werden dann nämlich weder entlang sich spontan und zufällig bildender noch aufgrund von – in jeweils konkret verhandelten Einzelfällen – entstandenen Mehrheiten erfolgen. Vielmehr finden sich in einem Parlament relativ stabile und zumeist durch Koalitionen festgezurrte Blöcke, die diese Aufgaben mit einem hohen Maß an Geschlossenheit erledigen.

Deshalb ist es zwangsläufig so, dass in einem Parlament, welches durch den Dualismus der einzelnen Blöcke – also regierungstragende versus oppositionelle Fraktionen eines Parlaments – gekennzeichnet ist, auch parlamentarische Kontrolle entlang dieser Spannungslinie stattfindet. Es konkurrieren also nicht mehr Parlament und Regierung, sondern Opposition und regierungstragende Mehrheit miteinander.[143]

Daraus folgt sodann, dass sich die hauptsächlichen Formen der Regierungskontrolle danach unterscheiden, welche Art von Regierungssystem man bei der Analyse vorfindet. Im Grunde ist es nämlich recht einfach, zumindest zwei Kontrollformen voneinander zu trennen. Einesteils kann die Regierung nämlich dadurch kontrolliert werden, dass man über die Ausführung ihrer Amtsgeschäfte wacht, Verfehlungen anprangert und gegebenenfalls auch sanktioniert. Diese Form der Kontrolle wird in allen freiheitlich-demokratischen Parlamenten praktiziert. Anderntteils kann Kontrolle jedoch dadurch erfolgen, dass diejenigen Parlamentarier, von denen die Fähigkeit der Regierung zum Handeln abhängt, Einfluss auf die Entscheidungen der Regierungen ausüben und im Grunde mitregieren.[144] Diese im Kern der Sache allzu logische Unterscheidung spiegelt sich jedoch in dieser Klarheit in der Literatur nicht immer wider. Vielfach wird nur auf die erste Form der Kontrolle geschaut, oder die Scheidelinien verlaufen entlang ganz anderer Kriterien. Uwe Thaysen formuliert dazu exemplarisch wie folgt:

> „In der Politikwissenschaft sind eine ganze Reihe unterschiedlicher Formen der Kontrolle geläufig, die von jeweils anderen Unterscheidungsmerkmalen ausgehen. Eine Differenzierung nach rechtlichen und institutionellen Kriterien unterscheidet z.B. zwischen ‚formaler' Kontrolle, etwa aufgrund der [...] Parlamentsrechte einerseits, und ‚informaler' Kontrolle, etwa auf der Grundlage persönlicher Kontakte ohne die Möglichkeit von Rechtsfolgen. Sehr in der Nähe dieser Kriterien liegt die Unterscheidung zwischen ‚formaler' und ‚faktischer' Kontrolle, die davon ausgeht, daß ein formelles Kontrollrecht nicht automatisch ein faktisch wirksames sein

---

143 Diese beiden Formen des Gegenübers werden auch häufig als ‚alter' und ‚neuer' Dualismus bezeichnet, wobei der alte Dualismus dadurch gekennzeichnet ist, dass es ein Gegenüber von Parlament und Regierung gibt, während der neue Dualismus in der Konfrontation zwischen Regierung und Opposition besteht.
144 Bei Uwe Thaysen etwa wird diese generelle Unterscheidung nicht gemacht. Vielmehr geht er bei seiner Differenzierung zehn verschiedener Kontrollmöglichkeiten davon aus, dass alle Arten der Kontrolle gleichwertig sind. Siehe U. Thaysen 1976, S. 54ff. Freilich macht es jedoch schon einen Unterschied, ob die Kontrolle durch Überwachen im weiteren Sinn erfolgt oder aber durch eine Art der Kooperation mit dem Ziel der politischen Gestaltung.

muß. Eine nach inhaltlich-sachlichen Kriterien differenzierende Orientierung unterscheidet ‚Sach- und Leistungskontrolle' von ‚Richtungskontrolle'.

Auch nach ‚Extensität' (‚negative' bzw. ‚positive' Kontrolle) oder ‚Intensität' (‚aktuelle' bzw. ‚potentielle' Kontrolle) werden jeweilige Besonderheiten der Kontrolle gegeneinander abgesetzt. Ferner wird der Zeitfaktor zur Kennzeichnung herangezogen und entsprechend unterschieden zwischen ‚antizipierender Kontrolle', ‚ad hoc-Kontrolle' und ‚ex post-Kontrolle'."[145]

Aus all diesen Kriterienkatalogen ist natürlich wichtiges und richtiges zu entnehmen. Im Grunde sollte es aber kein Problem sein, die beiden zuvor genannten systemspezifischen Unterscheidungsmerkmale als grundsätzliche *Typen der Parlamentskontrolle* aufrecht zu erhalten und die anderen Komponenten als deren mögliche *Formen* darunter zu subsumieren.[146]

So kann etwa die Kontrolle auf eher *formalem* oder *informalem* Weg sicherlich den beiden Typen der Kontrolle durch Mitregieren oder durch Überwachen zugeordnet werden. Denn natürlich lassen sich informale Formen der Kontrolle dann leichter nutzen, wenn die Verbindung zwischen Regierung und der diese Regierung tragenden Mehrheit des Parlaments ohnehin eng ist.[147] Formale Kontrolle wird hingegen wohl eher bei der ‚Überwachung' der Regierung auffindbar sein, also jenem Kontrolltyp, der ein typisches Kennzeichen des alten Dualismus ist und in einem parlamentarischen Regierungssystem regelmäßig der Opposition zufällt oder sich auf die Überwachung von Verwaltungshandeln bezieht.[148] Ebenso gilt für die Formen der *begleitenden*, der *nachholenden* oder *antizipierenden Kontrolle*, dass sie den beiden Typen funktionslogisch zugeordnet werden können. Begleitend kontrollieren kann natürlich derjenige leichter, der ohnehin in einem engen Verhältnis zur Regierung steht, während im nachhinein meist dann kontrolliert wird, wenn das Verhältnis zwischen Regierung und Parlament oder Teilen des Parlaments nicht so eng ist. Ersteres gilt also für die eine Regierung tragenden Fraktionen oder Koalitionen, letzteres für die Opposition oder eben das gesamte Parlament, wenn die Regierung nur sehr wenig von ihm abhängt.

Antizipationsschleifen als mögliche Mechanismen der Kontrolle können hingegen immer eingesetzt werden – gleich welche Nähe oder Ferne zwischen Regierung und Kontrollierenden besteht. Es handelt sich also streng genommen nicht um eine Form

---

145 U. Thaysen 1976, S. 54.
146 Wie Heinrich Oberreuter feststellt, muss Kontrolle „aus ihrer begrifflichen Enge als ‚nachhaltige Aufsicht über fremde Amtsführung' gelöst und als ‚Zusammenwirken verschiedener Instanzen auf ein gemeinsames Ziel' verstanden werden, wenn die Kontrollfunktion [...] angemessen in Chancen und Defiziten interpretiert werden soll." H. Oberreuter 1981, S. 24 mit weiteren Nachweisen.
147 So etwa für den Deutschen Bundestag E. Busch 1991, S. 24f.
148 H. Oberreuter 1981, S. 23.

der Kontrolle, sondern um genau das, als was es zuvor bezeichnet wurde, nämlich einen potentiellen institutionellen Mechanismus,[149] der die Funktion ermöglicht.

Bei der Frage der *Richtungs- und Leistungskontrolle* sowie der *rechtlichen Kontrolle* indessen kann keine generelle Zuordnung der Kontrollformen zur Enge oder Weite der Abhängigkeit der Regierung vom Parlament hergestellt werden. Die rechtliche Kontrolle, die zudem noch danach zu unterscheiden ist, ob es sich um die Möglichkeit der *Ministeranklage* beziehungsweise *Amtsenthebung* oder eine Art der *abstrakten Normenkontrolle* handelt, ist keineswegs nur ein ‚Relikt aus alten Tagen'. Besonders deutlich wurde ersteres bei dem impeachment-Verfahren gegen Bill Clinton in den USA und wird letzteres stets aufs Neue durch die häufige Anrufung des Bundesverfassungsgerichts zum Zweck der abstrakten Normenkontrolle in der Bundesrepublik Deutschland.

Realpolitisch wirkungsvoller als das Amtsenthebungsverfahren oder die Ministeranklage ist heutzutage mit Sicherheit die Möglichkeit, Gesetze einer *abstrakten Normenkontrolle* zu unterwerfen. Denn die Ministeranklage ist nur dann möglich, wenn es zu einem Rechtsbruch gekommen ist. Dies ist jedoch zum einen höchst selten und zum anderen kann damit auch kaum Einfluss auf das politische Alltagsgeschäft genommen werden. Außerdem ist diese Art der Kontrolle in vielen politischen Systemen überhaupt nicht mehr vorgesehen.[150] Der eigentliche Zweck der abstrakten Normenkontrolle besteht darin, Gesetze daraufhin zu überprüfen, ob sie mit höherwertigem Recht – wie etwa dem Grundgesetz oder der Verfassung eines Staates – vereinbar sind. In parlamentarischen Regierungssystemen wird diese Möglichkeit jedoch von der Opposition zur juristischen Prüfung von Gesetzen genutzt, deren Durchsetzung sie auf parlamentarischem Wege nicht verhindern konnte.[151]

Gerade durch die Möglichkeit der abstrakten Normenkontrolle kann zudem noch mehr erreicht werden als durch die Ministeranklage oder die Amtsenthebung. Denn aus einer an sich nur nachgelagerten rechtlichen Kontrolle kann recht einfach eine begleitende Kontrollmöglichkeit werden. Dies geschieht beispielsweise dadurch, dass der Regierung glaubhaft signalisiert wird, das von ihr geplante Gesetzesvorha-

---

149 Antizipationsschleifen sind an dieser Stelle in der Aufzählung U. Thaysens im Grunde falsch plaziert. Denn Antizipationsschleifen können als Mechanismen natürlich überall eingesetzt werden und sind kein spezielles Distinktionsmerkmal, welches in die Reihe ad hoc- oder ex post-Kontrolle hineinpasst. Institutionelle Mechanismen sind als ‚Hebelwerke' zu verstehen, die Funktionserfüllung überhaupt erst ermöglichen. Sie konstituieren sich aus einer Trias von – formalen oder informellen – Regeln, verfügbaren Positionen sowie Interessen von Positionsinhabern. Das Zusammenwirken dieser drei Elemente bewirkt das Auslösen von Handlungen, die – quasi mechanisch – der Funktionserfüllung dienen. Siehe detailliert W. J. Patzelt 2003c, S. 67ff.

150 Das Grundgesetz der Bundesrepublik Deutschland sieht diese Form der Kontrolle beispielsweise nicht vor. Minister werden vom Bundespräsidenten auf Vorschlag des Bundeskanzlers gemäß Art. 64, Abs. 1 GG ernannt und entlassen. Der Bundeskanzler tut indessen gut daran, einen Minister zu entlassen, dem rechtliche Verfehlungen zur Last gelegt werden, weil ein Festhalten an dieser Person dem Ansehen und der Glaubwürdigkeit der Regierung schaden würden.

151 Vgl. E. Busch 1991, S. 29.

ben werde vor dem Verfassungsgericht einer abstrakten Normenkontrolle unterzogen und dieser nicht standhalten, wenn nicht einige strittige Punkte geändert würden. Da die Regierung kein Interesse an einer solchen Prüfung hat, wird sie eventuell Zugeständnisse machen, um diese Folgen zu vermeiden.

Ein solcher auf Antizipation beruhender Mechanismus wird auch häufig bei der *Richtungskontrolle* wirksam. Dabei geht es im Grunde darum, zu kontrollieren, ob der eingeschlagene Weg der Regierung mit dem übereinstimmt, was in einer bestimmten Sachfrage wünschenswert und richtig wäre. Vor allem in parlamentarischen Regierungssystemen wird die Richtungskontrolle durch die regierungstragende Mehrheit häufig unter Ausnutzung von Antizipationsschleifen durchgeführt. Am einfachsten geschieht dies nämlich dadurch, dass der Regierung signalisiert wird, ein Gesetzesvorhaben sei in der vorgelegten Form nicht mehrheitsfähig. Entweder gelingt es der Regierung dann, die Koalition oder mehrheitstragende Fraktion zu überzeugen, oder sie wird Zugeständnisse machen müssen. Dabei läuft dieser Prozess meist eher im verborgenen als öffentlich ab. Natürlich kann der Mechanismus auch vom ganzen Parlament gegenüber der Regierung eingesetzt werden. Dabei taucht jedoch häufig das Problem auf, dass die Mehrheiten in nicht-parlamentarischen Regierungssystemen im Parlament eben nur fallweise entstehen und die letzte Sicherheit auf Seiten der Regierung fehlt, wenn Zugeständnisse an diese ad hoc-Koalitionen gemacht werden.

Andererseits kann Richtungskontrolle aber auch unter Ausnutzung von Öffentlichkeit[152] herbeigeführt werden. So ist es etwa in einem parlamentarischen Regierungssystem die Aufgabe der Opposition, öffentlich gegen bestimmte Richtungsentscheidungen mobil zu machen, wenn diese offenkundig fehlerhaft sind. Die Regierung wird dann stets gut daran tun, tatsächliche Fehler intern zu beseitigen, um die Akzeptanz für ihre Richtungsentscheidungen zu erhöhen, während nach außen natürlich bestritten wird, dass diese Fehler überhaupt jemals begangen worden sind.

Letztlich gilt es auch, die erzielten Ergebnisse in Form einer *Leistungskontrolle* zu bewerten. In einem parlamentarischen Regierungssystem wird die Opposition Fehlerhaftes offenbaren, während Regierungsfraktionen dieses unter Ausschluss der Öffentlichkeit lösen werden. Gelungenes wird natürlich umgekehrt von der Opposition eher verschwiegen werden, während die Regierung und die sie tragenden Fraktionen dies öffentlich zur Schau stellen. Ist an der Kritik der Opposition etwas Wahres, so ist eine Regierung gut beraten, entsprechende Änderungen an der politischen Richtung vorzunehmen und diese in den Willensbildungsprozess einzuspeisen, um dadurch die Leistung zu verbessern. Jenes Verhalten ist allerdings ein Kennzeichen des neuen Dualismus, während im alten Dualismus eher jene Leistungen behandelt werden, bei denen relative Einigkeit im Parlament darüber besteht, ob sie gelungen oder weniger gelungen sind.

Die Funktionslogik des Gegenübers von Parlament und Regierung lässt viele Kontrollmöglichkeiten sehr einseitig werden. Die Chancen zu einer internen – und

---

152 Siehe E. Busch 1991, S. 29f.

damit eher im verborgenen denn öffentlich durchgeführten Kontrolle der Richtung oder der Leistung – sind folglich minimalisiert, wenn es zwischen diesen beiden Organen keine enge Verbindung aufgrund der Abhängigkeit der Regierung vom Parlament gibt.

Den zwei grundsätzlichen – auf dem alten oder neuen Dualismus beruhenden – *Typen* von Kontrolle und der Vielzahl von *Formen*, in denen diese stattfinden kann, ließen sich nun noch unterschiedliche *Arten* der Kontrolle hinzufügen. Als Arten der Kontrolle sind dabei die ganz konkreten Möglichkeiten zu bezeichnen, die einem Parlament zur Kontrollausübung zur Verfügung stehen. Während nämlich die beiden Typen der Kontrolle ein entscheidendes Distinktionsmerkmal für die Funktionslogik des politischen Systems darstellen und prägend auf die jeweiligen Kontrollformen wirken, sind die Kontrollarten als das ganz konkret anzuwendende Handwerkszeug des parlamentarischen Alltags zu bezeichnen. Eines dieser Handwerkszeuge wurde in Form der rechtlichen Kontrolle mit ihren Untergruppen der abstrakten Normenkontrolle und der Ministeranklage beziehungsweise dem Amtsenthebungsverfahren bereits genannt. In der Literatur finden sich jedoch eine ganze Reihe weiterer Werkzeuge, die sich im Grunde in folgende vier Gruppen zusammenfassen ließen: Informations-, Interpellations- und Fragerechte, Misstrauensvotum, Budgetkontrolle sowie Petitionswesen und Ombudsleute.[153]

Es liegt in der Natur der Sache, dass die vier verschiedenen Kontrollarten eine unterschiedliche Schärfe und Tiefenwirkung auf die zu kontrollierende Regierung haben. Das Budgetrecht ist, als die älteste Kontrollform überhaupt, aus der Verpflichtung der Regierung entstanden, sich die Haushaltsausgaben vom Parlament genehmigen zu lassen.[154] Eine Regierung muss der Mehrheit im Parlament schon glaubhaft erläutern, wofür sie bestimmte Mittel verausgaben will und warum Finanzmittel eben genau für diesen Zweck zu verwenden sind. Das hat zur Folge, dass dem Parlament ein erheblicher Gestaltungsspielraum zukommt. Denn in der Regel ist es so, dass das Parlament das letzte Wort hat, also Finanzausgaben ohne einen von der parlamentarischen Mehrheit genehmigten Haushalt nicht möglich sind.[155] Zwar kann eine Regierung auch in Fällen eines nicht genehmigten Haushalts in der Regel mit einem Rumpfbudget vorerst weiterarbeiten, aber die Möglichkeiten zur politischen Gestaltung sind nicht mehr gegeben.[156]

Im Kontext des Budgetrechts spielt es natürlich nicht nur eine Rolle, dass der Regierung die notwendigen Mittel überhaupt erst einmal zur Verfügung gestellt wer-

---

153 Siehe dazu bspw. W. J. Patzelt 1999, S. 150, oder bereits in bezug auf das Europäische Parlament formuliert B. Suski 1996, S. 132ff., sowie V. Saalfrank 1996, S. 195ff.
154 Vgl. W. J. Patzelt 1999, S. 151.
155 Anders als im Frühkonstitutionalismus erfolgt die Feststellung des Haushalts durch ein Akt des Parlaments und nicht durch ein Akt der Regierung. Siehe E. Busch 1991, S. 88.
156 Das gilt auch dann, wenn, wie U. Scheuner für den Deutschen Bundestag feststellt, ein Teil der Finanzmittel aufgrund gesetzlicher Verpflichtungen im Grunde der parlamentarischen Haushaltsbewilligung entzogen ist (U. Scheuner 1977, S. 66f.). Schließlich sind es gerade die dann noch verfügbaren Finanzmittel, über welche Verteilungskämpfe geführt werden.

den, sondern von großer Bedeutung ist zudem, ob das bewilligte Geld tatsächlich für genau jene Aufgaben ausgegeben wurde, für die es vorgesehen war. In der Regel verfügen Parlamente in freiheitlich-demokratischen Systemen über einen Haushaltsausschuss, der die Verabschiedung des Haushalts begleitet und die Ausführung des Haushalts überwacht. Zuweilen existiert auch ein eigens für die Kontrolle der Ausführung des Haushalts und die Empfehlung zur Entlastung (oder Verweigerung der Entlastung) der Regierung für ihre Haushaltsführung verantwortlicher Haushaltskontrollausschuss. Die Budgetkontrolle nimmt also einen zentralen Stellenwert innerhalb der Kontrollinstrumente ein. Denn im Grunde ist nahezu jede politische Maßnahme in irgendeiner Weise auch ausgabenrelevant. Und weil das so ist, kommt dem Parlament eben dann eine zentrale Position im Institutionengefüge zu, wenn es über die Möglichkeit zur Ausgabenkontrolle verfügt.

Die große Bedeutung der Budgetkontrolle kann sich etwa auch daran messen lassen, dass es eine Verbindung zwischen der Nicht-Entlastung der Regierung für ihre Haushaltsausführung und der Möglichkeit zu einem Misstrauensvotum gegen die Regierung geben kann. So zumindest war es im europäischen supranationalen politischen System lange Zeit geregelt. Erst später hat sich hier die Möglichkeit, der Regierung das Misstrauen auszusprechen, zu einem generellen Recht des Parlaments gewandelt. Das Haushaltsrecht als ältestes parlamentarisches Kontrollrecht nimmt also schon eine zentrale Stellung im Rahmen der Kontrollinstrumente ein. Und nicht nur die Entwicklung im europäischen politischen System, sondern auch die Entwicklung des Parlamentarismus in Großbritannien nahm ihren Ausgang vom Budgetrecht. Oft wurden dadurch weitere Parlamentsrechte erkämpft, dass man entweder – wie im Falle Großbritanniens – Finanzmittel von parlamentarischer Kompetenzerweiterung abhängig machte, oder – wie im Fall des europäischen Parlamentarismus – dadurch, dass man die Verabschiedung des Gesamthaushalts verzögerte.[157]

Misstrauensvoten spielen natürlich nicht nur theoretisch, sondern auch in der praktischen Politik eine entscheidende Rolle für die parlamentarische Arbeit. Hauptsächlich jedoch nicht deshalb, weil sie oft Anwendung finden, sondern vor allem darum, weil von ihnen ein großes Druckpotential gegenüber der Regierung ausgeht. In parlamentarischen Regierungssystemen ist das Misstrauensvotum, wie etwa das konstruktive Misstrauensvotum im Deutschen Bundestag, ein Druckmittel der Opposition gegenüber der Regierung. Allerdings stets nur dann, wenn es zu Veränderungen der Mehrheiten im Parlament kommt.[158] Denn in der Regel verfügt die Regierung über die notwendige eigene Mehrheit im Parlament, so dass die Anwendung dieses Kontrollmittels auf Seiten der Opposition unsinnig wäre. Es sei denn, es ge-

---

157 Dass der englische König nur nach der Bewilligung durch das Parlament Geldmittel verausgaben durfte, ist als Einführung der heutigen Budgetrechte anzusehen. Das britische Parlament erkämpfte dereinst dieses Recht und verhalf sich zu einer starken Position gegenüber dem König, etwa weil dadurch die Möglichkeit der Nicht-Einberufung des Parlaments zu einem wirkungslosen Mittel der Regentschaft gemacht wurde. Siehe dazu bspw. die Darstellung bei K. Kluxen 1991, S. 254ff., sowie E. Hübner/U. Münch 1999, S. 19ff.
158 Vgl. E. Busch 1991, S. 169.

länge, einen Koalitionspartner aus einer Regierungskoalition abzuspalten oder aber bei knappen Mehrheiten einige der Abgeordneten zu abweichendem Verhalten zu bewegen, was jedoch absolut ungewöhnlich wäre und wohl nur in seltenen Ausnahmefällen geschehen dürfte.[159]

Anders liegt die Sache hingegen in den Fällen, wo das gesamte Parlament der Regierung gegenübersteht. Wer nun aber glaubt, dass sich hier die Mehrheiten leichter finden ließen, weil es keine festen Fraktionsblöcke gibt, die aufgesprengt werden müssten, der täuscht sich. Da in nicht-parlamentarischen Regierungssystemen die Geschlossenheit von Fraktionen geringer und die ‚Freiheit' des einzelnen Abgeordneten bei Sachentscheidungen größer ist – es wird schließlich keine Regierung unterstützt – ist es ebenfalls relativ schwer, verlässliche Mehrheiten zu finden. Häufig existieren nämlich in Parlamenten nicht nur Spannungslinien entlang der Fraktionen, sondern auch aufgrund von Herkunft, Sprache oder Bildung. Fraktionen sind demnach Organisationsstrukturen zur Eindämmung eben dieser Heterogenität, die zum Zweck des verlässlichen und koordinierten Handelns in einem Parlament geschaffen werden.[160] Je größer die Bedeutung der Fraktionen für die Existenz der Regierung ist, desto eher lässt sich Geschlossenheit erreichen. Umgekehrt ist die Verbindlichkeit des gemeinsamen Handelns dann geringer, wenn von der Geschlossenheit einer Fraktion weniger abhängt.

Trotzdem ist das Druckpotential, das von einem möglichen Misstrauensvotum ausgeht, zumindest in einem nicht-parlamentarischen Regierungssystem sehr hoch. Schließlich kann die Regierung niemals wissen, ob sich die notwendigen Mehrheiten finden, um ihr das Misstrauen auszusprechen. Jener fehlen nämlich die verlässlichen Partner im Parlament, die sie permanent unterstützen. Es kann also durch die Androhung eines Misstrauensvotums in einem nicht-parlamentarischen Regierungssystem oftmals mehr erreicht werden als in einem parlamentarischen. Weil die Unsicherheit für die Regierung sehr groß ist, ist sie gut beraten, auf die Forderungen des Parlaments einzugehen. Andernfalls riskiert sie ihre eventuelle Entlassung aus dem Amt.[161]

Misstrauensvoten oder die durch sie produzierte Vorauswirkung sind insgesamt Kontrollmittel der Opposition, nicht aber der regierungstragenden Mehrheit. Letztere wird vielmehr interne Spannungszustände zu bereinigen haben. Diese rühren daher, dass es zwar das gemeinsam anerkannte Ziel aller Mitglieder der die Regierung tragenden Fraktion(en) ist, die Regierungsfähigkeit zu erhalten; dennoch muss auch innerhalb dieser Gruppe so lange verhandelt werden, bis weitgehender Konsens in einzelnen Sachfragen hergestellt ist. Daraus ergibt sich vor allem bei knappen Mehrheiten die Notwendigkeit, dass von Seiten der Regierung zuweilen Zugeständ-

---

159 Die Abspaltung einer Koalitionspartei ist hingegen möglich.
160 So zitiert etwa Gerhard Loewenberg den ehemaligen Bundestagspräsidenten Eugen Gerstenmeier mit den Worten: „Eine Fraktion, die sich nicht zur leidlich einheitlichen Willensbildung durchringen kann, nützt auch dem Hause nicht viel". Siehe G. Loewenberg 1969, S. 194.
161 Die empirische Prüfung anhand des Europäischen Parlaments wird noch diverse Fälle aufzeigen, bei denen genau dieses auf Antizipation beruhende Verhalten herbeigeführt wurde.

nisse bei eingebrachten Vorlagen zu machen sind. Wenn die Herstellung weitgehender Einigkeit nicht gelingt, ist einesteils die Regierungsfähigkeit selbst gefährdet, andernteils besteht die Gefahr, von der Opposition als allzu zerstritten in der Öffentlichkeit vorgeführt zu werden.

Das alles ist allerdings nur dann möglich, wenn die Parlamentarier über ausreichend Informationen verfügen. Deshalb gibt es verschiedene Kontrollarten, die auf das Sammeln eben dieser relevanten Informationen zielen. Im einzelnen sind dies vor allem Frage-, Interpellations- und Untersuchungsrechte.[162] Interpellationsrechte sind im Grunde nichts anderes als aus den parlamentarischen Anfängen herrührende Möglichkeiten, den Gesetzgebungsprozess durch Fragen zu unterbrechen. In modernen parlamentarischen Systemen hat sich daraus die Möglichkeit des Parlaments zu verschiedenen Fragemöglichkeiten entwickelt.[163] Dabei lassen sich mündliche und schriftliche Anfragen voneinander ebenso unterscheiden wie große, kleine oder dringliche Anfragen oder spezielle Fragestunden. Es hängt von dem jeweiligen Systemtyp ab, welche Art des Fragens es gibt. Auf welche Art die Fragerechte ganz konkret ausgestaltet sind, ist dabei weniger wichtig als folgende Aspekte: Wer darf Fragen stellen? Welchen Umfang dürfen diese Fragen haben oder auf welche Weise werden diese beantwortet etc.? Durch die Fragerechte öffnet sich dem Gesamtparlament oder den Oppositionsfraktionen die Chance, falsche Aussagen, Fehleinschätzungen oder einfach auch Richtungsentscheidungen der Regierung zu hinterfragen und auch öffentlich zu machen.

Im Aspekt des Öffentlichmachens liegt darum wohl auch die größte Wirkung parlamentarischer Untersuchungsausschüsse. Untersuchungsausschüsse sind ein Mittel zur Aufdeckung vermeintlich oder tatsächlich begangener, schwerwiegender Fehler einer Regierung und werden natürlich in parlamentarischen Regierungssystemen zum Frontalangriff auf die Regierung genutzt, welche diesen jedoch durch Geschlossenheit der eigenen Reihen abmildern kann.[164] Aber nicht nur in parlamentarischen Regierungssystemen können Untersuchungsausschüsse eingesetzt werden, um das Regierungshandeln wirkungsvoll zu rügen. Besonders effizient kann ein Untersuchungsausschuss in anderen Systemtypen sogar dann sein, wenn – wie im europäischen politischen System – ein Untersuchungsausschuss zu einem Abschlussbericht kommt, der von einer großen Mehrheit der Parlamentarier getragen wird. Reagiert die Regierung dann nicht auf die Missstände und beseitigt diese, oder bestreitet sie sogar vehement, dass das Offenbarte der Wahrheit entspricht, kann schnell noch größeres Ungemach in Form eines Misstrauensvotums drohen.[165] Untersuchungsausschüsse sind zwar schon mehrheitlich ein Mittel der Opposition, sie verfehlen

---

162 Siehe U. Scheuner 1977, S. 42ff.
163 Vgl. für den Deutschen Bundestag W. J. Patzelt 1999, S. 153ff.
164 Siehe U. Thaysen 1976, S. 63f.
165 So etwa im Fall der Europäischen Kommission, die auf einen Bericht des Untersuchungsausschusses zur Frage von Missmanagement und Misswirtschaft nur unzureichend reagierte, was schließlich unter Androhung eines Misstrauensvotums 1999 zu ihrem vorzeitigen Rücktritt führte.

ihre Wirkung aber auch in anderen politischen Systemen nicht, wenn sie nur geschickt eingesetzt werden.[166]

Letztlich spielen auch das Petitionsrecht und ein möglicher Ombudsmann eine nicht unwichtige Rolle im Rahmen der Kontrollmöglichkeiten. Anders als ein Untersuchungsausschuss oder die rechtliche Kontrolle ist das Petitionswesen aber als eine eher ‚weiche' Kontrollform zu bezeichnen. Denn schließlich können die Petenten die Regierung oder die Verwaltung nicht unmittelbar kontrollieren. Der Wert von Petitionswesen oder Ombudsmann liegt in der Vermittlung des Wissens um mögliche Missstände und deren Einspeisung in den parlamentarischen Prozess.[167] Freilich kann diese Einspeisung dann durchaus folgenreich sein, wenn mittels der Petitionen oder durch den Ombudsmann Fehlleistungen aufgedeckt werden können. Derlei Offenlegung avanciert dann zu einem echten Problem für die Regierung, wenn es gelingt, jene in eine Debatte über bestimmte Probleme zu zwingen und sie dadurch bloßzustellen. Das Petitionswesen und ein Ombudsmann können im Grunde auf zweierlei Weise kontrollierend wirken: einesteils dadurch, dass auftretende Beschwerden als tatsächlich relevant erkannt werden und deshalb intern eine Änderung bestimmter Gesetzeslagen oder Durchführungsbestimmungen vorbereitet wird; anderteils dadurch, dass es zu einer offenen Aussprache im Plenum kommt, in der die Regierung Stellung zu den Beschwerden nehmen muss.

Offenkundig sind die typischen Kontrollmuster im hohen Maß von dem vorfindbaren Systemtyp abhängig. Denn stets werden dadurch sowohl die Formen der Kontrolle als auch die Art und Weise ihrer Ausführung beeinflusst werden. Richtungsweisend für die Frage der Effektivität ist jedoch nicht, ob es sich um einen alten oder neuen Dualismus handelt. Entscheidend bei der Beantwortung der Frage ist vielmehr, ob und wenn ja in welchem Ausmaß Kontrollmöglichkeiten zur Verfügung stehen und tatsächlich genutzt werden können. Eine Beurteilung unter der Prämisse, dass ein parlamentarisches Regierungssystem von vornherein erfolgreicher bei der Kontrolle sei als andere Systemtypen, würde zur Norm erheben, was realiter in vielen politischen Systemen nicht vorhanden ist und deshalb auch nicht normativ als Vergleichsmaßstab angelegt werden kann.

---

166 Untersuchungsausschüsse sollten übrigens nicht mit solchen Expertenausschüssen verwechselt werden, die der Vorbereitung von bestimmten Gesetzesakten dienen. Diese Ausschüsse sind zwar auch in die Riege der Kontrollinstrumente aufzunehmen, aber sie haben einen gänzlich anderen Charakter. Hier geht es nicht um Kontrolle im nachhinein, sondern um Richtungskontrolle durch entsprechende Weichenstellung im vorhinein.

167 Vgl. E. Busch 1991, S. 78.

2.3.2.3. Gesetzgebung

Gleich welche Funktionen ein Parlament auch sonst noch erfüllen mag, eine seiner wichtigsten Leistungen besteht in der Mitwirkung an der Gesetzgebung.[168] Von der Einbringung von Gesetzesvorhaben in das Parlament bis zu dessen Verabschiedung und Umsetzung lassen sich verschiedene Schnittstellen identifizieren, die von Bedeutung für die Analyse parlamentarischer Funktionserfüllung sind. Der Gesetzgebungsprozess beginnt in der Regel mit der Gesetzesinitiative.[169] In einem parlamentarischen Regierungssystem ist es meistens so, dass die Initiative von der Regierung oder – seltener – der regierungstragenden Fraktion oder Koalition ausgeht. In nichtparlamentarischen Regierungssystemen hingegen spielt diese Differenzierung natürlich eine untergeordnete Rolle. Denn dort konkurrieren nicht Koalition und Opposition, sondern Parlament und Regierung miteinander um Steuerungskompetenzen. Deshalb ist es für die Analyse der Funktionswirklichkeit auch überaus wichtig, sich der Verteilung der Initiativrechte innerhalb des Institutionengefüges bewusst zu sein.

Dies gilt vor allem deshalb, weil selbst in parlamentarischen Regierungssystemen, in denen zwar in der Regel die Gesetzesinitiative von der Regierung ausgeht, natürlich auch einzelne Parlamentarier oder die Opposition Gesetze in den Beratungsprozess einspeisen können.[170] In einigen Fällen kann es auch vorkommen, dass es fraktionsübergreifende Gesetzesinitiativen gibt.[171] Diese Praxis, die in den parlamentarischen Regierungssystemen eher die Ausnahme bildet, kommt natürlich in jenen parlamentarischen Systemen häufiger vor, in denen die Regierung nicht durch Teile des Parlaments getragen wird. Ist das Parlament als Ganzes der Gegenspieler der Regierung, wird es durch eine relativ große Geschlossenheit sogar mehr erreichen können, weil es seiner Position durch breite Mehrheiten größeres Gewicht verleihen kann. Trotzdem ist es natürlich der hauptsächliche Auftrag einer Regierung, Gesetze vorzuschlagen und sie durch den parlamentarischen Beratungs- und Entscheidungspro-

---

168 So stellt Gerhard Loewenberg etwa für den deutschen Fall fest, dass die „Mitwirkung des Parlaments im legislativen Prozeß, und sei sie auch nur passiv, [...] lange vor Beginn des parlamentarischen Regierungssystems akzeptiert [wurde]." Siehe G. Loewenberg 1969, S. 319.
169 „In der Regel" meint hier nicht mehr als folgenden Sachverhalt: Das Initiativrecht muss in eine inhaltliche und formale Komponente unterschieden werden. So kommt es etwa in der Gesetzgebung der Bundesrepublik Deutschland relativ häufig vor, dass Gesetzesinitiativen nicht aufgrund des Willens und Wollens der Bundesregierung oder parlamentarischer Akteure erfolgen, sondern deshalb, weil die Rahmengesetzgebung der Europäischen Union (bspw. Tabakwerbeverbot) oder aber das Bundesverfassungsgericht dies vorschreibt (bspw. Besserstellung von Familien mit Kindern in der Pflegeversicherung gegenüber Kinderlosen).
170 In parlamentarischen Regierungssystemen sind solche Initiativen fast nie sehr erfolgreich. Falls es jedoch so sein sollte, dass die Regierung den Vorschlag der Opposition an sich als sinnvoll ansieht, weil dort tatsächlich zielführende Elemente zu finden sind, so wird sie diesen zuerst ablehnen und kurze Zeit später einen ähnlichen Gesetzentwurf selbst in den parlamentarischen Prozess einbringen. Siehe zu dieser Praxis die Ausführungen von W. J. Patzelt 2003b, S. 38.
171 Vgl. dazu etwa J. v. Oertzen 2000, der sich mit der Frage überfraktioneller Gruppenanträge im Deutschen Bundestag beschäftigt hat.

zess zu bringen. Schließlich ist es ihre bedeutendste Aufgabe, die wichtigen und notwendigen politischen Steuerungsmaßnahmen vorzunehmen. Dennoch ist es als gravierende Schwachstelle eines parlamentarischen Systems anzusehen, wenn die Gesetzesinitiative *ausschließlich* von der Regierung ausgehen kann, also auch formal keine Möglichkeit zur Gesetzesinitiative aus den Reihen des Parlaments besteht. Dies ist nämlich meistens ein Kennzeichen dafür, dass ein Parlament (noch) nicht über jene zentrale Position im Institutionengefüge verfügt, die es aber braucht, um seiner Steuerungsfunktion nachzukommen.

Umgekehrt kann es aber auch so sein, dass es – wie etwa in manchen präsidentiellen Systemen – keine Initiativrechte auf Seiten des Präsidenten, also der Regierung gibt. Dann benötigt jene, obwohl nicht auf parlamentarische Unterstützung zur Amtsausübung angewiesen,[172] eine Fraktion innerhalb des Parlaments, welche die Regierungsvorschläge in den parlamentarischen Beratungs- und Entscheidungsprozess einbringt. Denn das Parlament wird in solchen Systemen „nur sehr zögernd bereit sein, der Regierung bei der Gesetzgebung die Führung zu überlassen."[173] Die dazu notwendige enge Verbindung zwischen Parlamentsfraktionen und Regierung wird dann über informelle Wege hergestellt werden müssen. Dabei darf man sich darunter nichts Geheimnisvolles vorstellen, sondern muss einfach nur anerkennen, dass es sich eben nicht um ein formalisiertes Verhältnis dieser beiden Organe handelt.

Wie auch immer die Initiativrechte in einem politischen System verteilt sind, ihre wahre Bedeutung lässt sich natürlich nur dann ermessen, wenn sie in den jeweiligen systematischen Kontext gestellt werden. Darum ist es schon wichtig, zuerst einmal festzustellen, auf welche Weise die Gesetzesinitiative in einem Parlament überhaupt möglich ist. Die zentrale Stellung der Regierung bei der Gesetzesinitiative darf aber niemals als eine Fehlleitung des parlamentarischen Systems betrachtet werden. Denn die Funktionslogik aller freiheitlich-demokratischen Systeme ist darauf ausgerichtet, dass eine Regierung die politische Richtung bestimmt, zu diesem Zweck entsprechende Gesetzesvorlagen macht und auch das Haushaltsbudget so ausrichtet, dass die Schwerpunkte ihrer politischen Ziele tatsächlich zu verwirklichen sind.

Somit lassen sich die entscheidenden Fragen danach untergliedern, welchen Stellenwert ein Parlament überhaupt in einem politischen System einnimmt. Ist dieser eher zentral oder eher marginal? Wer alles ist an der Gesetzgebung beteiligt – ist es nur eine Kammer oder haben andere Institutionen Mitsprache- oder sogar Mitentscheidungsrechte? Letzteres wäre ein typisches Merkmal eines Zweikammersystems. Ebenso wird ausschlaggebend sein, ob die Möglichkeit von Plebisziten besteht, also entweder Gesetzesinitiativen aufgrund einer Volksabstimmung möglich sind oder aber die Bevölkerung über die Annahme bestimmter Gesetze abschließend entscheiden kann. Zudem ist zu untersuchen, welche internen Strukturen einem Par-

---

172 Dies würde einem präsidentiellen System auch widersprechen. Denn ein präsidentielles System ist schließlich deshalb ein solches, weil der Präsident losgelöst vom Parlament regieren kann und natürlich auch seine Wahl nicht vom Parlament abhängt.
173 W. Steffani 1979, S. 93.

lament überhaupt für die Gesetzgebungsarbeit zur Verfügung stehen, also welchen Stellenwert bspw. Ausschüsse oder die Fraktionsarbeitskreise haben und wie sie in die tatsächliche Entscheidungsfindung eingebunden sind? Welcher Einfluss auf die Gesetzgebung besteht von außen durch Interessenverbände und Lobbygruppen? Auf welche Weise gelingt dem Parlament die Beschaffung notwendiger Informationen zur Partizipation am Gesetzgebungsprozess? Und schließlich: Welcher Druck wird evtl. implizit durch das Verfahren selbst auf das Parlament ausgeübt, und welche Freiheiten gibt es bspw. bei einzuhaltenden Fristen oder anderen Formalien, wie etwa bei der Einsicht in Dokumente?[174]

Trotz der systemtypischen möglichen Unterschiede nimmt parlamentarische Gesetzgebung nach der Initiative durch Regierung, Parlament oder Opposition in den meisten politischen Systemen einen relativ ähnlichen Verlauf. Das liegt in der Natur der Sache zumindest freiheitlich-demokratischer Systeme. Denn das Ziel eines jeden Gesetzgebungsprozesses besteht darin, für eine Gesetzesvorlage Mehrheiten zu gewinnen. Wie gut dies gelingt und auf welche Weise das hinter den Prozessen verborgene Spannungspotential parlamentarisch ausgeglichen wird, ist mitentscheidend für den Erfolg eines Parlaments in der Gesetzgebung.

2.3.2.4. Repräsentationsfunktion

Repräsentation ist kein Selbstzweck, sondern das Ergebnis von gesellschaftlicher Arbeitsteilung, die ganz einfach darin besteht, dass einige Akteure stellvertretend für die Gesamtgesellschaft handeln. Repräsentation ist in komplexen Gesellschaften deshalb notwendig, weil sich schon allein aus praktischen Gründen die Erfüllung von Funktionen der Gesetzgebung, Kreation oder Kontrolle gar nicht anders vorstellen lässt als eben dadurch, dass einige die Interessen aller vertreten. Es liegt somit auch in der Natur der Sache, dass es sich bei der Repräsentationsfunktion nicht um einen einseitigen kommunikativen Prozess von den parlamentarischen Akteuren zu den Adressaten handeln kann. Vielmehr ist es ein wechselseitiges Verhältnis, das zwischen Parlamentariern und Bürgerschaft zustande kommen muss. Repräsentation ist deshalb auch eine aus mehreren Bestandteilen konstituierte Funktion. Häufig wird dies verkannt. Darum findet sich auch in keinem der ‚gängigen' parlamentarischen Funktionskataloge eine Zusammenfassung aller relevanten Aspekte. Das hat seinen einfachen Grund darin, dass in Funktionskatalogen meistens nicht von einer Repräsentationsfunktion, sondern von Kommunikations- oder Öffentlichkeitsfunktion oder etwa Artikulations- oder Informationsfunktion geschrieben wird.[175] Und wenn doch einmal die Repräsentationsfunktion genannt wird, so wird diese – wie

---

174 Siehe W. J. Patzelt 2003a, S. 351f.
175 Siehe hierzu die Zusammenstellung bei P. Schindler 1994, S. 1379ff., sowie die ausführliche Arbeit Leo Kißlers zur Öffentlichkeitsfunktion des Deutschen Bundestages. Ders. 1976.

etwa bei Eckhard Jesse für den Deutschen Bundestag – meistens nicht hinreichend expliziert und beschränkt sich auf das Wünschenswerte:

> „Der Bundestag soll die Bevölkerung repräsentieren und die vielschichtigen, teilweise einander widerstreitenden Interessen aller Gruppierungen der Bevölkerung angemessen berücksichtigen und sie gerecht wahrnehmen."[176]

Obwohl also der Terminus der Repräsentationsfunktion besonders treffend zur Beschreibung dessen geeignet ist, was eigentlich gemeint und richtigerweise auch unter Repräsentation zu verstehen wäre, findet häufig eine allzu einseitige Verengung auf den Prozess der Vermittlung und Darstellung von Politikinhalten an die Bürgerschaft statt.[177]

Wenn man aber die Repräsentationsbeziehung richtig und vollständig erfassen will, ist im Grunde auf vier Dinge zu achten: Zunächst ist es notwendig, festzustellen, wie gut die *Vernetzung* zwischen Parlament und Bürgerschaft funktioniert. Jene ist schließlich die Basis dafür, dass Kommunikation zwischen diesen beiden Gruppen überhaupt gelingen kann. Dann scheint es wichtig, dass die wesentlichen Anliegen, Sorgen und Wünsche der Bürger von den Parlamentariern auch tatsächlich aufgenommen und in den Willensbildungs- und Entscheidungsprozess eingespeist werden. Dies ist mit dem Begriff der *Responsivität* auszudrücken. Außerdem muss sich das Parlament um eine hinreichende *Darstellung* der Politik bemühen, also die auf der Grundlage responsiver Willensbildung getroffenen Entscheidungen auch gegenüber der Bürgerschaft demonstrieren. Die Repräsentierten müssen nicht nur sehen, dass sie repräsentiert werden, sondern auch tatsächlich glauben, dass es so ist. Letztlich ist auch *kommunikative Führungsfunktion* gefragt. Denn das zur Schau stellen dessen, was geleistet worden ist, reicht nicht aus. Es muss zudem aktiv dafür geworben werden, dass die getroffenen Entscheidungen richtig sind. An die Bürgerschaft muss das Signal ausgesandt werden, dass bestimmte politische Sachverhalte nur auf diese Weise gelöst werden können und der eingeschlagene Weg richtig ist.[178] Erst das Zusammenspiel dieser vier Elemente ist als Erfüllung der Repräsentationsfunktion zu verstehen.

Erfolg oder Misserfolg von Repräsentation hängen von der Fähigkeit ab, alle vier Aufgaben möglichst so zu erfüllen, dass die eine nahtlos in die jeweils nächst höhere übergeht. Dabei ist das alles als eine Art Stufenkonzept zu begreifen, bei dem die einzelnen Teile wie die Zahnräder eines Schaltgetriebes ineinander greifen. Es kann also weder mit dem vierten Gang (kommunikativer Führung) gestartet noch direkt vom ersten (Vernetzung) in den vierten Gang geschaltet werden. Ersteres würde

---

176 E. Jesse 1997, S. 100.
177 Das hat natürlich weniger etwas mit Repräsentation, sondern vielmehr mit Präsentation zu tun, da es um das Darstellen nach außen geht. Dies ist jedoch nicht verwunderlich. Schließlich wird häufig davon gesprochen, dass es etwa bei bestimmten Ämtern darum gehe, repräsentative Aufgaben wahrzunehmen. Das heißt dann ganz konkret meistens nur, dass sich eine Person zur Verfügung stellen soll, um bspw. eine Firma oder eine Regierung gegenüber anderen möglichst vorteilhaft darzustellen.
178 Siehe W. J. Patzelt 2003a, S. 351.

zum Absterben des Motors führen, letzteres ließe ihn sehr unrund laufen. Vieles hängt also schon davon ab, dass überhaupt erst einmal die Vernetzung des Parlaments mit der Umwelt einigermaßen ordentlich gelingt. Dazu reicht es freilich nicht aus, dass diese Vernetzung einmalig oder fallbezogen hergestellt wird, sondern es ist deren kontinuierliche Existenz notwendig. Aufrecht erhalten werden diese stabilen Netzwerke meistens über politische Parteien, die mit ihren Unterorganisationen bis in die Städte und Gemeinden hinein präsent sind. Über sie wird in der Regel der Kontakt der Parlamentarier zur Bevölkerung hergestellt. Die Partei ist natürlich nicht nur die Vermittlerin und Organisatorin von Kontakten, sondern selbst auch ein wichtiges Netzwerk für den Abgeordneten. Denn allein auf das, was der Abgeordnete von den Bürgerinnen und Bürgern hört, wird er sich nicht verlassen können. Er muss schon wissen, welche Position seine eigene Partei zu den entscheidenden politischen Fragen hat, da er auf deren dauerhafte Unterstützung natürlich angewiesen ist.[179]

Neben der Aufrechterhaltung eines Kontaktnetzes zu Bürgerschaft und Partei sind natürlich auch Verbindungen zu jenen Interessengruppen, Verbänden und Institutionen wichtig, die in dem von den jeweiligen Politikern hauptsächlich bearbeiteten Politikfeldern eine Rolle spielen. Und weil sich Sachverstand natürlich nicht nur extern finden lässt, ist die Pflege des Kontakts zu den Arbeitskreisen und entsprechenden Fachausschüssen des Parlaments ebenso wichtig. All dies zusammengenommen garantiert eine recht umfassende Vernetzung des Parlamentariers. Handelt es sich darüber hinaus noch um ein parlamentarisches Regierungssystem, sind zwangsläufig die Kontakte zwischen regierungstragender Fraktion oder Koalition und Regierung sowie die Verbindungen hinein in die Ministerien und deren bürokratische Strukturen sehr eng.[180]

Freilich reichen allein die Existenz und die Kenntnis von Netzwerken sowie das Wissen um deren möglichen Gebrauch nicht aus; vielmehr ist es notwendig, die verschiedenen Meinungen und Standpunkte der Netzwerkpartner aufzunehmen und nach entsprechender Bewertung und Selektion in den parlamentarischen Willensbildungs- und Entscheidungsprozess einzuspeisen. Nachgerade logisch ist deshalb auch, dass nur jene Parlamentarier responsiv sein können, welche die Umsetzung all dessen in der Alltagspraxis auch tatsächlich vollziehen.

Selbst wenn die beiden ersten Schritte zur Herstellung einer angemessenen Repräsentationsbeziehung halbwegs gelingen sollten, ist dies natürlich noch keine Garantie dafür, dass auch die Darstellung der Entscheidungen, also der demonstrative Nachweis, dass die Wünsche und Sorgen der Bürger zur Kenntnis genommen wurden und in den Entscheidungsprozess Eingang gefunden haben, gelingt. Das hat ver-

---

179 Doch wie Wolfgang Ismayr für das bundesdeutsche politische System richtig anmerkt, ist es natürlich nicht so, dass „die Willensbildung von der Partei- und Wählerbasis über die höherstufigen Parteigliederungen bis hin zum Bundestag primär von unten nach oben verläuft. Auch setzen die Abgeordneten nicht in erster Linie Vorstellungen eines ‚Parteiapparates' um." Siehe W. Ismayr 2001, S. 51.
180 Siehe W. Ismayr 2001, S. 92f.

schiedene Gründe. Von den Bürgern interessieren sich nur wenige für die tatsächlich im Parlament ablaufenden Prozesse, so dass der Weg von der Initiative bis hin zur Verkündigung von Entscheidungen den meisten Bürgern eher verborgen bleibt.[181] Und ohnehin wird vor allem das zur Kenntnis genommen, was auch schlagzeilenträchtig in den Medien verarbeitet wird.[182] Dabei kommt es in der Darstellung häufig zu Verkürzungen dessen, was tatsächlich passiert und wie die Entscheidungen getroffen werden. Solche Verkürzungen finden in der Qualitätspresse zwar nur sehr selten statt und hier wird in der Regel auch ziemlich umfassend und ordentlich informiert, aber gelesen werden diese Zeitungen ohnehin nur von jenen, die sich für Politik interessieren, während sich der überwiegende Teil der Bevölkerung aus Fernsehen, Radio und Boulevard- oder Regionalpresse informiert.

Vor allem letzteres, nämlich die große Unwissenheit und Uninformiertheit, lässt es dann auch besonders kompliziert erscheinen, das Dargestellte so gut zu ‚verkaufen', dass bei der Bürgerschaft der nachhaltige Eindruck entsteht, Parlamentarier hätten tatsächlich in ihrem Sinn ‚richtig' gehandelt. Und damit nicht genug: Das Besetzen bestimmter Themenfelder ist durch die Konkurrenz widerstreitender Interessenlagen gekennzeichnet. Es gilt somit nicht nur, die Bürger überhaupt erst einmal für die eigenen Vorstellungen zu gewinnen, sondern diese auch noch als überlegen gegenüber den konkurrierenden Vorstellungen anderer Parteien, Institutionen oder Gruppen darzustellen.

Auch im Rahmen der Repräsentationsfunktion macht es im übrigen, wie bei allen anderen Funktionsbereichen auch, einen Unterschied, um welche Art des politischen Systems es sich handelt. In einem parlamentarischen Regierungssystem fallen einige der Aufgaben natürlich regelmäßig der Opposition, andere eher der Regierungsfraktion zu. Die ganz konkrete Ausübung der Repräsentationsfunktion wird also wesentlich durch die Beschaffenheit des Systemtyps geprägt. Das ändert jedoch nichts daran, dass die Funktion nur dann erfolgreich ausgeübt werden kann, wenn alle Stufen der Repräsentation halbwegs erfolgreich durchlaufen werden.

2.3.3. Symbolische Funktionen

Symbolische Funktionen dürfen im Rahmen einer politikwissenschaftlichen Analyse nicht fälschlicherweise mit symbolischer Politik verwechselt werden. Das Ziel symbolischer Politik ist nämlich oft ein instrumentelles, wozu sich die Akteure aber symbolischer Mittel bedienen. Gerhard Göhler spricht sogar davon, dass in der Politikwissenschaft politische Symbole häufig so verstanden werden, als ob

---

181 Siehe S. Marschall 2002, S. 180.
182 So stellt etwa Elisabeth Noelle-Neumann klar, dass vor allem die formale Betonung und nicht Dissonanz oder Konsonanz zwischen Information und Lesermeinung, also Schlagzeilengröße, Bebilderung oder Plazierung darüber entscheidet, ob eine Nachricht gelesen wird. Siehe E. Noelle-Neumann 1994, S. 543.

„[...] Politiker versuchen, die Bürger durch Symbole zu manipulieren und durch ‚symbolische Politik' die fehlende Rationalität, Sachhaltigkeit und Effizienz ihrer Entscheidungen zu verschleiern."[183]

Dieser Vorwurf stellt mit Sicherheit eine überzogene Analyse dar. Denn es ist wohl selten die erklärte Absicht, sondern eher eine latent gebrauchte Fluchtkategorie, wenn Politiker mittels symbolischer Politik anderes Handeln vorblenden als sie instrumentell tatsächlich einlösen. Und außerdem ist symbolische Politik nicht grundsätzlich mit einem negativen Eindruck verbunden. Symbolische, demonstrative Responsivität in Form der Teilnahme von Politikern an Veranstaltungen dient zuweilen allein dem Zweck der Präsenz, damit die Bürgerinnen und Bürger den Eindruck erhalten, ‚ihr' Volksvertreter sei auch vor Ort für sie ansprechbar. Instrumentell werden hierdurch – abgesehen von der Möglichkeit, die eigene Bekanntheit weiter zu steigern und dadurch eventuell die Wiederwahlchance zu erhöhen – keine Funktionen erbracht. Anders herum gewendet ist es aber eben auch nicht so, dass diese symbolische Responsivität dem Vorblenden von an sich nicht stattgefundener Funktionserfüllung dient. Symbolische Politik ist demnach keine bewusste Täuschung der Adressaten über die wahren Hintergründe des Handelns.

Im Kontext der Forschung zum Europäischen Parlament zumindest geht es jedoch vor allem um die Frage, ob und inwieweit symbolische *Funktionen* erbracht werden. Funktionen sind dabei Leistungen des Parlaments für die es umgebende Umwelt. Das unterscheidet symbolische Funktionen somit gravierend von symbolischer Politik, die eben gerade nicht auf Strukturen und Prozesse abzielt, sondern konkrete policy-Aussagen zum Inhalt hat.

Das Forschungsgebiet symbolischer Funktionen ist in der Parlamentarismusforschung bisher relativ wenig erschlossen, so dass aus der Literatur auch kaum Hinweise zu dieser Facette parlamentarischer Funktionsprüfung gewonnen werden können. Einzig aus dem Dresdner Sonderforschungsbereich (SFB) 537 ist umfangreicheres empirisches Material publiziert, in welchem gezielt nach Antworten auf die Frage der symbolischen Funktionserfüllung von Parlamenten gesucht wird.[184] Warum aber sind symbolische Funktionen überhaupt notwendig? Symbolische Funktionen sind ein Erfordernis, das – wie Gerhard Göhler es treffend formuliert – aus dem Wesen politischer Institutionen resultiert.

„Demzufolge sind politische Institutionen, verstanden im Kontext sozialer Institutionen, Regelsysteme der Herstellung und Durchführung gesamtgesellschaftlich relevanter Entscheidungen und Instanzen der symbolischen Darstellung von Orientierungsleistungen einer Gesellschaft."[185]

In ähnlicher Weise findet sich das auch bei Karl-Siegbert Rehberg, wenn er mit Bezug auf das Forschungsprogramm des Dresdner SFB 537 formuliert:

---

183 G. Göhler 1997, S. 31.
184 Siehe W. J. Patzelt 2001d.
185 G. Göhler 1994, S. 39.

"Das Spezifische *institutioneller* Stabilisierungen wird dabei in der symbolischen Darstellung jeweiliger Ordnungsprinzipien (z.B. von ‚Leitideen') gesehen, in ihrer Verkörperung und in den auch darin noch sichtbar werdenden Kämpfen um normierende Geltung."[186]

Institutionen erfüllen also nicht nur eine steuernde Funktion in Form der Herstellung und Durchführung gesamtgesellschaftlich relevanter Entscheidungen, sondern sie erbringen darüber hinaus auch eine integrative Leistung[187] dergestalt, dass sie die getroffenen Entscheidungen den Repräsentierten vermitteln müssen. Dies wiederum lässt sich zwar nicht ausschließlich, aber doch eher durch gelungene symbolische Vermittlung bewerkstelligen als allein durch gelungene instrumentelle Funktionserfüllung. Umgekehrt bedarf es aber ebenso auch der Steuerung, um das Symbolisierte nicht zu reiner Schau und Vorblendung nicht vorhandener Tatsachen werden zu lassen. Darum lassen sich in der alltagspraktischen Realität der Institutionen integrierende und steuernde Wirkung wohl kaum allein symbolischer oder instrumenteller Funktionserfüllung zuordnen.[188]

Symbolische Funktionserfüllung ist für parlamentarische Vertretungskörperschaften keine leichte Aufgabe. Ein Grundproblem ergibt sich aus der Frage der Repräsentation selbst. Denn offenkundig handeln ja nicht alle einzelnen Bürger gemeinsam, sondern ihre Stellvertreter in einer eigens dafür vorgesehenen Institution, nämlich dem Parlament. Dazu bedienen sich die Akteure eigener Regeln und Mechanismen, die von den Adressaten nicht immer ganz leicht zu durchschauen sind.

Es ist jedoch wichtig, dass der benutzte Symbolvorrat auch tatsächlich sowohl zu der Institution als auch zu den Adressaten passt, also von ihnen verstanden werden kann. Es handelt sich um eine Gratwanderung zwischen notwendiger Unschärfe und hinreichender Klarheit. Denn Symbole müssen einesteils offen sein für Interpretationen, wie etwa die über den Abgeordneten thronende begehbare Glaskuppel des Reichstags sowohl Transparenz[189] ausdrücken als auch Zeichen der über den Parlamentariern stehenden Volkssouveränität sein kann; andernteils sollten Symbole jedoch so hinreichend deutlich sein, dass es nicht zu Missdeutungen auf Seiten der Adressaten kommt. Bei der Erfüllung symbolischer Funktionen stehen Parlamente stets vor dem Problem, nur das nachhaltig und eindrücklich durch Symbole vermitteln zu können, was auch tatsächlich stattfindet. Für eine repräsentative Demokratie heißt das also, dass es etwa Repräsentation, Gewaltenteilung oder das Prinzip der Demokratie selbst symbolisch zu vermitteln gilt. Die Vermittlung solcher Prinzipien kann dabei über verschiedene Wege erfolgen. Bei Werner J. Patzelt liest sich eine umfangreiche Liste politischer Symbolik wie folgt:

---

186 K.-S. Rehberg 2001, S. 9.
187 Vgl. H. J. Helle 1989, Spalte 406.
188 Siehe G. Göhler 1994, S. 43.
189 Wie Dietmar Schirmer feststellt „gelten etwa im Parlamentsbau der großzügige Umgang mit Glas, gute Zugänglichkeit und die Verwendung moderner Baustoffe als Signifikanten für Transparenz, Öffentlichkeit und Modernität, kurz für Demokratie." Siehe D. Schirmer 1995, S. 310.

„An politischer Symbolik [...] steht eine Vielzahl von Möglichkeiten bereit. Zu ihnen zählen politische Feste, Totenkulte, Zeremonien und Liturgien, Rituale als Gliederungen von Zeit und Prägeformen von Handeln, Herrschaftsarchitektur und Erzeugnisse bildender Kunst als Stätte und dinglicher Rahmen politisch-ritueller Handlungen; sowie politische Rede und Musik als unmittelbar kommunizierter Sinnhorizont – ersterer oft mit Rückbezug auf allgemeine politisch gemeinschaftsstiftende Mythen oder auf die Gründungsmythen der gefeierten Institution, die letztere verstanden als situativ wohlplazierte ‚Klangrede'."[190]

Die Möglichkeiten der Symbolisierung parlamentarischer Leitideen, Ordnungs- und Steuerungsprinzipien sind also vielfältig. Es ist jedoch die Aufgabe der parlamentarischen Akteure oder derjenigen, die an zentraler Stelle für das Parlament verantwortlich zeichnen,[191] die passende Symbolsprache des Parlaments zu finden und zu vermitteln. Forschungspraktisch besteht die Aufgabe nun darin, die symbolischen Funktionen von Parlamenten so zu zerlegen, dass sie einer empirischen Prüfung zugeführt werden können. Dabei ist es – ähnlich wie bei den instrumentellen Funktionen – möglich, eine Art Kriterien- oder Funktionenkatalog zu entwickeln. Auf dessen Basis sollte es sodann gelingen, diejenigen Aspekte einzugrenzen, die es im Rahmen einer Analyse des Europäischen Parlaments zu untersuchen gilt.

Ein Parlament erbringt symbolische Funktionen vor allem aus folgenden Gründen: Eine parlamentarische Vertretungskörperschaft handelt (a) als Repräsentationsorgan nicht um ihrer selbst Willen sondern stellvertretend für die Bürgerschaft an (b) einem bestimmten Ort nach (c) bestimmten – auch nach außen darstellbaren – Praxen und Routinen. Im Grunde sind es also die Existenz selbst, der Zweck der Existenz und der Ort, an dem dieser Zweck erfüllt wird, die zu symbolischer Darstellung geeignet sind.

2.3.3.1. Symbolik und Repräsentation

Die Tatsache, dass ein Parlament überhaupt existiert und zum Nutzen des gesamtgesellschaftlichen Systems einen Zweck als Repräsentationsinstitution erfüllt, eröffnet eine Reihe von Möglichkeiten der symbolischen Darstellung. So macht es etwa einen großen Unterschied, ob die Zusammensetzung eines Parlaments aus freien und demokratischen Wahlen hervorgeht oder dessen Zusammensetzung bereits vor der Wahl feststeht. Schon das Zustandekommen eines Parlaments ist zudem ein Ausweis für seine Stellung innerhalb des politischen Systems und dadurch eng mit der instrumentellen Funktionserfüllung verknüpft. Oftmals ist es darum auch unmöglich,

---

190 W. J. Patzelt 2001e, S. 53f.
191 Häufig ist es schließlich so, dass nicht allein die parlamentarischen Akteure selbst für die Installierung und Tradierung geeigneter Symbole verantwortlich sind, sondern auch extra-institutionelle Akteure eine große Rolle spielen. Diesen kommt dann natürlich die gleiche Verantwortung wie den parlamentarischen Akteuren selbst zu, wenn es – wie etwa beim Europäischen Parlament – um die Implementierung und Tradierung oder den Wandel der Symbole der Vertretungskörperschaft geht.

symbolische Funktionserfüllung ohne das Einbeziehen instrumenteller Funktionen zu erfassen. Denn die freie Wahl hat zwar auch einen symbolischen, aber eben hauptsächlich den instrumentellen Zweck, die Selbsterhaltung der Institution zu garantieren und exklusiv Personal für sie bereitzustellen.

Doch bieten sich auch noch weitere Symbolisierungschancen, die der Eigenart von Repräsentationsinstitutionen geschuldet sind. So war der sozialistische Parlamentarismus beispielsweise dadurch gekennzeichnet, dass die Mitglieder des Parlaments ein möglichst genaues Spiegelbild der gesellschaftlichen und demographischen Verhältnisse abgeben sollten. Dadurch wird den Repräsentierten dann vermeintlich eindrucksvoll vor Augen geführt, dass die Volksvertreter tatsächlich ein – lediglich verkleinertes – Abbild der Gesamtgesellschaft sind, die in ihrem Auftrag und zu ihrem besten handeln. Und dies muss nach Lesart des sozialistischen Parlamentarismus schon deshalb besser gelingen als in freiheitlich-demokratischen politischen Systemen, weil bereits die Auswahl der Mandatare dafür bürgt, dass die Anliegen und Sorgen der Bürgerschaft adäquat in den Willensbildungsprozess einfließen.[192] Letztlich hat diese sozialstrukturelle Repräsentation natürlich zum Ziel, die Glaubwürdigkeit der Institution auf Seiten der Bürger zu erhöhen.[193] Solche Symbolisierung kann sich eine Vertretungskörperschaft indessen nur dann ‚leisten', wenn sie ohnehin keine und nur wenige instrumentelle Funktionen erbringt. Die symbolische Funktion der Abbildung der Gesellschaft im Parlament wird überhöht, um die instrumentelle Unzulänglichkeit zu kaschieren. Deshalb wird es in einem freiheitlich demokratischen Parlament in der Regel eine solche auf bewusster Quotierung beruhende Auswahl der Parlamentarier nicht geben. Denn dies ist zwar eine Möglichkeit der symbolischen Demonstration von strikter sozialstruktureller Repräsentation, nicht aber eine Notwendigkeit instrumenteller Funktionserfüllung. Darin und dadurch zeigt sich deutlich, dass es durchaus zu Widersprüchlichkeiten zwischen symbolischer und instrumenteller Funktionserfüllung kommen kann.

---

192 Siehe etwa R. Schirmer 2002, S. 154f. mit weiteren Nachweisen, sowie R. Schirmer 2001, S. 157f.
193 Obgleich eine solche demographische Abbildung der Bevölkerung im Parlament weder der Qualität der Entscheidungen dienlich ist noch in einem freiheitlichen demokratischen System überhaupt durchsetzbar wäre, wird auf Seiten der Bürgerschaft zuweilen eine genau solche Zusammensetzung gefordert. Dies ist nicht zuletzt allerdings ein Zeugnis der Unkenntnis der Funktionslogik eines demokratischen Parlamentarismus, der eben gerade nicht auf solchen indoktrinierten Prinzipien beruht, sondern Auswahlkriterien vorhält, die sich an Eignung, Engagement oder Durchhaltevermögen etc. orientieren. Ein Beispiel für solche demographische Quotierung, das sich auch im Deutschen Bundestag partiell auffinden lässt, ist der Versuch von Bündnis90/Die Grünen, Ämter und Mandate paritätisch an männliche und weibliche Parteimitglieder zu vergeben.

2.3.3.2. Symbolik und Handlungsort

Zur symbolischen Darstellung eignet sich natürlich nicht nur die Tatsache, dass ein Parlament existiert, sondern auch der Ort seines Handelns selbst und die Form und Gestaltung des entsprechenden Parlamentsgebäudes.[194] Die Basis für die Entfaltung symbolischer Wirkung ist allerdings die Existenz *eines* Ortes, an dem ein Parlament sich zu Plenarsitzungen, Gremien- und Ausschusssitzungen versammelt, also *eine zentrale Stätte* parlamentarischen Agierens. Wie ein Blick in die Geschichte beweist, handelt es sich dabei keineswegs um eine Selbstverständlichkeit. Denn solange Parlamente keinen Rang als Verfassungsorgane hatten, war es nicht wichtig, ob sie am Ort der Regierung präsent waren oder sich auf Wanderschaft begaben. Daran änderte sich erst dann etwas, als eine parlamentarische Kompetenzerweiterung instrumenteller Funktionen stattfand. Das führte dazu,

> „[...] daß das Parlament nicht mehr wandern konnte, sondern dort tagte, wo die Regierung ihren Sitz hatte. Parlamente mußten eine Dauereinrichtung werden, einen Dauersitz in der Hauptstadt haben."[195]

Der Ort, an dem sich die parlamentarische Arbeit konzentriert, ist jedoch nicht allein entscheidend für die Symbolisierungsmöglichkeiten des Parlaments. Vielmehr noch ist es sicherlich die Architektur des Gebäudes oder dessen Geschichte, die geeignet sind, in die emotionalen Tiefenschichten der Adressaten vorzudringen und bei der Bürgerschaft Repräsentationsglauben zu stiften. Wie ambivalent die Einschätzung gelungener oder nicht gelungener Auswahl eines solchen architektonisch wichtigen Bauwerks ausfallen kann, lässt sich am Beispiel der französischen Assemblée nationale besonders eindrucksvoll nachzeichnen. Zwar war das französische Parlament nicht von Beginn an in seinem jetzigem Domizil, dem Palais Bourbon, untergebracht, aber die Phase des Suchens nach einer geeigneten Unterkunft für die Assemblée nationale dauerte nicht einmal neun Jahre,[196] was – gemessen an der Gesamtdauer ihres Existierens – ein relativ kurzer Zeitraum ist. Seit 1798 gibt es also einen zentralen Ort für das französische Parlament, der sich einesteils als glückliche Wahl entpuppte, da er „historische Traditionslinien, Symbolvorräte und Kontinuitäten, die trotz aller Abscheu von Monarchie und Adelsherrschaft die französische Gesellschaft nie ganz losließen"[197] mit den Neuerungen des Parlamentarismus symbolisch geschickt zu verbinden vermochte. Anderenteils konstatiert Michael S. Cullen jedoch, dass man den Saal so oft umgebaut hat, „daß er nur wenige Traditionen spüren läßt, und da Parlamente auch von der Tradition zehren, ist das Image der Chambre des Deputés nicht so präsent wie das anderer Parlamente."[198]

---

194 Vgl. H. Welfing 1995, S. 72.
195 M. S. Cullen 1989, S. 1846.
196 Siehe hierzu M. Fixemer 2001, S. 114f.
197 Ebenda, S. 122.
198 M. S. Cullen 1989, S. 1847.

Bauwerke sind vor allem dann zur symbolischen Selbstdarstellung eines Parlaments geeignet, wenn die Adressaten mit diesen auch etwas verbinden können. Es ist also nicht allein das Gebäude selbst, sondern auch die Fähigkeit der Adressaten zur Dekodierung der Symbolik gefragt. Dabei kann es durchaus kontrovers zugehen, wie etwa die Diskussion um die Glaskuppel des Berliner Reichstages gezeigt hat.[199] Allein die Architektur schafft demnach noch keine eindeutigen Hinweise auf das tatsächlich zu Symbolisierende.[200] Dies hat Paul Wallot, den Erbauer des Berliner Reichstages, darum wohl auch zu der Äußerung verleitet, dass es zu den schwierigsten architektonischen Aufgaben gehöre, einen Parlamentsbau zu entwerfen.[201]

Dennoch sind diese Probleme nicht allein damit zu begründen, dass es oftmals sehr kompliziert ist, einen einheitlichen Ort und eine auch dekodierbare Symbolik überhaupt erst einmal zu finden. Darüber hinaus ist gerade bei der baulichen Ausgestaltung das Problem zu bewältigen, Symbolisches einerseits und instrumentelle Funktionswirklichkeit andererseits in Einklang zu bringen. Dies gelingt dann meistens besonders schwer, wenn sich die Anforderungen an diese beiden Aufgaben zumindest in Teilen widersprechen. So ist ein Parlament in einem freiheitlich demokratischen System in seiner Arbeit keineswegs auf den Plenarsaal als zentrale Wirkungsstätte beschränkt. Ganz im Gegenteil: Ein Großteil seiner Arbeit findet eben gerade nicht im Plenum, sondern in den Fraktionen und Ausschüssen, also unter Ausschluss der Öffentlichkeit statt. Deshalb kann allzu viel Transparenz, wie etwa bei der Glaskuppel des Deutschen Bundestages auf dem Berliner Reichstagsgebäude, die Besucher schnell dazu verführen, anzunehmen, hier arbeite ohnehin niemand, da der Plenarsaal oft leer ist. Tatsächlich ist es aber doch so, dass der Plenarsaal aufgrund anderer, parallel stattfindender Gremiensitzungen weitgehend leer sein muss.[202] Dieser instrumentell notwendige Hintergrund lässt sich allerdings durch einen nur mit wenigen Abgeordneten bestückten Plenarsaal nicht vermitteln. Es gibt also schon gute Gründe dafür, warum die symbolisch erzeugten Eindrücke zuweilen den instrumentellen Notwendigkeiten zuwiderlaufen. Und dieses Problem kann auch durch Architektur natürlich kaum behoben werden. Schlimmer noch: Der zentrale Platz, nämlich das Plenum mit den dort stattfindenden Debatten, lässt sich am leichtesten symbolträchtig durch die Architektur in Szene setzen, die Gremiensitzungen, in den meistens viel weniger repräsentativen Räumen, hingegen kaum.

Im Kontext architektonischer Symbolisierungsmöglichkeiten ist es ebenfalls nicht ganz unwichtig, welche Art von Symbolen in Form von Bildern, Plastiken oder Ornamenten ein Parlament zur inneren und äußeren Gestaltung des eigentlichen Bauwerks bereithält. Mit dem Bundestag ist beispielsweise unweigerlich der Bundesad-

---

199 Denn eine Kuppel kann, wenn sie wie beim Reichstag aus Glas geformt ist, zwar Transparenz symbolisieren, aber eine Kuppel kann auch als imperiales Symbol interpretiert werden. Siehe hierzu W. Nerdinger 1992, S. 14.
200 Siehe W. J. Patzelt 2001e, S. 66f.
201 M. S. Cullen 1989, S. 1888.
202 Vgl. S. Körner 2003, S. 60, die darauf hinweist, dass aufgrund zunehmender Spezialisierung die Entscheidungsfindung an anderen Orten als im Plenarsaal stattfindet.

ler als zentrales Symbol des Plenarsaals verbunden,[203] mit dem Europäischen Parlament seit längerer Zeit ein blaues Rechteck mit zwölf zu einem Kreis geformten Sternen.[204] Und so ließen sich ähnliche Beispiele wohl auch für viele andere Parlamente finden. Daneben sind es aber häufig auch Ornamente, Reliefs, Plastiken und Bilder, die sich mit bestimmten Vertretungskörperschaften in Verbindung bringen lassen. In der Eingangshalle der Volkskammer der DDR war etwa das Relief ‚Lob des Kommunismus'[205] zu sehen und in der Assemblée nationale ist noch heute ein hinter der Rednertribüne angebrachter Gobelin zu bewundern, der die ‚Schule von Athen' zeigt.[206] Das Ziel dieser augenfälligen Symbolik ist es, sowohl den Akteuren als auch den Adressaten die Tradition und Verpflichtung des jeweiligen Parlaments vor Augen zu halten. Die Wirkung solcher Symbole soll also keineswegs nur nach außen, sondern auch nach innen gerichtet sein. Denn auch auf die Akteure selbst kann das ‚Lob des Kommunismus' oder die ‚Schule von Athen' integrierend wirken, indem sie daran erinnert werden, welchen Maximen sie bei ihrem Handeln verpflichtet sind.

2.3.3.3. Symbolik und parlamentarisches Handeln

Die Symbolisierung dessen, was ein Parlament tut, ist als dritte Variante symbolischer Funktionen eng verbunden mit dem Repräsentationsprinzip und ihrem Handlungsort. Dabei spielt die Stellung, die das Parlament innerhalb des Institutionengefüges einnimmt, eine ebenso wichtige Rolle wie die Fähigkeit der Adressaten, das Handeln der Akteure deuten zu können.

Zu analytischen Zwecken lässt sich parlamentarisches Handeln weiter untergliedern in traditionelle, rituelle und zeremonielle Praktiken. Nicht alle spielen in jedem Parlament eine gleich gewichtige Rolle. Denn auch hier gilt, dass die jeweiligen Symbolisierungsleistungen im engen Zusammenhang mit den zu erbringenden instrumentellen Leistungen des Parlaments stehen. Am Beispiel des leeren Plenarsaals wurde dies bereits eindrucksvoll demonstriert. Zudem lassen sich natürlich system-

---

203 Darum war es auch nicht verwunderlich, dass die Parlamentarier sich aufgrund des Wiedererkennungswertes für eine an die ‚fette Henne' von Ludwig Gies angelehnte Variante des Bundesadlers aussprachen und nicht für die von Norman Foster vorgeschlagene abgewandelte Form. Siehe hierzu A. Dörner 2002, S. 248.
204 Bei den zwölf Sternen handelt es sich im übrigen nicht um eine Symbolisierung der Mitgliedstaaten, wie fälschlicher Weise in der Öffentlichkeit immer wieder angenommen wurde. Der Grund für diese ‚Missdeutung' ist relativ einfach darin zu finden, dass die Flagge im selben Jahr zu einem offiziellen Symbol der Europäischen Gemeinschaften wurde, in dem auch die Zahl der Mitgliedstaaten auf zwölf anwuchs, nämlich 1986. Die eigentliche Bedeutung der Anzahl der Sterne liegt jedoch darin, dass die Zahl ‚12' seit der Antike als Verweis auf Vollkommenheit gedeutet wird. Der blaue Hintergrund ist als Zeichen des Abendlandes zu interpretieren.
205 Siehe R. Schirmer 2001, S. 175.
206 Siehe M. Fixemer 2001, S. 123f.

typische Unterschiede identifizieren. So ist es etwa im sozialistischen Parlamentarismus der Volkskammer absolut unabdingbar gewesen, dass zu den Plenarsitzungen, die nur selten im Jahr stattfanden, alle Parlamentarier anwesend waren. Ebenso wurde stets große Geschlossenheit nach innen wie außen demonstriert.[207] Bei den Bürgern konnte so der Eindruck vermittelt werden, dass es sich tatsächlich um einen ‚Parlamentarismus neuen Typs' handelte, der sich dann natürlich auch anders als der Parlamentarismus in freiheitlich demokratischen Systemen darzustellen vermochte.

Das Rituelle an den Parlamenten kann jedoch von den Adressaten leicht für deren gesamtes Tun gehalten werden. Denn für den Betrachter wird meistens überhaupt nicht sichtbar, was außerhalb des Plenarsaals in einem Parlament passiert. Das ist natürlich solange unschädlich, wie die Arbeit in den Gremien – wie etwa in der DDR-Volkskammer – ohnehin nicht der tatsächlichen Willensbildung und Entscheidungsfindung dient. Schließlich war bereits durch das Primat der SED festgelegt, wie die zu produzierenden Ergebnisse aussehen mussten. Dann ist es in der Tat so, dass das, was der Beobachter an Ritualen wahrnimmt, weitgehend mit dem übereinstimmt, was auch ‚hinter den Kulissen' stattfindet. Anders verhält es sich natürlich in solchen Parlamenten, in denen zwar das Plenum der zentrale Ort der Wahrnehmung für den ungeschulten Betrachter ist, aber die Willensbildung nun gerade nicht dort stattfindet. An diesem Punkt wird ein Problem offensichtlich, das sich im Grunde nicht lösen lässt; denn im Plenum sind ja aus guten Gründen nur wenige Abgeordnete, findet nur einstudierte Kommunikation statt und wird auch in der Regel geschlossen innerhalb der Fraktionen in einem für Zuschauer kaum verständlichen Schnelldurchlauf verschiedener Drucksachennummern abgestimmt.[208] All dies ist den Erfordernissen eines auch instrumentell ernstzunehmenden Parlamentarismus geschuldet, der eben einer hauptsächlich symbolischen Mehrwert produzierenden Plenumsveranstaltung eigentlich kaum bedürfte. Dies zu ändern ist jedoch schon darum unmöglich, weil sich an dieser Stelle instrumentelle und symbolische Funktionslogik widersprechen. Denn letztlich hieße eine Verstärkung der symbolischen Funktionen, die Effizienz instrumenteller Funktionserfüllung zu reduzieren.

Diese alltagspraktischen Rituale eines freiheitlich demokratischen Parlaments sind also offenkundig nicht sehr gut geeignet, der symbolischen Darstellung parlamentarischer Leitideen zu dienen – zumindest in all den Fällen nicht, in denen die parlamentarischen Leitideen erwarten lassen, dass ein Parlament arbeitet und Entscheidungen trifft, die auf Diskursen zwischen den Abgeordneten beruhen. Von diesen alltäglichen Ritualen zu unterscheiden sind jedoch jene – eher zu besonderen Anlässen praktizierten – Zeremonien, die in außergewöhnlichen Situationen Anwendung finden. Deren Erscheinungsformen sind so vielfältig wie der Parlamentarismus selbst. Denn selbst wenn die alltäglichen Rituale in nahezu allen Parlamenten freiheitlich demokratischer Prägung – sofern diese tatsächlich Entscheidungen zu

---

207 Dieses Prinzip wurde eigentlich nur einmal durchbrochen, nämlich bei der Abstimmung über die Legalisierung der Schwangerschaftsabbrüche in der DDR. Siehe dazu R. Schirmer 2002, S. 142.
208 Siehe hierzu W. J. Patzelt 2001e, S. 60.

treffen haben – in ähnlicher Form vorkommen müssen, basieren Zeremonien häufig auf Besonderheiten des jeweils konkreten Parlaments. An dieser Stelle wären also Amtseinführungen wie etwa in Frankreich, die Parlamentseröffnung am Beispiel Großbritanniens oder aber die Regierungserklärung des Bundeskanzlers im Deutschen Bundestag zu nennen. Darüber hinaus können dies aber auch Reden ausländischer Regierungschefs vor nationalen Parlamenten sein oder feierliche Sitzungen aus Anlass besonderer Gedenktage. Solche Zeremonien, die meistens auch ein höheres Maß an medialer Aufmerksamkeit als das parlamentarische Alltagsgeschäft genießen, können dazu dienen, bei den Adressaten die Glaubwürdigkeit der parlamentarischen Leitidee zu festigen.

Wenn ein Parlament über viele Jahrzehnte existiert, so ist es ziemlich wahrscheinlich, dass sich einige der Rituale und Zeremonien zu Traditionen weiter verfestigen. Das kann darin gipfeln, dass sie sich so weit verselbständigen, dass der eigentliche Sinn sowohl für Akteure wie Adressaten kaum mehr erkennbar oder dekodierbar ist und sie lediglich als ‚Automatismen' fortgeführt werden. Wenn jedoch nicht von Zeit zu Zeit ein Reflexionsprozess mit dem Ziel in Gang gesetzt wird, unnötige Rituale oder Zeremonien aus dem Symbolvorrat eines Parlaments zu tilgen, besteht die Gefahr, dass diese überhaupt nicht mehr im Einklang mit der Leitidee eines Parlaments stehen. Anders herum ist es aber auch so, dass ein Parlament dank existierender Traditionen über längere Zeit vorblenden kann, alles funktioniere wie immer, während sich innere Auflösungstendenzen bereits breit machen. Letzteres ist am Beispiel des kanadischen Senats leicht erkennbar. Denn hier existiert sogar eine ganze Institution allein aus traditionellen Gründen noch immer, obwohl sie aufgrund der Unvereinbarkeit der beiden Leitideen, nämlich der Kombination aus dem Westminster-System und einem föderalen Vertretungsanspruch, gelähmt ist und weder die eine noch die andere Funktion instrumentell glaubhaft erfüllen kann.[209] Ersteres hingegen ist am Beispiel der Thronrede der britischen Königin im Unterhaus gut zu erkennen. Ursprünglich war dieses Verlesen einer vom Premier formulierten Regierungserklärung wohl als Zugeständnis an die Macht des Königs zu sehen, die erst schrittweise vom Parlament eingedämmt wurde. Heute hat diese Tradition wohl kaum noch jenen integrativen Charakter zum Nutzen des Unterhauses, der von dieser Symbolik lange Zeit ausging. Es scheint ganz im Gegenteil sogar so zu sein, dass der symbolisch produzierte Überschuss eher der Königin als dem Unterhaus nutzt. An diesem Punkt lässt sich deshalb auch überaus klar der Zusammenhang zwischen latenter und manifester Funktion erkennen. Die eigentliche, manifeste Funktion des symbolischen Aktes der Verlesung der Regierungserklärung und damit einhergehend der Eröffnung der Parlamentssitzung ist inzwischen relativ unbedeutend, aber die latente Funktion der Schaffung eines legitimatorischen Mehrwerts für die Königin gewinnt zunehmend an Bedeutung. Latentes und Manifestes kann also sowohl

---

209 Als Gegenbeispiel dafür, dass Traditionen allein nicht tragfähig sind, ist der inzwischen abgeschaffte Bayerische Senat zu betrachten. Zum Kanadischen Senat siehe den Aufsatz von J. Amm 2001, S. 217ff.

parallel existieren, es können sich aber auch Verschiebungen innerhalb des Institutionengefüges ergeben.

Die symbolischen Funktionen eines Parlaments sind äußerst vielfältig. Besonderes Augenmerk sollte bei der Analyse der symbolischen Funktionen jedoch vor allem auf folgende Aspekte gelegt werden: Inwieweit ist symbolische Funktionserfüllung mit instrumenteller Funktionserfüllung vereinbar oder steht ihr sogar entgegen? Lassen sich manifeste und latente Bedeutung der Funktion herausarbeiten? Handelt es sich um eher selbstbestimmte Symbolik oder wird diese von außen an das Parlament herangetragen? Welchen Stellenwert genießen symbolische Funktionen überhaupt in den Augen der parlamentarischen Akteure und passt die Symbolik zur Institution selbst und deren Leitidee(n)?

2.4. Leitfragen zur Analyse effektiver Funktionserfüllung des Europäischen Parlaments

Die Effektivität des Europäischen Parlaments wird in Abhängigkeit von seiner Funktionserfüllung ‚gemessen'. Funktionen und mit ihnen einhergehend die zu deren Erfüllung notwendigen Mechanismen, Strukturen und Ordnungsprinzipien sowie die Leitidee(n) einer Institution sind deshalb in diesem konkreten Fall die unabhängigen Variablen. Effektivität ist die abhängige und somit zu erklärende Variable. Wenn man die Variablenkonstruktion so vornimmt, dann gilt folgendes: *Effektiv ist das Europäische Parlament stets dann, wenn es ihm gelingt, seine eigene(n) Leitidee(n) den aktuell gegebenen Umweltzuständen anzupassen und gemäß der jeweils gültigen Leitideen, seine Funktionen und die zu deren Erfüllung notwendigen Organisationsprinzipien, Strukturen und Mechanismen so auszurichten, dass sie zum Erbringen von Leistungen für das gesamtgesellschaftliche System im Sinne der durch die Leitideen formulierten Ziele beitragen.*

Aus der Formulierung der effektivitätsrelevanten Kriterien und der Beschreibung des parlamentarischen Funktionskatalogs ergibt sich für eine empirische Erfolgsanalyse des Europäischen Parlaments folgender Prüfkatalog:

- Erstens: Die Leitidee des Europäischen Parlaments ist zu untersuchen. Es muss festgestellt werden, ob sich die Leitidee des Europäischen Parlaments so verändert hat, dass sie einesteils zur Umwelt der Institution und anderenteils zu ihrer Funktionswirklichkeit passt. Dabei sind die folgenden zwei Fragen entscheidend: Ist die Leitidee des Europäischen Parlaments selbstdefiniert oder fremdbestimmt? Welches Verhältnis besteht zwischen Leitidee und Funktion? Es gilt nämlich: Ein Parlament kann nur dann effektiv sein, wenn seine Leitidee so konstruiert ist, dass sie zu dem jeweiligen institutionellen Umfeld passt und mit der Funktionserfüllung vereinbar ist. Umgekehrt ist innerhalb eines sehr schmalen Rahmens auch das ‚vorauseilende' Anpassen der Leitidee möglich, um die Funktionswirklichkeit zu beeinflussen.
- Zweitens: Die Funktionserfüllung des Europäischen Parlaments ist zu analysieren. Das Europäische Parlament muss daraufhin untersucht werden, ob und

auf welche Weise es instrumentelle und symbolische Funktionen (manifest oder latent) gemäß dem oben formulierten Funktionenkanon erbringt und dadurch Steuerungs- und Integrationsleistung erzielt.
- Drittens muss untersucht werden, in welchem Verhältnis Funktionserfüllung und Leitidee zueinander stehen. Eine starke Spannung zwischen Funktion und Leitidee deutet auf Ineffektivität, eine relative Harmonie zwischen Leitidee und Funktionskanon auf Effektivität hin.
- Viertens ist bei der Funktionserfüllung nach deren Qualität zu fragen. Es spielt nämlich schon eine Rolle, ob Funktionserfüllung halbwegs transparent und effizient ist sowie Teilhaberechte an der Entscheidungsfindung und Willensbildung für parlamentarische Akteure und Adressaten vorhanden sind.
- Fünftens ist Effektivität nicht als statischer Zustand zu begreifen, sondern das Ergebnis eines prozesshaften Oszillierens zwischen Verstetigung und Wandel. Deshalb muss ein vollständiges Bild der Effektivität des Europäischen Parlaments historische Verläufe in den Blick nehmen und kann nicht auf eine aktuelle Bestandsaufnahme beschränkt bleiben.
- Sechstens ist das Funktionieren eines Parlaments nicht nur danach zu beurteilen, ob Leistungen für das umgebende Milieu erbracht werden, sondern auch danach, auf welche Weise dies geschieht. Zu diesem Zweck ist nach der Anpassung von Strukturen und Ordnungsprinzipien zu fragen sowie zu untersuchen, ob und welche institutionellen Mechanismen ein Parlament zur Funktionserfüllung bereithält.
- Siebtens: Die Untersuchung erstreckt sich über die gesamte Dauer der Existenz des Europäischen Parlaments bzw. seiner Vorläuferinstitution in Form der Gemeinsamen Versammlung. Daraus folgt, dass nicht alle Einzelheiten der Entwicklung detailliert geschildert werden können. Allein die zentralen Wendepunkte, aus denen effektivitätsrelevante Aussagen getroffen werden können, finden Eingang in die Analyse. Jene Wendepunkte lassen sich indessen über die gesamte ‚Lebensdauer' der Institution verteilt auffinden.

3. Die Leitideenentwicklung des Europäischen Parlaments

Die Effektivität des Europäischen Parlaments kann daran ‚gemessen' werden, wie erfolgreich die Institution bei der Funktionserfüllung ist, und darum kommt der Leitidee eine wichtige Bedeutung zu. Denn in der Leitidee von Institutionen finden sich jene Ordnungsleistungen und Geltungsbehauptungen wieder, welche eine Institution – nach eigenem oder fremdem Bekunden – erbringen sollte. Dabei ist es in freiheitlich demokratischen politischen Systemen eher die Regel als die Ausnahme, dass sich die Leitidee oder ein ganzes Bündel von Leitideen im Existenzzeitraum einer Institution verändern. Dies zeigt sich auch im konkreten Fall des Europäischen Parlaments. Und deshalb ist die Wahrnehmung der Leitidee durch die Akteure von großer Bedeutung für die Frage, wie gut dem Europäischen Parlament seine Funktionserfüllung gelingt. Denn – so die Annahme – aus den Aussagen der parlamentarischen Akteure wird deutlich werden, welches die leitenden Ideen des Europäischen Parlaments sind. Durch die Ergänzung um das Selbstdarstellungsschrifttum sowie biographische und wissenschaftliche Publikationen wird ein relativ geschlossenes Bild der Leitideenentwicklung des Europäischen Parlaments entstehen, welches sodann als Werkzeug zur Prüfung parlamentarischer Effektivität genutzt werden kann. Die Leitideenkonstruktion ist nämlich aus zwei Gründen für die Fragestellung ‚parlamentarischen Erfolgs' relevant: Einesteils sollte es einer Institution gelingen, die eigenen Ziele sich verändernden Umweltbedingungen anzupassen, und andernteils ist die erfolgreiche Funktionserfüllung davon abhängig, ob jene mit der Leitidee kompatibel ist.

3.1. Gründungsphase

Die Gründungsphase einer Institution ist häufig bereits sehr folgenreich für die weitere Entwicklung.[210] Dies gilt auch für das Europäische Parlament, dessen Leitidee sich schrittweise von der eines ‚Forums' zu der eines ernstzunehmenden ‚Mitgestalters' europäischer Politik entwickelt hat. Die Anfangsphase war im Gegensatz zu manch anderen Vertretungskörperschaften beim Europäischen Parlament allerdings nicht mit einem quasi mythischen Erlebnis verbunden,[211] sondern die rationale Folge der Erfahrungen des 2. Weltkriegs, woraus auch seine anfängliche Schwäche resul-

---

210 Zur Bedeutung der Gründungsphase für parlamentarische Vertretungskörperschaften siehe etwa W. J. Patzelt 2001c, S. 608f.
211 Anders also als etwa bei der Gründung der Assemblée nationale, deren Gründungsmythos sich in der Revolution von 1789 findet und durch den die Verteidigung der Bürgerrechte als vornehmste Pflicht dieser Vertretungskörperschaft bereits von Anfang an zum leitenden Ziel der Institution erhoben wurde.

tierte. Das primäre Ziel der Gründung der Montanunion war nämlich nicht die Schaffung eines supranationalen parlamentarischen Regierungssystems, sondern die gegenseitige Kontrolle der Kohle- und Stahlproduktion in den damaligen Mitgliedstaaten: Allein die Produktion kriegswichtiger Güter sollte durch eine Kohle- und Stahlgemeinschaft überwacht und reguliert werden. Dieses primäre Integrationsziel spiegelt sich auch in den Worten Robert Schumans auf das klarste wider, der am 9. Mai 1950 für die französische Regierung verkündete:

> „Europa läßt sich nicht mit einem Schlage herstellen und auch nicht durch eine einfache Zusammenfassung: es wird durch konkrete Tatsachen entstehen, die zunächst eine Solidarität der Tat schaffen. Die Vereinigung der europäischen Nationen erfordert, daß der Jahrhunderte alte Gegensatz zwischen Frankreich und Deutschland ausgelöscht wird. Das begonnene Werk muß in erster Linie Deutschland und Frankreich erfassen."[212]

Einige Zeilen später findet sich noch genauer beschrieben, wie ganz konkret dieses Vorhaben in die Tat umzusetzen sein sollte:

> „Die Zusammenlegung der Kohlen- und Stahlproduktion wird sofort die Schaffung gemeinsamer Grundlagen für die wirtschaftliche Entwicklung sichern – die erste Etappe der europäischen Föderation – und die Bestimmung jener Gebiete ändern, die lange Zeit der Herstellung von Waffen gewidmet waren, deren sicherste Opfer sie gewesen sind.
>
> Die Solidarität der Produktion, die so geschaffen wird, wird bekunden, daß jeder Krieg zwischen Frankreich und Deutschland nicht nur undenkbar, sondern materiell unmöglich ist."[213]

Von einem Europäischen Parlament war in diesem ersten Entwurf noch überhaupt keine Rede. Die Idee beschränkte sich allein auf eine ‚Oberste Aufsichtsbehörde', deren Aufgabe es sein sollte, verbindliche Entscheidungen im Rahmen der Kohle- und Stahlindustrie zu treffen.[214] Zum Interessenausgleich sollte ein Schiedsrichter dienen, der bei unüberbrückbaren Gegensätzen die Letztentscheidungsgewalt haben sollte. Es war jedoch für viele damalige Akteure einfach nicht vorstellbar, eine transnationale Montanunion zu konstruieren, ohne sie zugleich mit der – wenn auch eher dekorativen und formalen – Legitimität einer ihr zugehörenden Vertretungskörperschaft auszustatten. Dies wurde auch von Jean Monnet erkannt. Darum fand sich bereits in einem am 27. Juni 1950 der Presse vorgelegten Arbeitsdokument Jean Monnets eine Formulierung, die über die Vorstellungen Robert Schumans hinausging und eine „Versammlung" für die Montanunion vorsah.

> „Jedes Jahr sollen die Parlamente der Teilnehmerstaaten aus ihrer Mitte Abgeordnete für eine allgemeine Versammlung wählen; diese würde einmal jährlich zusammentreten, um den von der Hohen Behörde vorgelegten Bericht öffentlich zu debattieren, und könnte durch einen mit

---

212 R. Schuman 1950, S. 680.
213 Ebenda.
214 Unklar bleibt freilich auch, wie die als Ziel formulierte „Föderation" hätte aussehen sollen. Dieser Gedanke wurde zwar von Schumann als Endziel formuliert, aber ohne die Tragweite einer solchen Entscheidung – vor allem auch der institutionellen Konfiguration – zu diesem Zeitpunkt bereits bedacht zu haben. Trotzdem wurde der Weg eindeutig vorgezeichnet: über die wirtschaftliche Integration sollte die politische Integration erreicht werden.

wesentlicher Mehrheit angenommenen Mißtrauensantrag den Gesamtrücktritt der Mitglieder der Hohen Behörde herbeiführen."[215]

Dieser Entwurf Jean Monnets stand bei der Gründung der Europäischen Gemeinschaft für Kohle und Stahl (EGKS) Pate, und so wurde auch die Institutionalisierung einer „Gemeinsamen Versammlung", des späteren Europäischen Parlaments, im Vertrag über die Europäische Gemeinschaft für Kohle und Stahl fixiert.

Deren anfängliche Leitidee war es, als parlamentarisches Forum zum Gedankenaustausch nationaler Politiker über die zukünftige Entwicklung Europas zu dienen. Jene Gemeinsame Versammlung mit zuerst 78 Abgeordneten – und später auch das Europäische Parlament – rekrutierte sich bis zum Jahr 1979 aus Mitgliedern der nationalen Parlamente. Dieses Prinzip der Delegation nationaler Mandatsinhaber in eine Institution entspricht allerdings eher einer internationalen Organisation als einem supranationalen Parlament, zumindest dann, wenn es sich nicht um eine Föderalkammer handelt. Die Gemeinsame Versammlung und das spätere Europäische Parlament waren jedoch von Anbeginn *nicht* als eine Vertretungskörperschaft der Mitgliedstaaten gedacht.[216] Eine solche Leitidee hätte die Existenzberechtigung des Parlaments auch in Frage gestellt: Aufgrund des identischen Vertretungsanspruches des Rats, also der Mitgliedstaaten, wäre nämlich eine fundamentale Interessenkollision praktisch institutionalisiert worden. Das Europäische Parlament sollte indessen auch etwas anderes sein als die Vollversammlung der Vereinten Nationen oder die parlamentarische Versammlung des Europarats.

Zwar war die Gemeinsame Versammlung in der Anfangsphase noch stark vom Gedanken an die Schaffung eines friedlichen Europas geprägt. Trotz der schmalen ihr zugewiesenen instrumentellen Funktionen vermochte die Versammlung jedoch durchaus noch mehr zu leisten, als allein der Symbolisierung einer formalen Legitimität zu dienen. Ein Ausweis für die Leistungsfähigkeit ist etwa die Ansprache des mehrmaligen Präsidenten der Gemeinsamen Versammlung, Hans Furler, der bei deren letzter Sitzung am 28. Februar 1958 verkündete:

> „Es ist oft gesagt worden – und ich brauche es daher kaum zu wiederholen –, daß die Gemeinsame Versammlung, unser Parlament, die ständige Antriebskraft dieser Entwicklung [der Integration, SD] gewesen ist, daß sie durch ihre Initiativen, Entschließungen, ihre Gespräche mit der Hohen Behörde, mit den Regierungen, mit Arbeitnehmer- und Arbeitgeberkreisen jede positive Lösung vorangetrieben hat."[217]

Ergänzend zu diesen einleitenden Worten beschreibt Hans Furler zudem, worin die ganz besondere Stärke der Versammlung liegt:

> „Sicher ist: Der Hohen Behörde und den anderen Institutionen der Gemeinschaft stand ein Parlament gegenüber, das durch die immer zielbewußtere und sachverständigere Arbeit seiner

---

215 J. Monnet 1950, S. 698.
216 So sagte Walter Hallstein bereits am 28. April 1951, dass es sich um „ein[en] Ansatz von einem europäischen Parlament" handele, welches eine Volksvertretung mit „der Befugnis eines Parlamentes" sei. Siehe W. Hallstein 1951, S. 22.
217 H. Furler 1963, S. 123.

Ausschüsse und seiner Fraktionen nicht nur Kritik übte, sondern sehr oft auch Lösungsvorschläge für die verschiedensten Probleme geben konnte."[218]

Durch diese Äußerung wird noch einmal aufs klarste der doppelte Charakter der Leitidee deutlich: Die Gemeinsame Versammlung wollte von Anfang an ein *Parlament* sein und gleichzeitig ein *Forum* bieten, um durch diskursive Prozesse Einfluss auf die europäische Politik ausüben zu können.[219] Besondere Leistungsfähigkeit hat diese Repräsentationsinstitution dabei offenkundig dadurch entwickelt, dass sie von Anbeginn so organisiert war, dass sie mehr sein konnte und auch nach eigenem Selbstverständnis mehr sein sollte als nur schmückendes Beiwerk. So bildeten sich in der Versammlung bereits in der Gründungsphase genau solche Organisationsstrukturen heraus, wie es der Vorstellung eines freiheitlich demokratischen Parlaments entspricht. Die Existenz von Fraktionen und Ausschüssen in der Versammlung ist dabei ein deutliches Zeichen dafür, dass die Versammlung sich weder als ‚Dekorationsartikel' der Montanunion verstand noch so arbeitete. Eingeschränkt wurde die Funktionsfähigkeit also allein aufgrund der Kompetenzen, die der Versammlung durch den Montanvertrag gesetzt wurden, nicht aber durch die ihr eigenen Ordnungsprinzipien und Geltungsansprüche.

Die Gemeinsame Versammlung hätte also von vornherein vielleicht noch mehr leisten können als sie leisten durfte, wenn man sie denn nur gelassen hätte. Doch die Worte Hans Furlers verschweigen natürlich, was ohne eine frühe Beschneidung der weiteren Entwicklungschancen alles möglich gewesen wäre. Schließlich will der Präsident in der Sitzung die besonderen Leistungen hervorheben, um den Geltungsanspruch der Institution – ein Parlament und ein Forum der Integrationsbestrebungen zu sein – zu untermauern. Aber die weitgehende Reduzierung der tatsächlichen Rolle der Versammlung auf eine Art Forum zum Gedankenaustausch in den Anfangsjahren des supranationalen Parlamentarismus hatte natürlich ihren Grund.

---

218 Ebenda, S. 125.
219 Wie Werner J. Patzelt vollkommen richtig erkannt hat, sind es natürlich gerade die Fähigkeit und der Anspruch des Parlaments, eine Kontrollfunktion auf europäischer Ebene ausüben zu wollen, die den harten Kristallisationskern der entstehenden Geltungsgeschichte eines *Parlaments* ausmachen. Siehe W. J. Patzelt 2002, S. 292. Freilich äußert sich das weniger darin, dass parlamentarische Kontrolle als Aufsicht über fremde Amtsführung stattfindet, sondern vielmehr in der begleitenden Kontrolle des europäischen Integrationsprozesses. Hans Furler beschreibt den Charakter der Gemeinsamen Versammlung auf das beste mit folgenden Worten: „Wo hoheitliche Macht entsteht, wo eine staatsähnliche Gewalt sich entwickelt und eine in das Leben der Völker eingreifende Verwaltung sich ausbreitet, bedarf es der parlamentarischen Kontrolle. [...] Nur ein Parlament kann die notwendige öffentliche Kritik üben. Nur ein Parlament vermag die Bürokratie zu durchleuchten und zu überwachen und die Wünsche und Klagen der Völker unüberhörbar zum Ausdruck zu bringen. Nur ein Parlament ist in der Lage, auf die Exekutiven einzuwirken und ihnen europäische Impulse zu geben. Auch die maßgeblichen, überwiegend sogar allein entscheidenden Ministerräte müssen dank eines Parlaments zumindest hören, was die Völker und Persönlichkeiten denken, die nicht zu den Verwaltungsgremien gehören. Es gibt keine echte Demokratie und keinen freiheitlichen Staat, die auf die Kraft der parlamentarischen Idee verzichten könnten. Es gibt auch kein neues Europa und keine europäische Einheit ohne Mitwirkung einer parlamentarischen Instanz". Siehe H. Furler 1963, S. 25f.

Es war nämlich nicht nur so, dass die Gemeinsame Versammlung in den (west)europäischen Wiederaufbaujahren kaum im Mittelpunkt des nationalen politischen Interesses stand, sondern ihre Funktionsfähigkeit wurde zudem durch eben genau diese nationalen Interessenlagen geprägt. Und diese sahen für die Gemeinsame Versammlung genau jene eher marginale Position im europäischen Institutionengefüge vor.

Allein aus der Euphorie des Anfangsjahres ist deshalb wohl auch der Gedanke geboren worden, eine einheitliche Verfassung für Europa zu konstruieren, die als Dach für die Montanunion und eine zudem geplante Europäische Verteidigungsgemeinschaft (EVG) hätte dienen sollen.[220] Eigens zu diesem Zweck wurde bereits 1952 auf Betreiben der Mitgliedstaaten eine ad hoc-Versammlung gebildet, die sich aus den Parlamentariern der Gemeinsamen Versammlung und den potentiellen Repräsentanten der EVG zusammensetzte.[221] In dem am 10. März 1953 vorgelegten Verfassungsentwurf waren umfangreiche Parlamentsfunktionen vorgesehen. In Art. 10 des Entwurfs findet sich eine der Kernaussagen:

> „Das Parlament beschließt Gesetze, Empfehlungen und Vorschläge. Es beschließt auch den Haushalt und das Rechnungsgesetz. Es übt die Kontrollbefugnisse aus, die ihm durch diese Satzung übertragen wurden."[222]

Dieser erste Versuch, die Aufgaben des Europäischen Parlaments zu erweitern und in ein umfassendes Vertragswerk zu gießen und dadurch erstmals Kompetenzen und damit einhergehend auch die Leitidee der Gemeinsamen Versammlung zu verändern, scheiterte jedoch 1954 an der französischen Assemblée nationale, welche die Verteidigungsgemeinschaft letztlich ablehnte. Mit dem Misslingen der Europäischen Verteidigungsgemeinschaft war zunächst auch der Plan einer umfassenden Reformierung des supranationalen Parlamentarismus und der mit ihm verbundenen Forumsidee gestorben.

Erst durch die ‚Römischen Verträge' kam erneut Schwung in die Entwicklung des supranationalen Parlaments. Und in genau diese Phase fiel auch die Umbenennung der Gemeinsamen Versammlung in Europäisches Parlament, die 1958 von einigen

---

220 Siehe hierzu Auswärtiges Amt 1962, S. 921.
221 Zu jener Zeit ging man davon aus, dass es für die Umsetzung der Europäischen Verteidigungsgemeinschaft breite Zustimmung in allen daran beteiligten Staaten geben werde. Diese Annahme sollte sich jedoch nicht bewahrheiten, und obwohl sich die Ratifizierung immer mehr verzögerte und sich seit geraumer Zeit abzeichnete, dass der Vertrag in Frankreich nicht die parlamentarische Hürde würde nehmen können, blieb Konrad Adenauer bei der Auffassung, dass der Vertrag in Kraft treten könne. So wurde Konrad Adenauer noch im September 1954 mit folgendem Satz zitiert: „Ob Si et jlauben, meine Herren, oder nich, ich rechne immer noch mit einer Annahme der EVG in Paris." Der Spiegel vom 1. September 1954, S. 5. Anders hingegen war die Einschätzung von Jean Monnet, der schon mit der Bestimmung der Berichterstatter in der Assemblée nationale ein Scheitern vorgezeichnet sah, da es sich mit Jules Moch und General Koenig um zwei erklärte Gegner der EVG handelte. Siehe J. Monnet 1988, S. 502.
222 Siehe Ad hoc-Versammlung 1953, S. 949.

und 1962 in allen damaligen Mitgliedstaaten vollzogen wurde.[223] Der neue Name war eine Anpassung an die Existenz von nunmehr drei Gemeinschaften nach dem Inkrafttreten der ‚Römischen Verträge'. Das Europäische Parlament mit jetzt 142 Repräsentanten war nach der Schaffung der Europäischen Wirtschaftsgemeinschaft (EWG) und der Europäischen Atomgemeinschaft (EAG) die alleinige Vertretungskörperschaft für alle drei Gemeinschaften (EGKS, EWG und EAG),[224] sah sich aber bis 1967 drei verschiedenen Exekutiven gegenüber.[225] Die Leitidee des Europäischen Parlaments wurde durch die ‚Römischen Verträge' indessen nicht wesentlich verändert. Und so lässt sich in einer Veröffentlichung des Europäischen Parlaments, in der dessen Arbeit im Jahr 1968[226] bilanziert wird, auch folgende Selbstbeschreibung seiner zentralen Befugnisse und Aufgaben finden:

> „Der politische Charakter des Europäischen Parlaments wird durch die Natur der neuen Verträge von Rom geradezu herausgefordert, da sie im Gegensatz zum EGKS-Vertrag nicht einige normative Bestimmungen, sondern vor allem Verfahrensregeln für eine genau umrissene Beschlußfassung enthalten. [...] Die Institutionen der neuen Gemeinschaften selbst müssen deshalb auf dem Weg der Gemeinschaftsgesetzgebung den Inhalt der Verträge bestimmen. Das geschieht in dem sogenannten Beschlußfassungsdreieck, dem zufolge in der Regel der Ministerrat auf Vorschlag der Kommission und nach Anhörung des Europäischen Parlaments beschließt. Auf diese Weise sind die Vertreter demokratischer Legitimation in die vorgesetzgeberische Arbeit eingeschaltet und üben bis zum endgültigen Stadium der Ratsentscheidung einen gewissen Einfluß auf die Entwicklung der Dinge aus. Das theoretische politische Druckmittel des Parlaments besteht darin, daß die Europäische Kommission ihm gegenüber verantwortlich ist."[227]

Der parlamentarisch ausübbare Druck bleibt somit nur theoretisch und das Parlament weiterhin in einer Position verhaftet, in dem es nicht in der Lage ist, tatsächlich mitzugestalten. Denn nach eigenem Bekunden sind die Abgeordneten nur in die „vorgesetzgeberische Arbeit" eingebunden und das Parlament hat nur einen „gewissen", offensichtlich auch nur mit diesem diffusen Wort zu beschreibenden Einfluss. Darum ist es auch nicht verwunderlich, dass beispielsweise der vom Europäischen Parlament bereits am 17. März 1960 vorgelegte Entwurf eines ‚Abkommens für allgemeine und direkte Wahlen' lange Zeit in den Schubladen des Rats verschwunden

---

223 Zunächst wurde der Name „Europäisches Parlament" nur in der holländischen und deutschen Sprache angenommen; erst im Jahr 1962 setzte sich diese einheitliche Bezeichnung in allen damaligen Mitgliedstaaten durch. Siehe H. Furler 1963, S. 16.
224 Es war jedoch keineswegs selbstverständlich, dass es ein einziges Parlament für alle drei Gemeinschaften geben würde. Zuerst war nämlich angedacht, für jede der – dann drei – Gemeinschaften eigene Vertretungskörperschaften ins Leben zu rufen. Zur Entstehung eines einzigen Parlaments für alle drei Gemeinschaften vgl. H. Furler 1958, S. 220ff., sowie C. Schöndube 1982, S. 11.
225 Erst durch den Fusionsvertrag vom 8. April 1965, der am 11. Juli 1967 in Kraft trat, wurde auch eine Vereinheitlichung der Exekutiven erreicht.
226 Kurios ist hier, dass in einer Eigenveröffentlichung des Europäischen Parlaments die Zeit zwischen 1952 und 1958 vollständig ausgeblendet wird. Der Titel der Monographie lautet nämlich: Die ersten zehn Jahre. 1958 – 1968. Siehe Europäisches Parlament 1968.
227 Europäisches Parlament 1968, S. 23.

blieb. Es bestanden noch keine hinreichend wirksamen Mechanismen, um die Mitgliedstaaten zur Einführung der Direktwahl zu zwingen, so dass es auch nicht erstaunt, dass es bis 1979 dauerte, bevor die ersten Direktwahlen stattfanden.[228] Den zentralen Akteuren des Europäischen Parlaments war durchaus bewusst, dass eine Veränderung der eigenen Leitidee nur dann erfolgreich würde sein können, wenn diese auch zur Umwelt des Parlaments passte. Und dazu gehörte unter anderem auch die direkte Legitimation durch die Bürger der Europäischen Gemeinschaften. Erst dadurch, so die sicherlich nicht falsche Annahme, würde genau jener Legitimitätsüberschuss für das Europäische Parlament geschaffen, der eine grundsätzliche Veränderung der Leitidee einleiten könnte.

Deshalb verlangten die Parlamentarier auch stets aufs neue nach einer Erweiterung der parlamentarischen Kompetenzen. So forderte der Abgeordnete Hans Furler als Berichterstatter des politischen Ausschusses in einem Bericht, den das Parlament am 27. Juni 1963 diskutierte, dass

> „[...] die sachlichen Fortschritte der Gemeinschaft mit einer Weiterentwicklung ihres institutionellen Gefüges zusammengehen müssen und daß die Verlagerung legislativer Zuständigkeiten aus dem nationalen in den Gemeinschaftsbereich mit einer entsprechenden Stärkung der parlamentarischen Befugnisse innerhalb der Gemeinschaft verbunden sein muß."[229]

Hans Furler erkannte jedoch mit großer Weitsicht, dass eine Anpassung von Funktionen und Leitideen im Grunde nur in einer Art ko-evolutivem Prozess erfolgen konnte. Denn die Leitideen und Funktionen müssen schon zusammen passen, damit die parlamentarische Geltungsbehauptung nicht nur eine Fiktion bleibt.

Nicht weniger weitblickend war zudem die Annahme, dass Fortschritte wohl nur dann möglich sein würden, wenn es zur Verlagerung weiterer Kompetenzen von der nationalen auf die supranationale Ebene käme. Denn konsequenterweise tun sich in genau solchen Momenten Legitimitätslücken für das politische System auf, welche durch eine Funktionserweiterung des Europäischen Parlaments geschlossen werden können. Unmöglich wäre es hingegen, umgekehrt zu verfahren. Denn *allein* durch die Veränderung von parlamentarischen Geltungsbehauptungen – und nichts anderes sind Konkretisierungen von Leitideen – kann kein legitimatorischer Mehrwert für und durch das Parlament produziert werden. Wer das erkennt, den wird es nicht besonders überraschen, dass Leitideenwandel stets dann erfolgt und besonders überzeugend auf Adressaten und Akteure wirkt, wenn es zu Änderungen im systemaren Umfeld kommt.

---

228 Zwar hatte das Parlament bereits in einer Entschließung vom 12. März 1969 eine Klage vor dem EuGH für den Fall angedroht, dass die Mitgliedstaaten nicht zu einer Einigung über einen Direktwahlbeschluss kämen (ABl. C 41/1969); es dauerte jedoch bis zum Jahr 1976, bevor vom Rat der Akt über die erste Direktwahl erlassen wurde (ABl. L 278/1976). Nicht unerheblich war sicherlich auch die veränderte französische Haltung in dieser Frage, nachdem es einen Regierungswechsel von Charles de Gaulle über Georges Pompidou zu Valéry Giscard d'Estaing gegeben hatte. Letzterer machte schließlich den Weg frei, indem er die ablehnende Haltung Frankreichs auflöste. Vgl. P. Reichel 1979, S. 7.
229 Europäisches Parlament 1968, S. 37.

3.2. Erweiterungen, Direktwahlen und Vertragsreformen

Wesentliche Veränderungen der Umweltbedingungen fanden in der europäischen Entwicklungsgeschichte auf verschiedene Weise statt. Weniger prägend für die Leitidee – dennoch nicht unbedeutend für die Entwicklung des Europäischen Parlaments – waren sicherlich die Erweiterungen der Gemeinschaften um neue Mitgliedstaaten in den Jahren 1973 (Dänemark, Großbritannien, Irland), 1981 (Griechenland), 1986 (Portugal und Spanien), 1995 (Finnland, Österreich, Schweden) und 2004 (Estland, Lettland, Litauen, Malta, Polen, Slowakei, Slowenien, Tschechien, Ungarn, Zypern). Diese Erweiterungen stellen gewiss eine Besonderheit dar. Kein demokratisches nationales politisches System war je durch solche geographischen Veränderungen gekennzeichnet. Damit einher ging jeweils eine Ausdehnung der Zahl von Mandatsträgern des Europäischen Parlaments bis zur aktuellen Zahl von 732. Natürlich ist nicht nur eine Erhöhung der Zahl der Parlamentsmitglieder mit den Erweiterungen um neue Mitgliedstaaten verbunden gewesen, sondern dadurch wurden auch andere Praktiken und Regeln, Mechanismen und Organisationsprinzipien notwendig. Denn bei 732 Abgeordneten sind zwangsläufig andere arbeitsteilige Prozesse erforderlich als bei den anfänglich nur 78 Mandataren.

Andernteils sind die Leitidee prägende Veränderungen vor allem aufgrund von Kompetenzausweitungen des Europäischen Parlaments zu konstatieren. Hier fallen in den 70er Jahren des vorigen Jahrhunderts insbesondere die Neustrukturierungen des Haushaltsverfahrens sowie die 1979 erstmals durchgeführte Direktwahl auf. Diese beiden institutionellen Reformen markieren eindeutig den *Wendepunkt in der Leitideenkonstruktion* des Europäischen Parlaments. Jenes versteht sich seitdem nicht mehr nur als ein ‚parlamentarisches Forum', sondern als – zunächst schwacher inzwischen aber ernstzunehmender – ‚parlamentarischer Mitgestalter europäischer Politik'. Vor allem der Stellenwert der Direktwahl kann dabei gar nicht hoch genug eingeschätzt werden.[230] Das geht soweit, dass Abgeordnete des Europäischen Parlaments in den durchgeführten Interviews sogar formulierten, die Geschichte dieser Institution hätte erst 1979 begonnen.[231] Von den direkten Wahlen gingen ohnehin große Erwartungen in Form einer größeren funktionalen Reichweite des Europäischen Parlaments aus. So schrieben etwa Martin Bangemann u.a. in einem 1978 er-

---

[230] So stellte Paul-Henri Spaak in seinen Memoiren fest, dass das Europäische Parlament seine Bedeutung dann erreichen werde, wenn eine politisches Europa entstanden sei und dessen Mitglieder durch unmittelbare und allgemeine Wahlen bestimmt würden. Siehe P.-H. Spaak 1969, S. 296. Ähnlich liest es sich auch bei José Maria Gil-Robles, wenn er schreibt, dass die Direktwahl das Europäische Parlament in die Lage versetzt habe, „seine Befugnisse in den darauffolgenden Jahren beträchtlich auszuweiten". Siehe J. M. Gil-Robles 1999, S. 4.

[231] Derlei Äußerungen widersprechen natürlich klar der Geltungsgeschichte, wie sie von der Institution selbst geschrieben wird. Denn das Parlament stellt sich als eine Institution dar, die im Laufe der Zeit zwar verschiedene Leitideen und Funktionen hatte, aber doch stets als aus einer einheitlichen Gründungsgeschichte entstammend Legitimität für sich beanspruchte und sich deshalb schon immer als Parlament gerierte.

schienenen Sammelband zu den Programmen der europäischen Parteien den Direktwahlen im Einleitungsteil folgende Bedeutung zu:

„Für die Zeit nach der Direktwahl darf man als gesichert annehmen, daß die derzeitigen Funktionen des Europäischen Parlaments wesentlich intensiver genutzt werden. [...] So wird sich die parlamentarische Kontrolle gegenüber Kommission und Rat allein durch die größere Zahl der Kontrollierenden verstärken. Im Entscheidungsprozeß wird sich das Parlament zum Partner des Rats im Gesetzgebungsverfahren entwickeln können. Die ‚Konzertierung' zwischen beiden Organen findet häufiger statt und – was noch wichtiger ist – Stellungnahmen des Europäischen Parlaments, die von starken Koalitionen getragen sind, werden weder Kommission noch Rat ohne Not verwerfen."[232]

Der Einfluss des Europäischen Parlaments und seine Kraft zur Mitgestaltung europäischer Politik sollen wachsen. Darum und dadurch, so Wolfgang Wessels in einem 1994 erschienen Aufsatz zu den Leitideen europäischer Institutionen, wird das Parlament selbst zu einem

„[...] zentralen Träger einer Strategie, die progressiv aus dem System selbst heraus wirkt. Mit und nach der Direktwahl des Europäischen Parlaments 1979 existiert nun für dieses Leitbild eine Institution, die den Willen des europäischen Volkes unmittelbar artikuliert und damit der indirekten Legitimität nationaler Regierungen im Rat überlegen ist."[233]

Es waren jedoch nicht nur die Erwartungen, die sich veränderten, sondern das Parlament äußerte auch ganz unverhohlen, dass es durch die Direktwahl einen anderen Stellenwert für sich proklamieren müsse. Denn schließlich sei es von nun an eine Institution, die mit einer direkten Legitimation der europäischen Bürgerschaft ausgestattet sei. Deshalb habe, so Simone Veil, erste Präsidentin des direkt gewählten Europäischen Parlaments, dieses auf den Gebieten Beschäftigungspolitik, Wirtschafts- und Währungspolitik sowie Energie- und Entwicklungspolitik Einfluss zu nehmen.

„Aufgrund seiner Direktwahl und der sich daraus ergebenden neuen Autorität wird diesem Parlament die besondere Aufgabe zukommen, den Europäischen Gemeinschaften die Verwirklichung dieser Ziele zu ermöglichen und so den an sie gestellten Anforderungen gerecht zu werden. In dieser Hinsicht hat die historische Wahl vom Juni 1979 in Europa die Hoffnungen geweckt. Die Völker, die uns gewählt haben, würden es uns nicht verzeihen, wenn wir diese unweigerlich schwere Verantwortung, die aber doch auch wieder faszinierend ist, nicht wahrnähmen."[234]

Dieses neu gewonnene parlamentarische Selbstbewusstsein und die nun auch praktizierte Rolle eines parlamentarischen Mitgestalters wurden kurze Zeit später in Form eines erneuten Verfassungsentwurfes auf ihre tatsächliche Tauglichkeit hin überprüft. Im Gegensatz zu der Verfassungsvorlage von 1953, die noch von den Mitgliedstaaten in Auftrag gegeben worden war, handelte es sich in diesem Fall um eine alleinige Initiative des Europäischen Parlaments. Gestärkt durch die Erprobung parlamentarischer Macht in den Haushaltsverfahren der 1980er Jahre, wurde unter Fe-

---

232 M. Bangemann/R. Bieber/E. Klepsch/H. Seefeld 1978, S. 20f.
233 W. Wessels 1994, S. 314.
234 S. Veil 1979, S. 20.

derführung des Italieners Altiero Spinelli 1984 ein Verfassungsentwurf des Europäischen Parlaments vorgelegt. Dort hieß es dann:

> „Das Parlament wirkt gemäß diesem Vertrag an den Gesetzgebungs- und Haushaltsverfahren sowie am Abschluß internationaler Übereinkommen mit, ermöglicht die Einsetzung der Kommission, indem es ihr politisches Programm billigt, übt die politische Kontrolle über die Kommission aus, hat die Befugnis, mit qualifizierter Mehrheit einen Mißtrauensantrag anzunehmen, der die Mitglieder der Kommission zwingt, geschlossen ihr Amt niederzulegen, besitzt eine Untersuchungsbefugnis und nimmt die Petitionen entgegen, die von den Bürgern der Union an es gerichtet werden, übt die sonstigen Zuständigkeiten aus, die ihm durch diesen Vertrag zugewiesen werden."[235]

Die Geltungsansprüche des Parlaments sind also durchaus mit der Rolle eines parlamentarischen Mitgestalters europäischer Politik kompatibel. Das Europäische Parlament reklamiert nämlich auch in diesem Entwurf keine alleinigen Kompetenzen für sich. Es versteht sich vielmehr als ein Teil des Institutionengefüges, dessen Einfluss größer als bisher sein sollte.[236] Mitgestalten ist deshalb auch der absolut treffende Terminus sowohl für das vom Europäischen Parlament angestrebte Ziel als auch für die tatsächlich bis dahin erreichte Funktionswirklichkeit. Trotzdem ist dieser Verfassungsentwurf ebenso wie derjenige, den das Europäische Parlament zehn Jahre später, also 1994,[237] erstellt hat, nicht in die Tat umgesetzt worden. Und dennoch haben alle Verfassungsentwürfe einen nicht geringen Einfluss auf die parlamentarische Leitideenkonstruktion und die Weiterentwicklung des europäischen Integrationsprozesses gehabt. Ein langjähriger Abgeordneter des Europäischen Parlaments äußerte sich auf die Frage nach dem Stellenwert der Verfassungsentwürfe deshalb auch wie folgt:

> „Sie haben eine Rolle gespielt bei der Vorbereitung einer Reihe von Regierungskonferenzen. Sie waren ein Referenzpunkt in den Debatten, einige Regierungen haben sich bei ihren Vorstellungen darauf berufen, also bei der Festlegung ihrer Position zum Teil darauf berufen – und sie [die Verfassungsentwürfe, SD] haben auch die Linie vorgegeben. Also, es war immer klar, dass das Europäische Parlament nicht wie ein nationales Parlament ein alles entscheidendes und allein entscheidendes Parlament sein kann – das liegt wieder am System –, sondern nur ein mitentscheidendes Parlament. Es war immer klar, dass die gesamte Rechtsetzung der Europäischen Union eine doppelte Legitimation haben muss. Einerseits durch eine Mehrheit im Europäischen Parlament, aber dazu auch durch eine Mehrheit der im Ministerrat vertretenen Regierungen in der Europäischen Union. Dieses Prinzip z.B. zieht sich von Anfang an durch die Verfassungsentwürfe, die hier ausgearbeitet worden sind und die auch einen unterschiedlichen Stand der Verabschiedung hier erreicht haben. Eine Art ist nicht erreicht, also insofern

---

235 Art. 16 des Vertragsentwurfs des Europäischen Parlaments für eine Europäische Union. Siehe Europäisches Parlament 1984.
236 Diese Meinung teilten indessen nicht alle Abgeordneten. Der Verfassungsentwurf wurde zwar mit einer deutlichen Mehrheit von 237 Ja-Stimmen bei 31 Enthaltungen und 43 Gegenstimmen angenommen. Damit stimmten jedoch nur wenig mehr als die Hälfte aller 434 damaligen Abgeordneten dem Entwurf zu. Zu den Schwächen des Verfassungsentwurfes siehe exemplarisch W. Weidenfeld 1984, S. 36f., und aus juristischer Sicht U. Everling 1984.
237 Siehe Europäisches Parlament 1994.

haben sie einen Einfluss gehabt, aber sie haben sich ja bewusst auch an Grundorientierungen gehalten, sehr viel mehr als an einzelne Strukturanforderungen."[238]

Die Wirkung der Verfassungsentwürfe auf die Regierungskonferenzen ist offensichtlich nicht gering. Und zwar vor allem deshalb, weil die Formulierungen der Verfassungsentwürfe so gehalten sind, dass sie noch Spielraum für konkretere Gestaltungsmöglichkeiten lassen. Darum taten die Parlamentarier auch gut daran, die Aufgaben des Parlaments immer so zu fassen, dass kein parlamentarischer Alleinvertretungsanspruch aus den Texten zu lesen war. Die Aufgaben sollten nämlich stets in Kooperation mit den Mitgliedstaaten erfüllt werden.

Deshalb ist es auch nicht überraschend, dass die verschiedenen primärrechtlichen Veränderungen durch die Einheitliche Europäische Akte (1986), den Maastrichter und Amsterdamer Vertrag (1992, 1997) sowie durch den Vertrag von Nizza (2000) dem Europäischen Parlament immer größere Mitentscheidungs- und Mitspracherechte im Bereich der Gesetzgebung und Kontrolle einbrachten. Und vielfach ist genau das zu beobachten, was von dem Abgeordneten auch erkannt wurde, nämlich eine teilweise Übernahme jener Ideen, die durch das Europäische Parlament vorformuliert wurden.

Trotz der Häufung von primärrechtlichen[239] Veränderungen in den 1990er Jahren wandelt sich die parlamentarische Leitideenkonstruktion durch die Reformen nach dem Inkrafttreten des Maastrichter Vertrages kaum mehr. Mit der grundsätzlichen Ausrichtung auf die parlamentarische Mitgestaltung europäischer Politik ist offensichtlich genau jene Leitidee gefunden worden, welche zur Institution selbst und zu ihrer Position innerhalb des europäischen Institutionengefüges passt. Zwei Gründe sind im Kern dafür verantwortlich, dass es spätestens seit Maastricht keiner weiteren Leitideenanpassung bedurfte. Einesteils lässt die Leitidee des parlamentarischen Mitgestalters genügend Spielraum für die Neuerungen des sich stetig vollziehenden Wandels; dennoch ist sie so schlüssig, dass sich daraus keine Widersprüche zur Funktionswirklichkeit ergeben. Andernteils sind die Veränderungen so angelegt, dass sich an der grundlegenden Stellung des Parlaments innerhalb des Institutionengefüges nichts ändert. Denn bei den seit Maastricht durchgeführten Reformen handelt es sich im Grunde um eine Ausdehnung der Politikfelder, auf denen das Europäische Parlament Mitsprache- und Mitentscheidungsrechte erwirbt, oder es werden die Verfahren selbst so verändert, dass die Möglichkeiten der parlamentarischen Einflussnahme vergrößert werden. Das Europäische Parlament bleibt jedoch weiterhin ein mitbestimmender Faktor europäischer Politik, und deshalb kann auch die Leitidee eines parlamentarischen Mitgestalters aufrecht erhalten werden, ohne dass es zu Widersprüchen zum tatsächlichen Funktionieren der Institution kommt.

---

238 Interview Nr. 18, Zeile 89-107.
239 Das Europarecht unterscheidet zwischen dem s.g. Primärrecht und dem Sekundärrecht. Als Primärrecht werden dabei die Gründungsverträge sowie alle ihre Reformen und Erweiterungen verstanden. Beim Sekundärrecht handelt es sich um aus diesem Primärrecht, welches quasi Verfassungsstatus hat, abgeleitete ‚Gesetze' in Form von Richtlinien, Verordnungen, Stellungnahmen und Empfehlungen. Siehe hierzu ausführlich T. Oppermann 1999, S. 182ff.

Freilich ist die Position eines parlamentarischen Mitgestalters sehr facettenreich, und dies spiegelt sich auch in den Interviews mit den Mitgliedern des Europäischen Parlaments wider. Im Grunde gehört zur Leitidee der Mitgestaltung, dass das Parlament tatsächlich Einfluss auf die europäische Politik nehmen kann und diese nicht allein von den nationalen Regierungen im Zusammenspiel mit der Kommission dominiert wird. Dass dies unzweifelhaft der Fall ist, wird etwa aus der Aussage dieses Akteurs deutlich, der für das Europäische Parlament ein ganz eigenes Profil erkennt, welches gleichwohl in die Rubrik Mitgestaltung passt:

> „[Unsere] primäre Aufgabe ist die Gesetzgebungsfunktion, und hier unterscheiden wir uns vom Rat dadurch, dass der Rat versucht, [...] ständig Kompromisse zwischen regionalen und den Länderinteressen herzustellen. Die Aufgabe des Parlaments ist es dagegen, europaeinheitliche Lösungen aus politischen Kriterien zu finden. Unsere Aufgabe ist nicht, national-regionale Interessen auszugleichen, sondern europäische Lösungen für ein europäisches Problem zu finden, im parlamentarischen System zwischen den verschiedenen Grundwerteentscheidungen: Christdemokraten, Sozialisten, Liberale, etc. Außerdem ist unsere Aufgabe die Kontrolle der Kommission. Das haben wir gemacht – einmal haben wir sie in den Dreck gefeuert!"[240]

Im Zentrum parlamentarischer Aufgaben stehen nach Meinung dieses Abgeordneten Gesetzgebung und Kontrolle, mit dem Anspruch für Europa, nicht aber für die nationalstaatliche Ebene Wirkung zu erzielen. Doch damit ist nur ein Teil dessen beschrieben, was die Leitidee eines parlamentarischen Mitgestalters aus der Sicht von Abgeordneten ausmacht. Einen anderen und breiteren Kanon parlamentarischer Leitlinien schildert ein langgedienter Parlamentarier, wenn er jene wie folgt benennt:

> „Das erste ist natürlich die Kontrolle der Organe, sprich Ministerrat, aber insbesondere natürlich des Exekutivorgans, der Europäischen Kommission; das zweite ist Ideenschmiede zu sein, alle wissenschaftlichen Ideen aufzugreifen, alle Ideen aus Diskussionen mit interessierten Bürgern aufzugreifen und damit auch eine Vision zu formulieren, wohin es weitergehen soll mit der europäischen Dimension bis hin zur Finalität. Wir stellen leider fest, dass die Wissenschaftler uns bisher keine Staatsrechtslehre für die supranationale europäische Ebene geliefert haben, die muss also hier mühsam erarbeitet werden. Und drittens natürlich unbedingt: Aufgreifen der Probleme, die bei Bürgern anstehen. Ich bekomme jeden Tag Briefe von Bürgern, die Probleme haben, z. B. heute ein Aspekt wegen des Spritzmittels bei der Kirschenernte bzw. der Kirschenblüte. Das heißt, es gibt heute so viele Themen, die Europa bewältigt oder die auf der europäischen Ebene diskutiert werden, dass auch viele Bürger davon betroffen werden. Und natürlich ist die Behandlung dieser Bürgeranliegen auch ein ganz wichtiger Aspekt. Und viertens natürlich die Berücksichtigung von politischen Vereinigungen, sprich von Verbänden, die also natürlich die europäische Gesetzgebung beraten wollen, natürlich Aufgreifen guter Ideen aus diesen Bereichen."[241]

Die Mitgestaltung des Europäischen Parlaments erstreckt sich neben der Kontrolle und Gesetzgebung ganz wesentlich auch auf die repräsentationsbezogenen Aufgaben. Diese sind, so der hier zitierte Abgeordnete, ein wichtiges Feld parlamentarischer Arbeit. Der größere Stellenwert dieser Funktion resultiert aus den stetig wach-

---

240 Interview Nr. 16, Zeile 14-26.
241 Interview Nr. 9, Zeile 27-51.

senden Politikbereichen innerhalb der Europäischen Union, mit denen sich das Europäische Parlament befassen muss.

Neben den auf die Repräsentation bezogenen Funktionen sowie der Kontrolle und Gesetzgebung ist es für das Europäische Parlament jedoch weiterhin wichtig, sich auch als eine Art Forum zur Fortentwicklung der Europäischen Union zu präsentieren. Denn die europäische Integration ist keineswegs abgeschlossen, und es ist auch die Bestimmung des Parlaments, sich diesem Diskurs zu stellen und ihm ständig neues Leben einzuhauchen.

In Grundzügen charakterisieren die beiden oben wiedergegebenen Aussagen die gesamte Spannbreite der möglichen instrumentellen Funktionen eines parlamentarischen Mitgestalters. Allerdings fallen zwei Dinge auf: Einesteils fehlt es in der Leitideenbeschreibung an jeglichem Hinweis auf symbolische Funktionserfüllung; anderntseils gibt es Parlamentarier, die noch über diesen Funktionenkanon hinausgehen und in Form der regionalen Verantwortung eine weitere Aufgabe für das Europäische Parlament formulieren. Letztere Aufgabe ließe sich allerdings mühelos unter dem Aspekt der repräsentationsbezogenen Leistungen subsumieren. Es handelt sich also eigentlich nicht um eine andere Funktion, wenn von regionaler Repräsentation gesprochen wird, sondern nur um eine Verlagerung der Ebene, die als interaktionsrelevant betrachtet wird. Die einzelnen Politiker unterscheiden sich also weniger in der Formulierung der Leitideenkonstruktion, sondern aufgrund der individuell unterschiedlichen Wahrnehmung des Stellenwerts einzelner Repräsentationsebenen. Aufgrund dieser verschiedenen Akzentuierung kommt es zuweilen vor, dass Abgeordnete die Mitgestalter-Rolle des Europäischen Parlaments ausdrücklich formulieren und diese mit der Frage des regionalen Auftrages verbinden.

> „Zum einen sehe ich uns als Mitgestalter, als die Demokratie in Europa überhaupt, also wir sind hier die einzige direkt gewählte europäische Institution, Organisation oder Parlament, und zum anderen auch ja so ein bisschen als Fingerzeig der Region."[242]

Die regionale Komponente spielt im übrigen bei vielen Parlamentariern eine wichtige Rolle. Und unter manchen Abgeordneten ist die Auffassung verbreitet, zu den Aufgaben des Parlaments gehöre zwingend die Vertretung regionaler Interessen. Das ist sicherlich nicht ganz falsch, findet sich im Prinzip aber in einer konsequenten Umsetzung des Mitgestalter-Gedankens wieder. Unterschiede in der Betonung einzelner Facetten des Funktionskanons finden sich überdies in den gesamten Interviews verstreut immer wieder. Selten allerdings findet sich so pointiert wie bei den folgenden Aussagen formuliert, was ‚langgediente' und ‚neue' Parlamentarier bei der Formulierung parlamentarischer Ordnungsprinzipien und Geltungsansprüche umtreibt.

> „Ich würde mich so als Postmaastrichtabgeordneter bezeichnen, der sich von den anderen dadurch unterschieden hat, dass er wirklich als Gesetzgeber hierher gekommen ist, während ich den länger dienenden Kameraden unterstelle, dass sie mehr so europäisches Sendungsbewusstsein, also die großen Themen, wie ‚wir müssen in Frieden und Freiheit leben' beachtet und die

---

242 Interview Nr. 23, Zeile 28-32.

Detailregelungen gar nicht so aufmerksam mit verfolgt haben. Ich gehöre zu denen, die sich immer als Gesetzgeber definiert haben, also darum hat man alle Höhen und Tiefen mitbekommen. Die Höhen: Amsterdam, die Tiefen: jetzt Nizza. Und ansonsten ist es nach wie vor ein kontinuierlicher evolutionärer Prozess zur Stärkung der Parlamentsrechte, deren Abschluss ja immer Verträge bilden, nie den Beginn. Darin wird im Prinzip vertraglich das verankert, was wir vorher über interinstitutionelle Vereinbarungen, über praktisches Zusammenarbeiten schon einstudiert haben. Das wird dann im Vertrag festgeschrieben. Es ist nie so gewesen, dass durch den Vertrag neue Dinge erfunden wurden und das macht eigentlich dann schon den Reiz aus. Diesen Vertrag, der nach außen zunächst mal sehr nüchtern und sehr – also wenig die Rolle des Parlaments mit beschreibt – mit Leben zu erfüllen. [...] Und da hat sich in den letzten sieben Jahren auch viel zugunsten des Parlament geändert. Was wir halt bedauern ist, dass wir in Nizza diese positiven Veränderungen nicht in den Vertrag reinbekommen haben."[243]

Die Einschätzung des Abgeordneten bezüglich der eher unspezifischen Benennung parlamentarischer Zweckbestimmung durch langgediente Parlamentarier lässt sich durch Äußerungen wie die folgenden weiter erhärten:

„Ich glaube, dass das Europäische Parlament der Motor der europäischen Integration ist und auch weiter sein sollte"[244]

Bei einer anderen Parlamentarierin klingt das ähnlich, wenn sie sagt, dass

„[...] das Europäische Parlament der größte Integrationsfaktor überhaupt in den Institutionen der Europäischen Gemeinschaft oder der Union ist und dass das Parlament eben wie jedes Parlament, das irgendwann mal beim Nullpunkt angefangen hat, das war 1957 [sic!], dann durch die Direktwahl den direkten Auftrag der Bevölkerung bekommen hat, sich natürlich auch seine demokratische Position erarbeiten musste. Und da gehen wir eben Punkt für Punkt vor. Ich meine, dass das Parlament doch sehr viel erreicht hat, aber bei weitem nicht alles, was sein müsste."[245]

Aus diesen Äußerungen wird auf das klarste deutlich, worin sich die Leitideenkonstruktion der Abgeordneten unterscheidet. Während einige Parlamentarier noch den gesamten Prozess der Veränderung im Blick haben und die Leitidee des Mitgestalters ‚allumfassend' auslegen, ist der Blick anderer eher pragmatisch auf die Erfüllung manifest-instrumenteller Funktionen orientiert. Nichtsdestoweniger lassen sich beiderlei Wahrnehmungen der Leitidee mit dem Oberbegriff der parlamentarischen Mitgestaltung überschreiben. Eine präzisere Charakterisierung ist im Grunde weder möglich noch nötig. Denn der von Rehberg so richtig formulierte Gedanke, dass sich in einer Leitidee die unterschiedlichen und zum Teil eben auch nicht ganz widerspruchsfreien Zielvorstellungen einer Institution wiederfinden lassen müssen,[246] trifft nämlich auch auf das Europäische Parlament zu.

Darum ist es nicht besonders überraschend, dass die Meinungen der Abgeordneten auch bei der Frage ein relativ heterogenes Bild zeitigen, ob es Vorbilder für die Leitidee des Europäischen Parlaments gegeben hat oder für die Zukunft geben könne. Hier spiegelt sich ebenso die ganze Vielfalt wider, die sich unter einer Leitidee

---

243 Interview Nr. 11, Zeile 36-61.
244 Interview Nr. 8, Zeile 13-14.
245 Interview Nr. 15, Zeile 12-20.
246 Siehe K.-S. Rehberg 1994, S. 68.

wie jener der parlamentarischen Mitgestaltung fassen lässt. So wird bei manchen Abgeordneten der US-Kongress als mögliches Vorbild genannt,[247] bei anderen wiederum der Bundestag nach Muster der Bundesrepublik Deutschland;[248] wieder andere sprechen von einem Parlament sui generis.[249] Was auf den ersten Blick widersprüchlich scheinen mag, ist freilich nichts anderes als die Existenz von Freiheitsgraden der weiteren parlamentarischen Entwicklung. Zwar wird der künftige Wandel des Europäischen Parlaments nicht vollständig kontingent verlaufen, weil die bereits eingeschlagenen Pfade bestimmte Wege nur schwer oder auch gar nicht zulassen. Da es aber keine eindeutige und allgemein anerkannte Formulierung des zu erreichenden Endzustandes für das Parlament gibt, sind innerhalb dieser Grenzen noch verschiedene Ausrichtungen denkbar.

Als Ausweis für die große Heterogenität, die sich hinter der Leitidee eines parlamentarischen Mitgestalters auch für die Zukunft verbergen kann, sollen hier drei Interviewausschnitte dokumentiert werden. So formuliert etwa einer der Abgeordneten auf die Frage, wie die zukünftige Rolle des Europäischen Parlaments aussehen könnte, wie folgt:

> „Vorbilder sind sehr schwer zu finden, weil der Weg, den Europa beschreiten muss, der ist insofern beispiellos, auch am amerikanischen Modell kann man sich nur zum Teil orientieren. Wir wollen auch kein Bundesstaat werden, sondern eine supranationale Vereinigung sui generis, also das Parlament muss seinen eigenen Weg gehen und kann sich nur sehr schwierig an irgendwelchen Vorgaben orientieren. Es muss nach dem alten philosophischen Grundsatz: trial and error, versuch es mal, und wenn du einen Fehler gemacht hast, versuch wieder zurück zu rudern oder versuch es zu ändern, mehr nach diesem Weg vorgehen."[250]

Das Modell eines Parlaments sui generis hat einiges an Plausibilität für sich. Es entlastet jedoch vor allem die Akteure von einer genauen Definition der Leitideenziele des Europäischen Parlaments. In nicht wenigen Interviews wurde sogar überdeutlich, wie groß die Unsicherheit in bezug auf die angestrebte Leitidee ist. Denn neben der klaren Aussage, dass es sich um ein Parlamentsmodell eigenen Charakters handeln muss, existieren auch ebenso vage Formulierungen wie die, dass Europa wohl föderal verfasst sein müsse. Dabei wird von dem im folgenden Abschnitt zitierten Abgeordneten eindrucksvoll reflektiert, dass es ein langsamer Prozess ist, der bewältigt werden muss. Als Zielvorgabe wird hier relativ deutlich ein Bundesstaatsmodell formuliert, welches einhergehen muss mit einer Ausweitung parlamentarischer Rechte.

> „Man wird da neue Wege einfach gehen müssen, aber einfach, weil die Konstruktion anders ist als in Staaten oder in gewachsenen Staaten. Da wird etwa die Idee der Gewaltenteilung nicht so praktiziert werden können, wie es der Fall ist, wenn man bewusst Verfassungen für einen Staat schafft, etwa wenn wir an Deutschland denken, den Parlamentarischen Rat, nicht wahr. Da wird dann ganz genau überlegt, wie ausgewogen kann die Gewaltenteilung sein und wel-

---

247 Vgl. Interview Nr. 22, Zeile 64.
248 Vgl. Interview Nr. 13, Zeile 124.
249 Vgl. Interview Nr. 9, Zeile 9, sowie Interview Nr. 20, Zeile 111-113.
250 Interview Nr. 9, Zeile 105-115.

che Kompetenzen hat das Parlament [...]. [Es] ist einfach dazu gekommen, dass man zwar die Idee der Volksvertretung übernommen hat, aber dass man da eigentlich zunächst mal nur von einer beratenden Versammlung ausgegangen ist, und dass man dann allmählich aber gesehen hat: ‚Wir müssen dieses Parlament mit Rechten bestücken, wie sie andere Parlamente auch haben.' Und das bleibt dann auch das Endziel [sic!]. Wir stehen da jetzt erst auf halbem Wege, und das Endziel könnte ja auch sein, dass wir dann tatsächlich so ein Bundesstaat werden, vielleicht zu einem Bundesstaat neuer Prägung, der nicht unbedingt exakt so sein muss wie die Bundesrepublik oder wie die Vereinigten Staaten oder wie die Schweiz, sondern möglicherweise ein Bundesstaat neuer Prägung. Aber mit dieser Entwicklung ist es auch notwendig, dass das Parlament immer mehr Rechte bekommt, die typisch sind für Parlamente in fertigen Staaten oder in Bundesstaaten; und in dieser Richtung sind wir jetzt schon ein gutes Stück unterwegs. [...] Es fehlen aber noch einige Stücke, Gesetzesinitiative beispielsweise, und sagen wir mal die hundertprozentige Mitbestimmung, die wohl auch kommen wird. Ich sehe da Parallelentwicklungen dazu: die Entwicklung zu einem Bundesstaat neuer Prägung und auch die immer stärkere Ausgestaltung der Rechte des Parlamentes. Und das ist auch unverzichtbar [...]."[251]

Eine so klar und eindeutig auf ein Bundesstaatsmodell hin formulierte Zieldefinition findet sich bei den befragten Abgeordneten ansonsten selten. ‚Schlimmer' noch: Es gibt sogar Abgeordnete, die einen nachhaltigen Reformbedarf und damit eine Änderung der Leitidee verneinen. So sieht die im nächsten Abschnitt zitierte Abgeordnete die Position des Mitgestalters als genau jene an, die für das Europäische Parlament auch wünschenswert ist. Allenfalls besteht ein funktionaler Veränderungsbedarf bei der Frage der parlamentarischen Mitentscheidung und der Harmonisierung des Wahlmodus von Abgeordneten. Im Grunde muss sich nach dem Glauben dieser Abgeordneten an den parlamentarischen Ordnungsprinzipien und Geltungsbehauptungen auch in Zukunft nicht viel ändern. Vor allem scheint der Nutzen eines eigenen Abgeordnetenstatuts, welches freilich viel über die Selbstbestimmungsrechte einer Institution aussagen kann, keine größere Rolle zu spielen.

„Der Reformbedarf besteht darin, dass man uns mehr Mitentscheidung zugestehen muss. Das heißt also: Überall, wo der Rat mit Mehrheit entscheidet, muss das Parlament auch die Kodezision bekommen. Das ist ja leider in Nizza versaubeutelt worden. Wir müssen einfach darauf achten, dass wir vielleicht auch bald ein gleiches Wahlgesetz bekommen. Es wird nach sehr viel unterschiedlichen Vorschlägen gewählt und deswegen kommen so unterschiedliche Dinge zustande, dass ich regional zuständig bin und ein anderer ist überhaupt nicht zuständig. Er hat überhaupt keine Wähler, die er kennt, und das ist ja nicht schön. Also, ich denke beim Parlament sind es diese beiden Dinge. Ja, vielleicht, es sind viele, die behaupten, wir müssten ein eigenes Statut haben, aber [...] da geht es immer nur ums Geld. Ich denke, dass – solange es Schwierigkeiten bei der Besteuerung gibt – die nationalen Regierungen immer Probleme mit einem gemeinsamen Statut haben, weil dann auch gemeinsam bezahlt werden muss. So werden wir ja nach nationalen Vorstellungen, nach Bundestagsgeldern, -gehältern bezahlt, und das mit dem Statut, das ist nicht so wichtig. Wenn Sie das irgendwo aufschnappen, ist das nicht so bedeutsam. Wichtig ist für das inhaltliche Arbeiten einfach die Frage [...] wie gewählt wird und [die Frage] einer größeren Kodezisionsmöglichkeit, sonst sehe ich eigentlich keine Reformnotwendigkeiten, die den Außenstehenden interessieren könnten."[252]

---

251 Interview Nr. 20, Zeile 94-133.
252 Interview Nr. 12, Zeile 685-706.

Die Transformationsprozesse, die es anzufassen gilt, sind auf der Ebene von Detaillösungen für das Funktionieren des Parlaments angesiedelt. Dabei wird an diesem Beispiel besonders gut deutlich, dass der Stärkung repräsentationsbezogener Aufgaben ein hoher Stellenwert zukommt. Weniger die großen Linien gilt es demnach zu verändern, als vielmehr die konkreten Probleme und Ungleichheiten bei der Funktionswahrnehmung zu beseitigen. Besonders erkenntnisträchtig ist an dieser Stelle, dass die Formulierung der Veränderungsnotwendigkeiten davon abhängig gemacht wird, was die „Außenstehenden", also die Bürgerschaft wohl überhaupt interessieren könnte.

Allein diese Aussagen demonstrieren deutlich, welche Heterogenität sich auch zukünftig hinter der Leitideenkonstruktion des Europäischen Parlaments verbergen wird. Leitideen müssen nämlich so allgemein formuliert sein, dass sich darunter eine größere Bandbreite von Detailvorstellungen ansiedeln lässt; gleichzeitig müssen sie jedoch so hinreichend konkret sein, dass sie zentrale Ordnungsvorstellungen und Geltungsbehauptungen beinhalten. Bisher ist es bei den Leitideen des Europäischen Parlaments stets gelungen, genau diese Balance tatsächlich einzuhalten.

Ein kursorischer Ausblick auf die mögliche zukünftige Verfassung der Europäischen Union, die am 18. Juli 2003 den Staats- und Regierungschefs bei deren Tagung in Thessaloniki vorgelegt und nach langen Verhandlungen am 29. Oktober 2004 feierlich in Rom unterzeichnet wurde, soll die Darstellung der Leitideenkonstruktion des Europäischen Parlaments abrunden. Der von einem eigens zu diesem Zweck gegründeten Konvent erarbeitete Verfassungsentwurf setzte sich ebenso aus Abgeordneten des Europäischen Parlaments wie nationalen Parlamentariern und Vertretern der Regierungen der Mitgliedstaaten zusammen.[253] Dadurch sollte die Chance erhöht werden, dass der Verfassungsentwurf, anders als die bisherigen Konzepte, auch tatsächlich umgesetzt wird.[254] An zentraler Stelle findet sich in Artikel 19, Absatz 1 des Entwurfs die Aufgabenbeschreibung für das Parlament skizziert. Dort heißt es dann:

> „Das Europäische Parlament wird gemeinsam mit dem Ministerrat als Gesetzgeber tätig und übt gemeinsam mit ihm die Haushaltsbefugnisse aus; es erfüllt ferner Aufgaben der politischen Kontrolle und Beratungsfunktionen nach Maßgabe der Verfassung. Es wählt den Präsidenten der Europäischen Kommission."[255]

---

253 An der Erarbeitung des Entwurfes waren nicht nur die derzeitigen Mitgliedstaaten beteiligt, sondern auch Vertreter derjenigen Staaten, die am 1. Mai 2004 der Europäischen Union beigetreten sind.

254 Die Verfassung stellt im Grunde nichts anderes dar als das Primärrecht der Gemeinschaft. Darum ist es auch genauso wie bei allen bisherigen Vertragsänderungen notwendig, dass die Staats- und Regierungschefs den Verfassungsentwurf unterzeichnen und dass dieser in den Mitgliedstaaten ratifiziert wird. Der Ratifikationsprozess wird in den einzelnen Mitgliedstaaten unterschiedlich verlaufen. Während in einigen Mitgliedstaaten die parlamentarische Zustimmung notwendig ist, wird es in anderen Staaten zu einer Volksabstimmung kommen. So zumindest geschah es beim Maastrichter Vertrag, der bis dahin umfassendsten Änderung der primärrechtlichen Grundlagen der Europäischen Union.

255 ABl. C 169/2003, S. 12.

Einen Teil seiner Aufgaben erfüllt das Parlament nach diesem Entwurf also weiterhin in Zusammenarbeit mit dem Ministerrat. Deshalb wird sich an der grundsätzlichen Position des Parlaments im Institutionengefüge der Europäischen Union nichts ändern, und darum wird auch die Leitidee des Europäischen Parlaments als Mitgestalter europäischer Politik keine Neuerungen erfahren (müssen). Nur wenn Transformationsprozesse auch eine nachhaltige Veränderung der Funktionswirklichkeit des Europäischen Parlaments zur Folge haben, wird ein Wandel der Leitidee überhaupt notwendig; doch der Verfassungsentwurf hält für das Europäische Parlament keine grundlegend veränderte Aufgabenbeschreibung bereit.

Somit lässt sich folgendes festhalten: Die Bedingungen für die instrumentelle und symbolische Funktionserfüllung des Europäischen Parlaments haben sich durch äußere und innere Transformationsprozesse seit seiner Gründung erheblich verändert. Anders als eine Reihe anderer Parlamente[256] hat das Europäische Parlament jeweils instrumentell ernstgemeinte Leitideen, deren Entwicklung sich am besten als allmählicher Prozess auf einem Kontinuum vom parlamentarischen „Forum zum Mitgestalter"[257] beschreiben lässt. Die Leitidee des Europäischen Parlaments hatte zu keiner Zeit einen ausschließlich deklamatorischen Charakter. Das heißt, sie war niemals nur eine Willensbekundung ohne tatsächlich verfolgte Zielsetzung, sondern stets mit einem Anspruch auf Verwirklichung und Umsetzung verbunden.

Eine tatsächlich ernstgemeinte und schlüssige sowie zudem noch in das systemare Umfeld eingebettete Leitidee ist zwar hilfreich für die parlamentarische Funktionserfüllung. Jedoch garantiert diese noch keine *Symbolisierung* durch entsprechende Ausdrucksformen und Mechanismen.[258] Und ebensowenig garantiert eine ernstgemeinte Leitidee allein die Erfüllung *instrumenteller Funktionen*, denn die Leitidee eines parlamentarischen Forums braucht zwar symbolische, aber kaum instrumentelle Funktionserfüllung; diejenige eines parlamentarischen Mitgestalters hingegen lässt sich nur durch – auch – instrumentelle Funktionserfüllung aufrecht erhalten. Darum ist das Europäische Parlament auch so besonders geeignet, den Prozess der Institutionalisierung und Stabilisierung einer Institution sowie deren institutioneller Wandlungsprozesse nachzuzeichnen.

---

256 Siehe hierzu die Ausführungen zum Senat Kanadas, der tschechischen Nationenkammer oder der Volkskammer der DDR in W. J. Patzelt 2001c, S. 603ff.
257 Vgl. TEPSA-Forschungsgruppe 1990.
258 An der französischen Assemblée nationale ist dies etwa sehr gut zu erkennen. Siehe W. J. Patzelt 2001c, S. 610.

4. Wandel und Anpassung des strukturellen und administrativen Unterbaus

Die Genese und die Entwicklung der Leitidee des Europäischen Parlaments lassen sich auf einem Kontinuum vom parlamentarischen Forum zum parlamentarischen Mitgestalter abtragen. Akteure, Schrifttum und primäre Quellen belegen diese Wandlungsprozesse eindrucksvoll. Allein eine veränderte Leitidee garantiert natürlich nicht das erfolgreiche Funktionieren des Europäischen Parlaments. Eine der wesentlichen Voraussetzungen symbolischer und instrumenteller Funktionserfüllung ist ein funktionierender administrativer und organisatorischer Unterbau einer Institution. Denn schon aus dessen Beschaffenheit lassen sich Schlüsse über die Effektivität des Europäischen Parlaments ziehen. Der Zustand sowie die Veränderungs- und Anpassungsfähigkeit der administrativ-organisatorischen Basis sind nämlich klare Indikatoren der Erfolgschancen einer Institution.

Eine Vertretungskörperschaft kann nur dann effektiv funktionieren, wenn es ihr gelingt, ihre interne Organisation, ihre Prinzipien und institutionellen Mechanismen den Anforderungen an veränderte Umweltzustände anzugleichen. Deshalb ist eines der wesentlichen Merkmale eines effektiven Parlaments darin zu suchen, ob genau diese Anpassung gelingt und ob die tatsächlich vollzogenen Anpassungsleistungen auch zur Leitidee und intendierten Funktionserfüllung des Europäischen Parlaments passen.

Es liegt in der Natur der Sache, dass eine tiefere Binnengliederung vor allem dann notwendig wird, wenn die Vielfalt der Aufgaben zunimmt. Denn nur jene Parlamente, die ohnehin wenig instrumentelle oder symbolische Funktionen erfüllen, können auch weitgehend ohne inner-institutionelle Ordnungsstrukturen auskommen. Für solche Vertretungskörperschaften ist es nämlich eher gleichgültig, wie gut oder schlecht sie die (meist ja ohnehin nicht oder kaum vorhandenen) Funktionen insgesamt erbringen. Wenn ein Parlament allenfalls als Erfüllungsgehilfe bereits vorher feststehender Entscheidungen dient, ist dessen institutionelle Binnenstrukturierung also nur schmückendes Beiwerk zur Wahrung des Scheins, aber kein Indikator institutioneller Entwicklung. Anders jedoch ist es beim Europäischen Parlament, dessen tatsächlich ernstgemeinte Leitidee auch funktionierender Strukturen bedarf.

4.1. Administrativ-organisatorischer Unterbau und parlamentarische Steuerungsgremien

Das Europäische Parlament verstand sich von Beginn an als eine Institution, die nicht nur dekorativen Charakter haben sollte, sondern die europäische Politik auch tatsächlich beeinflussen wollte. Zunächst dadurch, dass das Parlament einen angemessenen Platz für europapolitische Diskurse als Forum bot, später durch aktive Mitgestaltung und Mitentscheidung europäischer Politik. Deshalb verfügte das Europäische Parlament auch von Beginn an über funktionale Binnendifferenzierungen. Selbst in der Anfangsphase, in der es vergleichsweise wenig instrumentelle Funktionen erfüllte und fast ausschließlich von der symbolischen Funktion seiner Existenz selbst zehrte, wurde es in der Regel zumindest zu den zu verabschiedenden Rechtsakten angehört und gab Stellungnahmen zu ihnen ab. Diese basierten auf parlamentarisch vorbereiteten Berichten. Der generell-appellative Charakter der Berichte und ihre zentrale Ausrichtung auf die Vermittlung positiver Seiten der europäischen Integration hatten durchaus Einfluss auf die administrativ-organisatorische Strukturierung des Parlaments. Spezifisches Detailwissen stand nicht so sehr im Vordergrund, so dass ein personalintensiver parlamentarischer Dienst zu dieser Zeit noch nicht erforderlich war.

Anhand des Wachstums der Zahl der Verwaltungsmitarbeiter wird deutlich, in welchem Maße die Erweiterung der Funktionen auch neue Organisationsstrukturen nach sich zog. Zwar kann aus der Tatsache, dass das Generalsekretariat anfangs gerade einmal 37 Mitarbeiter hatte, die in zwei Generaldirektionen im Parlaments- und Verwaltungsdienst arbeiteten, keine Aussage über die generelle Funktionsfähigkeit des Europäischen Parlaments gemacht werden. Wohl aber lässt sich daran ablesen, dass das Parlament überhaupt nicht in der Lage gewesen wäre, wesentlich andere Aufgaben zu bewältigen als genau jene, die es eben in der Anfangsphase auch tatsächlich erfüllte. Die Entwicklung zeigt jedoch, dass Funktionswandel auch Strukturwandel bedingte. Mit der Gründung der Europäischen Wirtschaftsgemeinschaft sowie der Europäischen Atomgemeinschaft 1958 wuchs die Zahl bereits auf 284 Mitarbeiter. Zu der Zeit war das Europäische Parlament immerhin schon für alle drei Gemeinschaften zuständig. Deshalb hätte dieser Mitarbeiterstamm wohl kaum ausgereicht, um eine andere Funktion als die eines Forums zu erfüllen.[259]

Die Entwicklung verlief graduell steigend bis zum Jahr 1995, wobei ‚größere Sprünge' jeweils nach dem Beitritt neuer Mitgliedstaaten, also durch ‚natürliches Wachstum' zu verzeichnen sind. Nach der Erweiterungsrunde im Jahr 1995 sind zunächst mehr als 4000 und nach dem Beitritt von zehn neuen Mitgliedstaaten im Jahr 2004 sogar mehr als 4500 Parlamentsmitarbeiter in acht verschiedenen Generaldirektionen, welche sich wiederum in verschiedene Direktionen und Abteilungen untergliedern, im Europäischen Parlament beschäftigt. Dazu gesellt sich noch ein juristischer Dienst, der als eigene Hauptabteilung existiert und keiner der acht Generaldirektionen zugeordnet ist.

---

259 So verfügte etwa der Deutsche Bundestag bei seiner Konstituierung über erheblich mehr Mitarbeiter, was als deutlicher Indikator einer anderen Funktionserfüllung zu werten ist. Für den Deutschen Bundestag ergibt sich eine Vergleichsgröße zur Zahl der Mitarbeiter des Europäischen Parlaments dann, wenn man die Zahl der Bediensteten der Bundestagsverwaltung und die der Fraktionsangestellten addiert. Im Jahr 1949, also zu Beginn der ersten Legislaturperiode, belief sich diese Zahl auf 459. Zu Beginn der 13. Wahlperiode waren es 3071. Siehe P. Schindler 1999, S. 3271.

Abbildung 2: Vereinfachte Organisationsstruktur des Generalsekretariats des Europäischen Parlaments

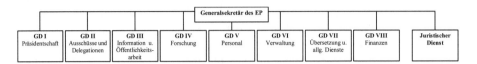

Im Jahr 2002 kam es zu einer auffälligen Reduktion der Zahl parlamentarischer Mitarbeiter. Das ist auf den Umstand zurückzuführen, dass die Zahl der Zeitangestellten erheblich abgenommen hat. Waren dies im Jahr 2001 noch mehr als 600, so ist deren Zahl im folgenden Jahr auf ca. 100 geschrumpft. Dahinter steckt der politische Wille des Parlaments, die Anzahl der zeitweilig beschäftigten Mitarbeiter zu verringern und den Stamm der fest eingestellten Mitarbeiter kontinuierlich zu erhöhen.[260] Vergleicht man die Zahlen der unbefristet Beschäftigten der letzten Jahre, so lässt sich seit dem Jahr 2000 mit Ausnahme des Jahres 2003 ein Anstieg jener Zahlen nachzeichnen.[261] Der Versuch, die Zahl der festeingestellten Mitarbeiter im Verhältnis zu den zeitweilig Beschäftigten zu erhöhen, muss als ein klares Indiz dafür gewertet werden, dass das Europäische Parlament nach weiterer Professionalisierung und Kontinuität bei der Funktionserfüllung strebt. Die Verfügung über qualifiziertes Personal ist nämlich für das Europäische Parlament nicht unwichtig. Denn nur die dauerhafte und verlässliche Präsenz geeigneten Personals garantiert letztlich eine erfolgreiche Funktionserfüllung.

---

260 Im Jahr 2003 wurde dies Prinzip allerdings vorübergehend wieder durchbrochen, weil im Vorfeld der Erweiterung zum 1. Mai 2004 viele Mitarbeiter auf Zeit eingestellt wurden. Deren Zahl betrug 2003 wieder knapp 600; im Jahr 2004 reduzierte sich die Zahl der Zeitbediensteten dann jedoch wieder auf 118.

261 Die Anzahl fest eingestellter Mitarbeiter betrug in den Jahren von 1996 bis 1999 zwischen 3493 und 3491, vom Jahr 2000 an erhöhte sich die Zahl fest Eingestellter bis zum Jahr 2002 von 3505 über 3550 bis auf 3591. 2003 reduzierte sich die Zahl auf 3367, stieg jedoch 2004 im Zuge der Erweiterung auf 4512 an. Eigene Zusammenstellung auf der Basis der Gesamtberichte der Europäischen Kommission 1997-2005.

Abbildung 3: Mitarbeiter des Europäischen Parlaments 1953-2004[262]

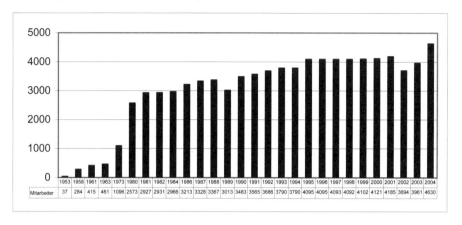

Eine arbeitende Vertretungskörperschaft, die zunehmend an Kompetenzen gewann, hatte offenbar größeren Bedarf an arbeitsteiligen Strukturen. Die Vielsprachigkeit machte einen Übersetzungsdienst notwendig, die zunehmende Anzahl von Angestellten eine eigene Personaldirektion, und das gestiegene Finanzvolumen des parlamentarischen Haushalts musste kontrolliert und verwaltet werden. Schon das Entstehen dieser arbeitsteiligen Strukturen beruhte auf dem ‚natürlichen' Wachstumsprozess des Europäischen Parlaments. Parallel dazu gab es Entwicklungen, die von Veränderungen in der Funktionswirklichkeit des Parlaments angestoßen wurden. Steigende Gesetzgebungskompetenzen und Kontrollmöglichkeiten sind nämlich nur dann zu bewältigen, wenn ein wissenschaftlicher Dienst und Mitarbeiter für Ausschüsse und Delegationen verfügbar sind, und die Ausübung der Kommunikationsfunktion ist mit Hilfe einer Generaldirektion „Information und Öffentlichkeitsarbeit" leichter zu bewältigen als allein durch das individuelle Engagement der Parlamentarier.

Ein komplexer administrativ-organisatorischer Unterbau ist zwar erforderlich, um das Funktionieren eines halbwegs wirkungsvollen Parlaments überhaupt erst einmal zu ermöglichen. Ebenso wichtig, wenn nicht gar noch wichtiger, ist jedoch die Existenz von Steuerungsgremien, welche die Funktionsfähigkeit des parlamentarischen Alltags sichern. Dazu gehört in jedem Fall ein Präsidium, das den Vorsitz in den Plenarsitzungen übernimmt sowie ‚letztinstanzlich' das Zusammenwirken der Teile des Parlaments und seiner Verwaltung steuert. Allein aufgrund der Existenz solcher Leitungsgremien kann noch nicht viel über die konkrete Funktionserfüllung ausge-

---

262 Quelle: Eigene Zusammenstellung aus Europäisches Parlament 1989, S. 185 (für die Jahre 1953-1984); Europäische Kommission (1987-2005): Gesamtbericht über die Tätigkeit der Europäischen Gemeinschaften/Europäischen Union (für die Jahre 1986-2004). Die Zusammenstellung enthält jeweils sowohl die Planstellen als auch die Stellen auf Zeit des Europäischen Parlaments.

sagt werden, da es einer solchen Leitungsfunktion in jeder Art von Vertretungskörperschaft bedarf. Auch die Tatsache, dass die Zahl der Vizepräsidenten im Europäischen Parlament von anfänglich fünf (1952-1958) auf inzwischen 14 anwuchs,[263] ist nicht allein als ein Indiz gestiegenen Arbeitsaufkommens zu werten, sondern in erster Linie eine Reaktion auf die Erweiterung um eine ganze Reihe neuer Mitgliedstaaten. Kontinuität hat das Parlament trotz aller Veränderungen aber darin bewahrt, alle zweieinhalb Jahre einen neuen Präsidenten zu wählen.[264] Der Präsident allein sichert jedoch nicht die Handlungsfähigkeit des Parlaments. Darüber hinaus bedarf es weiterer Steuerungsgremien. Seit 1972 findet sich in der Geschäftsordnung ein ‚erweitertes Präsidium',[265] welches sich aus dem Präsidenten und den Fraktionsvorsitzenden zusammensetzt. Fraktionslose Abgeordnete entsenden insgesamt zwei weitere Personen, die jedoch nicht über das Stimmrecht verfügen. Die Schaffung eines solch recht heterogen zusammengesetzten Gremiums war die institutionelle Antwort auf das Erfordernis eines möglichst breiten Konsenses innerhalb des Parlaments.[266] Solange die Möglichkeiten der instrumentellen Funktionserfüllung eher gering waren, konnte nämlich Wirkung in das umbettende Milieu vor allem durch relativ geschlossenes Auftreten erreicht werden. Darum wurde bereits 1958 ein Präsidialausschuss eingerichtet, der die gesamte Funktionalelite des Parlaments vereinigte und dessen wesentliche Aufgabe darin bestand, die Tagesordnung vorzubereiten. Diese Funktion ist erst später, aufgrund der Vielzahl der Mitglieder, dem erweiterten Präsidium übertragen worden.[267]

Der Stimme des Parlaments soll also mittels – auch symbolisch demonstrierter – relativ großer Geschlossenheit mehr Gewicht verliehen werden. Der Einsatz eines solchen Mechanismus ist ein typisches Kennzeichen einer Vertretungskörperschaft, die über wenig instrumentelle Regelungskompetenzen verfügt. Trotz der inzwischen erheblich ausgeweiteten Funktionen wirkt dieser Mechanismus auch heute noch, und zwar vor allem deshalb, weil ein geschlossenes Auftreten nach wie vor durch das Fehlen eines Dualismus von regierungstragender Mehrheit und innerparlamentarischer Opposition im Europäischen Parlament begünstigt wird. Zu genau jenem Dua-

---

263 Die Anzahl der Vizepräsidenten ist festgelegt in Art. 21, Abs. 1 GOEP. Anmerkung: Verweise auf die Geschäftsordnung beziehen sich, soweit nicht anders vermerkt, immer auf die Fassung vom Oktober 2003.
264 Art. 17, Abs. 1 GOEP. Es wird jedoch nicht nur der Präsident neu gewählt, sondern auch die Zusammensetzung des gesamten Präsidiums neu bestimmt. Während der Präsident jedoch stets ausgetauscht wird, wird das Präsidium nicht vollständig neu besetzt, sondern es werden immer nur einige Abgeordnete durch neue Mitglieder substituiert.
265 Das ‚erweiterte Präsidium' wird in der Geschäftsordnung als ‚Konferenz der Präsidenten' bezeichnet. Siehe Art. 23 GOEP.
266 Nicht ohne Grund heißt es deshalb in der Geschäftsordnung: „Die Konferenz der Präsidenten versucht, in den Fragen, mit denen sie befaßt ist, zu einem Konsens zu gelangen." Siehe Art. 23, Abs. 3, Satz 1 der GOEP.
267 Als der Präsidialausschuss nach der Erweiterung von 1973 zusammentrat, hatte er bereits 31 Mitglieder; siehe E. Grabitz/T. Läufer 1980, S. 65. Übertragen auf den Zustand im Jahr 2003 wären es 40 Personen gewesen, die in diesem Gremium hätten entscheiden müssten.

lismus kommt es nämlich in einem nicht auf Regierungsbildung angelegten Parlament schon aus funktionslogischen Gründen nicht, während in einem parlamentarischen Regierungssystem ein relativ geschlossenes Auftreten des Gesamtparlaments natürlich die Ausnahme ist.

Nicht unerwähnt bleiben sollte auch die Funktion von Quästoren.[268] Deren wesentliche Aufgabe ist die Unterstützung und Entlastung des Präsidiums in Verwaltungs- und Finanzfragen. 1977 wurde dieses Gremium eingerichtet und rekrutierte sich bis zur ersten Direktwahl 1979 aus den Reihen der Vizepräsidenten. Um tatsächlich entlastend wirken zu können, wurde die Zahl der Mitglieder im Jahre 1979 von drei auf fünf erhöht, die seitdem aus der Mitte des Parlaments gewählt werden und dem Präsidium nun nur noch mit „beratender Stimme"[269] zugehören. Außerdem sind zwei weitere Gremien des Europäischen Parlaments für seine Funktionserfüllung von Bedeutung: die Konferenz der Ausschussvorsitzenden und die Konferenz der Delegationsvorsitzenden. Beide unterscheiden sich hinsichtlich ihrer Aufgaben nur wenig. Während die Ausschussvorsitzenden dem Präsidium jedoch Vorschläge für die Tagesordnung unterbreiten können, können die Delegationsvorsitzenden dies nicht. Beiden gemeinsam ist jedoch, dass das (erweiterte) Präsidium ihnen bestimmte Aufgaben übertragen kann.[270]

Institutioneller Wandel wird durch die Kreation und das Verschwinden von Binnendifferenzierungen deutlich, also als einer jener institutionellen Lernprozesse, die auf der Basis von Anpassungsreizen stattfinden. Intra-institutionelle Ordnungsarrangements wurden zugunsten anderer Strukturen ersetzt, teilweise neu geschaffen oder einfach umgebaut. Die Notwendigkeit zu Veränderungen von Strukturen basiert dabei auf innerem oder äußerem Druck oder auf dem Zusammenwirken von beidem. Eine eindeutige Zuordnung ist meist schwierig. Das gilt selbst in einem vermeintlich eindeutigen Fall wie der Abschaffung des Präsidialausschusses, der aufgrund seiner Größe quasi funktionsunfähig wurde. Einesteils war sicher der innere Druck entscheidend, da die zugewiesene Aufgabe aufgrund der Größe des Gremiums nur mehr schwerfällig und ungenügend erfüllt werden konnte. Andernteils war das natürlich so lange gleichgültig, wie die zu erfüllenden parlamentarischen Funktionen insgesamt gering waren. Erst mit der Kompetenzausweitung, die schrittweise in den 1970er Jahren begann, wurde dies notwendig. Sowohl intra- als auch extra-institutionelle Anstöße waren für diesen Lernprozess also ausschlaggebend.

---

268 Quästoren sind keine Erfindung des Europäischen Parlaments. Ein solches Gremium gibt es bspw. in Frankreich, Italien oder Belgien. Siehe E. Klepsch/E. Reister 1978, S. 102. Dadurch wird einmal mehr deutlich, dass das Europäische Parlament zwar kein Abbild irgendeines nationalen Parlaments ist, gleichwohl aber Verfahren und Organisationsstrukturen übernimmt, sofern sie sinnvoll erscheinen.
269 Art. 21, Abs. 2 GOEP.
270 Art. 26f. GOEP.

4.2. Ausschüsse und Fraktionen als Orte der Willensbildung

Zum effektiven Funktionieren eines Parlaments gehört natürlich nicht nur ein einigermaßen gut funktionierender verwaltungstechnischer Unterbau und ein durch Anpassungsnotwendigkeiten veranlasster Umbau parlamentarischer Steuerungsgremien. Zudem muss institutionelle Effektivität auch hinsichtlich der Präsenz, Bedeutung und Organisationsstruktur von Ausschüssen und Fraktionen deutlich werden. Sowohl Ausschüsse (seit 1952) als auch Fraktionen (seit 1953) waren seit der Gründungsphase des Parlaments Teile seiner Binnengliederung.

4.2.1. Funktion und Wirksamkeit der Ausschüsse

Ausschüsse sind eines der Wesensmerkmale von Parlamenten. Selbst dann, wenn parlamentarische Vertretungskörperschaften nur über sehr begrenzte Funktionen verfügen, wird kaum auf sie verzichtet.[271] Und wenn Parlamente tatsächlich machtvoll sind, sind sie ohnehin unverzichtbarer Bestandteil notwendiger Arbeitsteilung. Darum wird der Stellenwert von Ausschüssen im Europäischen Parlament von den Europaparlamentariern sehr hoch eingeschätzt. Stellvertretend dafür können die Äußerungen zweier Abgeordneter stehen:

„Das ist etwa vergleichbar zu Parlamenten wie dem Deutschen Bundestag. Das ist nämlich der Ort, an dem die Entscheidungen für das Plenum vorbereitet werden, und auf diese Art und Weise findet dort eine Bündelung der Arbeit statt."[272]

Ebenso knapp, aber genauso treffend, formuliert ein anderer Abgeordneter:

„Die Ausschüsse sind der Kern des Parlamentarismus. Da geschieht die Arbeit, da werden die Sachentscheidungen getroffen."[273]

Ausschüsse spielen nach Bekunden der Abgeordneten also eine zentrale Rolle innerhalb des Europäischen Parlaments. Während es anfänglich jedoch nur einen Ausschuss gab, nämlich den für die Geschäftsordnung und das Haushaltswesen des Parlaments, sind es zur Zeit 20. Die Ausweitung der gemeinschaftlichen Aufgaben auf immer neue Politikfelder machte weitere funktionale Differenzierungen des Parlaments notwendig. Wenn die Institution ihrer Aufgabe gerecht werden wollte, also ihre auf einem Kontinuum vom ‚Forum' zum ‚Mitgestalter' verortbare Leitidee instrumentell ernstgemeint war, musste sie ihre Strukturen neuen Verwirklichungsmöglichkeiten ihrer Leitidee entsprechend anpassen.

---

271 So wurde etwa in der sozialistischen Volkskammer der DDR trotz ihrer relativen Bedeutungslosigkeit nicht vollständig auf die Existenz der Ausschüsse verzichtet. Symbolisch sollte nämlich sowohl gegenüber der eigenen Bevölkerung als auch gegenüber dem Ausland demonstriert werden, dass es sich um ein voll funktionsfähiges und demokratisches Parlament handelte. Siehe R. Schirmer 2003, S. 365.
272 Interview Nr. 6, Zeilen 43-46.
273 Interview Nr. 16, Zeilen 437-438.

Wurde beispielsweise 1956 noch ein „Ausschuss für Fragen der Grubensicherheit und des Grubenrettungswesens" eingerichtet, so spiegelte sich darin auch die recht eng bemessene Zuständigkeit des Parlaments für den Bereich der Montanunion wider.[274] Der Funktionslogik des Parlaments entsprechend orientierte sich die arbeitsteilige Gliederung an genau jenen Politikfeldern, die auch in dessen Kompetenzbereich fielen. Seit 1958 war durch die Erweiterung um die Gebiete der Wirtschafts- und Atomgemeinschaft wiederum eine diesen veränderten Realitäten angepasste Ausschusslandschaft vorzufinden. Neue Schwerpunktsetzungen in der Arbeit des Parlaments waren also die entscheidende Ursache für die Zu- und Abnahme der Anzahl der Ausschüsse bis zur ersten Direktwahl. Auch danach handelte es sich freilich noch nicht um eine wirklich machtvolle Vertretungskörperschaft, so dass von diesen Veränderungen kaum Wirkung auf die instrumentelle Funktionserfüllung ausging. Darum konnte es sich das Europäische Parlament sozusagen ‚leisten', sich an die optimale Ausschussstruktur quasi experimentell heranzutasten. Der quantitative Sprung des Jahres 1979 nach Einführung der Direktwahl war hingegen auf die starke Zunahme von Mitgliedern zurückzuführen, die eine weitere Arbeitsteilung ermöglichte. Die Beitritte weiterer Mitgliedstaaten in den 80er Jahren hatten allerdings keine wesentliche Erhöhung der Gesamtzahl der Ausschüsse zur Folge: Das Ausmaß der praktizierten Arbeitsteilung entsprach offenbar jenem Grad, der funktionslogisch nötig war.

Die Reformen des Maastrichter und Amsterdamer Vertrages, welche die Kompetenzen des Europäischen Parlaments abermals erweiterten, leiteten im Jahr 1999 dann interessanterweise durch die Zusammenlegung einzelner Ausschüsse und die Reduzierung von deren Gesamtzahl eine gegenteilige Entwicklung ein. Die Parlamentarier hatten offenbar erkannt, dass eine große Anzahl von Ausschüssen die Wahrscheinlichkeit von Konkurrenzsituationen zwischen verschiedenen Ausschüssen erhöhte. Solche Konkurrenz hemmte jedoch die Effizienz der Entscheidungsfindung, welche in einem zunehmend mit mehr Kompetenzen ausgestatteten Parlament immer wichtiger wurde. In diesem Zusammenhang erzeugte die Konzentration von Ausschüssen eine klarere Abgrenzung der einzelnen Politikfelder und wirkte dadurch effizienzsteigernd.[275] Trotzdem kann das Konkurrenzverhältnis zwischen den Ausschüssen nicht vollständig eingedämmt werden. Zudem sieht sich das Europäische Parlament seit der Erweiterung um zehn neue Mitgliedstaaten der Schwierigkeit ausgesetzt, dass es nicht mehr 20, sondern nunmehr 25 Kommissionsressorts gibt. Auch das machte es wohl nötig, die Anzahl der Ausschüsse nach der Wahl im Jahr 2004 erneut auf 20 auszuweiten. Als Ausgleichsmechanismus bei Kompetenzstreitigkeiten zwischen mehreren Ausschüssen dient deshalb die Ernennung von federführenden und mitberatenden Ausschüssen zur Berichterstattung.[276] Oftmals ist

---

274 Die Einrichtung dieses Ausschusses war im übrigen eine Reaktion auf das schwere Grubenunglück im belgischen Marcinelle, bei dem mehr als 200 Bergleute ums Leben kamen. Siehe Europäisches Parlament 1982, S. 161.
275 C. Neuhold 2001, S. 3.
276 M. Westlake 1995, S. 198.

es ohnehin sinnvoll, mehrere Ausschüsse in die Entscheidungsfindung einzubeziehen. Denn nur selten ist ein einziges Politikfeld betroffen. So haben viele parlamentarische Entscheidungen auch finanzielle oder rechtliche Konsequenzen. Deshalb ist der Haushaltsausschuss ebenso wie der Rechtsausschuss auch häufig in beratender Funktion tätig.

Es ist weder nötig noch möglich, an dieser Stelle eine schlüssige Begründung für das Entstehen und Verschwinden aller einzelnen Ausschüsse nachzuzeichnen, und vieles ist ohnehin offensichtlich. In dem Moment etwa, in dem – nach dem Maastrichter Vertrag – die Gemeinsame Außen- und Sicherheitspolitik zu einer der tragenden Säulen der Europäischen Union wurde, reagierte das Europäische Parlament darauf mit der Gründung eines ‚echten' Auswärtigen Ausschusses. Noch besser und exemplarisch lässt sich institutionelle Anpassungsfähigkeit anhand des Haushaltskontrollausschusses darstellen. Es war nämlich nicht zufällig, dass dieser Ausschuss nach der Konstituierung des direkt gewählten Europäischen Parlaments und im Nachgang der in der Mitte der 70er Jahre erfolgten Haushaltsreformen entstand.[277] Einesteils wurde das Parlament durch diese Veränderungen an der Verabschiedung des Haushaltes beteiligt; andernteils fußte seine Legitimität nun nicht mehr auf indirekter, sondern auf direkter Legitimation durch die Bürger der Mitgliedstaaten. Die Etablierung eines Haushaltskontrollausschusses wurde in dieser Lage notwendig, um keinen Widerspruch zwischen instrumenteller Funktionswirklichkeit und Leitidee aufkommen zu lassen. Als das Europäische Parlament nämlich partiell an der Entscheidung über die Verausgabung von Finanzmitteln partizipierte und diese (mit)verantwortete, musste es auch überprüfen können, ob die Verwendung der Mittel rechtmäßig und wie festgelegt erfolgte. Der Haushaltskontrollausschuss trug also darum zur instrumentellen Funktionserfüllung bei, weil er die Kontrollmöglichkeiten des Parlaments organisierte und ein effektives Funktionieren sicherte. Zukunftsfähige Binnendifferenzierungen müssen nämlich zu den jeweils gegebenen Umständen passen. Wie erfolgreich ein Parlament tatsächlich ist, hängt folglich davon ab, ob es gelingt, für neue Umstände genau die ‚richtigen' Mechanismen zu finden beziehungsweise einzurichten oder auszuwählen.

Spätestens beim Rücktritt der Kommission unter Jacques Santer wurde dann deutlich, dass der Haushaltskontrollausschuss tatsächlich ein geeignetes Mittel zur Kontrolle der Kommission war. Durch die wirksame Kontrolle wurde wiederum eine instrumentelle Funktion erfüllt, die gleichzeitig stabilisierend auf das gesamte System wirkte. Kein politisches System wird schließlich dauerhaft Legitimitätsglauben generieren können, wenn Fehlhandeln der Exekutive unsanktioniert bleibt.

---

277 Siehe Europäisches Parlament 1982, S. 174.

Abbildung 4: Anzahl ständiger Ausschüsse 1952-2004[278]

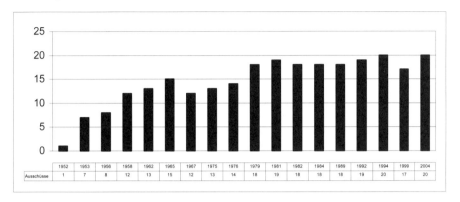

Die Entwicklung der Ausschüsse liefert ein gutes Spiegelbild institutionellen Wandels. Parlamentarische Ausschüsse erlangen ihren hohen Stellenwert jedoch nicht allein durch die Tatsache, dass sie zu einem bestimmten Zeitpunkt existieren oder fallweise genau jene Ordnungsleistungen erbringen, die zum Funktionieren des Parlaments nötig sind. Zu einem effektiven Baustein parlamentarischer Funktionserfüllung werden sie vor allem dann, wenn sie so konstruiert sind, dass sie *kontinuierlich* entscheidungsvorbereitend wirken. Dazu wiederum bedarf es ausschussspezifischer – formaler und informeller – Strukturen und Organisationsmechanismen. Die Arbeit der Ausschüsse muss so organisiert sein, dass sie zur Leitidee des Parlaments und seiner Funktionswirklichkeit passt.

Die wesentliche Aufgabe der ständigen[279] Ausschüsse in einem freiheitlich-demokratischen Parlament ist es nämlich, auf die endgültige Beschlussfassung durch das Plenum hinzuarbeiten und damit zugleich einen Teil des Entscheidungsprozesses entlastend vorwegzunehmen.[280] Eine solche Entlastungswirkung kann natürlich

---

278 Quelle: Eigene Auszählungen aus Europäisches Parlament 1982, S. 169ff., Europäisches Parlament 1989, S. 160, sowie verschiedene Geschäftsordnungen des Europäischen Parlaments.

279 Beim alltäglichen Funktionieren des Europäischen Parlaments geht es natürlich in erster Linie um die ständigen Ausschüsse. Diese müssen ein dauerhaftes Arbeiten des Parlaments gewährleisten. Untersuchungsausschüsse und ad hoc-Ausschüsse hingegen haben eine funktionslogisch andere Aufgabe. Untersuchungsausschüsse sind zuerst einmal ein Mittel der Kontrolle und ad hoc-Ausschüsse sollen bei der Bewältigung einer nur zeitweise relevanten Politikfrage hilfreich sein. Freilich erfüllen letztere während ihrer Existenz die gleiche Aufgabe wie ständige Ausschüsse. Entpuppt sich ein Politikfeld jedoch in der Weise relevant, dass es zu einem Dauerthema der parlamentarischen Agenda wird, kann ein ad hoc-Ausschuss auch in einen ständigen Ausschuss umgewandelt werden. So ist etwa aus dem ad hoc-Ausschuss für die Rechte der Frau, der seit 1979 existierte, ein ständiger Ausschuss geworden, der nun den Namen „Ausschuss für die Rechte der Frau und die Gleichstellung der Geschlechter" trägt.

280 Das gilt sicherlich nicht nur für die Ausschüsse im Deutschen Bundestag, auf welche die Aussage von Wolfgang Ismayr an dieser Stelle gemünzt ist, sondern eben auch für die Ausschüsse anderer freiheitlich-demokratischer Vertretungskörperschaften. Siehe W. Ismayr 2001, S. 167.

nur dann eintreten, wenn auch die Zusammensetzung der Ausschüsse ein verkleinertes Abbild des Gesamtparlaments darstellt. Denn die Entlastungswirkung würde zwangsläufig immer dann aufgehoben, wenn es bei der Abstimmung im Plenum eine Fülle von Änderungsanträgen gäbe. Es liegt in der Natur der Sache, dass jener Fall stets dann eintreten würde, wenn in den Ausschüssen andere Mehrheitsverhältnisse herrschten als im Parlament selbst. Deshalb heißt es in Art. 152, Abs. 1 der Geschäftsordnung des Europäischen Parlaments auch wie folgt:

> „Die Mitglieder der Ausschüsse und Untersuchungsausschüsse werden gewählt, nachdem sie von den Fraktionen und den fraktionslosen Mitgliedern benannt worden sind. Die Konferenz der Präsidenten unterbreitet dem Parlament Vorschläge. Die Zusammensetzung der Ausschüsse spiegelt so weit wie möglich die Zusammensetzung des Parlaments wider."

Eine der Voraussetzungen effektiven Arbeitens der ständigen Ausschüsse des Europäischen Parlaments wird also dadurch erfüllt, dass die parlamentarischen Mehrheitsverhältnisse sich in den Ausschüssen widerspiegeln. Dabei spielt es eine eher untergeordnete Rolle, ob die Zusammensetzung von Gremien auf der Grundlage von d'Hondt oder einem anderen Verfahren berechnet wird.[281]

Große Bedeutung kommt hingegen der Tatsache zu, dass es sich beim Europäischen Parlament einesteils um ein multinationales Parlament handelt und dass es andernteils nicht eine Vertretungskörperschaft eines parlamentarischen Regierungssystems ist. Daraus ergeben sich nämlich zwei wesentliche Bestimmungsfaktoren für die Arbeit der Ausschüsse:

- Während es in einem parlamentarischen Regierungssystem in der Regel so ist, dass eine umstrittene Position innerhalb eines Ausschusses mit der Stimmenmehrheit der die Regierung tragenden Fraktion oder Koalition durchgesetzt wird, geschieht dies aus funktionslogischen Gründen im Europäischen Parlament nicht. Dort muss vielmehr um jede Position gestritten werden. Mehrheiten entstehen viel häufiger fallweise als auf der Grundlage von Fraktionszugehörigkeit. Die nicht notwendige Unterstützung der Regierung ist jedoch nur ein Grund für diese Praxis.
- Überdies ist es nämlich so, dass die Spannungslinien entlang der Nationszugehörigkeit verlaufen. Zur Mehrheitsfindung müssen also häufig zwei verschiedene Spannungsfelder miteinander in Einklang gebracht werden – das nationale und das fraktionelle.

Einer der befragten Abgeordneten aus der Fraktion der KVEL/NGL hat die Heterogenität in der Ausschussarbeit des Europäischen Parlaments darum auch wie folgt beschrieben:

---

[281] Der wesentliche Unterschied zwischen den Verfahren zur Berechnung der Sitzverteilung in Gremien, also vor allem zwischen d'Hondt, Hare/Niemeyer oder Sainte Laguë/Schepers, besteht darin, dass sie kleinere und größere Fraktionen in unterschiedlichem Maß begünstigen oder benachteiligen. Im Europäischen Parlament wird die Verteilung von Gremiensitzen ausweislich der Interviews stets nach d'Hondt berechnet.

„Also in Abstimmungen spielt die Fraktionszugehörigkeit schon eine große Rolle, aber nicht deshalb, weil die Fraktionen so stark sind, sondern weil bei den Abstimmungslisten, nach denen abgestimmt wird, eigentlich immer nur ein Abgeordneter die Linie vorgibt. Die anderen haben gar nicht die Zeit, sich mit jedem Thema zu beschäftigen, und folgen ihm. Ansonsten spielt die Fraktionszugehörigkeit eine relativ geringe Rolle. [...] Also das gibt es als eine [sic!] grobe Richtung, aber mit sehr, sehr vielen Ausnahmen, und die nationale Zugehörigkeit spielt bei konkreten Themen eine sehr dominante Rolle. Wenn sie die Tabakrichtlinie nehmen, dann können Sie die Griechen wirklich von ganz rechts und ganz links in einem Boot sehen; Zypern, Türkei, das sind alles Beispiele für die Griechen. Aber das finden Sie auch bei den Spaniern manchmal - jetzt z.B. [bei] den ganzen Auseinandersetzungen um die Osterweiterung. Freizügigkeit kontra weitere Förderung in Spanien, da sind sie sich alle einig auf spanischer Seite, da spielt die politische Orientierung kaum eine Rolle."[282]

Der Eindruck mehrfacher Fragmentierung herrscht aber nicht nur im politisch linken Lager des Parteienspektrums, denn auch eine konservative Abgeordnete äußert sich, wenn auch zurückhaltender formuliert, in der Sache ähnlich, wenn sie sagt:

„Na gut, ich meine an sich, wenn Sie Mehrheiten zusammen bekommen müssen, reicht nie eine eigene Fraktion. Man muss mit anderen zusammenarbeiten, es spielt bei der Mitentscheidung [hier: im Gesetzgebungsverfahren] auch eine Rolle, weil wir die absolute Mehrheit der Stimmen bekommen müssen. [Das ist ein] bisschen anders als zu Hause mit Opposition und Regierungsparteien. Aber natürlich arbeitet die Fraktion vor und wenn Sie Berichterstatter sind, langt es ja nicht, dass Sie sich als Berichterstatter eine Linie vorstellen und die dann durchziehen, sondern Sie müssen ja Ihre eigene Fraktion hinter sich kriegen. [...] Und das ist schon eine ziemliche Mühe. Da merkt man eben, dass das in Deutschland auf einen Nenner zu bringen anders ist, als wenn sie 15 verschiedene Nationen haben. [...] Und in der Abstimmung ist es dann so, dass man eben versuchen muss, dass man für die Dinge, die man für richtig hält, dann Mehrheiten zustandebringt. Nationalitäten spielen eine Rolle, ich würde sagen: am meisten Frankreich. Wenn es also um die europäische Autoindustrie geht, dann ist es wurscht, ob ganz rechts, ganz links außen – die Franzosen halten wie Pech und Schwefel zusammen. [...] Ansonsten spielen eigentlich die Fraktionen eine Rolle und nicht so sehr die Nationalitäten. Aber man merkt natürlich, dass die Mentalitäten aus den verschiedenen Nationen unterschiedlich sind, und das spielt schon auch eine Rolle."[283]

Im Zweifelsfall kann im Europäischen Parlament – anders als in parlamentarischen Regierungssystemen üblich – offenbar nicht auf das typische Mannschaftsspiel gesetzt werden, bei dem die Koalition oder die regierungstragenden Fraktionen bei einer Abstimmung im Ausschuss geschlossen votieren. Deshalb muss es im Europäischen Parlament einesteils Mechanismen geben, die eine effektive Arbeit auch über die Fraktionen hinweg sichern, andernteils muss ein Ausscheren einzelner ‚Nationen' möglichst verhindert werden. Die Notwendigkeit genau solcher Mechanismen ist im übrigen ein sicheres Kennzeichen für den ‚alten Dualismus', bei dem sich Parlament und ‚Regierung', nicht aber Opposition und regierungstragende Mehrheit gegenüberstehen. Zur Gewährleistung einer effektiven Ausschussarbeit sind also verschiedene Mechanismen und Organisationsstrukturen notwendig.

---

282 Interview Nr. 22, Zeilen 612-643.
283 Interview Nr. 15, Zeilen 892-923.

Das Ergebnis parlamentarischer Ausschussarbeit findet sich in den durch die Ausschüsse verabschiedeten Berichten. Diese wiederum bilden die Abstimmungsgrundlage für jede Art der Beschlussfassung ('Gesetze', Resolutionen etc.) im Plenum. Das Ziel der Berichterstatter eines Ausschusses muss es also sein, solche Berichte zu erstellen, deren Chancen im Plenum verabschiedet zu werden, möglichst hoch sind. Um dieses Ziel zu erreichen, wird jedoch ein mehrstufiger Prozess durchlaufen, der seinen Anfang im Präsidium des Europäischen Parlaments nimmt. Jenes bestimmt nämlich in einem ersten Schritt, an welchen Ausschuss ein bestimmtes Thema zur Beschlussfassung überwiesen wird. Danach erst entfalten im Grunde vier wesentliche Elemente ihre Wirkung bis es zur tatsächlichen Verabschiedung im Plenum kommt. Im einzelnen sind dies

- Fraktionskoordinatoren,
- Regelungen zur Berichtsvergabe in den Ausschüssen,
- Berichterstatter und
- Schattenberichterstatter.

Dem Koordinator der Fraktion kommt vor allem in der zweiten Phase, also dann, wenn der Bericht einem bestimmten Ausschuss zugewiesen ist, eine zentrale Rolle zu. Fraktionskoordinatoren sind, ähnlich wie die Obleute im Deutschen Bundestag, von den Mitgliedern einer Fraktion in einem Ausschuss gewählte Personen, zu deren Kernaufgaben vor allem zwei Dinge gehören: Einesteils fällt ihnen die Aufgabe zu, stellvertretend für die gesamten Fraktionsangehörigen des Ausschusses, Verhandlungen mit den anderen Fraktionen zu führen; andernteils ist ein Fraktionskoordinator aber auch zusammen mit den Koordinatoren der anderen Fraktionen für die Auswahl der Berichterstatter zuständig.

Die Bestimmung der Berichterstatter spielt in der parlamentarischen Praxis eine wichtige Rolle. Zwar gibt es in einigen Ausschüssen eine größere Zahl fest benannter Berichterstatter,[284] aber meistens werden die dem Ausschuss (vom Präsidium des Parlaments federführend oder stellvertretend) zugewiesenen Aufgaben durch wech-

---

284 So wird in manchen Ausschüssen, wie etwa dem Haushaltsausschuss, mit einer größeren Zahl fester Berichterstatter gearbeitet, was – wie eine der befragten Abgeordneten erläuterte – vor allem daran liegt, dass „die Materie [...] ja nun doch nicht ganz einfach [ist], dass man, wenn man sich da eingearbeitet hat, dann eben auch dran bleibt. Und dann wird in der Arbeitsgruppe auch diskutiert, welche Linie wollen wir eigentlich dort besetzen, welche Schwerpunkte setzen wir, welche Berichte wollen wir gern haben, und da wird sich dann halt geeinigt mit den anderen Fraktionen." Interview Nr. 13, Zeilen 263-269.

selnde Berichterstatter übernommen.[285] Die Fraktionskoordinatoren versuchen einvernehmlich festzulegen, an welche Fraktion im Ausschuss der Bericht fallen soll. Freilich gelingt das nicht immer. Um Verzögerungen bei der Entscheidungsfindung darüber zu vermeiden, welcher Fraktion die Berichterstattung zukommt, wird in den meisten Ausschüssen nach einem – jeweils leicht unterschiedlichen – Punktesystem verfahren. Dessen Aushandlung ist in den einzelnen Ausschüssen ebenfalls Aufgabe der Koordinatoren. Konkret funktioniert das dann so: Die Koordinatoren verfügen je nach Größe ihrer Fraktion über ein Punktekontingent. Berichte ‚kosten' Punkte und der jeweilige Koordinator muss entscheiden, wie viele der ihm zur Verfügung stehenden Punkte ihm ein Bericht ‚wert' ist. Wichtige Berichte sind natürlich teurer als unwichtige. Es liegt also sehr am Verhandlungsgeschick des Koordinators, ob etwa auch eine kleine Fraktion zu einem wichtigen Bericht kommt, indem sie Punkte dafür aufspart und auf andere Berichterstattungen verzichtet.

Das Verfahren schafft sicherlich die gewünschte Beschleunigung, wenn Uneinigkeit in den Ausschüssen herrscht. Jene wird jedoch durch eine weitgehende Intransparenz des Verfahrens ‚erkauft'. So war keiner der Abgeordneten in der Lage, die exakte Funktionsweise des Verfahrens detailliert zu beschreiben. Ausweislich der Interviews wird deutlich, welche Verwirrung quer über die Ausschüsse und Fraktionen bei dieser Frage herrscht. Zwar wussten nahezu alle Befragten von der Existenz des Punktesystems, aber die konkrete Nachfrage brachte meistens eher unbefriedigende Antworten, die sich im schlimmsten Fall, wie bei dieser Abgeordneten der Grünen, wie folgt lesen:

„Ja, das ist so, sozusagen die Obmänner[286] machen Beratung, und bei den Obmännern werden sozusagen die Begehrlichkeiten [...] abgetastet. Und dann wird nach einem komplizierten Verfahren entschieden, welche Fraktion das bekommt. Ich habe mal einen Bericht um 0,2 Punkte nach dem Punktesystem verloren. Fragen Sie mich bitte nicht, in welcher Art und Weise dort sozusagen die Stimmen der GUE und die Stimmen der PPE in einem komplizierten Verfahren beschränkt werden müssen."[287]

---

285 Die Geschäftsordnung des Europäischen Parlaments sieht allerdings gemäß Art. 158 GOEP vor, dass es möglich ist, einen Vorschlag der Kommission auch *ohne Berichterstattung* in den Ausschüssen zu billigen. Voraussetzung für diese Verfahrensweise ist, dass entweder der Präsident des EP oder der Ausschussvorsitzende sich für ein solches Verfahren ohne Bericht aussprechen und nicht mindestens ein Fünftel der Ausschussmitglieder gegen die Billigung votiert. Ebenso ist ein *vereinfachtes Verfahren* vorgesehen, bei dem der Ausschussvorsitzende zum Berichterstatter ernannt wird. Wenn dem vom Vorsitzenden verfassten Kurzbericht nicht innerhalb von zwei Wochen von mindestens einem Fünftel der Ausschussmitglieder widersprochen wird, gilt der Bericht als angenommen und wird im Plenum ohne Aussprache abgestimmt.
286 Die Abgeordnete meint mit den Obmännern die Koordinatoren der Fraktionen. Obmänner oder Obleute werden sie im Sprachgebrauch des Deutschen Bundestages, eigentlich aber nicht im Europäischen Parlament genannt.
287 Interview Nr. 17, Zeilen 150-156.

Im günstigeren Fall war, wie bei diesem konservativen Abgeordneten, zumindest eine etwas genauere Antwort möglich, ohne dass man von tatsächlich präzisem Detailwissen sprechen kann:

> „Und da hat jede Fraktion eine bestimmte Anzahl von Punkten und anhand der Punkte wird gesagt: ‚So und soviel Punkte haben wir', und dann wird gesagt: ‚Wollen wir uns den Bericht nehmen, der kostet uns aber zwei Punkte oder einen Punkt?' Und das Punktekontingent schwindet natürlich möglichst bis zum Ende des Jahres, da muss man auch schauen, dass man auf Null gefahren ist. Dass die großen Fraktionen mehr Berichte machen können, weil sie auch mehr sind, ist ja eigentlich auch ganz logisch, so dass sich dann die kleinen Fraktionen meist auf einen Bericht konzentrieren, und sagen: ‚Der ist uns aber wichtig, da geben wir die beiden Punkte mit rüber.'"[288]

Und selbst Personen, die schon seit der ersten Wahlperiode im Europäischen Parlament sitzen, bleiben bei der Beschreibung der Berichtsvergabe in den Ausschüssen doch recht vage:

> „Das geht nach einem Punktesystem. Jede Fraktion hat entsprechend der Größe ihrer Fraktion, also der Zahl der Abgeordneten, ein Punktekontingent, und dann werden die Berichte eingeteilt in Dreier-Punkte-Berichte, die sehr wichtig sind, mittlere Berichte mit zwei Punkten und nicht so wichtige Berichte mit einem Punkt. Und wenn dann das Punktekonto einer Fraktion schon relativ niedrig ist, dann kommen die anderen Fraktionen dran und ansonsten gibt es so eine Mixtur: ‚Ich habe noch Punkte, und das interessiert mich sehr.' Und eine Fraktion, die Punkte hat oder eine gute Argumentation, warum sie gerade an dem Aspekt interessiert ist, weil sie einen besonderen, sagen wir, dafür ausgewiesenen Fachmann vorliegen hat, die kriegt natürlich eher einen Bericht, als wenn man sozusagen keinen guten Vorschlag hat, was den Rapporteur, den Berichterstatter, betrifft und wenn man zu wenig Punkte hat. Entscheidend sind die Punkte."[289]

Ist der Bericht erst einmal einer Fraktion zugeteilt, wird der Berichterstatter bestimmt. Das funktioniert auf einem eher informellem Weg, wobei manchmal auch ein wenig Glück dazugehört, wie dieser Abgeordnete der EVP-ED Fraktion beschreibt:

> „Jetzt ganz konkret: Diese Geschichte heute, dieser Nachtragshaushalt, da bin ich zuständig, weil ich in diesem Jahr für alle sogenannten kleinen Haushalte, also alles, was nicht Kommissionshaushalt ist, zuständig bin. Und für diese Generalberichterstattung für dieses Jahr, habe ich mich vor zwei Jahren, direkt nach der Europawahl, in meiner Fraktion beworben. Kein anderer wollte es machen, also musste ich wenig Leute aus dem Weg räumen und so habe ich es gekriegt. Im Prinzip gibt es den Koordinator, der für die Gesamtfraktion die Dinge koordiniert, weil ja die Berichte die Fraktion kriegt. Wer innerhalb der Fraktion die – für die Fraktion gewonnenen – Berichte bekommt, das haben wir halt mal ausbaldowert – da hab ich das gekriegt. So läuft so was."[290]

Natürlich wollen sich die übrigen Fraktionen nicht allein auf den von der im Vergabeverfahren siegreichen Fraktion benannten Berichterstatter verlassen. Deshalb werden in vielen Fällen von den anderen Fraktionen Schattenberichterstatter ernannt.

---

288 Interview Nr. 2, Zeilen 470-480.
289 Interview Nr. 9, Zeilen 183-193.
290 Interview Nr. 11, Zeilen 384-397.

Jene haben die Aufgabe, die Entwicklung des Berichts innerhalb des Ausschusses zu verfolgen, die Position der Fraktion im Plenum zu vertreten und die Abstimmungsliste in Absprache mit dem Koordinator und der Fraktion aufzustellen.

Die wichtigste Aufgabe des Berichterstatters hingegen ist es, eine möglichst breite Basis für die Abstimmungen zu finden. Um bei der Abstimmung im Plenum auf der sicheren Seite zu sein, reicht es in der Regel nämlich nicht aus, die eigene Fraktion hinter sich zu bringen.[291] Deshalb ist es auch nicht selten so, dass sich Berichterstatter und Schattenberichterstatter miteinander abstimmen.[292] Funktionslogisch hat das folgenden Grund: Da es sich beim Europäischen Parlament nicht um ein – große fraktionelle Geschlossenheit generierendes – Parlament eines parlamentarisches Regierungssystem handelt, sind Abweichungen aus nationalstaatlichen Gründen relativ wahrscheinlich. Obendrein ist für manche Abstimmungen eine absolute Mehrheit der Stimmen erforderlich, nach den Wahlen des Jahres 2004 also 367 von 732. Keine der Fraktionen allein verfügt jedoch über diesen Stimmenanteil, so dass es zwangsläufig Kompromisse geben muss.[293]

Durch verschiedene gremienspezifische Mechanismen soll deshalb zuverlässig gesichert werden, dass die Arbeit innerhalb der Ausschüsse tatsächlich so funktioniert, dass sie entlastend und damit effizienzsteigernd wirken. Das funktioniert jedoch nicht immer. Im Europäischen Parlament ist nämlich während der Abstimmungen stets aufs neue zu beobachten, dass über eine Vielzahl von Änderungsanträgen abgestimmt werden muss. Gerade in solchen Fällen hat die vorbereitende Tätigkeit der Ausschüsse ihre Wirkung natürlich verfehlt.

Zwar ist das Parlament mit genau jenen Mechanismen ausgestattet, die im Grunde nötig sind, um die Ausschussarbeit erfolgreich zu gestalten. Es fehlt ihnen jedoch im Europäischen Parlament aufgrund externer Einflüsse stets dann an Wirksamkeit, wenn die Scheidelinien der Interessen nicht entlang politischer, sondern entlang nationaler Differenzen verlaufen. Prägend für die Arbeit der Ausschüsse ist nun einmal das doppelte Spannungsverhältnis nationaler und fraktioneller Interessen. Und es liegt in der Natur der Sache, dass es um so schwieriger wird erfolgreich zu arbeiten, je mehr verschiedene Interessen bei der Entscheidungsfindung eine Rolle spielen. Erst eine klare Zuweisung von regierungstragender Mehrheit und Opposition würde

---

291 Wie S. Bowler und D. M. Farrell feststellen, kann das dazu führen, dass ein Berichterstatter sich sogar in der Rolle wiederfindet, eine Position verteidigen zu müssen, die er eigentlich überhaupt nicht teilt. Siehe S. Bowler/D. M. Farrell 1995, S. 242.
292 S. Hix und C. Lord stellen fest, dass es bei sehr wichtigen Berichten zu einer echten Ko-Autorenschaft von Mitgliedern verschiedener Fraktionen kommen kann. Als Beispiel führen sie den Bericht zur Position des Europäischen Parlaments im Rahmen der Verhandlungen der Reflexionsgruppe im Jahr 1996 an. Siehe S. Hix/C. Lord 1997, S. 124f.
293 A. Kreppel und G. Tsebelis stellen bei ihrer Untersuchung der Koalitionsbildung im Europäischen Parlament ebenfalls fest, dass es kein generell geschlossenes Votum der Fraktionen gibt und dass die Nationalität eine wichtige Rolle spielt. Zudem konstatieren sie für eine Koalition aus EVP und SPE den größten Abstimmungserfolg. Ihre Ergebnisse beziehen sich allerdings nur auf das Kooperationsverfahren in der dritten Wahlperiode. Siehe A. Kreppel/G. Tsebelis 1999, S. 961ff.

helfen, die nationale Spannungslinie zu minimieren. Denn dadurch würde das Ziel, der Fraktion oder Koalition im Ausschuss zur Durchsetzung zu verhelfen, höherwertiger als die nationalen Interessen.

4.2.2. Entwicklung und Aufgabe der Fraktionen

Die grundlegende Aufgabe von Fraktionen ist es, die Interessen derjenigen Abgeordneten zu bündeln und zu strukturieren, deren allgemeine politische Ideen grundsätzlich ähnlich gelagert sind.[294] Dabei wird das Wirken der Fraktionen im Europäischen Parlament – ebenso wie das der Ausschüsse – davon beeinflusst, dass es sich um ein multinationales Parlament handelt. Anders als in nationalen Parlamenten, wo es häufig eine starke Beziehung zwischen Partei- und Fraktionsführung gibt, existiert diese enge Bindung im Europäischen Parlament nicht. Denn es gibt nur eine eher lose Verknüpfung zwischen den Fraktionen des Europäischen Parlaments und ‚ihren' europäischen Parteien. Letztere sind erst nachträglich als parteilicher Überbau errichtet worden und bilden – anders als in nationalen Vertretungskörperschaften – nicht die Basis der Fraktionen im Parlament.

Darum vollzieht sich auch der Wandel der Fraktionen vor einem anderen Hintergrund als jener der parlamentarischen Ausschusslandschaft. Zwar spielen institutionelle Wandlungsprozesse auch eine Rolle. Doch vor allem sind die Entstehung und das Verschwinden von Fraktionen der großen und variablen Parteienvielfalt im Europäischen Parlament geschuldet und durch die Tatsache bedingt, dass von ihnen nicht jene Bindekraft ausgeht, wie sie etwa für parlamentarische Regierungssysteme typisch und notwendig ist.

Während der erste Ausschuss 1952 geschaffen wurde, existieren Fraktionen erst seit 1953 als Organisationsform im Europäischen Parlament.[295] Durch deren Existenz wurde gleich zu Beginn symbolisiert, dass sich das Parlament nicht so sehr als Repräsentant mitgliedstaatlicher Interessen verstehen wollte, sondern vielmehr Willensbildung und Entscheidungsfindung entlang politischer Zielvorstellungen anstrebte.[296] Das Spektrum der Fraktionen war dabei von 1953 bis 1964 durch die ‚klassische' Dreiteilung in Sozialisten, Christdemokraten und Liberale gekennzeichnet.[297] Ab 1965 wurde die Palette durch die Europäische Demokratische Union als vierter Fraktion erweitert, die dem konservativen Lager zuzurechnen war und sich anfangs allein aus französischen Gaullisten konstituierte. Eine Vielzahl der Fraktionen des Europäischen Parlaments hatte nur eine begrenzte Lebensdauer. Ihren bisherigen Höhepunkt erreichte die quantitative Entwicklung in der dritten Wahlperiode, in der es zeitweilig bis zu 10 Fraktionen gab. Größere Veränderungen waren meist

---

294 Vgl. u.a. V. Neßler 1997, S. 19, sowie W.-D. Hauenschild 1968, S. 106.
295 Siehe Europäisches Parlament 1982, S. 127.
296 Vgl. J. Jerkewitz 1989, S. 1035.
297 Zur Entwicklung der Fraktionen siehe etwa S. Hix/C. Lord 1997, S. 77f.

nach Wahlen und der damit verbundenen Neukonstituierung des Parlaments zu beobachten.

Abbildung 5:   Anzahl der Fraktionen 1953-2004[298]

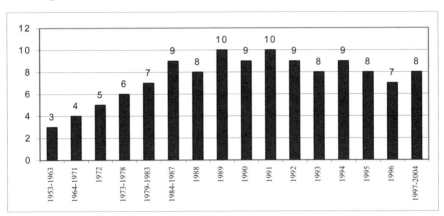

Im Gegensatz zu nationalen Parlamenten setzen sich die Fraktionen im supranationalen Europäischen Parlament zwangsläufig aus einer Vielzahl von sehr verschiedenen nationalen Parteien zusammen.[299] Dies ist auch einer der Gründe, warum es immer wieder Tendenzen zur Auflösung einzelner Fraktionen gibt. Zuweilen finden derlei Auflösungen sogar während einer Wahlperiode statt. Neugründungen, Auflösungen oder der Anschluss an andere Fraktionen sind im Europäischen Parlament nämlich keine Seltenheit. Meist waren Fraktionen betroffen, deren innere Kohärenz von vornherein eher gering war und die schwerlich zu gemeinsamen Grundüberzeugungen zusammenfanden.[300] Häufig stand nichts anderes als der Wunsch nach Erlangung des Fraktionsstatus im Vordergrund. Auf das deutlichste findet sich die

---

298 Quelle: Zusammenstellung aus Europäisches Parlament 1989, S. 121ff. und den Gesamtberichten über die Tätigkeit der Europäischen Gemeinschaften/Union. Siehe Europäische Kommission 1989-2004.
299 Nach eigenen Auszählungen war in den jeweiligen Legislaturperioden im Europäischen Parlament folgende Anzahl nationaler Parteien vertreten: 1979-84: 58; 1984-89: 67; 1989-94: 82; 1994-99: 95; 1999-2004: 114; 2004-2009: 164. Die Zahlen beziehen sich jeweils auf den status quo nach der Wahl, so dass Veränderungen während einer laufenden Wahlperiode unberücksichtigt bleiben. Als Beleg der heterogenen Zusammensetzung und deren Entwicklung sind diese Zahlen jedoch durchaus aussagekräftig.
300 Anders als im Deutschen Bundestag, in dessen Geschäftsordnung festgehalten ist, dass sich nur zu einer Fraktion zusammenschließen darf, wer nicht in einem Land miteinander im Wettbewerb steht, gilt für das Europäische Parlament lediglich, dass Parlamentarier ihrer politischen Zugehörigkeit entsprechend Fraktionen bilden können. Siehe GOBT § 10, Abs. 1, sowie GOEP Art. 29, Abs. 1.

Konfusion bei der Fraktionsarbeit und -organisation in der sehr heterogen zusammengesetzten Fraktion der KVEL/NGL im folgenden Abschnitt beschrieben.

> „Also, wir sind eine konföderale Fraktion. Das heißt, die nationalen Gruppen, genauer gesagt die einzelnen Parteien, haben eine weitgehende Autonomie und sind auch entsprechend alle, selbst wenn sie nur einen Vertreter im Parlament haben, im Vorstand vertreten. Damit habe ich gleich was zum Vorstand gesagt, den wir haben. Er ist zusammengesetzt aus allen einzelnen politischen Parteien der Fraktion. Das gleiche betrifft das politische Sekretariat, ein zweites Gremium, das die Sacharbeit, die Vorbereitung der Gremiensitzungen, die Redezeiten, Vorbereitung von Resolutionen usw. dort in der Hand hat – zum Teil stärker als die Abgeordneten selbst. Der Fraktionsvorsitzende und die beiden Stellvertreter sind in der Fraktion gewählt worden nach Diskussionen, die ich nicht kenne. Die sind im sogenannten erweiterten Vorstand, das sind all diese 14 Parteien, die da irgendwie vertreten sind – bei 42 Abgeordneten also ein sehr großes Gremium – einfach ausgekungelt worden – in welchen Konstellationen auch immer. Wir haben das dann als Fraktion auf dem Tisch gehabt und durchaus auch nach Auseinandersetzungen so entschieden. Und wir haben zusätzlich über die Generalsekretärin entschieden als Fraktion in den Fraktionssitzungen."[301]

An anderer Stelle im Interview wird noch einmal explizit deutlich gemacht, dass die Schwierigkeiten nicht zuletzt daher rühren, dass es sich weniger um eine gewachsene Fraktion als vielmehr um ein Zweckbündnis handelt.

> „Ja, ich kann hier natürlich konkret nur über meine Fraktion urteilen. Ich weiß, dass das bei anderen Fraktionen nicht viel anders ist. Bei den ganz großen Fraktionen [wird das] schon allein durch die Größe zum Teil sogar noch erschwert [...]. Ich denke, dass die Fraktionen im Europäischen Parlament – anders als in nationalen Parlamenten – nicht die entscheidende Rolle spielen. Sie sind sehr, sehr heterogen. Das schlägt sich in ihrer ganzen Arbeit nieder. Sie sind viel weniger politisch, sie bereiten viel weniger als in nationalen Parlamenten gemeinsame Positionen vor. Meine Fraktion war bis 1999 ja hier auch eine organisatorische Gruppe, um überhaupt die Vorzüge einer Fraktion gewährleisten zu können."[302]

Fraktionen – sowohl kleine als auch große – im Europäischen Parlament sind grundsätzlich viel heterogener zusammengesetzt als in nationalen Parlamenten. In der derzeit stärksten Fraktion, jener der Europäischen Volkspartei und der Europäischen Demokraten (EVP-ED), sind etwa sowohl integrationsfreundliche deutsche Christdemokraten als auch eher europaskeptische englische Konservative anzutreffen.[303] Bei der EVP-ED handelt es sich seit der fünften Wahlperiode um die größte Fraktion, weshalb ihr Bestand auch beim Ausscheren einer nationalen Partei nicht zwangsläufig gefährdet wäre. Trotzdem ist es natürlich auch für das kontinuierliche Arbeiten größerer Fraktionen wichtig, dass ihre Geschlossenheit weitgehend gesichert ist.

---

301 Interview Nr. 22, Zeilen 725-744.
302 Interview Nr. 22, Zeilen 670-681.
303 Rudolf Hrbek stellte kurz nach der Wahl im Jahr 1999 fest, dass eine Beteiligung der britischen Konservativen in der EVP/ED-Fraktion zunächst überhaupt nicht sicher gewesen sei, da jene aufgrund ihrer stark europaskeptischen Haltung die Gründung einer eigenen Fraktion erwogen hätten. Siehe R. Hrbek 1999, S. 164.

Denn nur so ist ein vernünftiges und verlässliches Arbeiten überhaupt möglich.[304] Bei kleineren Fraktionen führt das Ausscheren einzelner Mitglieder schnell zu existentiellen Krisen. Doch trotz der Probleme des Zusammenhalts finden sich fast alle Abgeordneten zu einer gemeinsamen Fraktion zusammen. Zwei Gründe gibt es dafür: Einesteils ist die Fraktionsbildung erleichtert, wenn sich Parlamentarier aus mehreren Nationen zusammenfinden;[305] anderteils sind an den Fraktionsstatus, wie auch im Deutschen Bundestag, wichtige parlamentarische Rechte geknüpft.[306]

Aus Größe und nationaler Fragmentierung der Fraktionen ergeben sich auch deren Binnendifferenzierungen. Eine Zusammenstellung von Nationalität und Fraktionszugehörigkeit zeigt auf das klarste, dass die Spannungslinien innerhalb der Fraktionen nicht nur entlang parteipolitischer Interessen verlaufen, sondern auch nationale Interessen eine tragende Rolle spielen. Denn keine der fünf größten Fraktionen, in denen 659 der 732 Abgeordneten Mitglieder sind, setzt sich aus weniger als 13 Nationalitäten zusammen und auch die kleineren Fraktionen konstituieren sich aus wenigstens sechs Nationen.

---

304 Dass es immer wieder zu Verschiebungen bei den Fraktionszusammensetzungen kommt, lässt sich bspw. daran ablesen, dass die Zahl der Abgeordneten in der KVEL/NGL-Fraktion sich während der fünften Legislaturperiode (1999-2004) um fünf Mitglieder erhöht hat. So weist ein im Jahr 2003 erschienenes Buch von Ingeborg Tömmel für diese Fraktion noch 44 Mitglieder aus, während sie im Jahr 2004 über 49 Mitglieder verfügte. Siehe I. Tömmel 2003, S. 126.
305 Laut GO des EP sind für die Fraktionsbildung grundsätzlich Abgeordnete aus mehr als einem Mitgliedstaat notwendig. Zur Bildung einer Fraktion bedarf es mindestens 23 Mitglieder, wenn diese aus zwei Mitgliedstaaten stammen; mindestens 18 Abgeordnete müssen sich bei Herkunft aus drei und wenigstens 14 Abgeordnete bei vier oder mehr Herkunftsländern zusammenfinden. Siehe GOEP Art. 29, Abs. 2.
306 Eines dieser Rechte ist die stimmberechtigte Teilnahme an der Konferenz der Präsidenten. Auch die Redezeit ist von der Größe der Fraktion abhängig. Die Schwierigkeiten der Fraktionsbildung bei kleinen Fraktionen mit heterogener Zusammensetzung werden am Beispiel der Gründung der ‚Technischen Fraktion' im Jahr 1989 sehr gut bei Johanna Christina Grund beschrieben; siehe J. C. Grund 1994, S. 64f.

Tabelle 3: MdEP nach Mitgliedstaaten und Fraktionen 2004[307]

Mitglied-staat	EPP-ED	PES	ALDE	Greens/EFA	EUL/NGL	IND/DEM	UEN	NA	Gesamt
BE	6	7	6	2				3	24
CZ	14	2			6	1		1	24
DK	1	5	4	1	1	1	1		14
DE	49	23	7	13	7				99
EE	1	3	2						6
EL	11	8			4	1			24
ES	24	24	2	3	1				54
FR	17	31	11	6	3	3		7	78
IE	5	1	1		1	1	4		13
IT	24	16	12	2	7	4	9	4	78
CY	3		1		2				6
LV	3		1	1			4		9
LT	2	2	7				2		13
LU	3	1	1	1					6
HU	13	9	2						24
MT	2	3							5
NL	7	7	5	4	2	2			27
AT	6	7		2				3	18
PL	19	8	4			10	7	6	54
PT	9	12			3				24
SI	4	1	2						7
SK	8	3						3	14
FI	4	3	5	1	1				14
SE	5	5	3	1	2	3			19
UK	28	19	12	5	1	11		2	78
Gesamt:	268	200	88	42	41	37	27	29	732

Aufgrund der nationalen Fragmentierung der Fraktionen spielt auch die Gliederungsebene der nationalen Delegationen eine wichtige Rolle. Denn den Vorsitzenden dieser Gremien kommt gemeinsam mit dem Fraktionsvorstand die wichtige Aufgabe zu, „sich über die allgemeinen Leitlinien abzustimmen und die Beschlüsse,

---

307 In der Tabelle sind die Abkürzungen der einzelnen Fraktionen und der Mitgliedstaaten in ihrer englischen Schreibweise angegeben. Die Reihung der Mitgliedstaaten ergibt sich aus der alphabetischen Abfolge in der Muttersprache. Die Zusammenstellung spiegelt den Stand nach den Wahlen vom 10.-13. Juni 2004 wider. Quelle: http://www.elections2004.eu.int/ep-election/sites/de/results1306/global.html (letzter Zugriff: 20.07.2005).

die von wesentlicher Bedeutung für die politische Strategie der Fraktion sind, vorzubereiten."[308]

Allein die nationalen Gliederungsstrukturen würden natürlich nicht für ein wirkungsvolles Arbeiten der Fraktionen ausreichen. Deshalb existieren weitere interne Strukturierungen. Wie weit eine Fraktion gegliedert ist, hängt dann davon ab, ob ein bestimmter Umfang der Fraktion erreicht oder eben auch unterschritten wird. So ist die Binnendifferenzierung von Fraktionen in Arbeitskreise etwa dann unverzichtbar, wenn die Zahl der Fraktionsmitglieder eine gewisse Größe erreicht. Während in der Regel jede Fraktion einen Vorsitzenden und mehrere Stellvertreter hat, sind Arbeitskreise nicht überall vorzufinden. Arbeitskreise setzen sich verständlicherweise meist aus den Mitgliedern mehrerer politikfeldnaher Ausschüsse zusammen und dienen in großen Fraktionen als deren zweckmäßige Binnenstrukturierung zur Koordination der Arbeiten.[309] In kleineren Fraktionen hingegen sind ausschussübergreifende Gremien sinnvoll, um die Diskussionsbasis zu verbreitern. In Fraktionen, die kaum mehr Mitglieder zählen als es Ausschüsse gibt, macht es jedoch keinen Sinn, derartige Strukturebenen einzuziehen, weil sonst der Kreis der Diskutierenden zu klein wäre. Meinungsbildung und Entscheidungsfindung können bei weniger als 20 Fraktionsmitgliedern auch in der Gesamtheit betrieben werden. Eine weitere mögliche Gliederungsebene ist die der Ausschuss-Arbeitsgruppen, denen alle der jeweiligen Fraktion zuzurechnenden Mitglieder eines Ausschusses angehören und die von den jeweiligen Koordinatoren geleitet werden.[310] Jene haben im Grunde die gleiche Funktion wie die Arbeitskreise, nur eben auf einer niedrigeren Ebene. Auch hier gilt natürlich, dass eine solche Gliederung nur dann sinnvoll ist, wenn es tatsächlich mehrere Mitglieder einer Fraktion in einem Ausschuss gibt, was verständlicherweise nur auf die großen Fraktionen zutrifft. Bei kleinen Fraktionen mit 40 oder 50 Mitgliedern wird es nämlich so sein, dass diese in einem Ausschuss nicht mehr als zwei oder drei Mitglieder stellen. Dann ist es unsinnig, eine solche Strukturebene einzuziehen, die ja einzig der effizienteren Entscheidungsvorbereitung dienen soll.

Fraktionen im Europäischen Parlament sind wichtig zur Bündelung von Interessen und zur Koordinierung gemeinsamen Handelns. Es gelingt jedoch nicht immer, innerhalb der Fraktionen jene Geschlossenheit herzustellen, die ein wesentliches und typisches Merkmal parlamentarischer Regierungssysteme ist. Denn das europäische

---

308 Dies gilt zumindest für die EVP/ED-Fraktion, die aufgrund ihrer Größe und bereits beschriebenen Heterogenität diese Art von Mechanismus eingeführt hat, um im Vorfeld der Entscheidungen bereits die Problembereiche festzustellen und entsprechend Absprachen treffen zu können. Vgl. EVP/ED-Fraktion 1999, S. 8. Im Deutschen Bundestag findet sich eine ähnliche Gliederung zumindest bei den großen Fraktionen der CDU und SPD, die ebenfalls über Landesgruppen verfügen. Bei kleineren Fraktionen gibt es dieses Gremium nicht. Siehe W. Ismayr 2001, S. 113ff.
309 So wird bspw. bei der EVP/ED Fraktion in den Arbeitskreisen die Rednerliste der Fraktion für die in ihre Zuständigkeit fallenden Bereiche festgelegt. Vgl. EVP/ED-Fraktion 1999, S. 10.
310 Eine darüber hinausgehende Gliederung in Arbeitskreise und Arbeitsgruppen gibt es in dieser Form nur bei der EVP/ED-Fraktion. Bei den Fraktionen der SPE und der ELDR wird nur eine Gliederung gemäß den Ausschuss-Arbeitsgruppen praktiziert.

politische System ist kein parlamentarisches Regierungssystem: Weder das Parlament als Ganzes noch eine regierungstragende Mehrheit ist für die Unterstützung der Kommission verantwortlich. Somit gibt es keinen sonderlichen Anreiz für Fraktionsgeschlossenheit oder irgendeinen Ansatzpunkt für das Entstehen ‚echter' Opposition im Europäischen Parlament.[311] Daneben sind für die uneinheitliche Stimmabgabe der Fraktionen divergierende nationale Interessen ihrer Mitglieder prägend. Bei Fragen, die in besonderer Weise die nationalen Belange eines Mitgliedstaates berühren, wird Fraktionsgeschlossenheit darum äußerst selten erreicht. Dennoch ist die Geschlossenheit der Fraktionen bei den Abstimmungen anscheinend gestiegen. So weisen S. Hix und C. Lord eine Zunahme der innerfraktionellen Geschlossenheit bei Abstimmungen zwischen der zweiten und der vierten Wahlperiode nach. Demnach stimmen ca. 90% der Abgeordneten in dem von ihnen untersuchten Zeitraum der vierten Wahlperiode geschlossen ab,[312] während es in der zweiten lediglich 62,2% (SPE) bzw. 84,1% (EVP) waren.[313] Diese Ergebnisse sind jedoch sehr ambivalent zu beurteilen. Denn gleichzeitig stellen diese zwei Autoren fest, dass die Beteiligungsrate an den Abstimmungen im gleichen Zeitraum der vierten Wahlperiode (Juni 1994 – Dezember 1995) bei den beiden größten Fraktionen SPE und EVP bei 67,8% bzw. 69% lag.[314] Möglich wäre es also, dass sich ohnehin nur diejenigen Abgeordneten zu Abstimmungen einfinden, die bei einem Bericht auch tatsächlich gemäß der Fraktionslinie abstimmen wollen. Im übrigen ist eine derart geringe Beteiligung an den Abstimmungen ohnehin ein mögliches Kennzeichen für nicht erreichte Fraktionsgeschlossenheit.[315]

Die inneren Strukturen der Fraktionen unterscheiden sich zwar nur wenig von jenen in nationalen Parlamenten. Der hohe Stellenwert, den Fraktionen in einem par-

---

311 Siehe S. Hix/C. Lord 1997, S. 118.
312 Mit dieser Zahl wäre laut Thomas Saalfeld ein geschlossenes Abstimmungsverhalten nach dem ‚Lowell-Index' erreicht. Denn danach ist Geschlossenheit dann erreicht, wenn 90% der Abgeordneten gemäß der Fraktionslinie abstimmen. Kritik an der Verwendung dieses Index basiert vor allem auf der Willkür der Zahl und der Tatsache, dass der Index dann unbrauchbar ist, wenn, wie etwa im Deutschen Bundestag, regelmäßig höhere Geschlossenheitswerte erreicht werden, da dann keinerlei weitere Aussagekraft aus der Verwendung des Index erwächst. Darum wird zur Bestimmung der Fraktionsgeschlossenheit häufig der ‚Rice-Index' genutzt. Vgl. T. Saalfeld 1995, S. 70ff.
313 Siehe S. Hix/C. Lord 1997, S. 142.
314 Ebenda, S. 135.
315 Das wiegt um so schwerer, wenn man berücksichtigt, dass zumindest die EVP-Fraktion im Europäischen Parlament ein aus dem britischen Parlament bekanntes s.g. ‚whip-System' praktiziert. Es gibt drei Dringlichkeitsgrade der Fraktionsdisziplin. Sie sind daran zu erkennen, dass die schriftliche Weisung (whip), mit welcher ein Abgeordneter aufgefordert wird, anwesend zu sein und mit seiner Fraktion zu stimmen, entweder einmal, zweimal oder dreimal unterstrichen ist. Eine dreimal unterstrichene Weisung muss unbedingt befolgt werden. Der Abgeordnete muss sich vor der Abstimmung beim Chief-whip der Fraktion abmelden, wenn er nicht an der Abstimmung teilnehmen will. Eine einfach unterstrichene Anwesenheitsaufforderung ist hingegen kaum von Belang, da sie keinerlei Sanktionen bereithält. Siehe EVP/ED-Fraktion 1999, S. 12f.

lamentarischen Regierungssystem haben, kommt ihnen im Europäischen Parlament aufgrund des erheblich geringeren Disziplinierungseffekts und der starken nationalen Divergenzen jedoch nicht zu. Dies wäre solange relativ unschädlich, wie es nicht die Funktionserfüllung des Gesamtparlaments beeinträchtigen würde. Doch die geringe Kohärenz der Fraktionen führt dazu, dass die Mehrheitsfindung im Parlament erschwert wird. Da in der Regel keine Fraktion des Europäischen Parlaments allein mit ihren Stimmen eine Abstimmung für sich entscheiden kann, ist die Kooperation mit anderen Fraktionen zwingend erforderlich.[316] Darum sind auf der Ausschussebene Gespräche zwischen Berichterstatter und Schattenberichterstatter der Fraktionen relativ häufig. Aber auch die Einigung auf dieser Ebene garantiert noch keine Mehrheit bei den Abstimmungen im Plenum. Denn aufgrund der nationalen Interessen gelingt es eben nicht immer, innerhalb der Fraktionen genau jene Geschlossenheit herzustellen, die nötig wäre, um zu den erhofften ‚Mannschaftsergebnissen' zu kommen.

In der Praxis äußert sich diese zweifache Zerrissenheit darin, dass es zu einer Fülle von Änderungsanträgen einzelner Abgeordneter im Plenum kommen kann, die dann einzeln abgestimmt werden müssen. Diese für Zuschauer wie Akteure zeitraubende Prozedur ist ein sicheres Kennzeichen dafür, dass die Fraktion nicht jene Geschlossenheit erreicht hat, welche für die effektive Arbeit des Parlaments notwendig wäre. Erst eine funktionslogisch andere Aufgabe der Fraktionen, also etwa analog derjenigen in einem parlamentarischen Regierungssystem, würde an diesem Zustand tatsächlich etwas ändern können. Nur dann, wenn von der Einheit der Fraktion tatsächlich ihr parlamentarisches Überleben abhängt, zeigt sich eben genau jene Geschlossenheit, wie sie etwa im Deutschen Bundestag stets aufs neue hergestellt wird.

---

316 Darum ist es auch nicht erstaunlich, dass es häufig bei den Abstimmungen zu einer gemeinsamen Linie von SPE und EVP kommt, der sich häufig auch die Liberalen anschließen. Opposition findet sich dann nur am rechten und linken Rand des Parteienspektrums. Siehe T. Raunio 1999, S. 203.

5. Instrumentelle Funktionen des Europäischen Parlaments

Parlamente sind komplexe Entscheidungssysteme, welche zur – auf arbeitsteiligen Prozessen beruhenden – Funktionserfüllung einen differenzierten organisatorischen und strukturellen Unterbau benötigen. Je größer der Kanon zu erfüllender Funktionen ist, desto wichtiger sind auch jene internen arbeitsteiligen Strukturen und deren spezifische Leistungen für die parlamentarische Arbeit. Der Wandel von Organisationsprinzipien und Strukturen allein ist jedoch ebensowenig ein sicherer Indikator für effektive Funktionserfüllung wie etwa die gestiegene Anzahl abgehaltener Plenartagungen.[317] Erst der Blick auf die nach außen dargestellte und zu verwirklichende Leitidee kann zeigen, ob das Europäische Parlament tatsächlich effektiv ist. Nur wenn bekundete Leitidee und Funktionswirklichkeit zueinander passen, kann von einer effektiven Vertretungskörperschaft gesprochen werden. Wenn die Institution nicht nur vorgibt einen anderen Zweck als den des parlamentarischen Forums zu erfüllen, sondern tatsächlich ein ernstzunehmender parlamentarischer Mitgestalter europäischer Politik ist, muss sich das im parallel zur geschichtlichen Entwicklung der Leitidee stattfindenden Wandel der instrumentellen Funktionserfüllung zeigen. Genau jenes Wechselspiel zwischen Anpassung der Leitidee an neue Herausforderungen und Anpassung der Funktionswirklichkeit an jene in verdichteter Weise durch die Leitidee formulierten Anforderungen macht eine Vertretungskörperschaft zu einem effektiven Parlament – vorausgesetzt es gelingt auch, diesen Nachweis durch die produzierten Leistungen tatsächlich zu erbringen.

5.1. Einfluss des Europäischen Parlaments auf die Regierungskreation

Das europäische politische System ist kein parlamentarisches Regierungssystem. Weder eine regierungstragende Koalition oder Fraktion noch das Parlament als Ganzes sind *allein* für die Einsetzung der Kommission verantwortlich. Die europäische Exekutive rekrutiert sich nämlich (noch) nicht nach parteipolitischen Gesichtspunkten, sondern wird als Kollegialorgan auf Vorschlag der Mitgliedstaaten durch eine Regierungskonferenz – und seit dem Inkrafttreten des Maastrichter Vertrages – mit der Zustimmung des Parlaments ernannt. Die Effektivität des Europäischen Parlaments ist also an dieser Stelle – mehr noch als bei anderen Funktionsbereichen – von

---

317 1952 wurde nur eine einzige Plenartagung abgehalten; die Zahl erhöhte sich allmählich bis zu einer Höchstzahl von 19 im Jahr 1996. Allerdings finden sich darunter auch acht Mini-Plenen in Brüssel, die jeweils nur zwei halbe Tage dauern. Seitdem schwanken die Zahlen zwischen 16 und 18 Plenartagungen jährlich.

einem ‚überwölbenden Prägefaktor' in Form der Mitgliedstaaten und deren Interessen beeinflusst.

Trotzdem hat sich die Kreationsfunktion seit der Gründung der Europäischen Gemeinschaft erheblich gewandelt und der Einfluss des Europäischen Parlaments ist gewachsen. Wesentliche Einschnitte gab es durch die Feierliche Deklaration von Stuttgart sowie die Verträge von Maastricht, Amsterdam und Nizza. Zwar wurde das Verfahren der Investitur der Kommission dadurch einigen Veränderungen unterzogen, ohne dass jedoch das grundlegende Prinzip der Einsetzung als Kollektivorgan auf Vorschlag der Mitgliedstaaten abgeschafft worden wäre.

Von 1952 bis 1958 sah sich das Europäische Parlament einer ‚Hohen Behörde' als Exekutive gegenüber; von 1958 bis 1965 wurde diese durch die Kommission der Atom- und der Wirtschaftsgemeinschaft ergänzt. Änderungen der rechtlichen Grundlagen ergaben sich anschließend durch den Fusionsvertrag, der bis zum Maastrichter Vertrag die Grundlage für die Investitur der Kommission bildete.[318] Die wesentliche Neuerung des Fusionsvertrags war die Zusammenfassung der Exekutiven in einer einzigen Kommission; weiterhin blieb aber die Suprematie der Mitgliedstaaten erhalten. Auch blieb es bei der Bestätigung von Kandidaten durch die Regierungskonferenz, die vorher von den nationalen Regierungen ausgewählt worden waren. Durch diplomatische Sondierungsgespräche wurden im Vorfeld die Chancen der Bestätigung durch die anderen Mitgliedstaaten ausgelotet. Die Ernennung erfolgte dann durch eine Regierungskonferenz, die zuerst die einzelnen Mitglieder auswählte und anschließend aus deren Kreis einen Präsidenten und einen Vizepräsidenten ernannte. Meist wurde die Reihenfolge jedoch umgekehrt: Zuerst fand die Einigung auf einen Präsidenten statt, und im Anschluss daran wurden die übrigen Mitglieder berufen.[319] Das Parlament hatte bei diesem Prozess weder de jure noch de facto eine Möglichkeit, auf die Zusammensetzung der Kommission Einfluss zu nehmen.[320]

Leichte Modifikationen erfuhr diese Verfahrensweise durch die „Feierliche Deklaration von Stuttgart", die am 19. Juni 1983 von den Staats- und Regierungschefs verabschiedet wurde. Darin wurde eine erforderliche Stellungnahme des erweiterten Präsidiums des Europäischen Parlaments vor der Ernennung des Kommissionspräsidenten rechtlich verankert. Außerdem wurde festgelegt, dass die Kommission dem Europäischen Parlament nach der Berufung ihr Programm zur Beratung und Abstimmung vorzulegen hätte.[321] Durch diese Neuregelung war der Ansatzpunkt für die Einflussnahme des Europäischen Parlaments geschaffen worden. Denn der Festschreibung dieses Verfahrens war der Rey-Bericht aus dem Jahr 1980 vorausgegangen.[322] Das Europäische Parlament hatte es sich danach zu eigen gemacht, jeder neuen Kommission im Zuge einer förmlichen Abstimmung durch eine Entschlie-

---

318 Art. 11 des Fusionsvertrags vom 8. April 1965.
319 R. Dahrendorf 1973, S. 228.
320 Art. 127 EAG-V; Art. 10 EGKS-V; Art. 158 EWG-V.
321 Europäischer Rat 1983, S. D 424.
322 ABl. C 117/1980, S. 52ff.

ßung das Vertrauen auszusprechen.[323] Obwohl diese parlamentarischen Entschließungen keine rechtliche Verbindlichkeit hatten, erzeugten sie dennoch informelle Wirkungen. Entschließungen, welche die Positionen des Europäischen Parlaments zum Ausdruck brachten, konnten nämlich dann – wenigstens zum Teil – die mangelhaften Partizipationsmöglichkeiten des Europäischen Parlaments bei der Investitur der Kommission kompensieren, wenn es gelang, anschließend auf Seiten der Kommission ‚Antizipationsschleifen' der folgenden Art in Gang zu setzen: Falls die Kommission mit ihrem Programm nicht das Vertrauen der Parlamentarier zu erlangen vermochte, war die Gefahr eines späteren Misstrauensvotums größer, als wenn die Kommission und ihr Programm die zwar nicht formal festgestellte, informell aber als politisch relevant bekundete Zustimmung der Parlamentsmehrheit fanden. Die Effektivität des Parlaments lässt sich nämlich keineswegs allein daran messen, wie groß sein formaler Einfluss ist. Denn durch informelle Prozesse generierte Wirkung ist häufig der Wegbereiter späterer formaler Veränderungen. Und wenn Effektivität auch in der Wegbereitung genau solcher systemarer Veränderungen besteht, ist auch jene vorerst nur informelle Partizipation als eine Wegmarke vom Forum zum Mitgestalter zu begreifen.

Häufig wurden die Modalitäten der Investitur der Kommission als Indikatoren eines Demokratiedefizits und eines Legitimitätsdilemmas im europäischen Institutionensystem erörtert.[324] Ein solches Defizit entsteht jedoch nicht allein schon deshalb, weil dem Parlament nicht die Möglichkeit zukommt, die Kommission zu wählen. Allenfalls ist das ein Mangel an instrumenteller Funktionserfüllung und damit eine Frage unzureichender Effektivität, weil ein Widerspruch zwischen der Leitidee des Europäischen Parlaments als Mitgestalter und der tatsächlichen Funktionserfüllung besteht. Würde das Europäische Parlament diesen Widerspruch jedoch dauerhaft akzeptieren, so wäre das entweder ein Indiz dafür, dass die Leitidee des Parlaments auf dem beschriebenen Kontinuum noch irgendwo *zwischen* Forum und Mitgestalter angesiedelt ist oder aber, dass durch die Leitidee etwas anderes zum Ausdruck gebracht wird als das Parlament tatsächlich leistet. Ersteres wäre relativ problemlos und deutete nur an, dass in Zwischenphasen der Entwicklung zuweilen eindeutige Zuordnungen von Leitidee und Funktionserfüllung schwierig sind. Letzteres hingegen würde bedeuten, dass das Parlament vorblendet etwas zu leisten, wozu es weder normativ noch faktisch in der Lage ist.

Die Legitimität der Kommission als ‚Regierung' der Europäischen Gemeinschaften/Europäischen Union ließe sich hingegen auch aus dem direkten Votum der europäischen Wählerschaft für einen Kommissionspräsidenten oder aber durch dessen Wahl auf einer Regierungskonferenz generieren, da dort die legitimen Vertreter der einzelnen Mitgliedstaaten präsent sind. Freilich wäre dadurch der politische Einfluss des Europäischen Parlaments so sehr eingeschränkt, dass der Aufstieg zu einer

---

323 B. Suski 1996, S. 114.
324 Siehe zu den Indikatoren des demokratischen Dilemmas stellvertretend für viele andere H. Simon 1994, S. 67ff.; P. G. Kielmansegg 1996, S. 51ff., sowie J. Melchior 1997, S. 29f.

machtvollen Kreationsstelle wie in parlamentarischen Regierungssystemen dauerhaft lahmgelegt wäre.

Die Frage beim Investiturverfahren ist also nicht so sehr, ob die Herrschaftsausübung der Kommission überhaupt eine glaubwürdige Legitimitätsquelle hat, sondern vielmehr, ob es mittels einer genuin parlamentarischen Investitur der Kommission gelingen mag, eine eben durch das Europäische Parlament hergestellte Verbindung zwischen Bevölkerung und Regierung in Europa zu gewährleisten. Nur dann wäre wohl davon zu sprechen, dass das Europäische Parlament seine Aufgabe als Mitgestalter auch erfolgreich erfüllt.

Außer Zweifel steht, dass die Chancen dazu steigen, wenn das Parlament als direkt gewählte Institution formal an der Entscheidung über die Kommission beteiligt wird oder sich durch die Anwendung geeigneter Strukturen und Mechanismen selbst daran beteiligt. Institutionelle Mechanismen sind dabei als Hebelwerke zu begreifen, die einer Institution die Ausübung ihrer instrumentellen oder symbolischen Funktionen ermöglichen. Das kann auf zweierlei Wegen geschehen: *formell* oder eben auch *informell*, wenn das formelle Instrumentarium noch nicht existieren sollte. Ist das Parlament tatsächlich eine Erfolgsgeschichte, so sollten sich bei der Analyse parlamentarischer Kreationsfunktion genau solche in der Verfügungsgewalt des Europäischen Parlaments liegende Hebelwerke finden lassen, welche dessen Partizipationschancen an der Investitur der Kommission erhöhen.

Anhand der Neuerungen des Unionsvertrages aus dem Jahr 1992 lässt sich das Entstehen und die Wirkung eines derartigen institutionellen Mechanismus exemplarisch nachzeichnen. Eines der Resultate dieses Vertrages war ein neues Investiturverfahren, das dem Parlament einen Kompetenzzuwachs bescherte, der nach Karlheinz Reifs Meinung „ausschlaggebende Bedeutung für den Abbau des Demokratiedefizits der EG aus Sicht der Bürger haben kann."[325] Das neue Verfahren konstitutionalisierte die bis dahin gängige Praxis, den Kommissionspräsidenten nach Anhörung des Parlaments zuerst zu bestimmen und anschließend die weiteren Mitglieder zu benennen. Über die Festschreibung bereits praktizierten ‚Gewohnheitsrechts' hinaus wurde nun auch die obligatorische Zustimmung des Parlaments eingeführt. Erst nach der parlamentarischen Zustimmung zu einer designierten Kommission sollte letztlich deren Ernennung durch die Mitgliedstaaten erfolgen können.

Die neue Regelung des Maastrichter Vertrages erlaubte es dem Parlament, abschließend über eine neue Kommission zu entscheiden. Jedoch fehlte es an Mechanismen, die dem Parlament eine Prüfung der politischen und fachlichen Eignung der designierten Kommissare ermöglichten. Die Abgeordneten des Europäischen Parlaments erkannten dieses Problem und entschlossen sich, in Anpassung an den Maastrichter Vertrag die eigene Geschäftsordnung zu ändern. Artikel 33 der geänderten Geschäftsordnung legt nun fest, dass der Parlamentspräsident die vorgeschlagenen Kommissionsmitglieder auffordern soll, sich vor der Abstimmung im Parlament entsprechend ihren in Aussicht genommenen Zuständigkeitsbereichen den jeweili-

---

[325] K. Reif 1992, S. 45.

gen Ausschüssen vorzustellen. In solchen Anhörungen sollen die Kandidaten Fragen beantworten und Erklärungen abgeben.[326] Die Besonderheit und große Tragweite der von ihnen geschaffenen Prozedur ist auch den Parlamentariern selbst durchaus bewusst, wenngleich der im folgenden zitierte Abgeordnete fälschlicherweise glaubt, dass diese Verfahrensweise sich nicht in der Geschäftsordnung des Parlaments verankert findet:

> „Das Europäische Parlament hat 1994 eine Prozedur begonnen, die weder in den Verträgen steht noch in der Geschäftsordnung. Wir müssen nämlich der Kommission insgesamt zustimmen. Das müssen wir nicht, aber die kommen sonst nicht ins Amt. Und das Parlament hat daraus gemacht: Wir tun das erst, wenn wir alle Kommissare, die designiert sind, öffentlich allerlei gefragt haben. Und dieses Procedere ist ja nun bei zwei Kommissionen gehandhabt worden. Das erwähne ich deswegen, weil noch kein nationales Parlament in Europa das mit seiner Regierung gemacht hat. Das bedeutet, der demokratische Meinungsbildungsprozess ist hier beim Europäischen Parlament bei weitem entwickelter als er in den nationalen Parlamenten ist."[327]

Vollkommen richtig bemerkt der Abgeordnete, dass das parlamentarische Vorgehen in Form der individuellen Anhörung der designierten Kommissare und das Kollegialitätsprinzip des Gemeinschaftsvertrages einander offenbar widersprechen.[328] Bereits im ersten Testfall, der Investitur der Kommission 1995, wurde dieses Dilemma jedoch zugunsten des Europäischen Parlaments aufgelöst. Der zu diesem Zeitpunkt designierte Nachfolger von Jacques Delors, Jacques Santer, entschied sich zu einer kooperativen Haltung gegenüber dem Parlament. Er wertete das knappe Abstimmungsergebnis nach seiner Anhörung vor dem Europäischen Parlament (260 Ja-Stimmen gegenüber 230 Nein-Stimmen bei 23 Enthaltungen) folgerichtig als Warnsignal und antizipierte die Gefahr der Ablehnung der gesamten Kommission für den Fall der Verweigerung von Einzelanhörungen.

Jacques Santer nahm entsprechend schon vor der Befragung durch das Europäische Parlament eine Ressortverteilung unter den zukünftigen Kommissionsmitgliedern vor. Die persönliche Zuweisung der designierten Kommissare zu den einzelnen Ressorts ermöglichte es wiederum dem Europäischen Parlament überhaupt erst, eine Beurteilung der Eignung aufgrund dieser Information zu erstellen. Da außerdem die Amtszeit der Kommission durch den Maastrichter Vertrag an die des Parlaments angeglichen worden war, sah das Parlament darin die Chance zur Herstellung einer engeren politischen Beziehung zur Kommission, weil diese nun – ähnlich wie in einem parlamentarischen Regierungssystem – zeitgleich mit dem Parlament amtiert und bei der Investitur von dessen Zustimmung abhängig ist.[329] Das Parlament appellierte im Vorfeld an die Mitgliedstaaten und die Kommission, auf die politische

---

326 Art. 33, Abs. 1 GO des EP i. d. F. vom 7. Dezember 1995, abgedruckt in: ABl. L 293/1995, S. 1ff.
327 Interview Nr. 3, Zeilen 364-376.
328 Vgl. A. Maurer 1995, S. 89.
329 Vgl. M. Westlake 1995, S. 116.

Ausgewogenheit,[330] Unabhängigkeit und Fachkompetenz der Kommissionskandidaten zu achten. Die Kommissionskandidaten sollten ihre politischen Prioritäten für ihre Amtszeit offenlegen, zu wesentlichen Fragen der Integration Stellung nehmen sowie Gesprächsbereitschaft gegenüber dem Parlament zeigen.[331]

Trotz der Breite der Anforderungen an die Kommissare und der Schaffung des Anhörungsverfahrens bleiben wesentliche Probleme bei der konkreten Durchführung bestehen. Da das Europäische Parlament eben keine Vertretungskörperschaft eines parlamentarischen Regierungssystems ist, ist die Befragung der designierten Kommissare zu einer Aufgabe der Ausschüsse, nicht aber der Fraktionen des Europäischen Parlaments gemacht worden. Das hatte nun zwangsläufig zur Folge, dass die Fragen auch nicht entlang politischer, sondern allein aufgrund fachlicher Kriterien erfolgen konnten. Dazu gesellte sich das Problem, dass das Europäische Parlament an der Auswahl der Kandidaten für die Kommission nicht beteiligt war. Und wohl auch deshalb, weil man ohnehin nicht wissen konnte, welche Kandidaten präsentiert werden würden, wurde vorher auch nicht festgelegt, wie denn verfahren werden sollte, wenn einer der Kommissare als nicht zustimmungsfähig eingeschätzt wurde. All dies wird in der Vorblendung des parlamentarischen ‚Erfolgs' bei der Durchsetzung des Verfahrens selbst häufig nicht erwähnt. Nur wenige Abgeordnete wagen es deshalb auch, die Verfahrensweise insgesamt in Zweifel zu ziehen und dies dann so klar, wie an dieser Stelle dokumentiert, zu formulieren.

„Also, wir sind nicht dabei bei der Auswahl der einzelnen Vorschläge, und wir haben nur das Recht, den Kommissionspräsidenten in einem eigenen Wahlgang zu bestätigen und den haben wir uns auch vorher hergeholt, auch als Fraktionen. Und dann hat er ja den Auftrag laut Vertrag, mit den Mitgliedstaaten sich seine Mannschaft zusammenzustellen, und da war der Herr Prodi nicht so erfolgreich. Er hat im Prinzip das nehmen müssen, was ihm die Mitgliedstaaten vorgesetzt haben. Und dann hatten wir die ehrenhafte Aufgabe, diese Damen und Herren einer Befragung zu unterziehen. Und da machen wir den Fehler, wir überlassen das den Ausschüssen. Ich halte das für einen Fehler, ja. Also, der Sozialausschuss befragt die Frau Diamantopoulou. Die befragen natürlich nicht die Frau Diamantopoulou nach grundsätzlicher politischer Ausrichtung, sondern: ‚Wie willst du den sozialen Dialog fortsetzen?' Und was versteht sie unter der Fortführung des fünften Abkommens[332] und was weiß ich, ja. Und dann fragen wir im Prinzip nur ab, ob sie sich schon eingelesen hat in das, was sie tun soll, ja oder nein. Das ist eigentlich uninteressant. Also, wir haben die Frau Schreyer auch abgefragt, wie sie mit der interinstitutionellen Vereinbarung von 1999 umgehen will. Sie hat den Begriff gekannt, sie hat ihn aussprechen können, und dann waren alle glücklich und zufrieden. Verstehen Sie, aber das ist nicht das Thema."

---

330 Die politischen Mehrheitsverhältnisse in den Mitgliedstaaten sollten sich in der Auswahl widerspiegeln, und der Anteil der Frauen sollte höher sein als in der vorherigen Kommission.
331 A. Maurer 1995, S. 93.
332 Hier ist das fünfte Rahmenprogramm für Forschung und Entwicklung gemeint, welches bereits in seiner Finanzierung zwischen Kommission und Rat heftig umstritten war, weil der Rat die Forschungsausgaben nicht auf das von der Kommission gewünschte Niveau anheben wollte.

Der Abgeordnete benennt jedoch nicht nur die Schwachstellen des praktizierten Verfahrens, sondern bietet auch Lösungsmöglichkeiten an, um diese in Zukunft beheben zu können.

> „Da hat mir die Politik gefehlt und durch diese Aufteilung in Einzelausschüsse, ohne dass wir so ein eigenes Inquirysystem machen würden, wie wir es vom amerikanischen Senat her kennen, nutzen wir dieses Recht natürlich auch nicht, weil die Kommission sagt: ‚Dieses Anhörungsrecht, das kriegt ihr gnädigerweise oder dieses Befragungsrecht, aber de facto habt ihr Ja oder Nein zu sagen, nicht mehr und nicht weniger.'"

Weil aber genau jenes Verfahren einer professionellen Befragung der zukünftigen Kommissionskandidaten nicht existiert, kann es nicht anders kommen als so, dass am Ende in einer Art Kuhhandel bestimmt wird, ob das Parlament der vorgeschlagenen Kommission zustimmt oder nicht.

> „So, und dann kommt es am Ende natürlich zu der spannenden Frage: ‚Sagt man ja oder nein?' Und dann war es bei dieser Kommission jetzt so – oder ich sag es vor fünf Jahren oder vor sieben Jahren 1994/95, da hat man drei, wo wir gesagt haben: ‚Die wollen wir nicht haben.' Das war der Herr Liikanen damals, das war die Frau Bjerregaard und die Schwedin, wie hieß die? - Gradin. Da haben wir gesagt: ‚Finnen und Schweden, denen kannst Du nicht vorwerfen, dass sie nichts wissen, geben wir denen mal eine Gnadenfrist.' Und es hat sich auch herausgestellt, dass sie einfach gerade Mitglied der EU geworden waren, da kann man die nicht solche Geschichten im Detail fragen. Bjerregaard war wirklich ein Fehler, dass wir die genommen haben – arrogant und inkompetent, aber bitte. Dann reduziert es sich auf einen. Dann kriegten wir aus Dänemark damals (1994, SD] oder diesmal [1999, SD] aus Frankreich – da ging es um den Lamy – das Signal: ‚Ihr könnt den gerade anspringen, ihr kriegt keinen anderen. Zweitens habt ihr über die Gesamtheit der Kommission zu befinden und nicht über einzelne Kommissare.' Und dann ist das eine politische Abwägung. Wir haben den Lamy auf dem Ticker und die Sozialisten hatten dann die Palacio auf dem Ticker wegen dieser Flachsgeschichte, die immer noch eine Rolle spielt. Da haben wir gesagt: ‚Ihr tut meinem nichts und wir tun eurem nichts.' Und dann ist von diesem großen Recht, das das Europäische Parlament hat, am Ende nichts übrig geblieben."[333]

Trotz der negativen Einschätzung der konkreten Durchführung des Verfahrens, bleibt der grundsätzliche Fortschritt für das Europäische Parlament bestehen: Durch die individuellen Anhörungen wurde ein Mechanismus geschaffen, der die Chancen parlamentarischer Partizipation an der Auswahl der zukünftigen Kommission erhöhte. Die Effektivität des Parlaments wird jedoch dadurch reduziert, dass sich das basale Problem des alten Dualismus, also des Gegenübers von Parlament und Regierung, an dieser Stelle besonders prägend auswirkt. Nur in seiner Gesamtheit ist das Parlament nämlich relativ stark. Wenn jedoch kein breiter Konsens erreicht werden kann, weil die Spannungslinien sowohl entlang der Fraktionen als auch der Nationen im Parlament verlaufen, gleicht die Befragung am Ende einem Nullsummenspiel. Zwar ist es ein Fortschritt, wenn die designierten Kommissare sich im vorhinein einer parlamentarischen Befragung stellen müssen. Noch größere Wirkung ginge von der Befragung jedoch dann aus, wenn die internen Mechanismen des Parlaments

---

333 Interview Nr. 11, Zeilen 492-546.

auch so gestrickt wären, dass Sanktionen in Form der Ablehnung als erwartbare Handlungen wahrscheinlicher als bisher würden.

Durch die Veränderungen des am 1. Mai 1999 in Kraft getretenen Amsterdamer Vertrags wurde jedoch eine neue Handlungsoption eröffnet, die mit der Investitur der Kommission im Jahr 2004 ihren ersten Testfall fand. Zwar fand auch dort die in der parlamentarischen Geschäftsordnung verankerte Regelung des Anhörungsverfahrens keinen Eingang; neu eingeführt wurde jedoch, dass der Kommissionspräsident erst nach der Zustimmung des Parlaments benannt werden kann.[334] Die Einführung dieser Regelung war notwendig, da der Vertrag erstmals die politische Führung des Kommissionspräsidenten fixierte. Dessen herausgehobene Position sollte mit der separaten Abstimmung im Europäischen Parlament zusätzlich untermauert werden.

Obwohl es weiterhin an solchen internen Mechanismen in Form informeller und formaler vorheriger Absprachen fehlte, welche eine Bestätigung oder Ablehnung der Kommission grundsätzlich verlässlicher machen, zeigte sich beim Investiturverfahren der Kommission unter José Manuel Durão Barroso im Jahr 2004 das große Potential des Mechanismus. Wie bei allen vorhergehenden Befragungen auch, wurden die designierten Kommissare in den jeweilig zuständigen parlamentarischen Ausschüssen geprüft. Der im „Ausschuss für bürgerliche Freiheiten, Justiz und Inneres" befragte konservative Italiener Rocco Buttiglione wurde aufgrund seiner Äußerungen zu homosexuellen Partnerschaften und zur Rolle der Frau von einer Gruppe linker und liberaler Parlamentarier als nicht geeignet für das in Aussicht genommene Ressort eingestuft. Weitere designierte Kommissionsmitglieder, der Ungar László Kovács, die Lettin Ingrida Udre und die Niederländerin Neelie Kroes, wurden in den jeweiligen Ausschüssen ebenfalls kritisch beurteilt. Dennoch hätte die gesamte Kommission im Amt bestätigt werden können, wenn José Manuel Durão Barroso bereit und in der Lage gewesen wäre, Rocco Buttiglione in ein anderes Ressort umzusetzen; die Fraktion der Liberalen hatte nämlich genau das zur Bedingung eines positiven Votums für die Kommission gemacht. Deren Stimmen hätten in Kombination mit den Stimmen der Konservativen ausgereicht, um eine parlamentarische Mehrheit für die neue Kommission zu sichern. Doch entweder fehlte es dem Kommissionspräsidenten an politischem Instinkt oder er wollte es vermeiden, sich den Unmut der Staats- und Regierungschefs zuzuziehen; jedenfalls verweigerte er eben jene Umverteilung. Darum kam es so, wie es fast zwangsläufig kommen musste: In hektischen Gesprächen versuchte Barroso, die Liberalen am Abend und sogar noch am Morgen vor der Abstimmung umzustimmen. Das gelang nicht, weshalb er das Parlament bitten musste, die geplante Abstimmung auszusetzen.

Gelöst wurde das Problem schließlich dadurch, dass bei der folgenden Tagung der Staats- und Regierungschefs, welche anlässlich der feierlichen Unterzeichnung des Europäischen Verfassungsvertrags stattfand, beschlossen wurde, sowohl den italienischen Kandidaten als auch die lettische Kommissionskandidatin auszutauschen und dem designierten ungarischen Kommissar ein anderes Portfolio zuzuwei-

---

334 Art. 214, Abs. 2 Satz 2 EGV.

sen.[335] In einer zweiten Anhörungsrunde fielen die neuen Kandidaten dann nicht mehr durch, und die Kommission wurde durch das Europäische Parlament bestätigt.

Diese Entwicklung war für das Europäische Parlament im Grunde ein Glücksfall und eigentlich dringend notwendig, wenn der Mechanismus der Einzelanhörung nachhaltig Wirkung entfalten sollte. Die designierte Kommission musste bis zu diesem Zeitpunkt nämlich kaum fürchten, nicht bestätigt zu werden, wenn sie nur der Aufforderung zur Anhörung nachkam und sich auf den parlamentarischen Fragenkatalog einigermaßen ordentlich vorbereitete. Wäre die Überzeugung, genau das reiche auch, erst einmal dauerhaft in die Selbstverständlichkeiten des Umgangs zwischen Kommission und Rat überführt worden, so wäre auch in Zukunft mit zwar *fachlich* gut präparierten Kommissionskandidaten zu rechnen gewesen, deren *politische* Eignung jedoch weiterhin unbedeutend geblieben wäre. Auf genau jene wurde durch das Anhörungsverfahren bislang nämlich kaum Wert gelegt. Erst eine zufällige Entwicklung[336] durch die Auswahl eines designierten Kommissars, der vermutlich eher versehentlich als absichtsvoll viele Parlamentarier gegen sich aufbrachte, führte dazu, dass sich die volle Wirksamkeit des Mechanismus entfalten konnte.

Das – von allerlei kontingenten Entwicklungen positiv beförderte – Agieren bei der Investitur der Kommission im Jahr 2004 offenbart zudem eine weitere Handlungsoption für das Europäische Parlament. Jenes könnte seine Zustimmung zur Berufung eines Kommissionspräsidenten zukünftig nämlich auch mit der Auswahl ihm genehmer Kommissionsmitglieder verknüpfen. Gelänge es dem Parlament, einen solchen Mechanismus tatsächlich durchzusetzen, so wäre ein großer Schritt auf dem Weg zu einem parlamentarischen Regierungssystem getan. Das Eintreten eines solchen Szenarios wird außerdem dadurch wahrscheinlicher, dass seit dem Inkrafttreten des Vertrages von Nizza am 1. Februar 2003 bei der Auswahl der Kommissare kein Einvernehmen, also keine Einstimmigkeit mehr unter den Regierungschefs herge-

---

335 An diesem Beispiel zeigt sich aber auch die Grenze des Mechanismus: denn die Niederländerin Neelie Kroes, die ja ebenfalls bei den Parlamentariern umstritten war, wurde nicht ausgetauscht oder auf ein anderes Ressort umgesetzt. Grund dafür war, dass sich der niederländische Regierungschefs Jan-Peter Balkenende einer Umsetzung ‚seiner' Kandidatin hartnäckig widersetzte. Siehe Financial Times Deutschland vom 5. November 2004 unter http://www.ftd.de/pw/eu/1099117014321.html (letzter Zugriff: 18. Januar 2005).

336 Zufällig war natürlich nicht, dass genau jener Kandidat durch die italienische Regierung ausgesucht wurde, sondern zufällig war allein, dass Rocco Buttiglione sich genau in diesem Anhörungsverfahren in der Weise angreifbar über den Stellenwert der Frau und Homosexualität äußerte, wie er es ungeschickterweise tat.

stellt werden muss und eine qualifizierte Mehrheit für die Entscheidung ausreicht.[337] Diese Option wurde zwar bei der Investitur der Barroso-Kommission noch nicht genutzt. Jedoch ergibt sich daraus für die Zukunft eine bislang nicht dagewesene Chance für das Parlament: Stimmen nämlich die politischen Mehrheitsverhältnisse im Parlament mit denen im Rat überein, so könnte es tatsächlich zu einer Auswahl der Kommission aufgrund politischer Überzeugungen kommen, ohne dass es des bisher praktizierten Kuhhandels bedürfte. Umgekehrt werden für den Fall, dass im Parlament und im Rat unterschiedliche Mehrheitsverhältnisse herrschen, neue Mechanismen notwendig werden, die eine gegenseitige Blockade verhindern. Wie auch immer sich das Verfahren ganz konkret ausgestalten wird, unzweifelhaft ist es so, dass sich dem Parlament aufgrund der Weiterentwicklung des Primärrechts Möglichkeiten für Anschlussmechanismen auftun, die seine Position bei der Kreation stärken dürften.

Vorerst scheint das Europäische Parlament von einem solchen Schritt jedoch noch ein gutes Stück entfernt zu sein. Und das liegt vor allem an der doppelten Fragmentierung und der daraus resultierenden inneren Organisation des Parlaments. Die nicht ausreichend vorhandene Kohärenz der Fraktionen führt nämlich dazu, dass nicht jene, sondern vor allem die Ausschüsse im Europäischen Parlament in die Entscheidung darüber eingebunden sind, die Eignung der Kommissare festzustellen. Erst wenn diese Phalanx durchbrochen würde und den Fraktionen oder gar möglichen Koalitionen im Europäischen Parlament ein höherer Stellenwert zukäme, wäre ein solches Szenario überhaupt durchführbar.

Am Beispiel der Kommissionsinvestitur lässt sich also zweierlei sehr deutlich nachvollziehen: einesteils die Entstehung eines institutionellen Mechanismus, anderenteils der Einfluss, den das umbettende Milieu auf die Entwicklung einer Institution hat.[338] Ein Mechanismus wie die individuelle Anhörung wird nämlich erst dann wirkungsvoll, wenn er auch tatsächlich Handlungsketten oder Antizipationsschleifen in Gang setzen kann. Dies unterscheidet den hier dargestellten Mechanismus von dem zuvor genannten Gewohnheitsrecht des Parlaments, also der Praxis, die Kom-

---

337 Art. 214, Abs. 2 Satz 1 EGV. Völlig richtig ist in diesem Kontext übrigens die Einschätzung von Jörg Monar, der zur Frage der qualifizierten Mehrheit anmerkt: „Diese Reform ist in zweifacher Hinsicht von fundamentaler Bedeutung: Zum einen markiert sie einen vollkommenen Bruch mit der traditionellen Einstimmigkeitsbasis für die Ernennung der Kommissionspräsidenten. Die traditionelle Konsensfindung wird – zumindest theoretisch – durch einen Mehrheitsbildungsprozess ersetzt, der dem rein intergouvernementalen Charakter der Ernennung ein Ende setzt und den in der Zusammensetzung der Staats- und Regierungschefs tagenden Rat faktisch der Rolle einer (zweiten) Kammer annähert. Zum anderen – und dies ist eine Neuerung von kaum weniger grundsätzlicher Natur – stellt die neue Regelung durch die Einführung von Mehrheitsentscheidungen auf der Ebene der Staats- und Regierungschefs auch einen wichtigen Einbruch der Gemeinschaftsmethode in den intergouvernementalen Charakter der Entscheidungsfindung unter den Staats- und Regierungschefs dar." J. Monar 2001, S. 117.
338 Im Teilprojekt K des Dresdner SFB 537, in dessen Kontext diese Arbeit entstand, gehen wir davon aus, dass Parlamente als Meso-Strukturen des Schichtenbaus politischer Wirklichkeit einzustufen sind, die folglich sowohl von den niedrigeren als auch den höheren Schichten beeinflusst werden können. Zum Modell des Schichtenbaus siehe W. J. Patzelt 2001a, S. 46ff.

mission erst nach ihrer Einsetzung zu befragen. Geänderte vertragliche Regeln schufen hier den Rahmen für die – weitere Machtmöglichkeiten bietende – Institutionalisierung der individuellen Anhörung. Und erst durch das Erfordernis der Zustimmung des Parlaments zu einer neuen Kommission konnte von diesem institutionellen Mechanismus Vorauswirkung ausgehen, da nun ständig das ‚Damoklesschwert' der Ablehnung über den designierten Kommissaren schwebt, falls die Parlamentarier die Kandidaten nicht für akzeptabel befinden. Um aber die Machtmöglichkeiten des Mechanismus vollständig ausschöpfen zu können, müsste sich die Prüfung nicht nur entlang fachlicher, sondern eben auch politischer Eignung vollziehen.

Die Situation wird nämlich trotz der jüngsten Entwicklungen letztlich erst dann für das Europäische Parlament zufriedenstellend sein, wenn es ihm gelingt, seinen – formellen und informellen – Einfluss über die Zusammensetzung der Kommission so zu erweitern, dass von echter Entscheidung gesprochen werden kann. Das ist jedoch zumindest so lange nicht der Fall, wie das Parlament keinen formellen Einfluss auf die Auswahl der Kandidaten durch die Regierungen der Mitgliedstaaten hat und der Rat die Kommission ebenfalls bestätigen muss, bevor sie ihr Amt tatsächlich antreten kann. Unmittelbaren Einfluss auf die Auswahl der designierten Kommissare könnten die Parlamentarier allenfalls dann ausüben, wenn es gelänge, genau jene Koalitionen entlang der Parteifamilien zu schmieden, die bisher aufgrund des Einstimmigkeitsprinzips im Rat nicht möglich waren. Dazu braucht es aber schon sehr gut funktionierende Netzwerke hinein in die nationalen Regierungen. Diese wären vermutlich über die supranationalen Parteien herzustellen. Deren Entwicklung indessen ist noch nicht so weit vorangeschritten, dass sie jenes einigende Band über verschiedene Nationen hinweg formen könnten, welches zur Koordinierung zwingend erforderlich wäre. Doch eines ist gewiss: Durch die Aufhebung des Einstimmigkeitsprinzips unter den europäischen Staats- und Regierungschefs gibt es zumindest die Möglichkeit, neue Koalitionen zu bilden und sich von der Suche nach dem kleinsten gemeinsamen – fachlichen – Nenner zu verabschieden. Für solche Schritte würde sich das Europäische Parlament jedoch von seiner häufig auf Konsens ausgelegten Entscheidungsfindung verabschieden müssen.

5.2. Kontrollbefugnisse des Europäischen Parlaments

Die Befugnisse bei der Auswahl und Einsetzung der Kommission sind von entscheidender Bedeutung für den Status und die Rolle des Europäischen Parlaments innerhalb des politischen Systems der Europäischen Gemeinschaften/Europäischen Union. Ebenso lässt sich an den Investiturbefugnissen die Ernsthaftigkeit der Leitidee ablesen. Denn während die Leitidee eines Forums kaum Einfluss auf Zusammensetzung und Bestand der Regierung erfordert, ist der nach außen dargestellte Wille zur Mitgestaltung erst dann tatsächlich ernst zu nehmen, wenn das Parlament über Mitspracherechte verfügt.

Darum ist die Kontrollfunktion auch eng mit der Kreationsfunktion verknüpft. Denn die unmittelbare Kontrolle des Parlaments über die Regierung kann etwa dadurch gewährleistet werden, dass Bestand und Zusammensetzung der Regierung direkt vom Willen einer Parlamentsmehrheit abhängen. Diese Art der Kontrolle ist ein typisches Kennzeichen eines parlamentarischen Regierungssystem. Doch auch in nicht-parlamentarischen Regierungssystemen, zu denen das europäische auch nach den Reformen von Nizza weiterhin zählt, stehen Parlamente vor der überaus wichtigen Aufgabe, die Arbeit der Regierung nach deren Einsetzung zu kontrollieren. Ein ehemaliger Abgeordneter bringt es dann auch besonders gut auf den Punkt, wenn er formuliert:

> „Das wichtigste ist zu kontrollieren, oder vielmehr, was seinerzeit Kaiser Franz Josef dem alten Roosevelt gesagt hat, wo er ihn gefragt hat: ‚Was ist die Funktion eines Monarchen?' Da hat er gesagt: ‚Mein Volk vor seiner eigenen Regierung zu schützen.' Und bitte, das ist heute nicht der Monarch, das ist das Parlament. Das ist die Aufgabe, die wir haben und die wir tatsächlich durchziehen. Ich meine, die Kontrolle wird wichtig sein – und um Gottes Willen darf man nicht zu weit auf dem institutionellen Weg voran schreiten bis die Sache nicht gereift ist. Das ist zumindest meine Auffassung von Anfang an gewesen, und sie hat sich immer mehr gekräftigt, man muss die Sachen reifen lassen. Europa soll wachsen wie ein Baum, und nicht hingestellt werden wie ein Wolkenkratzer. Wissen Sie, es ist nun einfach so, dass die [...] Leute ungeduldig werden, weil sie immer alles in der Perspektive ihres eigenen Lebens betrachten. Schauen Sie, 20 Jahre im Leben eines Menschen ist sehr viel, und 20 Jahre Geschichte sind drei Zeilen in einem Buch. Wir müssen eben klar sein: Diese europäische Arbeit ist eine historische Arbeit gewesen, und wir mussten uns daher in Geduld üben, aber niemals stehen bleiben. Und wenn es nur ein Millimeter ist, aber nicht stehen bleiben. Das ist uns gelungen."[339]

Wohl kaum klarer als durch diese Worte lässt sich formulieren, dass auch bei der Analyse von Kontrollfunktionen nur mittels einer geschichtlichen Perspektive brauchbare Antworten auf die Frage nach dem Erfolg des Europäischen Parlaments zu erwarten sind.

Der erste Ansatzpunkt einer Prüfung von Kontrollfunktionen muss jedoch stets die Suche nach wirksamen Sanktionsmöglichkeiten sein. Jene sind nämlich eine Vorbedingung solcher Kontrolle, weil die Regierung sonst schwerlich Anreize hat, sich dem Willen des Parlaments zu fügen. Wichtig ist derlei um so mehr, als Regierungen in der Regel mit einer Fülle von Kompetenzen ausgestattet sind, die es ihnen ermöglichen, vom Parlament kaum mehr umkehrbare Entscheidungen zu treffen.[340]

In parlamentarischen Regierungssystemen findet mittelbar bzw. unmittelbar wirksame Regierungskontrolle sowohl durch die Opposition als auch durch die regierungstragende Mehrheit statt. Im Europäischen Parlament findet man jenes Gegenüber dieser beiden durch unterschiedliche Fraktionen oder Koalitionen konstituierten Lager nicht, da es bisher keine regierungstragende Mehrheit und Opposition gibt.[341] Darum ist häufig das Europäische Parlament in seiner Gesamtheit der Kontrolleur. Jener ‚alte Dualismus' von Regierung gegenüber dem Gesamtparlament, der auch

---

339 Interview Nr. 1, Zeilen 726-744.
340 W. J. Patzelt 1999, S. 150.
341 G. Jasmut 1995, S. 266.

schon ein für die Regierungskreation prägendes Merkmal war, ist auch ein wichtiger Prägefaktor der Kontrollfunktion. Was aber kontrolliert das Europäische Parlament konkret? Auch eine einzige europäische Regierung existiert ja nicht. Die Kommission erfüllt diese Funktion im vergemeinschafteten Bereich der sogenannten ersten Säule der EU. Doch auf den Gebieten der zweiten und dritten Säule, also der Gemeinsamen Außen- und Sicherheitspolitik (GASP) sowie der Zusammenarbeit in der Justiz- und Innenpolitik (ZJIP), sind meist die Mitgliedstaaten in Form des Rats beschließendes und ausführendes Organ zugleich.[342] Deren reales Machtgewicht unterschätzen die Abgeordneten des Europäischen Parlaments, wenn sie behaupten, dass die Kontrolle des Rats nicht ihre Aufgabe sei, da der Bundestag schließlich den Bundesrat auch nicht kontrollieren könne.[343] Exemplarisch für diese Fehleinschätzung ist die folgende Formulierung eines konservativen Abgeordneten:

> „Also, erstens [...] halte ich den Ansatz nicht zwingend für richtig, dass wir den Rat kontrollieren müssen. Der Bundestag kontrolliert ja den Bundesrat auch nicht, sondern sie begegnen sich auf Augenhöhe und nehmen ihre Interessen wahr. Wen wir kontrollieren als Parlament, das ist die Regierung, die Exekutive. [...] Und von daher will ich den Rat gar nicht unbedingt kontrollieren, sondern ich versuche, die Interessen des Parlaments geltend zu machen; und ich hatte bisher eine Sache, die bis in den Vermittlungsausschuss[344] ging. Und da muss ich sagen, war ich mit dem Beschluss ganz zufrieden, weil der Rat, die französische Präsidentschaft, sich damals auch selber bewegt hat und das war dann okay. Da haben wir genügend Drohpotential aufgebaut, indem wir gesagt haben: ‚Wir lassen es sonst scheitern.'"[345]

Freilich ist die Aussage nur hinsichtlich des Verhältnisses zwischen Bundestag und Bundesrat richtig. Aber Bundesrat und Ministerrat der EU sind funktional nun einmal nicht äquivalent. Der Rat ist nämlich nicht nur legislativ, sondern auch exekutiv tätig und konkurriert auf manchen Gebieten sogar mit dem Europäischen Parlament um Kontrollmöglichkeiten gegenüber der Kommission. Bei der Analyse der Kontrollfunktion ist demnach auf zweierlei zu achten: Welche konkreten Kontrollmöglichkeiten hat das Parlament gegenüber der Kommission und dem Rat, und wo konkurrieren Rat und Parlament miteinander bei der Kontrollausübung?

5.2.1. Misstrauensvotum

Das formal stärkste Kontrollinstrument des Europäischen Parlaments ist das Misstrauensvotum gegen die Kommission. Spätestens seit dem Rücktritt der von Jacques Santer geführten Kommission im Jahr 1999 wissen viele Bürger der Europäischen

---

342 F. Jacobs/R. Corbett/M. Shackleton 1995, S. 245f.
343 Diese Argumentation wurde gegenüber dem Autor in verschiedenen Interviews mit deutschen Abgeordneten des Europäischen Parlaments vorgebracht.
344 Gemeint ist an dieser Stelle der Vermittlungsausschuss zwischen Rat und Parlament im Rahmen des Mitentscheidungsverfahrens bei der Gesetzgebung. Zum Verfahren siehe die detaillierte Darstellung im Abschnitt 5.3.4.
345 Interview Nr. 21, Zeilen 440-455.

Union, dass das Parlament der Kommission das Misstrauen aussprechen kann. Dass es letztlich gar nicht erst zu einer tatsächlichen Abstimmung im Parlament kam, da die Kommission schon vorher ihren geschlossenen Rücktritt ankündigte, ist ein vortrefflicher Beleg dafür, welche Vorauswirkungen von einem effizienten institutionellen Mechanismus in der Praxis ausgehen können. Dennoch spielt das Misstrauensvotum als alltagspraktisches Mittel der Kontrolle offenbar kaum eine Rolle und nur wenige Abgeordnete antworten auf die Frage nach den Kontrollmöglichkeiten gegenüber der Kommission so wie dieser langjährige Abgeordnete der SPE.

„Na, das wichtigste, wenn man es historisch sieht, ist natürlich das Recht, die Kommission mit einem Misstrauensvotum zu entlassen. Das ist die schärfste Waffe, die wir haben, die nicht ständig anwendbar ist, das ist auch klar, aber das gilt ja auch für den Deutschen Bundestag, die machen ja auch nicht alle drei Monate ein konstruktives Misstrauensvotum."[346]

Das Misstrauensvotum ist deshalb „historisch besehen" die stärkste Waffe, weil es bereits im Vertrag über die Europäische Gemeinschaft für Kohle und Stahl verankert war. Damals war es allerdings noch an den jährlichen Gesamtbericht der seinerzeitigen ‚Hohen Behörde' geknüpft.[347] Europäische Atomgemeinschaft und Europäische Wirtschaftsgemeinschaft kannten dieses Instrument ebenfalls, ohne dass es jedoch an die Einschränkung einer Diskussion des Jahresberichts gebunden gewesen wäre. Durch den 1967 in Kraft getretenen Fusionsvertrag[348] wurde das Verfahren schließlich in zweierlei Hinsicht generalisiert: Es ist seither jederzeit möglich und auf die gesamte Kommission anwendbar.

Das Misstrauensvotum des Europäischen Parlaments ist allerdings – anders als beispielsweise das des Deutschen Bundestages – nicht konstruktiv. Eine für parlamentarische Regierungssysteme typische Verbindung zwischen Wahl- und Abberufungsfunktion existiert im europäischen politischen System somit nicht. Genau jene asymmetrische Verteilung bei der Demission und der Investitur war deshalb einer der Gründe dafür, dass das Europäische Parlament dieses Instrument bisher nie bis zur letzten Konsequenz genutzt hat.[349]

Wie effektiv ein solcher institutioneller Mechanismus allerdings in der Praxis sein kann, zeigt sich daran, dass das Misstrauen nicht einmal tatsächlich ausgesprochen werden musste, damit verlässliche Vorauswirkung von diesem Instrument ausgehen konnte. Denn nachdem seine Wirksamkeit erst einmal an einem Fallbeispiel demonstriert worden war und sich die möglichen Konsequenzen einer Nutzung dieses Mechanismus den Akteuren eingeprägt hatten, konnte er mühelos erneut genutzt werden. Dabei handelte es sich bei dem Misstrauensverfahren gegen die Kommission

---

346 Interview Nr. 18, Zeilen 321-326.
347 Vgl. D. C. Bok 1955, S. 8.
348 ABl. L 252/1967, S. 2f.
349 Thomas Oppermann glaubt, dass das Misstrauensverfahren aufgrund seiner vermeintlich falschen Orientierung gegenüber der Kommission und nicht gegenüber dem Rat bislang niemals bis zur letzten Konsequenz genutzt wurde. Aber das Beispiel des Rücktritts der Kommission unter Jacques Santer zeigt ja deutlich, dass der Mechanismus seine Wirkung gegenüber der Kommission entfalten sollte und nicht gegenüber dem Rat. T. Oppermann 1999, S. 116.

unter der Führung von Jacques Santer sogar noch um eine ganz besonders prekäre Situation. Denn bereits im Herbst 1998 versuchte ein Teil der konservativen Parlamentarier, den Rücktritt der Kommission zu erzwingen. Vor allem auf Seiten der SPE-Fraktion wurde jedoch eine gegenteilige Strategie verfolgt, wie sich anhand des folgenden Interviewausschnitts eines konservativen Abgeordneten nachvollziehen lässt, wobei auch der Ursprung der Konfrontation zwischen Parlament und Kommission gut deutlich wird.

> „Das [Problem] kam mit Sicherheit aus der Haushaltsentlastung. Das Problem, dass bestimmte Unregelmäßigkeiten entdeckt wurden und der Kommission eine Frist gesetzt wurde, um bestimmte Dinge wenigstens für die Zukunft in Ordnung zu bringen. Das war die Kommission nicht bereit zu leisten, und dann haben die Sozialisten geglaubt, sie machen es ganz clever und haben gemeint: ‚Ja, wenn ihr der Kommission so misstraut, dann stellt doch auch einen Misstrauensantrag. Um euch mal die Perversität eures Denkens und Handelns vorzuführen, reichen wir als Sozialisten einen solchen Misstrauensantrag ein, aber wir wollen damit das Vertrauen für die Kommission organisieren.' Also, eine negative Vertrauensfrage oder ein negatives Misstrauensvotum, was ja ein Vertrauensvotum sein sollte. Und da hat eine kleine Gruppe von Abgeordneten auch noch ein Misstrauensvotum eingereicht. Ich habe das auch mit unterzeichnet, und es kam, wie es kommen musste: die Sozialisten haben ihren Misstrauensvotumsantrag zurückgezogen und da war unserer noch da. So, und da wurde darüber abgestimmt und es gab keine Mehrheit dafür. Also, vom Vertrag her hätte die Kommission bestehen müssen, aber das war das, was die Sozialisten zur Befriedigung ihrer eigenen Klientel gemacht haben. Und was wir dann auch mitgemacht haben – schweren Herzens. Wir haben in einer Entschließung an diesem Zeitpunkt einen ‚Rat der Weisen'[350] eingesetzt, der die Kommission zu analysieren hatte, ob hier alles ordentlich zuging. Und dieser Rat der Weisen hat am Ende der Kommission attestiert, dass sie nicht in der Lage war, die übertragenen Aufgaben ordnungsgemäß auszuführen. Und das ist eine ordentliche Ohrfeige will ich mal sagen, und daraufhin ist die Kommission zurückgetreten."[351]

Offenbar antizipierte die Kommission, dass es ihr nicht gelingen würde, den Kopf noch einmal aus der Schlinge zu ziehen und trat deshalb geschlossen zurück, bevor es überhaupt zu einem erneuten Misstrauensantrag kommen konnte. Dass das zuerst gewollte und anschließend nicht erfolgreich abgeschlossene Misstrauensvotum erfolglos blieb, ist typisch für ein Parlament, in dem Entscheidungen nur durch einen breiten Konsens über Fraktionen und Nationalitäten hinweg hergestellt werden können. Jener konnte jedoch, wie die folgende Interviewpassage mit einem Abgeordneten der SPE-Fraktion zeigt, auch deshalb nicht erreicht werden, weil es ganz offen-

---

350 Gemeint ist hier der aus fünf Personen bestehende „Ausschuss unabhängiger Sachverständiger". Jener wurde nach dem gescheiterten Misstrauensvotum auf Grundlage einer Interorganvereinbarung zwischen Europäischem Parlament und Kommission eingesetzt, um die Frage zu klären, inwieweit das gesamte Kollegium der Kommission oder einzelne Kommissionsmitglieder Verantwortung für Korruption, Missmanagement oder Nepotismus tragen. Von den zwei anzufertigenden Berichten dieses Ausschusses führte letztlich schon der erste zum geschlossenen Rücktritt der Kommission, obgleich nur der Französin Edith Cresson zweifelsfrei Vetternwirtschaft nachgewiesen werden konnte. Vgl. W. Hummer/W. Obwexer 1999, S. 80ff.
351 Interview Nr. 11, Zeilen 623-654.

sichtlich Unterschiede in der Bewertung der Kommission unter den Fraktionen des Europäischen Parlaments gab.

„Also, die Frage [danach wie der ganze Prozess des Rücktritts der Kommission abgelaufen ist, SD] kann ich Ihnen, ohne dass ich in meine Unterlagen gucke und mein Archiv durcharbeite, nicht aus der Hand beantworten. Das liegt ja schon einige Jahre jetzt zurück und also, wenn Sie das prozedural so genau wissen wollen, dann geht das nicht. Das hat angefangen damit, dass der Haushaltskontrollausschuss [...] der Kommission Auflagen gemacht hat und festgestellt hat, dass bestimmte Dinge nicht durchgeführt wurden. Und dabei ist dann im Zuge der Diskussion immer stärker festgestellt worden, dass in der Kommission offensichtlich [...] niemand richtig für Fehler oder Missmanagement verantwortlich war. Das ist der eine Strang gewesen, und der zweite Strang war die öffentliche Debatte über das Fehlverhalten, das angebliche Fehlverhalten von zwei oder drei Kommissaren, bei denen die Kommission nicht eine klare und überzeugende Erläuterung gegeben hat. Zumindest in einem Fall stand der Verdacht der Vetternwirtschaft, ich formuliere nicht zufällig ‚Verdacht der Vetternwirtschaft' dabei. Und dann hat es im Laufe der Debatte, das hat ja schon im Herbst 1998 angefangen, [...] auch zusätzliche Fehler und Umgangsfehler der Kommission gegeben, die dann dazu geführt haben, dass zunächst einmal ein Misstrauensvotum, also ein Antrag, der Kommission das Misstrauen auszusprechen, im Parlament gestellt wurde, der im Plenum aber nicht die erforderliche Zweidrittelmehrheit bekommen hat. Wie das halt passiert mit Misstrauensanträgen, die immer mit einem bestimmten Quorum zustande kommen müssen oder beschlossen werden müssen, nicht? Der amerikanische Senat hat [es] ja auch nicht geschafft, das Misstrauen, also das impeachment gegen Clinton mit der Zweidrittelmehrheit zustande zu bringen – also so war das hier auch, bis sich die Dinge dann so zuspitzten, dass die Kommission aufgrund eines Berichtes eines kleinen Komitees der Weisen, das wir eingesetzt hatten, zurücktrat. Dieser Bericht war für die Kommission so verheerend, dass sie wusste, entweder tritt sie selbst zurück oder die Woche danach gibt es dann wirklich die Mehrheit im Parlament, um sie zum Rücktritt zu zwingen, also das war etwa so der Ablauf."[352]

Politik beinhaltet als eines ihrer Durchführungsmittel den Aufbau und die Nutzung von Antizipationsschleifen. Deshalb reicht häufig schon die Androhung der Nutzung eines Mechanismus aus, um ganz ohne dessen weitere Anwendung den gewünschten Effekt zu erzielen. Die Vorauswirkungen oder gar nur die Andeutung eines drohenden Misstrauensvotums waren dann auch so groß, dass es überhaupt keines konkreten Anwendungsfalles mehr bedurfte, in dem das Parlament der Kommission das Misstrauen tatsächlich aussprach.

Am obigen Beispiel zeigt sich aber auch ganz deutlich, welch großes Potential sich für die weitere Entwicklung des Europäischen Parlaments hinter der Möglichkeit des Misstrauensvotums verbirgt. Denn die offensichtliche Unterstützung derjenigen Kommissare, die der eigenen Parteifamilie zugehören, ist eigentlich eher ein Kennzeichen eines parlamentarischen Regierungssystems und für ein nur in seiner Gesamtheit starkes Parlament eher untypisch. In Verbindung mit der neuen Regelung des Vertrages von Nizza, dass die Kommission nur noch mit qualifizierter Mehrheit und nicht mehr mit Einstimmigkeit durch die Staats- und Regierungschefs eingesetzt werden muss, ergibt sich daraus eine völlig neue Perspektive: Es wäre ja durchaus denkbar, dass es zu einer dauerhaften politischen Beziehung zwischen ei-

---

352 Interview Nr. 18, Zeilen 354-392.

ner Parlamentsmehrheit und der Kommission kommt, die dann eben auch auf parlamentarische Unterstützung angewiesen ist.

Ein solcher enger Nexus zwischen parlamentarischer Einsetzung und Unterstützung einer Regierung sowie möglicher Abwehr oder auch Durchführung von Misstrauensvoten gegen eben jene lässt sich jedoch nicht spontan erzwingen. Derlei typische parlamentarische Mechanismen entstehen nämlich – ähnlich wie die Antizipationsschleifen auf Seiten der Kommission – nur selten vollkommen unvermittelt. Vielmehr sind sie das Produkt von in den Institutionen geronnenem Wissen. Wie Francis Jacobs u.a. feststellten, entstand die Herstellung von Vorauswirkungen durch das Misstrauensvotum bereits im ersten Testfall.[353] 1972 konnte nämlich ein drohender Misstrauensantrag gegen die Kommission abgewendet werden, indem die Kommission sich bereit erklärte, beim Ministerrat einen Vorschlag zur Stärkung des Parlaments bei Haushaltsfragen einzureichen. Dies führte letztlich zur Revision des Haushaltsverfahrens von 1975. Allein schon die Androhung der Anwendung dieses Instruments rief in diesem Fall, wie etwa auch beim Rücktritt der von Jacques Santer geführten Kommission, Änderungen im Verhalten der Exekutive beziehungsweise deren geschlossenen Rücktritt hervor.

Ein solcher Mechanismus wie das Misstrauensvotum entfaltet Vorauswirkung jedoch nur so lange, wie er nicht allzu häufig eingesetzt wird, da ansonsten die Gefahr der Abnutzung besteht. Zudem darf natürlich die innere Zerrissenheit des Parlaments in solchen Kernfragen nicht allzu offensichtlich und durchschaubar für die Kommission werden. Erst die Unsicherheit über das Zustandekommen eines Misstrauensvotums garantiert das Wirken genau jener Antizipationsschleifen, welche die Kommission zum Handeln zwingen.

Das Misstrauensvotum ist also ein zwar recht gut funktionierender institutioneller Mechanismus, der jedoch zwei wesentliche Schwachstellen aufweist: Einesteils ist er nicht ständig einsetzbar, andernteils ist er (bislang) nur in der Verfügungsgewalt des Gesamtparlaments wirkungsvoll. Eindrucksvoll beschreibt dieser Abgeordnete, welch große Hindernisse zu überwinden sind, um der Kommission das Misstrauen aussprechen zu können.

> „Wenn Sie mal beispielsweise auf die Mechanismen gucken, unter welchen Umständen wir die Kommission entlassen können. Da steht auf dem politischen Parcours praktisch ein Dreifach-Oxer. Das eine ist die Zweidrittelmehrheit. Das Zweite ist, Zweidrittel sind mindestens 314,[354] und wenn Sie wissen, dass die höchste Zahl, die ich erlebt habe, die da waren, waren 570. Wenn Ihnen von vornherein schon 60 Leute fehlen, wird es ja doppelt schwierig. Der dritte Oxer ist natürlich, dass wir die Kommission nur insgesamt entlassen können und da gab es in der Zeit 1999, als es um das Überleben der Santer-Kommission ging, [...] von den Sozialisten unsittliche Angebote, die gesagt haben: ‚Also wenn wir wenigstens einen von euch auch noch mit packen können und dem noch irgendwas anhängen können, dann machen wir mit, aber wenn das nur sozialistische Kommissare sind, dann machen wir das halt nicht'. Also das

---

353 F. Jacobs/R. Corbett/M. Shackleton 1995, S. 247.
354 Die im Interview genannten Mehrheitsverhältnisse beziehen sich auf die Situation vor der Erhöhung der Abgeordnetenzahl von 626 auf 732 durch die Erweiterung vom 1. Mai 2004.

hat sich schon gezeigt, dass das Parlament da zuschlagen kann, aber es ist sehr, sehr schwierig."³⁵⁵

Da die Kommission jedoch nie wissen kann, ob diese drei Hürden tatsächlich überwunden werden können, wirkt der Mechanismus qua Antizipation, ohne dass sich die entsprechenden parlamentarischen Mehrheiten auch tatsächlich bilden müssen. Das allein ist jedoch keine dauerhaft sichere Handlungsgrundlage für das Parlament. Würde die Kommission nämlich aus dem letzten gescheiterten Misstrauensvotum lernen, dass sich Mehrheiten zu ihrer Abwahl im Europäischen Parlament nur schwer einstellen, könnte sie das vom Parlament intendierte Handeln verweigern. Zwar änderte das natürlich nichts an der grundsätzlichen Effektivität des Mechanismus Misstrauensvotum. Im Europäischen Parlament selbst müssten jedoch Mechanismen wirksam werden, die für verlässliche Mehrheiten sorgen.

5.2.2. Fragerechte

Die Effektivität des Europäischen Parlaments kann sich nicht allein an einem Mechanismus bemessen, der nur selten eingesetzt wird und ausschließlich gegenüber der Kommission seine Wirkung entfaltet. Darum sollten in der Alltagspraxis des Parlaments Kontrollformen wie schriftliche und mündliche Anfragen sowie Fragestunden und Untersuchungsausschüsse eine größere Rolle spielen. Jene können zeitnah zum Geschehen eingesetzt werden und sind sowohl gegenüber der Kommission als auch dem Rat anwendbar. Trotzdem werden die Anfragen – ausweislich der Interviews – bei den Parlamentariern nur selten als ein sehr wichtiges Kontrollinstrument benannt. Auf die Frage nach den wichtigsten Kontrollinstrumenten wurde von den meisten Abgeordneten nämlich die Haushaltskontrolle genannt, und erst an späterer Stelle folgten die Fragerechte. So stellt etwa der folgende Abgeordnete als einer der wenigen die Fragerechte des Parlaments an den Anfang seiner Aufzählung der wichtigsten Kontrollformen.

> „Na ja, es gibt zwei – es gibt drei: Es gibt einmal die Anfragen, die man stellen kann, sei es schriftlich oder im Plenum. Zweitens: Die Debatten mit den zuständigen Kommissaren im Ausschuss im wesentlichen – die Kommissare kommen alle zwei, drei Monate in die Ausschüsse. Und drittens: persönliche Gespräche mit den zuständigen Kommissaren und wenn es nicht ganz so wichtig ist, Gespräche oder Schreiben an die zuständigen Generaldirektoren."³⁵⁶

Der im folgenden Absatz zitierte Parlamentarier misst den Fragerechten ebenfalls große Bedeutung zu. Gleichwohl werden an dieser Stelle Kontrollfunktion und Informationsbedürfnis miteinander vermengt, wenn der Abgeordnete auf die Frage, welche Kontrollformen ihm am wichtigsten erscheinen, antwortet:

---

355 Interview Nr. 21, Zeilen 354-369.
356 Interview Nr. 16, Zeilen 191-197.

"Ich denke schon die Anfragen an die Europäische Kommission zu bestimmten Themen, die wir aus eigener Arbeit erkennen, was den Ablauf der Erstellung von Gesetzestexten betrifft, aber auch Themen, die wir von zu Hause bekommen. Es findet zumindest bei mir eine regelmäßige Bürgersprechstunde statt, in der Leute kommen, die einfach eine Information haben wollen, aber auch Leute, die sich beschweren oder Anfragen haben an die Kommission, die mit bestimmten Themen nicht zurechtkommen und oft genug auch mit bestimmten Verhalten in der Zahlungsweise der Kommission nicht zurechtkommen, weil sie oft Zusagen für Zuschüsse haben."[357]

Anfragen sind also nicht nur ein Mittel von konkreter Leistungskontrolle, sondern sie dienen auch der Informationsakquirierung als eine Art Bürgerservice. Daneben spielt es aber auch eine Rolle, die Richtung zu kontrollieren, welche die Kommission einschlagen will oder bereits verfolgt hat. Auch dazu sind Anfragen sehr gut geeignet.

"Aber gut, wir kontrollieren die Kommission durch Anfragen. Wie jeder Minister zu Hause auch kontrolliert wird, jede Regierung, wenn man das Kontrolle nennen kann. Also, wir haben Anfragen, wir haben uns jetzt vorgenommen, so einige Dinge auch selber mal nachzuprüfen - z. B. in meinem Bereich Kultur und Bildung dieses SOKRATES-Programm so nach Ablauf von zwei Jahren mal zu prüfen. Was ist denn jetzt wirklich passiert? Und dann auch die Fehler, die da gelaufen sind, [...] aufzudecken und zu sagen: ‚Das müsst ihr anders machen', usw. Das können wir, das Recht haben wir, und ich denke auch, dass die Kommission nichts dagegen hat. Im Gegenteil, die ist ja froh, wenn die Dinge, bevor sie in den Brunnen fallen, aufgehalten werden."[358]

Die Fragerechte des Parlaments haben also drei wesentliche Aufgaben. Sie dienen dem Sammeln von Informationen; in begrenztem Umfang kann Publizitätswirkung durch sie erzielt werden; und es können weitere Antizipationsschleifen bei den Rats- und Kommissionsvertretern aufgebaut werden, wenn es den Parlamentariern gelingt, ihre abweichende oder insistierende Haltung zu bestimmten Sachverhalten zu vermitteln.

Die Fragerechte gegenüber der Kommission und dem Rat unterscheiden sich dabei in wichtiger Hinsicht. Während die Kommission zur Beantwortung von Anfragen verpflichtet ist,[359] bestimmt der Rat selbst das Ausmaß der Kontrolle, das er zulassen will. Außerdem werden die Antworten jeweils durch die Vertreter jenes Mitgliedstaates gegeben, der gerade die Ratspräsidentschaft innehat. Natürlich hat dieser vor der Beantwortung die Stellungnahmen der ständigen Vertreter der übrigen Mitgliedstaaten eingeholt, so dass die präsentierte Antwort deren kleinster gemeinsamer Nenner ist.[360] Darum ist es auch nicht zufällig, dass in den Interviewpassagen bei der Frage der Kontrolle mittels Anfragen allein auf die Kommission Bezug genommen wird. Im Gemeinschaftsvertrag wird lediglich erwähnt, dass der Rat nach Maßgabe seiner Geschäftsordnung vom Europäischen Parlament jederzeit gehört

---

357 Interview Nr. 4, Zeilen 214-223.
358 Interview Nr. 12, Zeilen 446-462.
359 Art. 197 EGV.
360 F. Jacobs/R. Corbett/M. Shackleton 1995, S. 267f.

wird.[361] Aus diesem Grund, und weil der Rat nur zum Teil exekutiv tätig ist, wird die Mehrzahl der Anfragen an die Kommission gerichtet.

Das Europäische Parlament hat dabei in zunehmendem Umfang die Möglichkeiten schriftlicher und mündlicher Anfragen genutzt sowie 1973 zusätzlich das Verfahren der Fragestunde eingeführt.[362] Der Vorteil der Fragestunden liegt für die Parlamentarier darin, dass sie hier – aufgrund der kurzen Einreichungsfristen der Fragen – im günstigsten Fall binnen einer Woche Antwort erhalten können. Die mündlichen Anfragen wiederum hatten schon immer einen hohen Stellenwert. Waren sie anfangs häufig von umfassenden Debatten und Resolutionen begleitet, sind sie nach mehrmaliger Straffung des Verfahrens mittlerweile zu einem effizienten Kontrollmittel der Ausschüsse und Fraktionen geworden. Trotzdem sind schriftliche Anfragen nach wie vor die häufigste Frageform, auch wenn die Beantwortung zuweilen mit erheblicher zeitlicher Verzögerung erfolgt, woran auch die Einführung von ‚Fragen mit Vorrang' nichts änderte.[363] Wie Martin Westlake schreibt, greifen manche Parlamentarier deshalb zu alternativen Strategien, die jedoch auch wenig befriedigend sind.

> „These phenomena, increasing quantities of questions and unavoidable delays in replies, have led to a degree of frustration in Parliament which has chiefly found its outlet in two alternatives: personal correspondence with a commissioner (commissioners' parliamentary postbags are growing exponentially) and question time. The disadvantage of a letter is that it will not have the formal and official status of a reply published in the *Official Journal* (the Community' s official gazette). The disadvantage of question time is that it requires the presence of the member at an awkward hour on the Wednesday [jetzt jeweils dienstags, SD] evening in Strasbourg."[364]

---

361 Art. 197, Abs. 4 EGV.
362 Die Einführung der Fragestunde ist eine direkte Folge der Entsendung britischer Abgeordneter in das Europäische Parlament, denen Fragestunden aus dem britischen Parlamentarismus geläufig sind und welche dieses Instrumentarium in das Europäische Parlament hineingetragen haben. Konkret zurückführen lässt sich die Etablierung dieses Instruments auf den konservativen Abgeordneten Peter Kirk. Vgl. M. Westlake 1995, S. 176.
363 Es darf bspw. von jedem Abgeordneten nur eine einzige ‚Frage mit Vorrang' pro Monat gestellt werden. Zu den Fragerechten insgesamt siehe T. Raunio 1996 sowie M. Westlake 1995, S. 174ff.
364 Ebenda, S. 174f.

Tabelle 4: Anfragen an Rat, Kommission (KOM), Außenminister (AM) und Hohe Behörde (HB) zwischen 1963 und 2004[365]

Jahr	Schriftliche Anfragen					Mündliche Anfragen				Fragestunde			
	KOM	Rat	AM[366]	HB	Ges.	KOM	Rat	AM	Ges.	KOM	Rat	AM	Ges.
1963	140	7	k.A.	14	161	k.A.	k.A.	k.A	k.A..	k.A.	k.A.	k.A.	k.A.
1973	637	115	k.A.	-	752	34	17	k.A.	51	k.A.	k.A.	k.A.	k.A.
1979	1674	223	80	-	1977	42	7	2	51	329	132	41	502
1980	1995	271	57	-	2323	61	23	5	89	495	217	92	804
1981	1744	210	37	-	1991	67	29	7	103	510	238	102	850
1982	1822	256	66	-	2344	63	22	12	97	472	214	119	805
1983	1946	242	49	-	2237	52	12	6	70	464	193	111	768
1984	1976	262	73	-	2311	36	19	8	63	456	223	112	791
1985	2949	258	125	-	3332	68	19	14	101	584	283	138	1025
1986	2671	195	157	-	3023	29	14	7	50	509	198	154	861
1987	2628	183	161	-	2972	35	8	2	45	713	205	153	1071
1988	2512	159	155	-	2842	k.A.	k.A.	k.A.	k.A.	723	213	155	1091
1989	1711	144	114	-	1969	127	52	17	196	581	172	130	883
1990	2732	217	126	-	3075	272	88	51	411	835	280	240	1355
1991	2905	257	119	-	3281	231	93	43	367	838	238	227	1303
1992	3051	338	137	-	3526	190	102	28	320	785	335	205	1325
1993	3588	354	169	-	4111	170	87	22	279	850	316	159	1325
1994	2505	401	-	-	2906	100	66	-	166	565	248	-	813
1995	3217	444	-	-	3661	188	109	-	297	691	322	-	1013
1996	3772	359	-	-	4131	160	101	-	261	738	315	-	1053
1997	3838	393	-	-	4231	140	45	-	185	689	335	-	1024
1998	3737	377	-	-	4114	125	79	-	204	788	467	-	1255
1999	2606	263	-	-	2869	58	17	-	75	523	308	-	831
2000	3678	485	-	-	4163	89	56	-	145	650	354	-	1004
2001	3302	413	-	-	3715	77	45	-	122	596	376	-	972
2002	3517	411	-	-	3928	65	44	-	99	576	333	-	909
2003	3754	334			4088	53	32		85	561	303		864
2004	3254	379			3633	53	37		90	369	208		577

365 Trotz intensiver Bemühungen war es nicht möglich, bis zur Fertigstellung dieser Arbeit zuverlässige Quellen für die vorhandenen Leerstellen zu recherchieren. Dies ist nicht nur ein wissenschaftliches Defizit, sondern unterstreicht zudem den geringen Stellenwert, den das Parlament offenbar dieser Art von Außendarstellung beimisst. Quelle: Eigene Zusammenstellung aus Europäisches Parlament 1982, S. 199 (für 1963-1981), Europäisches Parlament 1989, S. 140f. (für 1982-1987); Europäische Kommission (1988-2005): Gesamtbericht über die Tätigkeit der Europäischen Gemeinschaften/Europäischen Union (für 1987-2004).
366 Schriftliche und mündliche Anfragen sowie Anfragen in der Fragestunde, die an die Außenminister gerichtet sind, werden seit 1994 nicht mehr gesondert in den statistischen Quellen aufgeführt, sondern sind seitdem unter der Rubrik ‚Rat' zu finden.

Offenkundig fehlt es dem Europäischen Parlament nicht an Fragemöglichkeiten im Rahmen seiner Kontrollfunktion, sondern am nötigen Druckmittel, um auch schnell die entsprechenden Antworten zu erhalten. Hier ist vor allem gegenüber dem Rat ein Defizit erkennbar, weil es – anders als bei der Kommission – an dem notwendigen Pressionspotential mangelt.

In die Palette der Fragerechte fallen im weiteren Sinn auch Befragungen, die im Rahmen von Untersuchungsausschüssen durchgeführt werden. Untersuchungsausschüsse sind in nationalen politischen Systemen häufig ein Mittel der Opposition, um behauptete oder auch nur vermutete Missstände zu überprüfen und diese zur politischen Konfrontation zu nutzen.[367] Im Europäischen Parlament ist das natürlich anders, weil sich hier nicht Opposition und Koalition gegenüberstehen. Untersuchungsausschüsse sind also, der Logik des Gegenübers von Parlament und Regierung folgend, zur Aufdeckung des Fehlverhaltens der Regierung, also in erster Linie der Kommission, aber – wie am Beispiel des BSE-Untersuchungsausschusses zu sehen sein wird – auch des Rats nützlich.

Bis zum Inkrafttreten des Maastrichter Vertrages war die Einsetzung von Untersuchungsausschüssen lediglich Bestandteil der Geschäftsordnung des Europäischen Parlaments. Seit 1992 ist diese Praxis auch ‚verfassungsrechtlich' durch Verankerung im Gemeinschaftsrecht abgesichert.[368] Gleichzeitig ist mit dieser Fixierung allerdings eine Einschränkung der Kompetenzen des Europäischen Parlaments verbunden, da sich das Parlament mit dem Rat und der Kommission einvernehmlich über „die Einzelheiten der Ausübung des Untersuchungsrechts"[369] einigen muss. Am Beispiel des von September 1996 bis zum Februar 1997 eingesetzten BSE-Untersuchungsausschusses lässt sich eindrucksvoll demonstrieren, wo diese Form der Kontrolle denn auch an ihre Grenzen stößt. Im Abschlussbericht des Untersuchungsausschusses wurden detailliert die Versäumnisse der Mitgliedstaaten, der Kommission und des Rats aufgezeigt sowie Empfehlungen genannt, die höhere Transparenz und verbesserten Verbraucherschutz bewirken sollten.[370] Weil das Parlament jedoch keine unmittelbaren Möglichkeiten zur Durchsetzung der Empfehlungen hat, deren Nichtbefolgung nicht sanktionieren kann und zudem die Erzeugung öffentlichen Drucks bislang relativ schlecht gelingt, sind die Wirkungen des Instruments begrenzt. Darum ist es auch nicht überraschend, dass es Ende 2000 zu einer Zuspitzung der BSE-Krise kam, da die Mitgliedstaaten die Forderungen des Untersuchungsausschusses nur teilweise umsetzten.

---

367 Für den Deutschen Bundestag siehe bspw. W. Ismayr 2001, S. 369.
368 Art. 193 EGV.
369 Art. 193, Abs. 3 EGV.
370 European Parliament 1997.

5.2.3. Haushaltskontrolle

Die Kontrollmöglichkeiten des Europäischen Parlaments durch Fragerechte sind recht vielfältig. Ihre Wirkung ist jedoch dort eingeschränkt, wo nicht mehr die Gemeinschaftsorgane Gegenstand der Kontrolle sind, sondern die Mitgliedstaaten selbst. Zudem sind Anfragen trotz aller ‚Antizipationsschleifen' meist erst im nachhinein wirksam. Kontinuierliche Kontrolle gelingt jedoch dann besser, wenn Handeln im vorhinein beeinflusst und im nachhinein überprüft werden kann. Das funktioniert besonders gut, wenn das Parlament an der Verabschiedung des Haushaltes beteiligt ist, über die Verausgabung von Mitteln mitbestimmt und später die Kommission für die Haushaltsführung entlasten muss – oder eben dies verweigern kann. Darum ist es auch wenig erstaunlich, dass die Abgeordneten dem Budgetrecht die größte Bedeutung unter allen Kontrollmöglichkeiten des Europäischen Parlaments zuweisen. Exemplarisch für viele Antworten, die sich quer über die Mitglieder aller Fraktionen verteilt finden, kann die Äußerung einer sozialdemokratischen Abgeordneten stehen, die auf die Frage nach den wichtigsten Kontrollmöglichkeiten kurz und prägnant antwortet:

> „Haushalt und Haushaltskontrolle. Also Haushaltsrecht und Haushaltskontrollrecht. Da können wir es ordentlich krachen lassen."[371]

Zur näheren Begründung heißt es bei der gleichen Abgeordneten dann weiter:

> „Ich kann fragen: ‚Braucht sie [die Kommission, SD] in der Abteilung 200 Beamte oder würden 150 auch reichen?' Und wenn die 200 Beamten auch etwas tun wollen und dann nur wieder Regeln schaffen, die Europa eigentlich nicht braucht. Das andere sind eben insbesondere die Programme. Welche politischen Schwerpunkte werden gesetzt? Wo geht also Europa mit Geld auch rein? Das ist Haushaltsrecht bis hin zu dem Recht, den Kommissaren das Gehalt zu streichen, was wir auch schon mal gemacht haben. Für ein Vierteljahr haben sie kein Gehalt ausgezahlt gekriegt. [...] Geld ist eine Sprache, da brauchen Sie keine Dolmetscher. Das versteht jeder und deswegen ist das das Hauptinstrument – natürlich!"[372]

Bis Mitte der 1970er Jahre existierten allerdings nur sehr begrenzte Möglichkeiten parlamentarischer Haushaltskontrolle. Das Recht, die Kommission für ihre Haushaltsführung zu entlasten, war aufgrund der Gründungsverträge dem Rat vorbehalten. Erst durch die Reformen der 70er Jahre fiel die Haushaltskontrolle seit 1978 in den alleinigen Kompetenzbereich des Europäischen Parlaments, nachdem die Haushaltsentlastung zwischen 1971 und 1977 vorübergehend noch von Rat und Europä-

---

371 Interview Nr. 24, Zeilen 447-448.
372 Interview Nr. 24, Zeilen 456-467.

ischem Parlament gemeinsam durchgeführt wurde.[373] Erst nach der ersten Direktwahl im Jahr 1979 wurde unter Federführung des deutschen Abgeordneten Heinrich Aigner auch ein Haushaltskontrollausschuss eingerichtet. So sinnvoll ein Haushaltskontrollausschuss neben einem Haushaltsausschuss aus Sicht des Beobachters zur erfolgreichen Kontrolle auch sein mag, innerhalb des Parlaments führt dies zu nicht unerheblichen Kompetenzschwierigkeiten. Dies hängt einesteils damit zusammen, dass es offenkundig nicht ganz einfach ist, die Zuständigkeiten immer eindeutig den beiden Ausschüssen zuzuordnen. Anderntteils können Abgeordnete, die sinnvollerweise beiden Ausschüssen angehören, also in einem Ausschuss ordentliches und im anderen stellvertretendes Mitglied sind, nicht in weiteren Ausschüssen tätig sein.

„Der Haushaltkontrollausschuss war ja der erste Ausschuss dieser Art überhaupt in irgendeinem Parlament der Welt. Das haben auch viele inzwischen nachgeahmt. Er ist aber teilweise umstritten und zwar in Konkurrenz zum Haushaltsausschuss, weil der Haushaltsausschuss etwa seine Einflussnahme gemindert sieht, weil der Haushaltskontrollausschuss auch da ist. Das spielt jetzt wieder eine Rolle. [...] Jeder Abgeordnete hat automatisch einen ordentlichen Ausschusssitz und einen stellvertretenden Ausschusssitz, soviel muss es insgesamt geben. Es gibt aber Ausschüsse, die nicht zählend sind, das heißt, da kann ich darüber hinaus noch mal ordentlich sein. Und natürlich ist es so, dass die Ausschüsse, die nicht zählend sind, weniger wichtig sind, und man kann sie eben nebenbei mit dazu machen. Und der Haushaltskontrollausschuss war früher nicht zählend und ist jetzt zählend. Da gibt es einen großen Kampf zwischen Haushaltsausschuss und Haushaltskontrollausschuss, weil dann natürlich ein Abgeordneter entweder dort ordentlich und dort stellvertretend ist, [dann] ist [er] aber nur im Haushaltsbereich und nicht in anderen Dingen drin. Und da gibt es also große Bestrebungen, vor allem von der sozialistischen Fraktion, dieses wieder abzuändern. Wir kämpfen im Moment dafür, denn der Haushaltskontrollausschuss war ja die Idee von Herrn Dr. Aigner. Der ist der Abgeordnete, der damals im noch nicht direkt gewählten Parlament eigentlich diese Idee entwickelt hat.[...] Ich meine, dass die Kommission 1999 dann mehr oder minder irgendwann zurückgetreten ist, hängt ja mit diesem Haushaltskontrollausschuss zusammen. Und ich finde, dass die Haushaltskontrolle ein ganz wichtiger Punkt ist."[374]

Zwar führt das Nebeneinander von Haushalts- und Haushaltskontrollausschuss zu internen Problemen bei der Arbeitsorganisation des Parlaments. Seine Wirkung indessen verfehlt der Haushaltskontrollausschuss nicht. Die große praktische Bedeutung der Haushaltsentlastung wurde nämlich zuletzt 1998/99 deutlich, als das Europäische Parlament die Entlastung aufgrund von Betrugsverdachtsgründen verweigerte. Dies führte letztlich – wie beschrieben – gar zum Rücktritt der Kommission. Solche Folgen hatten frühere Entlastungsverweigerungen nicht, weil das Europäische Parlament den Schritt eines Misstrauensvotums – also den Griff nach seinem inzwi-

---

373 Ursprünglich war vorgesehen, dass das Europäische Parlament ab 1975 allein für die Haushaltsentlastung zuständig sein sollte. Diese Befugnis war jedoch an die Umstellung des Haushalts der Europäischen Gemeinschaften auf so genannte Eigenmittel gekoppelt. Jene gelang jedoch aufgrund diverser Schwierigkeiten bei der Einführung einheitlicher Bemessungsgrundlagen in den Mitgliedstaaten erst mit erheblicher Verzögerung, weshalb das Europäische Parlament erst 1978 die alleinige Entlastungsbefugnis erlangte. Siehe Europäisches Parlament 1982, S. 144f., sowie E. Grabitz/T. Läufer 1980, S. 134ff.
374 Interview Nr. 15, Zeilen 382-413.

schen machtpolitisch wirkungsvollsten institutionellem Mechanismus – noch nicht wagte. Die Gründe dafür sind offensichtlich: Erst durch institutionelle Reformprozesse wurde das Misstrauensvotum zu einem verlässliche Handlungsfolgen produzierenden institutionellen Mechanismus, der es in den 80er Jahren noch nicht war, so dass die Androhung eines Misstrauensvotums wirkungslos verpufft wäre – was ihr inzwischen keineswegs mehr widerfahren kann.

Die Neuordnung der Haushaltsentlastung in den 70er Jahren stellte aber nur einen Teil der Reformen dar. Denn gleichzeitig damit wurde auch die Verabschiedung des Gemeinschaftshaushaltes reformiert. Rat und Europäisches Parlament wurden zu einer ‚Gemeinsamen Haushaltsbehörde', und es wurde die Unterscheidung der Haushaltsmittel in obligatorische und nicht-obligatorische Ausgaben eingeführt.[375] Obligatorische Ausgaben sind diejenigen Ausgaben, die sich aus sekundärrechtlichen Verpflichtungen sowie völkerrechtlichen und privatrechtlichen Verträgen der Gemeinschaft ergeben. Nicht-obligatorische Ausgaben sind demgegenüber jene Ausgaben, bei denen Spielraum für die tatsächliche Verausgabung der Mittel vorhanden ist, weil deren Festsetzung nicht schon aufgrund vertraglicher Verpflichtungen vorbestimmt ist.[376] Während bei den obligatorischen Ausgaben der Rat das letzte Wort hat, kann bei den nicht-obligatorischen Ausgaben das Parlament abschließend entscheiden. Da sich die Ausgaben zunehmend in den Bereich der nicht-obligatorischen verlagern, steigt der Einfluss des Europäischen Parlaments bei der Haushaltsverabschiedung.[377] Seine politische Gestaltungsmacht entfaltet das Parlament also über eine Ausdehnung der nicht-obligatorischen Ausgaben.[378] Das unterscheidet das Europäische Parlament jedoch von der Tradition anderer Parlamente, die ihre Macht einst dadurch gewannen, dass sie die verfügbaren öffentlichen Mittel knapp hielten und nur für politische Gegenleistungen der Exekutive zur Verfügung stellten. Hierzu ist es jedoch zwingend notwendig, überhaupt erst einmal die Verfügungsgewalt über die Finanzmittel innezuhaben. Solange das jedoch aufgrund der primärrechtlichen Regelungen beim Europäischen Parlament nicht der Fall ist, kann

---

375 Diese Umgestaltungen basieren auf dem Luxemburger Vertrag vom 22. April 1970. Siehe B. Suski 1996, S. 149ff.
376 Vgl. T. Oppermann 1999, S. 317f.
377 Zu den obligatorischen Ausgaben zählte im Jahr 1975 vor allem der Agrarhaushalt, der ca. 75% des gesamten Haushaltes ausmachte. Im Jahr 1994 lag sein Anteil bei etwa 60%. Im Haushalt des Jahres 2002 betrug der Anteil der obligatorischen Ausgaben insgesamt ‚nur noch' etwas mehr als 41% des Gesamthaushalts in Höhe von etwa 99,4 Mrd. EURO (eigene Berechnung auf der Grundlage des Haushaltsplanes 2002).
378 Dabei darf jedoch nicht übersehen werden, dass die Parlamentskompetenz dadurch eine Einschränkung erfährt, dass die Kommission die Haushaltsbewilligung lediglich als eine Mittelbindung begreift. Das ist stets dann problematisch, wenn für die Verausgabung der Mittel keine Rechtsgrundlage existiert. Denn die Kommission weigert sich in diesen Fällen, finanzwirksame Gemeinschaftspolitiken auszuführen, die über eine ‚action punctuelle' hinausgehen (C. Tugendhat 1980, S. 289ff.). Das hat zur Folge, dass das Parlament zuweilen zwar über die Mittelbindung entscheiden kann, aber an der Schaffung der Rechtsgrundlage zu deren Verausgabung nicht im gleichen Umfang beteiligt ist.

sich ein solcher Mechanismus, etwa im englischen Parlamentarismus paradigmatisch am Kampf zwischen König und Unterhaus nachzuvollziehen, nicht entfalten.

Als Kompensation einer fehlenden Einflussnahme bei den obligatorischen Ausgaben wurde dem Europäischen Parlament seit 1975 ebenfalls die Möglichkeit zugestanden, den Haushalt aus wichtigen Gründen in seiner Gesamtheit abzulehnen. Das Mittel der Generalablehnung hat sich jedoch – anders als das Misstrauensvotum – nicht zu einem wirkungsvollen institutionellen Mechanismus entwickelt. Die mehrfache Ablehnung des Haushaltes in der unmittelbaren Folge der Direktwahlen[379] provozierte keine sonderlich dramatischen Handlungsfolgen, da im Fall eines fehlenden Haushaltsbeschlusses mit ‚provisorischen Zwölfteln' auf der Basis des Vorjahreshaushalts weiter gearbeitet werden konnte. Diese formale Regel machte die Haushaltsablehnung in den 1980er Jahren zu einem recht wirkungslosen Kontrollmechanismus, da die Handlungsfähigkeit der Kommission nur geringfügig eingeschränkt wurde und auf den Rat ebenfalls kein Druck ausgeübt werden konnte. Freilich ist es seitdem zu einer erheblichen Verschiebung zwischen obligatorischen und nicht-obligatorischen Haushaltsmitteln gekommen, so dass durch die Haushaltskontrolle wachsende Steuerungsmöglichkeiten des Parlaments entwickelt wurden.

5.2.4. Rechtliche Kontrolle

Anders als bei der Generalablehnung des Haushalts, die offenkundig keine Verhaltensänderungen hervorruft, verhält es sich hingegen mit der rechtlichen Kontrolle. Als ernstzunehmendes Kontrollmittel des Europäischen Parlaments wurde es von keinem der Akteure erwähnt, obwohl mit den vom Europäischen Parlament erreichten Entscheidungen des Europäischen Gerichtshofes (EuGH) unmittelbare Wirkung erzielt werden kann. Anders als etwa in der Bundesrepublik Deutschland fehlt dem Europäischen Parlament zwar die Möglichkeit einer abstrakten Normenkontrolle.[380] Trotzdem kann es mittels der Untätigkeits- und der Nichtigkeitsklage folgenreiche rechtliche Kontrolle ausüben. Laut Birgit Suski ist abstrakte Normenkontrolle auch gar nicht zwingend notwendig:

> „Es [das Klagerecht, SD] ist aber vom Demokratieprinzip her nicht erforderlich, sofern dem Parlament gesetzgeberisch ein Mitentscheidungsrecht eingeräumt wird. Wird das Parlament bei der Gesetzgebung so beteiligt, daß gegen seinen Willen keine Rechtsnormen erlassen werden können, erfolgt schon beim Erlaß der Rechtsnorm die parlamentarische Kontrolle. Durch eine abstrakte Klagemöglichkeit würde diese fehlende Einflußmöglichkeit zumindest nachträglich insoweit partiell kompensiert, als sie Rechtspflichten betrifft. Eine Kompensation des Defizits bezüglich der politischen Einflußnahme kann dadurch aber nicht erzielt werden."[381]

---

379 1979 wurde der Haushalt für 1980 abgelehnt, 1982 der Nachtragshaushalt für 1982 und 1984 der Haushalt für das Jahr 1985. Siehe B. Suski 1996, S. 152.
380 Siehe Art. 93, Abs. 1 GG.
381 B. Suski 1996, S. 139.

Eine dem bundesdeutschen System analoge Anrufung des obersten Gerichts als Mechanismus zur Delegation unpopulärer Entscheidungen kann auf europäischer Ebene darum keine Anwendung finden. Der EuGH erfüllt – anders als das deutsche Bundesverfassungsgericht – keine latente Funktion als (Ersatz-)Gesetzgeber, sondern nur die manifeste eines Kontrolleurs konkreter Einzelfälle. In verschiedenen Urteilen ist das Europäische Parlament in der Tat als Beklagter, Kläger oder Streitbeitretender durch die Rechtsprechung des EuGH gestärkt worden. An vorderster Stelle ist dabei das ‚Isoglucose-Urteil'[382] von 1980 zu nennen. Durch dieses Urteil wurde bestätigt, dass das Europäische Parlament bei der Gesetzgebung niemals übergangen werden darf, wenn dessen Beteiligung primärrechtlich vorgesehen ist. Im konkreten Entscheidungsfall hatte der Rat eine Verordnung erlassen, ohne das Parlament vorher anzuhören. Obwohl mit dieser Anhörung keine zwingende Chance zur inhaltlichen Einflussnahme verbunden war, machte allein schon das Unterlassen der Konsultation die Verordnung des Rats nichtig.

Das Europäische Parlament verfügt also über ein durchaus breites Spektrum an Kontrollmöglichkeiten. Da es aber auf europäischer Ebene bislang keine regierungstragende Mehrheit und Opposition gibt, kontrolliert das Parlament als Ganzes beziehungsweise mittels wechselnder Mehrheiten die Kommission und – ein Stück weit – den Rat. Nur die Kommission kann über den Weg des Misstrauensvotums, durch Fragerechte und die Haushaltskontrolle recht wirksam kontrolliert werden. Gegenüber dem Rat greifen solche Kontrollmechanismen hingegen kaum: Das Europäische Parlament kann den nationalen Ministern nicht das Misstrauen aussprechen, die Haushaltsbewilligung ist im Spannungsfeld von Parlament und Rat geblieben und auch die Fragerechte des Europäischen Parlaments gegenüber dem Rat sind noch unterentwickelt. Letzteres hat vor allem zwei Gründe: Einesteils bestimmt der Rat selbst, in welchem Ausmaß Anfragen beantwortet werden, anderntteils stellen die gegebenen Antworten nur den kleinsten gemeinsamen Nenner aller mitgliedstaatlichen Positionen dar. Darum lässt sich das Verhalten keines Einzelstaates angreifen.

Darüber hinaus spielt die praktizierte Intransparenz des Rats ebenfalls eine wichtige Rolle. Jener tagt stets hinter verschlossenen Türen, so dass Informationen an das Parlament nur spärlich fließen. Einzig die rechtliche Kontrolle lässt sich als wirksames Mittel sowohl gegenüber der Kommission als auch gegenüber dem Rat einsetzen, weil – und soweit – sich das Europäische Parlament die Autorität des Europäischen Gerichtshofes zunutze machen kann. Ganz konkret heißt das: Wirkungsvolle Kontrolle gelingt dem Parlament nur dort, wo es – und seien es geliehene – Sanktionsmöglichkeiten hat. Deshalb kontrolliert das Europäische Parlament vor allem die Kommission, während der Rat den parlamentarischen Kontrollmöglichkeiten weitgehend entzogen ist.

---

382 Europäischer Gerichtshof 1980, S. 3333ff.

5.3. Die Gesetzgebungskompetenzen des Europäischen Parlaments: zwischen Unterrichtung und Zustimmung

Gesetzgebung ist das ureigene Geschäft eines jeden Parlaments und darum auch eine seiner zentralen Aufgaben.[383] Die Gesetzgebung hat deshalb eine so wichtige Stellung inne, weil dadurch genau jene zentralen Steuerungsleistungen erbracht werden, die auch unmittelbare Auswirkungen auf das umgebende gesellschaftliche Milieu haben. Gleichzeitig können von gelungenen Steuerungsleistungen gerade auf dem Gebiet der Gesetzgebung starke Integrationsimpulse ausgehen. Wenn sich die Leitidee des Europäischen Parlaments auf einem Kontinuum vom parlamentarischen Forum zum parlamentarischen Mitgestalter abtragen lässt, so muss sich diese Entwicklung auch in einem veränderten Einfluss des Parlaments auf die Gesetzgebung widerspiegeln. Ein Indikator institutionellen Wandels ist die Abfolge verschiedener Legislativverfahren, die auf gemeinschaftlicher Ebene Anwendung finden. Effektive Vertretungskörperschaften zeichnen sich dadurch aus, dass es – wie beim Europäischen Parlament – annähernde Kongruenz zwischen Verfahrensrealität und eigener Leitidee gibt. Bei Vertretungskörperschaften autoritärer Systeme hingegen kommt es häufig zu einem Auseinanderfallen von normativen und faktischen Einflussmöglichkeiten.

Die Übereinstimmung zwischen verfolgter Leitidee und alltagspraktischen Handlungsmöglichkeiten ist also keine Selbstverständlichkeit. Denn nicht nur die Leitidee des Parlaments, sondern auch die Zielsetzung des umbettenden Systems ist Wandlungsprozessen unterworfen. Während nämlich auf europäischer Ebene in den 50er Jahren die Sicherung des Friedens durch gegenseitige Kontrolle der Kohle- und Stahlproduktion der Mitgliedstaaten im Mittelpunkt stand, ist es heute die umfassende europäische Integration auf breiter wirtschaftlicher und gesellschaftlicher Grundlage. Darum ist die Schaffung neuer Gesetzgebungsprozeduren als Anpassung von Regeln, Strukturen und Mechanismen an eine veränderte Akzentuierung der Leitidee und an neue Umweltanforderungen zu verstehen.

Zur Zeit existieren neben dem Haushaltsverfahren fünf weitere Gesetzgebungsverfahren, die dem Parlament in unterschiedlicher Weise Partizipationsmöglichkeiten sichern. Allein schon aus der Benennung als Unterrichtungs-, Konsultations-, Kooperations-, Kodezisions- und Zustimmungsverfahren lassen sich dabei wichtige

---

383 So wurde von allen befragten Parlamentariern die Mitwirkung an der Gesetzgebung als eine der wichtigsten Aufgaben des Europäischen Parlaments genannt. Und es ist natürlich auch kein Zufall, dass Parlamente als die ‚Legislative' bezeichnet werden. Schließlich begann alle Kraft der Parlamente mit der Gesetzgebung. Deshalb nennen Loewenberg und Patterson bei ihrer Aufreihung typischer Merkmale der parlamentarischen Gründungsphase einesteils das Repräsentationsprinzip und die Tatsache, dass es sich in den parlamentarischen Anfängen um Versammlungen der Einflussreichen handelte; andernteils stellen sie fest, dass „the members of the assembly bargained with the central government, exchanging consent to the government's policies for legal favors to their constituents." Siehe G. Loewenberg/S. C. Patterson 1979, S. 9. Ähnlich auch P. Norton 1994, S. 15.

Hinweise auf den parlamentarischen Stellenwert bei der Entscheidungsfindung ableiten.[384] Innerhalb des Konsultationsverfahrens kommt zudem der Sonderfall des Konzertierungsverfahrens zur Anwendung.

Zur Beantwortung der Frage nach der Effektivität des Europäischen Parlaments ist es besonders wichtig, institutionelle Wandlungs- und Lernprozesse sowie die Funktionserfüllung sichernde institutionelle Mechanismen und Organisationsprinzipien herauszuarbeiten. Die detaillierte Schilderung der einzelnen Verfahrensabläufe rückt demgegenüber in den Hintergrund, vor allem auch deshalb, weil die Art des Verfahrens nach Meinung der Akteure keine zwingende Relevanz für die parlamentarische Praxis hat. Deshalb äußert sich einer der EVP-Abgeordneten auch wie folgt:

> „Die [Meinungsbildung und Entscheidungsfindung, SD] unterscheidet sich nach meinem Eindruck eigentlich nicht direkt signifikant. Die Wirkung wohl, die Wirkung ja, aber der Weg, wie das Parlament zu seiner Meinung letztendlich gelangt, ist eigentlich in allen Verfahren dasselbe. Und das gilt ja nicht nur für die von Ihnen gerade genannten Gesetzgebungsprozesse, sondern das gilt ja auch für politische Deklarationen. Also, wenn z. B. das Parlament Stellung nimmt zu Menschenrechten in der Welt oder zum Prozess der Osterweiterung der Europäischen Union oder zur Mittelmeerpolitik oder zu der Frage, wie denn [...] die Verträge in der Nizza-Konferenz weiterentwickelt werden müssen, sind das ja alles nicht gesetzgeberische Angelegenheiten, aber gleichwohl Angelegenheiten von höchstem politischen Gewicht, und die Meinungsbildung erfolgt nach den gleichen Verfahren."[385]

Bei einer SPE-Abgeordneten klingt das ähnlich, wenn sie formuliert:

> „Für mich persönlich macht die Art des Verfahrens keinen Unterschied [...] Und das sind auch meine Kollegen, die so denken: Was geschrieben steht, steht geschrieben. Was wir hier schreiben an Berichten, egal, ob das jetzt ein Mitentscheidungsverfahren oder eine Form der Anhörung war oder wie auch immer; es kann ja durchaus sein – europäische Politik ist im Wandel -, dass [wir] in den nächsten Jahren daraus dann eine Mitentscheidung haben können, und dann heißt es: ‚Da habt ihr aber das und das gesagt.'"[386]

5.3.1. Formale und informelle Initiativrechte in der Gesetzgebung

Gesetzgebung wird in der Regel nicht um ihrer selbst Willen betrieben, sondern weil objektiv oder subjektiv Ordnungslücken im politischen System vorhanden sind, die es zu schließen gilt. Das Schließen solcher Regelungslücken geschieht in parlamentarischen Systemen meistens durch Gesetze, an deren Beginn ein Initiativvorschlag

---

384 In diesem Text werden die Begriffe Kooperations- und Zusammenarbeitsverfahren sowie Kodezisions- und Mitentscheidungsverfahren parallel verwendet: Kooperation und Zusammenarbeit bzw. Kodezision und Mitentscheidung bezeichnen schließlich jeweils dasselbe Verfahren.
385 Interview Nr. 3, Zeilen 238-252.
386 Interview Nr. 23, Zeilen 140-147.

steht.[387] Deshalb darf sich parlamentarische Mitgestaltung nicht allein darauf beschränken, dass das Europäische Parlament bei der Verabschiedung von Gesetzen mitwirkt. Vielmehr muss das Parlament auch über die Möglichkeit verfügen, eigene Initiativen in den Willensbildungsprozess einzuspeisen. Eine voll ausdifferenzierte Vertretungskörperschaft in freiheitlich demokratischen Systemen ist in der Regel mit formalen Initiativrechten ausgestattet. Das ist im Europäischen Parlament nicht der Fall. Allen Verfahren ist nämlich gemeinsam, dass allein die Kommission – von zwei Ausnahmefällen[388] abgesehen – das *formale* Initiativrecht besitzt. Jedoch hatte der Rat der Europäischen Gemeinschaften Jahrzehnte lang eine gegenüber dem Parlament privilegierte Position. Jener verfügte nämlich schon immer über die Möglichkeit, die Kommission zu geeigneten Maßnahmen aufzufordern. Erst durch den Maastrichter Vertrag wurde zumindest dieses offenkundige Ungleichgewicht zwischen den Befugnissen des Europäischen Parlaments und denen des Rats beseitigt: Das Parlament wurde insofern mit dem Rat gleichgestellt, als ihm ebenfalls die Möglichkeit eingeräumt wurde, die Kommission zum Handeln aufzufordern.[389]

Durch die Einschränkungen beim Initiativrecht unterscheidet sich das europäische politische System erheblich von dem der Mitgliedstaaten. Während das Initiativrecht der Exekutive auch dort gängige Praxis ist, ist die Abwesenheit parlamentarischer Initiativrechte unbekannt.[390] Und auch die seit dem Inkrafttreten des Maastrichter Vertrages bestehende Möglichkeit, die Kommission zum Handeln aufzufordern, garantiert noch keine inhaltliche Einflussnahme. Deshalb muss das Europäische Parlament auf andere Weise versuchen, politische Ideen in den Willensbildungsprozess einzuspeisen. Das kann zum einen durch *informelle Praktiken*, zum anderen aber auch aufgrund der für das europäische politische System *typischen Verfahrensweisen* geschehen.

Zu den typischen Verfahrensweisen auf der EU-Ebene gehört es nämlich, dass die Kommission bei längerfristig geplanten Regelungsabsichten in der Regel zuerst so genannte Grün- und später gegebenenfalls Weißbücher vorlegt, in welchen sie größere Gesetzesvorhaben ankündigt und zur Diskussion stellt sowie mögliche Zielrichtungen benennt. Auf der Grundlage der von der Kommission in den Grünbüchern dargestellten Regelungslage und möglicher Optionen findet ein breiter gesellschaft-

---

387 Natürlich werden manche Regelungslücken durch Erlass von Rechtsverordnungen geschlossen. Jedoch sind dazu – zumindest in Deutschland – erst einmal entsprechende Rahmengesetze notwendig, auf deren Basis die Verordnungen geschaffen werden können. Vgl. Art 80, Abs. 1 GG.
388 Bei den beiden Ausnahmefällen handelt es sich um die Schaffung eines einheitlichen europäischen Wahlrechts und um die für dessen Durchführung notwendigen Beschlüsse, ohne dass allerdings das Parlament in dieser Richtung bislang aktiv geworden wäre.
389 Art 192, Abs. 2 EGV hat folgenden Wortlaut: „Das Europäische Parlament kann mit der Mehrheit seiner Mitglieder die Kommission auffordern, geeignete Vorschläge zu Fragen zu unterbreiten, die nach seiner Auffassung die Ausarbeitung eines Gemeinschaftsaktes zur Durchführung dieses Vertrages erfordern."
390 Zur Möglichkeit der Gesetzesinitiative in den einzelnen Mitgliedstaaten siehe die entsprechenden Beiträge in W. Ismayr 1999.

licher Diskurs statt, an dem sich natürlich auch das Europäische Parlament beteiligt. Jedoch lässt sich anhand der relativ geringen Zahl von Grün- und Weißbüchern bereits ermessen, dass derlei Initiativbemühungen keine zentrale Rolle für das Europäische Parlament spielen.[391] Darum und weil die Grün- und Weißbücher keine alleinige Aufforderung an das Parlament zur Beteiligung an der Diskussion darstellen, wurden sie nur von wenigen Abgeordneten überhaupt als Einflussmöglichkeit auf Gesetzesinitiativen erwähnt. Grünbücher sind nämlich ein Appell an alle gesellschaftlichen Gruppen, ihre Vorstellungen zu einem bestimmten Thema an die Kommission zu übermitteln.

> „Die Kommission hat übrigens ein bei weitem, wie ich glaube, transparenteres und demokratischeres Verfahren als die meisten mitgliedstaatlichen Regierungen. Denn in aller Regel kündigt die Kommission, bevor sie Gesetzesvorschläge macht, ihre Erwägungen ja in Papieren, Mitteilungen, Grünbüchern an. Grünbücher sind die Aufforderung an die ganze Welt, an jedweden, Meinungen dazu auszutauschen; und nach dieser Phase des Meinungsaustausches erarbeitet die Kommission eine zweite vorbereitende Studie, das nennt man dann Weißbuch. Das ist schon konkreter, aber da hat die Kommission sich mit allem auseinandergesetzt, was man denn dazu gemeint hat. [...] Grünbuch und Weißbuch werden vom Parlament auch sehr ernst genommen. Dazu werden Meinungen gesammelt und auch abgegeben, und am Ende kann es dann sein, dass die Kommission aus all diesen Prozeduren einen Entschluss zieht und einen Vorschlag für eine Regelung macht. Und bedauerlicherweise ist es so, dass viele in Deutschland das Gesetzgebungsprogramm erst dann aufnehmen, wenn es entweder schon völlig gelaufen ist oder wenn Grün- und Weißbücher die Diskussion europaweit bereits strukturiert haben. Dann wundern sich manche, die das alles verschlafen haben, wieso das jetzt kommt – ja ich kann aber niemand daran hindern, zu schlafen. Ich kann ihn nur auffordern, frühzeitig die Diskussion mitzugestalten."[392]

Einen exklusiveren Zugang zur Kommission haben die Abgeordneten hingegen über *informelle* Kontakte, welche meistens über die Arbeit in den Ausschüssen hergestellt werden. Die Nutzung dieses Zugangs ist im Rahmen parlamentarischer Initiativbemühungen von elementarer Bedeutung. Gelingt dieser Kommunikationsfluss nämlich nicht und sind die Vorschläge erst einmal in den parlamentarischen Prozess eingespeist, ist es für tatsächliche Einflussnahme bereits zu spät, wie dieser Abgeordnete schildert.

> „Offiziell erfahre ich dann etwas, wenn es offiziell an das Parlament übergeben wurde und im Protokoll als erschienenes oder übertragenes Dokument aufgenommen wird. Wenn Sie aber erst zu diesem Zeitpunkt mitkriegen was läuft, so sind Sie ein armer Hund. Inoffiziell erfährt man etwas durch Kontakte in die Kommission. In dem Bereich, wo man in den Ausschüssen auch zuständig ist, kriegt man schon etwas mit, was in der Pipeline ist. Ein guter Abgeordneter

---

391 Im Jahr 2003 wurden vier Grünbücher veröffentlicht, im Jahr 2002 drei und 2001 acht. Siehe http://europa.eu.int/comm/off/green/index_de.htm (letzter Zugriff: 16. Januar 2004). Die Anzahl der Weißbücher ist natürlich geringer, weil nicht aus jedem Grünbuch auch tatsächlich ein Weißbuch resultiert. So gab es im Jahr 2003 ein Weißbuch, 2002 keines und 2001 deren vier. Siehe http://europa.eu.int/comm/off/white/index_de.htm (letzter Zugriff: 16. Januar 2004).
392 Interview Nr. 3, Zeilen 91-118.

macht es wie ein guter Lobbyist und versucht auch da schon seine Themen mit einzubringen."[393]

Durch informelle Kontakte zur Kommission können Abgeordnete frühzeitig erfahren, welche Gesetzesvorhaben dort geplant sind. Jedoch ist der Informationsfluss, der überhaupt erst einmal die Voraussetzung für inhaltliche Einflussnahme schafft, stark von der Vernetzung der einzelnen Parlamentarier abhängig. Natürlich gelingt die Vernetzung dort am besten, wo die Abgeordneten durch ihre Ausschusstätigkeit am leichtesten Zugang zu den jeweiligen Kommissaren finden. Wie der folgende Abgeordnete bemerkt, ist der Informationsfluss zuweilen aber auch von der Arbeit einzelner Interessengruppen abhängig, die frühzeitig über Regelungsvorhaben Bescheid wissen und an die Abgeordneten herantreten.

„Die Kommission bringt die Sachen ja ein. Hier gibt es bestimmte Gremien innerhalb des Parlamentes und über ein [...] festgelegtes Schema kommt das an die Abgeordneten heran. Ich kann das aber [...] z. B. über das Institut für Pflanzenzüchtung in Gatersleben [erfahren], wo jetzt eine Initiative Pflanzenschutz in der Kommission eingebracht wird und von der Kommission bearbeitet worden ist. Wenn da clevere Leute sind, und der Professor des Institutes für Pflanzenzüchtung in Gatersleben bei Quedlinburg ist so ein pfiffiges Kerlchen, weil der in verschiedenen europäischen Gremien mit drin sitzt, so dass der einen Entwurf der Kommission bekommen hat, den ich noch gar nicht in die Hand bekommen habe und der im Vorfeld uns schon spitz macht darauf: ‚Leute, da kommt etwas von der Kommission, und weil ich in dem und dem Gremium sitze, habe ich Wind davon bekommen und achtet darauf, dass der Mist nicht von der Kommission ins Parlament eingebracht wird. Oder seht zu, wenn ihr das in den Ausschuss bekommt oder in den Arbeitskreis, dass ihr [das] dann [...] rausnehmt.' Das sind also die cleversten Leute. Ich meine, wir werden ja von vielen Lobbyisten angeschrieben, aber das ist z. B. eine positive Sache. Und manchmal kommen Lobbyisten hier an, wenn der Krug bereits in den Brunnen gefallen ist, da kann ich die Scherben nicht mehr zusammenflicken. Mir ist es lieber, Lobbyisten wie dieser Institutsdirektor, der sich tagtäglich mit Pflanzenzüchtung beschäftigt, hat Wind davon bekommen und setzt schon mal Warnsignale. Das sind mir die liebsten. Wo der Krug noch hin geschoben wird, bis er in den Brunnen rein fällt, da kann man vorne schon ein paar Pflöcke hinbauen, dass der gar nicht erst an den Abgrund kommt."[394]

Ob aufgrund von auf verschiedene Weise akquirierbaren Informationen auch tatsächlich inhaltlich auf eine Initiative der Kommission eingewirkt werden kann, hängt indessen stark von den einzelnen Abgeordneten ab. Ein langjähriges Mitglied der EVP-Fraktion zeigt auf, wo die Scheidelinien bei den Möglichkeiten der Einflussnahme liegen. Jene Politiker, die im Parlament als einflussreich gelten und ausgewiesene Experten auf ihrem Arbeitsgebiet sind, werden demnach bereits in die Vorbereitungsphase eingebunden.

„Es gibt sehr viel einflussreiche Parlamentarier, die im Laufe der Jahre sich gute Kontakte zur Kommission aufgebaut haben, sehr frühzeitig sozusagen dort auch Informationen bekommen. Und dann ist es durchaus möglich und kommt immer wieder vor, dass einflussreiche Parlamentarier auch von den Kommissaren im Entwurfsstadium noch vor der offiziellen Gesetzesinitiative sozusagen als Fachleute, als Experten gefragt werden: ‚Wie würdet ihr denn das se-

---

393 Interview Nr. 11, Zeilen 343-353.
394 Interview Nr. 10, Zeilen 128-152.

hen?', so dass also durchaus Parlamentarier auch Einfluss auf die Initiative oder auf den Inhalt einer Initiative der Kommission in der Praxis [...] ausüben. Das hängt ein bisschen von der persönlichen Kontaktfähigkeit, von der Expertise, von dem Expertenwissen und sagen wir mal, von gewissen Konstellationen ab, ob ich gerade zu meinem Kommissar in meinem Fachgebiet einen besonders guten Draht habe, wodurch auch immer. Natürlich menschelts da auch. Manchmal gibt es jemanden, mit dem man sich gut versteht, manchmal weniger, und sicher dort, wo man einen engen, netten Kontakt hat, [...] sind dann schon Einflussnahmen denkbar und werden auch ausgeübt."[395]

Im Kern stellt sich das Initiativproblem für das Europäische Parlament also nicht anders dar, als für viele nationale Parlamente auch: Die Regierung ist die treibende Kraft bei der Gesetzesinitiative, und die Parlamentarier müssen vor allem darauf achten, dass sie mittels informeller Kontakte frühzeitig informiert sind. Das gelingt dem Europäischen Parlament offenbar recht gut. Anders als bei der Opposition in einem parlamentarischen Regierungssystem ist die Chance bereits in der Initiativphase einzugreifen im Europäischen Parlament sogar ungleich größer. Die Kommission kann sich nämlich nicht auf eine feste Parlamentsmehrheit verlassen und muss sich deshalb um möglichst breite parlamentarische Zustimmung bemühen. Derlei Zustimmung ist natürlich vor allem dann zu erwarten, wenn das Parlament möglichst früh am Entscheidungsprozess beteiligt wird. Durch die Möglichkeit, die Kommission zu bestimmten Gesetzesinitiativen aufzufordern, ist die Position des Parlaments zudem weiter gestärkt worden. Da das Parlament die Kommission unmittelbar kontrollieren kann, tut jene gut daran, den Aufforderungen des Parlaments nachzukommen. Obgleich es noch formale Lücken bei den Initiativrechten gibt, gelingt es dem Europäischen Parlament, auf informellem Wege genau jenen Einfluss auszuüben, der parlamentarische Mitgestaltung möglich macht. Ob sich die effektive Nutzung parlamentarischer Einflussmöglichkeiten auch in der Funktionswirklichkeit der anschließenden Gesetzgebungsprozedur widerspiegelt, werden die folgenden Abschnitte zur Verfahrensdurchführung zeigen.

5.3.2. Verfahren der Unterrichtung, Konsultation und Konzertierung

Ebenso wie sich bei der Frage der Initiativrechte ein Wandel der Möglichkeiten des Europäischen Parlaments konstatieren lässt, können auch bei den Verfahrensabläufen selbst starke Veränderungen nachgezeichnet werden. Um nämlich die – aufgrund der Ausweitung von Regelungskompetenzen auf supranationaler Ebene sich immer wieder verbreiternde – Kluft zwischen der Mitbestimmung des Parlaments und der Entscheidungskompetenz des Rats nicht zu groß werden zu lassen, sind sukzessive fünf Grundverfahren der Gesetzgebung geschaffen worden, die zur Zeit für die Gesetzgebung innerhalb der Europäischen Gemeinschaft existieren.[396] Wohl an kaum

---

395 Interview Nr. 9, Zeilen 159-177.
396 Siehe etwa W. Weidenfeld/C. Jung 1994, S. 13f., sowie die Zusammenstellung bei B. Suski 1996, S. 205ff.

einer Stelle des europäischen Integrationsprozesses lässt sich Wandel und Anpassung an neue Umweltbedingungen besser ablesen. Der Wandel indessen ist selten parlamentarisch geprägt. Die Veränderungen sind nämlich in der Regel das Produkt der Gipfeltreffen des Europäischen Rats. Deshalb sind auch die notwendigen Anpassungsleistungen letztlich nur zum Teil das Ergebnis parlamentarischen Wirkens und ebenfalls stark von dem Willen der Staats- und Regierungschefs bestimmt.

Das Verfahren, welches dem Parlament den geringsten Einfluss ermöglicht, ist das ‚Verfahren der *Unterrichtung*'. Hierbei handelt es sich im engeren Sinn nicht einmal um ein Verfahren in der Gesetzgebung, da das Europäische Parlament lediglich über Regelungsvorhaben informiert wird und daraus natürlich keine formale Chance zu Änderungen erwächst. Unterrichtung findet vor allem noch im Bereich der Wirtschafts- und Währungspolitik und in der zweiten Säule der Europäischen Union, also dem Bereich der Gemeinsamen Außen- und Sicherheitspolitik (GASP)[397] Anwendung.[398] Die Nutzung dieses Verfahrens in jenen Bereichen, in denen der Rat gleichsam allein als Gesetzgeber wirkt, ist aus demokratietheoretischer Sicht jedoch äußerst ambivalent. Die Minister sind zwar legitime Vertreter ihrer Staaten. Ein demokratisches Defizit entsteht also nicht schon deshalb, weil die nationalen Minister Entscheidungen treffen. Doch sehr wohl entsteht es dann, wenn Ratsentscheidungen nicht mit Einstimmigkeit getroffen werden und weder das Europäische Parlament noch die nationalen Parlamente in den Entscheidungsprozess eingebunden sind.[399] Wenn das Parlament lediglich unterrichtet wird, kann in keinem Fall von parlamentarischer Mitgestaltung gesprochen werden. Denn diese würde notwendigerweise die Beteiligung des Europäischen Parlaments an der Meinungsbildung und Entscheidungsfindung implizieren. Jene Beteiligung findet jedoch faktisch nicht statt, und das Parlament ist auf informelle Einflussnahme über die

---

397 Die Gemeinsame Außen- und Sicherheitspolitik (GASP) beinhaltet im übrigen auch die Europäische Sicherheits- und Verteidigungspolitik (ESVP). Bei letzterer handelt es sich nämlich keineswegs um eine eigenständige Säule der Europäischen Union, sondern nur um einen Teilbereich der GASP, der durch den Vertrag von Nizza in das Vertragswerk integriert wurde. Siehe Art. 17 EUV.
398 Für die Beteiligungsrechte siehe Art. 21 und Art. 27d EUV.
399 Dies gilt etwa bei der Zusammensetzung des Wirtschafts- und Finanzausschusses der Europäischen Zentralbank. Dessen Zusammensetzung wird vom Rat mit qualifizierter Mehrheit auf Vorschlag der Kommission beschlossen. Der Präsident des Rats informiert das Parlament über den Beschluss. Siehe Art. 114, Abs. 3 EGV.

Kommission oder die nationalen Regierungen angewiesen, um überhaupt auf diese Bereiche einwirken zu können.[400]

Nimmt man die Einflussmöglichkeiten des Parlaments auf den letztlich zu verabschiedenden Rechtsakt in Form von dessen möglicher Steuerungsfähigkeit als Maßstab zur Beurteilung der Effektivität, ist auch das Verfahren der *Konsultation* von zweifelhaftem Nutzen. Der Ablauf des Verfahrens gliedert sich wie folgt: Die Kommission legt dem Rat aufgrund ihres Initiativrechtes einen Gesetzentwurf vor; anschließend werden das Parlament und unter bestimmten Bedingungen der Wirtschafts- und Sozialausschuss vom Rat zu diesen Vorschlägen gehört, bevor der Rat einen endgültigen Beschluss fasst. Dieses Verfahren wurde bis zum Inkrafttreten der Einheitlichen Europäischen Akte im Jahr 1987 als Standardverfahren angewandt. Wenngleich eine Unterscheidung zwischen fakultativer und obligatorischer Konsultation rechtlich bedeutsam ist, ist das Parlament seit 1973 in der Praxis zu allen Rechtsakten angehört worden.[401]

Beide Verfahren – Unterrichtung und Konsultation – eröffnen dem Parlament formal allenfalls geringe Möglichkeiten zur Mitgestaltung europäischer Politik. Sie beschränken die Rolle des Parlaments auf die eines Diskussionsforums. Die Etablierung inter-institutioneller Mechanismen, deren Einsatz halbwegs verlässliche Handlungsketten bei Rat oder Kommission in Gang setzen könnte, sucht man darum vergebens. Die faktisch nicht vorhandenen Chancen der Mitbestimmung machen es unmöglich, Hebelwerke zu betätigen, da es den ‚Hebeln' sozusagen an den notwendigen ‚Widerlagern' fehlt. Die für einen wirksamen institutionellen Mechanismus notwendige Triade aus Positionen, Interessen und Regeln ist an dieser Stelle noch unvollständig. Das Europäische Parlament hat in der Position als letztes Glied der Informations- und Entscheidungskette zu wenig Machtressourcen, um die anderen Institutionen zum Handeln zu zwingen. Zudem fehlen Regeln, die andere Institutionen dem Parlament unterordneten.

Ein solcher Zustand ist natürlich so lange ‚unschädlich', wie das Europäische Parlament seine Leitidee auf der Ebene eines parlamentarischen Forums verortet. Denn dazu braucht es die inhaltliche Einflussnahme nicht. Außerdem hat all dies auch Vorteile. So ist das Verfahren in seiner Abfolge sehr einfach zu durchschauen und

---

400 Erschwerend kommt für das Europäische Parlament hinzu, dass neben der GASP auch noch die Zusammenarbeit in der Justiz- und Innenpolitik (ZJIP) immer weiter verstärkt wurde. Hier ist der Einfluss des Parlaments sogar noch geringer, weil vielfach nicht einmal die Unterrichtung des EP festgelegt wurde. Andreas Maurer stellt deshalb auch deutliche Unterschiede zwischen GASP und ZJIP fest. Zwar ist das Parlament auf beiden Feldern „[...] hinsichtlich der primärrechtlichen Grundlegung seiner Rechte als auch im Hinblick auf die reale Ausgestaltung dieser Politikfelder weitgehend ausgegrenzt", aber die „[...] identifizierten Mitwirkungs- und Kontrolldefizite im Bereich der dritten Säule der EU wirken insgesamt schwerwiegender als diejenigen in der GASP, weil es sich bei der Justiz- und Innenpolitik um Interventionsbereiche handelt, die traditionell den nationalen Legislativorganen der Mitgliedstaaten obliegen." Siehe A. Maurer 2002, S. 201.
401 Siehe E. Grabitz/T. Läufer 1980, S. 129 und S. 644f., sowie M. Bangemann/E. A. Klepsch/B. Weber/R. Bieber 1984, S. 271.

kann aufgrund reduzierter parlamentarischer Beteiligungsrechte relativ schnell ablaufen. Auf Dauer wäre ein solches – im wesentlichen am Parlament vorbeilaufendes – Verfahren natürlich nicht geeignet, parlamentarische Effektivität zu steigern, da parlamentarische Mitgestaltung ohne echte Partizipationschancen undenkbar ist.

Mit den Reformen im Haushaltsverfahren wurde dieser aus Sicht des Parlaments unbefriedigende Zustand durch die Einführung des *Konzertierungsverfahren*[402] – als Ergänzung zur Konsultation – zwischen Europäischem Parlament und Rat ein Stück weit verbessert. Durch die Haushaltsreformen war nämlich ein Missverhältnis zwischen der Rechtsetzungskompetenz und den Haushaltsbefugnissen des Parlaments entstanden. Das Europäische Parlament hatte danach zwar ein Letztentscheidungsrecht über die nicht-obligatorischen Haushaltsmittel, aber die Verwendung der Mittel musste über eine sachliche Rechtsgrundlage erfolgen, die zu schaffen nicht im Kompetenzbereich des Parlaments lag. Ein Beschluss darüber lag vielmehr, wenn nach dem Konsultationsverfahren entschieden wurde, allein in den Händen des Rats, da dieser problemlos von den Vorstellungen des Parlaments abweichende Rechtsakte erlassen konnte.[403] Dieses Missverhältnis der Entscheidungsmacht bei der Haushaltsverabschiedung und Rechtsetzung war durch die Haushaltsreformen so stark angewachsen, dass ein die Stabilität des Systems gefährdendes Legitimitätsdefizit leicht hätte offensichtlich werden können. Das Parlament erkannte dieses Missverhältnis als Chance zur Erweiterung seiner Kompetenzen. Die Kommission wurde darum 1972 unter Androhung eines Misstrauensvotums aufgefordert, einen Vorschlag zu unterbreiten, der die parlamentarischen Kompetenzen in der Gesetzgebung erweiterte. Die Kommission kam dieser Forderung nach und entging damit einem Misstrauensvotum.[404] In einer gemeinsamen Erklärung von Rat, Kommission und Parlament wurde sodann 1975 ein Konzertierungsausschuss ins Leben gerufen,[405] der Ähnlichkeit mit dem Vermittlungsausschuss zwischen Bundesrat und Bundestag hatte. Angewandt wurde das Verfahren vorerst aber ausschließlich auf „gemeinschaftliche Rechtsakte von allgemeiner Tragweite, die ins Gewicht fallende finanzielle Auswirkungen haben, und deren Erlass nicht schon auf Grund früherer Rechtsakte geboten ist."[406] Der Konzertierungsausschuss ist also ein Mechanismus, der dem Interessenausgleich von Rat und Parlament dient. Die Asymmetrie der Machtverhältnisse wird dadurch jedoch nicht aufgehoben. Das Verfahren garantiert dem Parlament allerdings die Möglichkeit, seine Standpunkte genau zu erläutern, wenn der Rat in seiner Entscheidung von dessen Stellungnahme abweichen will. Letztlich

---

402 Siehe zum Konzertierungsverfahren C. D. Ehlermann/M. Minch 1981, H.-J. Glaesner 1981 sowie T. Läufer 1990.
403 C. D. Ehlermann/M. Minch 1981, S. 24.
404 Siehe Europäisches Parlament 1982, S. 192.
405 ABl. C 89/1975, S. 1ff. Es handelt sich bei dem eingerichteten Konzertierungsverfahren also um eine sogenannte Interorganvereinbarung, die zwischen den drei beteiligten Parteien geschlossen wurde. Diese Vereinbarung ist nicht Bestandteil des Primärrechts der Gemeinschaft. Es handelt sich demnach im engeren Sinn auch nicht um ein eigenständiges Verfahren, sondern nur um eine Durchführungsbestimmung für bestimmte Fälle des Konsultationsverfahrens.
406 ABl. C 89/1975, S. 1.

kann die Entscheidung des Rats jedoch nicht verhindert, sondern nur aufgeschoben werden.[407]

Das Konzertierungsverfahren ist eine nur teilweise sinnvolle Ergänzung zum Konsultationsverfahren. Es erweitert zwar die Partizipationsmöglichkeiten des Parlaments an der Entscheidungsfindung, aber dessen Anwendung ist auf bestimmte Rechtsetzungen beschränkt. Das Konzertierungsverfahren substituiert auch nicht bereits bestehende Verfahren, sondern stellt lediglich einen zusätzlichen Sonderfall dar. Das eigentliche institutionelle Entwicklungsproblem indessen wird hier offenkundig: Über den Umweg der Androhung eines Misstrauensvotums gegen die Kommission gelang es dem Parlament, den Rat zur Einrichtung des Konzertierungsverfahrens zu bewegen; jedoch kann das Parlament nicht selbst entscheiden, welche Prozeduren und Verfahren anzuwenden, zu verwerfen oder gar neu zu schaffen sind. Dazu bedarf es immer der Kooperation des Rats und zur Schaffung neuer Verfahren gar der Zustimmung der Staats- und Regierungschefs, was einmal mehr die Abhängigkeit parlamentarischer Entwicklung von extra-institutionellen Faktoren unterstreicht.

5.3.3. Kooperations- und Zustimmungsverfahren

Die kumulative Schaffung von Verfahren setzte sich mit der Verabschiedung der Einheitlichen Europäischen Akte (EEA) fort.[408] Das *Kooperationsverfahren*, welches zeitgleich mit dem *Zustimmungsverfahren* eingeführt wurde, war damals ein Kompromiss zwischen der im parlamentarischen Verfassungsentwurf von 1984 formulierten Maximalforderung des Europäischen Parlaments nach einer generellen und umfassenden Gesetzgebungskompetenz[409] und dem Wunsch vieler Regierungen nach einer bloßen Ausdehnung des Konsultationsverfahrens.

In der täglichen Praxis erlangte das Kooperationsverfahren eine größere Bedeutung als das Zustimmungsverfahren, welches zunächst nur bei Abkommen mit Drittstaaten Anwendung fand. Außerdem kann sich das Parlament nur zwischen Zustimmung und Ablehnung entscheiden. Häufig sind es aber gerade die Detailfragen, die für das Parlament interessant sind, und genau diese sind beim Kooperationsverfahren noch verhandelbar, im Zustimmungsverfahren hingegen nicht. Richard Corbett konnte deshalb für das erste Jahr nach Inkrafttreten der EEA auch 26 Fälle der Zustimmung (allesamt Assoziierungsabkommen) und 132 Kooperationsverfahren nachweisen.[410]

---

407 Jaques Mégret spricht deshalb auch von einer Art aufschiebendem *Vetorecht* des Europäischen Parlaments, welches allein eine Verzögerung des Verfahrens bewirkt. Siehe J. Mégret 1979, S. 355.
408 Siehe zur EEA und der durch sie geschaffenen Verfahren C.-D. Ehlermann 1986, H.-J. Glaesner 1986, R. Corbett 1989, W. Ungerer 1989 sowie C. Engel/C. Borrmann 1991.
409 Europäisches Parlament 1984, Art. 38.
410 R. Corbett 1989, S. 22.

Durch den Maastrichter Vertrag wurde das Zustimmungsverfahren allerdings in zweierlei Hinsicht verändert: Einesteils erfolgte eine Ausdehnung auf weitere Politikbereiche, andernteils wurde die notwendige Parlamentsmehrheit in den Abstimmungen von absoluter auf einfache Mehrheit reduziert.[411] Vor allem durch die erste Veränderung boten sich dem Parlament nun Ansatzpunkte, um seinen Einfluss auch innerhalb dieses Verfahrens auszuweiten. Zwar galt seit der Etablierung des Verfahrens, dass „in the case of the assent procedure the Parliament's power of delay is open-ended, clear-cut and beyond doubt, either the Parliament grants its assent or it doesn't".[412] Jedoch handelt es sich gerade bei internationalen Abkommen selten um dringliche Regelungsvorhaben, die keinen Aufschub dulden. Deshalb war der potentiell durch eine Ablehnung auf den Rat ausübbare Druck nicht besonders hoch. Bei den durch Maastricht hinzugekommenen Feldern der Zustimmung ist das jedoch anders. Denn dabei handelt es sich beispielsweise um Regelungen, die den Struktur- und Kohäsionsfonds sowie die Europäische Zentralbank betreffen.[413] Um mehr Einfluss auf die inhaltliche Ausgestaltung der Regelungen ausüben zu können, änderte das Europäische Parlament im September 1993 seine Geschäftsordnung mit dem Ziel, die eigene Position in dem Verfahren zu stärken.

> „The rules now distinguish between assent to international agreements and legislative assent. In the case of legislative assent procedures, the competent parliamentary committee may now decide to draft an 'interim report', which may include 'recommendations for modification or implementation of the proposal' – that is, draft amendments by another name. Where such amendments are adopted by Parliament, its President must automatically request the opening of a conciliation procedure, with the competent committee making a final recommendation on whether or not assent should be granted 'in the light of the outcome of conciliation with the Council'.
>
> Thus, Parliament hopes to bring pressure to bear on the Council to accept legislative changes by threatening the refusal or postponement of assent. The power is clearly greater where the legislation is urgent."[414]

Allerdings hat die einseitige Regelung des Parlaments, bei entsprechender innerparlamentarischer Beschlusslage das Konzertierungsverfahren, also den aus der haushaltsrelevanten Gesetzgebung bereits bekannten institutionellen Mechanismus[415] einzusetzen, durchaus ihre Tücken. Der Rat kann nämlich nicht zur Teilnahme an der Konzertierung gezwungen werden und obwohl das Parlament natürlich letztlich immer die Möglichkeit hat, einen Rechtsakt scheitern zu lassen, befindet es sich in einer misslichen Lage. Denn für das Scheitern würde schließlich immer das Parlament verantwortlich gemacht, da jenes die Ablehnung letztendlich beschließen muss.

---

411 Siehe A. Maurer 2002, S. 126.
412 M. Westlake 1995, S. 151.
413 Siehe A. Maurer 2002, S. 126.
414 M. Westlake 1995, S. 151f.
415 Siehe Abschnitt 5.3.2.

Aus anderen Gründen als bei der Gesetzgebung in haushaltsrelevanten Fragen kann der Mechanismus hier also nicht die erhoffte Verbesserung der Funktionserfüllung bewirken: Während es dem Parlament bei den haushaltsrelevanten Konzertierungen an der Macht fehlte, die Verhandlungen scheitern zu lassen, fehlt es ihm bei der Konzertierung im Rahmen des Zustimmungsverfahrens – erstens – an der Macht, den Rat zur Teilnahme zu zwingen, und – zweitens – kann die Androhung des Scheiterns dann zu einem ‚Rohrkrepierer' werden, wenn in der Öffentlichkeit das Parlament als ‚europapolitischer Verhinderer' dasteht. Verhandlungen im Rahmen des Zustimmungsverfahrens sind also für das Europäische Parlament nicht leicht zu führen, da es ihm an den nötigen Machtressourcen gegenüber dem Rat fehlt. Allein durch informelle, nicht im Primärrecht verankerte Regelungen gelingt es, diesen Spielraum ein Stück weit zu vergrößern.

Anders ist es hingegen im *Zusammenarbeitsverfahren*.[416] Der größere Verhandlungsspielraum des Parlaments wurde durch die Einführung einer zweiten parlamentarischen Lesung erreicht. War das Konsultationsverfahren nach der Stellungnahme des Parlaments und dem darauffolgenden Beschluss des Rats beendet, kann es nun zu einer zweiten parlamentarischen Befassung kommen, auf welche der Rat wiederum zu reagieren hat. Auf der Basis eines vom Rat erarbeiteten gemeinsamen Standpunktes kann das Parlament in der zweiten Lesung den Entwurf annehmen oder sich eben nicht mehr äußern, ihn mit absoluter Mehrheit abändern oder ihn ablehnen. Diese Reaktionen haben jeweils unterschiedliche Auswirkungen auf die weitere Vorgehensweise des Rats. Hat das Parlament abgelehnt oder möchte der Rat von einer in zweiter parlamentarischer Lesung abgeänderten Gesetzesvorlage abweichen, muss im Rat nun Einstimmigkeit erreicht werden. In den anderen beiden Fällen kann der Rat mit qualifizierter Mehrheit beschließen. Die verlangte Einstimmigkeit ist in erster Linie als dem Parlament zur Verfügung gestellte Machtreserve zu werten: Gute Durchsetzungschancen besitzt es stets dann, wenn Keile zwischen die Mitgliedsregierungen getrieben werden können. Zweitrangig, wenn auch nicht nebensächlich, ist hingegen die legitimatorische Rolle solcher Einstimmigkeit im Rat: Falls es keine parlamentarische Zustimmung für eine Gesetzesvorlage gibt, wird sie durch einhellige Zustimmung im Rat substituiert. Im übrigen sieht dieses Verfahren eine aktivere Rolle der Kommission vor: Nur die Kommission kann Veränderungen in den Entwurf einbringen. Davon, ob sie die Entwürfe des Parlaments übernimmt oder nicht, hängt also ab, welche Mehrheit im Rat zur Beschlussfassung benötigt wird – was wiederum der Kommission Machtressourcen gegenüber Parlament und Rat erschließt.

Der Kommission kommt in diesem Verfahren also eine wichtige Rolle zu. Dadurch gewinnt wiederum die Zusammenarbeit zwischen Parlament und Kommission an Bedeutung: Ohne die Mitwirkung der Kommission können die Vorstellungen des Parlaments nicht in den Entscheidungsprozess einfließen. Die Mechanismen solcher Zusammenarbeit sind dabei vielfältig. Sie reichen von der Anwesenheit der Kom-

---

416 Art. 252 EGV.

missare in den Ausschüssen bis hin zu informellen Kontakten einzelner Funktionseliten des Parlaments mit der Kommission und deren Mitarbeitern.[417] Informelle Kontakte werden noch wichtiger, wenn das Parlament seine Leitidee eines Mitgestalters wirklich ernstnimmt und über diesen Weg Entscheidungen auch tatsächlich zu beeinflussen versucht.

5.3.4. Das Mitentscheidungsverfahren

Eine weitere Steigerung parlamentarischer Einflussnahme auf den Willensbildungs- und Entscheidungsprozess der EU bietet das durch den Maastrichter Vertrag geschaffene *Mitentscheidungsverfahren*.[418] Dieses Verfahren ist durch die Verträge von Amsterdam (1997) und Nizza (2000) reformiert und effizienter gestaltet worden. Die Reformen hatten die Ausweitung des Verfahrens auf eine größere Anzahl von Rechtsakten und die Straffung des Verfahrensablaufs selbst zum Ziel.[419]

Das Mitentscheidungsverfahren, hier in seiner nach dem Vertrag von Nizza gültigen Variante dargestellt, ändert zwar nichts am inhaltlichen Vorschlagsmonopol der Kommission. Jedoch hat das Parlament nun, genauso wie der Rat, erstmalig ein indirektes Initiativrecht. Das Europäische Parlament kann die Kommission mit der Mehrheit seiner Mitglieder zur Unterbreitung von Vorschlägen auffordern.[420] Freilich legt die Kommission aufgrund ihres materiellen Initiativrechts weiterhin selbständig den Gesetzentwurf vor, zu dem das Parlament in einer ersten Lesung eine Stellungnahme abgibt. Der Rat prüft dann diese Stellungnahme und kann mit qualifizierter Mehrheit den Rechtsakt erlassen, wenn er die Abänderungen des Parlaments übernimmt oder das Parlament keine Änderungsvorschläge übermittelt hat. Andernfalls erarbeitet der Rat einen gemeinsamen Standpunkt (also eine Zusammenführung eigener Vorstellungen mit der Stellungnahme des EP), der dem Parlament mitgeteilt wird. In der nun folgenden zweiten Lesung stehen dem Europäischen Parlament drei Optionen offen. Es kann den Entwurf – erstens – billigen oder keine Stellungnahme abgeben. Das hat jeweils zur Folge, dass der Rechtsakt nach drei Monaten erlassen wird. Eine zweite Möglichkeit besteht darin, den Rechtsakt mit absoluter Mehrheit abzulehnen, was zum Scheitern des Verfahrens führt.[421] Als dritte Option steht es dem Parlament offen, mit absoluter Mehrheit Abänderungen des Gesetzentwurfes vorzunehmen. Der Rat hat nun seinerseits verschiedene Mög-

---

417 Vgl. dazu die formellen und informellen Zugangschancen wie sie im Rahmen der Gesetzesinitiative im Abschnitt 5.3.1. beschrieben sind.
418 Art. 251 EGV.
419 Siehe u.a. R. Bieber 1997, S. 236ff.; W. Weidenfeld/C. Giering 1999, S. 55ff., sowie C. Giering 2001, S. 116.
420 B. Suski 1996, S. 171.
421 Im Maastrichter Vertrag war laut Art. 189, Abs. 2c nur vorgesehen, dass das Parlament die Ablehnung ankündigte. Daraus resultierte eine erheblich kompliziertere Verfahrensweise als seit dem Inkrafttreten des Amsterdamer Vertrags praktiziert wurde.

lichkeiten, auf die Änderungswünsche des Parlaments zu reagieren. Jener kann – erstens – nichts tun, wodurch der Rechtsakt endgültig gescheitert ist. Er kann jedoch – zweitens – die Änderungen des Parlaments auch akzeptieren und mit qualifizierter Mehrheit beziehungsweise einstimmig[422] den Rechtsakt erlassen. Als dritte Reaktionsmöglichkeit ist die Anrufung des Vermittlungsausschusses vorgesehen. Kommt es nun in diesem mit jeweils 15 Ratsvertretern[423] und 15 Abgeordneten des Parlaments besetzten Ausschuss[424] zu keiner Einigung, so ist der Rechtsakt wiederum gescheitert. Einigen sich Parlamentarier und Ratsvertreter jedoch auf einen gemeinsamen Entwurf, so kann dieser erlassen werden, wenn der Rat mit qualifizierter und das Parlament mit absoluter Mehrheit zustimmen. Trotz eines positiven Vermittlungsergebnisses in letzter Stufe ist der Rechtsakt jedoch immer dann gescheitert, wenn Parlament oder Rat ihn nicht explizit bestätigen oder gar ablehnen.[425]

In der jetzt vorliegenden Form verdient der zuvor geschilderte Gesetzgebungsprozess tatsächlich den Namen Mitentscheidung. Das Parlament ist ein gleichberechtigter Partner des Rats bei der Entscheidungsfindung.[426] Möglich wurde das indessen nur dadurch, dass es im Gegensatz zur Ursprungsform des Verfahrens zu Veränderungen im Ablauf und zu einer Verbesserung der Position des Parlaments kam. Vor allem die folgenden drei Punkte haben zur Effizienzsteigerung und größerer Transparenz geführt:

- Ein Gesetzentwurf kann seit dem Amsterdamer Vertrag bereits nach der ersten parlamentarischen Lesung durch den Rat verabschiedet werden. Dadurch wurde die Notwendigkeit abgeschafft, dass die Parlamentarier in einer zweiten Lesung noch einmal genau diejenigen Regelungen bestätigen müssen, die ohnehin bereits das Parlament in der ersten Lesung passiert hatten.
- Noch wichtiger war die Abschaffung einer Prozedur, die Otto Schmuck als „Krönung der Kompliziertheit im bisher bereits nicht gerade durch besonders einfach nachzuvollziehende Verfahren gekennzeichneten EG-System"[427] wertete. In der Ursprungsform des Verfahrens nach dem Maastrichter Vertrag war nämlich in der zweiten parlamentarischen Lesung die Möglichkeit der Ankündigung der Ablehnung eines Gesetzentwurfes vorgesehen. Das hatte zur Folge, dass vom Rat der gemeinsame Standpunkt noch einmal – in einer Art erstem Vermittlungsverfahren – ausführlich debattiert wurde. Erst dann konnte das Par-

---

[422] Qualifizierte Mehrheit reicht dann aus, wenn die Kommission die Abänderungen befürwortet hat; Einstimmigkeit ist stets dann erforderlich, wenn die Kommission die Abänderungen des Parlaments ablehnt.
[423] Die Delegation des Rats setzt sich im Normalfall aus den Vertretern der Ständigen Vertreter des Rats zusammen. Der Mitgliedstaat jedoch, der zur Zeit des Vermittlungsverfahrens den Vorsitz im Rat führt, wird durch einen Minister oder Staatssekretär vertreten.
[424] Siehe European Parliament 2003b, S. 5.
[425] Siehe zum Ablauf des Verfahrens Art. 251 EGV.
[426] Im Gegensatz zu Egon Klepsch (1994, S. 162) halte ich es für falsch, ohne die durchgeführten Reformen von einem echten Mitentscheidungsverfahren zu sprechen, weil Parlament und Rat sich nicht auf gleicher Augenhöhe begegneten.
[427] O. Schmuck 1992, S. 102.

lament den Entwurf mit absoluter Mehrheit seiner Mitglieder scheitern lassen oder Veränderungen vorschlagen. Nach der Bereinigung des Verfahrens wurde diese Zwischenstufe abgeschafft.
- Die dritte Veränderung bezieht sich auf das Ergebnis der Vermittlung: Wenn keine Einigung erzielt wird, erklären Rat und Parlament nunmehr gemeinsam das Scheitern der Gesetzesvorlage. Das Parlament gerät also nicht mehr in die Rolle eines europapolitischen Verhinderers, falls ein Scheitern zu erklären sein sollte. Vor der Reform war es nämlich so, dass nach einem gescheiterten Vermittlungsverfahren der Rat seinen gemeinsamen Standpunkt der ersten Lesung (!) verabschieden konnte. Dem Parlament blieb dann nur noch die undankbare Rolle, den Entwurf letztlich ablehnen zu können.[428] Praktisch spielte dieser Aspekt zwar eine untergeordnete Rolle, weil das Problem nur einmal auftrat und in einem zweiten Fall unter Vorgriff auf den Amsterdamer Vertrag das Scheitern eines Gesetzentwurfes von Rat und Europäischem Parlament gemeinsam erklärt wurde.[429] Jedoch war die Konstruktion so angelegt, dass allein dem Parlament die Schuld für ein Scheitern zugeschoben werden konnte.

Das Mitentscheidungsverfahren weist deutliche Analogien zu der Prozedur deutscher Zustimmungsgesetze auf, und seit den Reformen des Verfahrens haben das direkt legitimierte Parlament der höheren Ebene und die Gliedstaaten auch das gleiche Gewicht. Der klare Fortschritt im Gegensatz zum Kooperationsverfahren ist durch die definitive Vetomacht des Parlaments erreicht worden. Freilich benötigt das Parlament zur Verhinderung und Abänderung eines Gesetzes in der zweiten Lesung stets die absolute Mehrheit, während die Billigung mit einfacher Mehrheit erfolgen kann.[430] Da das Parlament also nur dann relativ mächtig ist, wenn große Geschlossenheit hergestellt wird, ist es vor allem beim Mitentscheidungsverfahren notwendig, dass die ausschussspezifischen Mechanismen der Konsensfindung gut funktionieren. Denn nur dann kann das Parlament seine Stärke in diesem Verfahren ausspielen.

„Man muss gucken, wo kriegt man Mehrheiten im Ausschuss hin – und da gibt es zwei Linien: Wir fahren im Moment einerseits eine neue Linie seit 1999, dass wir versuchen, Mehrheiten [...] im bürgerlichen Lager gegen das sozialistische Lager herzustellen. Also wenn wir Christdemokraten mit den Liberalen uns einig sind, haben wir die Mehrheit. Andererseits, bei grundlegenden Fragen, wo man weiß, dass in der zweiten Lesung es sowieso zu dem Erfordernis der Mehrheit von 314 Stimmen kommt, ist es sinnvoll, wenn die großen beiden Fraktionen,

---

428 Das Defizit der alten Verfahrensweise wird zudem daran deutlich, dass es sich bei dem vom Rat zu verabschiedenden und vom Parlament abzulehnenden Entwurf um einen vollkommen veralteten Standpunkt handelt. Jener ist nämlich überhaupt nicht mehr Gegenstand der Verhandlungen. Vgl. G.Falkner/M. Nentwich 1992, S. 282.
429 A. Maurer 1998, S. 222.
430 In der dritten Lesung, also nach einem möglichen Vermittlungsverfahren, muss im Parlament allerdings mit absoluter Mehrheit zugestimmt werden, um einen Gesetzentwurf passieren zu lassen. Siehe Art. 251, Abs. 5 EGV.

Christdemokraten und Sozialisten, sich einigen, weil dann hat man die Garantie [sic!], dass man es durch zwei Lesungen bis zum Vermittlungsausschuss durchtragen kann."[431]

Gesellt sich zu einer relativ großen parlamentarischen Geschlossenheit noch Uneinigkeit innerhalb des Rats, kann das Parlament seine Position zusätzlich dadurch stärken, dass es versucht, Koalitionen mit einigen Mitgliedstaaten zu bilden.

„Nun, also das Parlament hat natürlich den meisten Einfluss in den Bereichen, wo es eine Mitentscheidung hat. Da passiert [es] häufig doch, dass man unter dem Zeitdruck, unter dem Gesetze oder Richtlinien verabschiedet werden, diese natürlich zum Schluss anders aussehen, als es der Ministerrat sich zunächst gedacht hat. Und was ist dabei typisch? Typisch ist, dass im Ministerrat selber [...] die Meinungen häufig geteilt sind. Ein, zwei Länder wollen eigentlich gar nichts verabschieden, drei, vier Länder wollen es anders haben und sechs Länder sind existentiell daran interessiert, dass es vorwärts geht. Und dadurch, dass das Parlament durch Mehrheitsentscheidung eine geschlossene Meinung hat [sic!], ist es dann im Bereich der Mitentscheidung oft sozusagen durchsetzungsfähiger als der Rat. Und da kann es durchaus mal, um etwas Typisches zu sagen, eine Art Koalition geben des Europäischen Parlamentes mit der größeren oder der größten Gruppe im Ministerrat, so dass dann [...] Länder, die gar nicht so einverstanden sind, doch in irgendeiner Form beitreten müssen, und es dann unter dem Druck des Parlamentes zu Ergebnissen kommt, die, wenn es der Rat allein wäre, nie und nimmer zustande kämen, weil man dort vor lauter Diplomatie auch in Bereichen, wo die Einstimmigkeit gar nicht erforderlich wäre, trotzdem versucht, die Einstimmigkeit als Voraussetzung im Gesetzgebungsprozess zu machen. Mit Hilfe des Parlamentes kann man sozusagen die [...] eingespielte Einstimmigkeit praktisch [...] aufheben. Das ist typisch für den europäischen Gesetzgebungsprozess."[432]

Geschlossenheit des Parlaments und Zerrissenheit innerhalb des Rats sind zwei günstige Faktoren für große parlamentarische Einflussnahme im Mitentscheidungsverfahren. Deren zentraler Ansatzpunkt ist natürlich der Vermittlungsausschuss. Nur dort sind Parlamentsvertreter und Rat direkte Verhandlungspartner. Darum kann auch erst dort *formal* tatsächlich auf die inhaltlichen Interessen des Rats eingewirkt werden, wie dieser Abgeordnete der SPE-Fraktion deutlich herausstellt.

„Wir kriegen ja in einem bestimmten Teil des Verfahrens den gemeinsamen Standpunkt des Rates. Damit ist klar, was die Interessen des Rates sind und darüber hinaus machen sie nicht viel, was den Rat anlangt. Das hat auch gar keinen Zweck, weil da der Rat sich selber seine Position gemacht hat und wir davon ausgehen müssen, was seine Position ist. Zu glauben, man könne da in dieser Phase den Rat in irgendeiner Weise verändern oder beeinflussen, ist völlig falsch. Das geht nicht. Die haben ja was beschlossen, und das brauchen wir ja auch nur zunächst mal zur Kenntnis nehmen. Wir haben ja die Möglichkeit, das zu verändern bis in die letzte Phase des Verfahrens hinein, also bis hin zum Vermittlungsausschuss und der Möglichkeit, das Ergebnis auch abzulehnen, wenn wir nicht zu einer Einigung kommen. Also, diese Art von Versuch, zu beeinflussen oder die Interessen und Positionen des Rates zu beeinflussen, die ist eigentlich erst gegeben, wenn es zu einem Vermittlungsverfahren kommt. In der Regel jedenfalls. Ich meine, es gibt – ich muss das ergänzen – damit das nicht zu steril erscheint: Das gibt es natürlich in bestimmten Phasen des Verfahrens, dass die jeweiligen nationalen Mitglieder in einem Ausschuss versuchen, ihre eigene nationale Regierung zu einem bestimmten Verhalten im Rat zu bewegen. Das gibt es natürlich, indem man deutlich macht: ‚Da

---

431 Interview Nr. 16, Zeilen 88-98.
432 Interview Nr. 9, Zeilen 117-151.

gibt es Schwierigkeiten, mit der Position werdet ihr niemals durchkommen.' Die Versuche gibt es natürlich. Oder zu warnen, dass eine Veränderung der Position eher die Dinge verschlimmert. Solche Gespräche gibt es, aber die gehen nicht zum Rat, sondern die gehen mit der nationalen Regierung."[433]

Die Chance zur Koalitionsbildung des Parlaments mit einigen Mitgliedstaaten wird zudem dadurch gefördert, dass im Vermittlungsausschuss die Parlamentsvertreter mit einfacher und die Ratsmitglieder mit qualifizierter Mehrheit abstimmen. Wenn es dazu noch gelingt, bei den bilateralen Kontakten zwischen Parlamentariern und ‚ihren' nationalen Regierungen klare Positionierungen der Mitgliedstaaten herauszuarbeiten, stehen die Chancen relativ gut, im Vermittlungsausschuss zu einem parlamentarisch geprägten Ergebnis zu kommen.

Das Vetorecht und der Vermittlungsausschuss sind also jene zwei Mechanismen, die das Parlament überhaupt erst in die Position eines wirksamen Mitgestalters schlüpfen lassen. Denn ohne das Druckmittel der Ablehnung und die gleichzeitige Etablierung eines Mechanismus zum Interessenausgleich würde die Wirkung verfehlt werden. Der Rat hätte nämlich keine sonderlich starken Anreize, sich auf die Position des Parlaments einzulassen, wenn nicht ständig das Damoklesschwert der Verhinderung über ihm schweben würde. Wesentlich an der gesamten Prozedur des Mitentscheidungsverfahrens ist also, dass das Vermittlungsverfahren, welches als inter-institutioneller Mechanismus des Interessenausgleiches zwischen Rat und Parlament dient, im Gegensatz zum Kooperationsverfahren nun wirklich Handlungsketten produziert. Aus der Position des Parlaments existiert als letztes Sanktionsmittel immer die Möglichkeit der Ablehnung eines Gesetzentwurfes. Diese Chance hatte das Europäische Parlament in den früheren Verfahren nicht. Am Beispiel der Gesetzgebung zeigt sich also, dass ein institutioneller Mechanismus in Form des Vermittlungsausschusses als Grundgerüst schon länger vorhanden sein kann.[434] Er erfüllt seine Funktion jedoch so lange nicht, wie es noch nicht jene Regeln gibt, die Anschlusspraxen generieren, aus deren Vollzug dann in der Grundform bereits existierenden Mechanismen reale Bedeutung zuwächst. Praktisch wird aus einem Mechanismus erst dann ein die Funktion unterstützendes Instrument, wenn die geschaffenen Regeln mit verfügbaren Positionen und berechenbaren Interessen gut zusammenpassen. Im konkreten Fall waren es die Regeln, die noch passgenau gestaltet werden mussten. Erst wenn das Parlament ein Gesetz *tatsächlich* verhindern kann, fällt nämlich die Verfügbarkeit eines Mechanismus zum Ausgleich der Interessen von Rat und Parlament überhaupt ins Gewicht.

In der praktischen Anwendung zeigt sich dann, wie gut der Vermittlungsausschuss tatsächlich funktioniert. Bereits in den ersten Testfällen des Ko-Dezisionsverfahrens hat es einvernehmliche Lösungen im Vermittlungsausschuss gegeben,[435] und die Bilanz nach fünf Jahren bestätigt dies ebenfalls: In 46 der 48 im Vermittlungsausschuss eingebrachten Verfahren ist es zu einem gemeinsamen

---

433 Interview Nr. 18, Zeilen 285-316.
434 Also etwa in Form des Konzertierungsausschusses zwischen Rat und Parlament.
435 Vgl. O. Schmuck 1994, S. 80.

Entwurf von Rat und Parlament gekommen; 45 der 46 Rechtsakte wurden anschließend auch in beiden Gremien bestätigt. Nur in einem Fall scheiterte eine Gesetzesvorlage nach der Billigung des Vermittlungsausschusses an ihrer Ablehnung durch das Parlament.[436]

Obwohl das Verfahren der Mitentscheidung zur Leitidee eines parlamentarischen Mitgestalters europäischer Politik passt, hat es auch einige Defizite. Zwar ist das Verfahren im Gegensatz zur ursprünglichen Form des Maastrichter Vertrags transparenter und effizienter gestaltet worden; es weist dem Parlament auch nicht mehr nur die Verhinderungsrolle zu, sondern erlaubt mittels formaler und informeller Strukturen die aktive Mitgestaltung. Doch die Schwachstellen des Verfahrens sind in seiner nach wie vor relativ hohen Komplexität und Langatmigkeit[437] zu finden. Selbst guten Kennern der europäischen Politik ist es manchmal nicht möglich, das Verfahren in jeder seiner Phasen zu durchschauen. Prozesse müssen aber hinlänglich transparent bleiben, um Akzeptanz für ihre Verfahren und die beteiligten Institutionen bei den Bürgern zu erreichen. Außerdem setzt Effektivität nicht nur voraus, dass das Parlament tatsächlich an den Prozessen beteiligt ist, ebenso muss angemessene zeitliche Effizienz gewährleistet sein. Bei einer durchschnittlichen Verfahrensdauer von 738 Tagen erfolgt die Steuerungsleistung jedoch mit erheblicher zeitlicher Verzögerung.[438] Natürlich ist nicht normativ bestimmbar, ob das zu schnell oder zu langsam ist. Nimmt man jedoch die Zahlen des Deutschen Bundestages zum Vergleich, so wird deutlich, dass die Prozesse dort in der Regel schneller ablaufen. Durchschnittlich vergehen zwischen Einbringung und Verkündung im Bundesgesetzblatt je nach Wahlperiode zwischen 187 und 259 Tagen.[439]

Es ist allerdings festzustellen, dass die Verfahrensdauer auf europäischer Ebene kontinuierlich abgenommen hat.[440] Das spricht dafür, dass die neuen Verfahrensweisen seit dem Amsterdamer Vertrag die Mitentscheidung effizienter gemacht ha-

---

436 Siehe A. Maurer 1998, S. 217.
437 Eine Analyse von Andreas Maurer ergibt, dass das Verfahren durchschnittlich 738 Tage dauert. Wenn keine Vermittlung notwendig ist, kann bereits nach 639 Tagen abgeschlossen werden, während Mitentscheidungen unter Mitwirkung des Vermittlungsausschusses 892 Tage dauern. Siehe A. Maurer 1999, S. 33.
438 Ähnlich lange dauert offensichtlich auch das Kooperationsverfahren. Laut der Berechnung von Andreas Maurer vergehen bei diesem Verfahren durchschnittlich 734 Tage bis zur Annahme des Gesetzes. Siehe A. Maurer 1999, S. 33.
439 Siehe P. Schindler 1994, S. 862. Allerdings wird bei dieser Zahl kein Unterschied zwischen ‚einfachen' Gesetzen und Zustimmungsgesetzen gemacht. Der Anteil der Zustimmungsgesetze betrug zwischen der ersten und der elften Wahlperiode im Durchschnitt ca. 52%. Siehe P. Schindler 1994, S. 847. Gesetzgebung verläuft jedoch auch in anderen nationalen politischen Systemen erheblich schneller. So ist die durchschnittliche Dauer der Gesetzgebung in Frankreich zwar stark davon abhängig, ob es sich um Regierungsvorlagen handelt oder ob andere Organe die Gesetzesvorlage einspeisen. Aber die durchschnittliche Dauer liegt selbst im letzteren, ungünstigeren Fall ‚nur' bei ca. 220 Tagen.
440 Siehe A. Maurer 1999, S. 32.

ben.[441] Ohnehin bedeuteten die Verträge von Amsterdam und Nizza ein echtes Novum in der Geschichte der europäischen Integration: Erstmals wurde das Prinzip durchbrochen, mit jeder Vertragsrevision vollständig neue Verfahren zu schaffen. Statt dessen wurde ein erprobtes und für brauchbar gehaltenes Verfahren effizienter gestaltet und auf weitere Politikfelder ausgedehnt. Die Verfahrenskreativität, die häufig von den Gipfeltreffen der Staats- und Regierungschefs ausging, fand also auf diesen beiden Gipfeln nicht statt. Es hat den Anschein, dass im Prozess von Versuch und Irrtum, der zur Vielfalt der Legislativverfahren führte, nun eine ausbaufähige Problemlösung gefunden worden ist und ein Entwicklungspfad beschritten wurde, auf dem weiterzugehen ist. Einer der Pfade, die in jedem Fall einzuschlagen wären, wäre die Einarbeitung von strengen Fristen für die erste Lesung des Parlaments und die Erstellung des gemeinsamen Standpunktes durch den Rat. Wie Andreas Maurer nämlich eindrucksvoll nachweist, resultiert die Länge des Verfahrens vor allem aus den Verzögerungen in der ersten – nicht mit Fristen ausgestalteten – Phase des Ablaufs.

„The shorter the delay between the Commission legislative proposal and the adoption of a common position by the Council, the less time is required to conclude the case with the EP. Similarly, the longer the EP takes to adopt its first reading resolution, the longer it takes to shift into the final stages of codecision."[442]

Das Mitentscheidungsverfahren hält also noch Potential zur Effektivitätssteigerung auch auf Seiten des Parlaments bereit. An einer anderen Stelle hat das Parlament freilich weniger Möglichkeiten der Einflussnahme: Mitentscheidung ist noch immer nicht das Standardverfahren der Gesetzgebung in der Europäischen Union. Und die anderen Verfahren, vor allem Unterrichtung und Konsultation, erfüllen die Ansprüche des Parlaments, europäische Politik mitgestalten zu wollen, nur sehr begrenzt. Dazu gesellen sich mehrheitlich auf informellen und nur schwachen formalen Prozessen beruhende Initiativmöglichkeiten des Parlaments. Es bleibt also noch einiges zu tun, bis von vollständiger Mitgestaltung in der Gesetzgebung gesprochen werden kann.

5.4. Repräsentationsleistungen des Europäischen Parlaments

Ein erfolgreiches Parlament ist dadurch gekennzeichnet, dass es keine offenen Brüche zwischen Leitideen und Funktionserfüllung gibt. Ebenso muss erkennbar eine Anpassung der Strukturen, Prozesse und Mechanismen an sich verändernde Umweltbedingungen stattfinden. Die Leitidee eines parlamentarischen Mitgestalters ist

---

441 Kurz nach Inkrafttreten des Amsterdamer Vertrags wurde außerdem von Parlament, Rat und Kommission eine ‚Gemeinsame Erklärung' unterzeichnet, welche die Steigerung der Effektivität durch bessere Koordination und loyales Zusammenarbeiten der Organe beinhaltete. Siehe ABl. C 148/1999, S. 1f.
442 A. Maurer 1999, S. 36.

also das Produkt vielschichtiger geschichtlicher Veränderungen. Das Parlament ist ja erst allmählich zu einem einflussreichen Faktor der europäischen Politik geworden. Durch die erfolgreiche Erweiterung seiner Kompetenzen erfüllt es für das umbettende System inzwischen aber eine Reihe wichtiger Funktionen. Die besondere Leistung des Parlaments auf dem Weg zur jetzigen Rolle besteht darin, sowohl *durch eigenen Antrieb* als auch von *außen angestoßen* Strukturen, Funktionen und Mechanismen derart verändert zu haben, dass dem europäischen politischen System hieraus Nutzen entspringt – nämlich durch parlamentarische Mitsteuerung europäischer Politik. Der besondere Vorteil genau jener parlamentarischen Mitsteuerung für das gesamte politische System liegt darin, dass allein Repräsentationsinstitutionen daraufhin optimierbar sind, einen freien, pluralen und wechselseitigen Kommunikationsprozess zwischen politischem Entscheidungssystem und regierter Gesellschaft auf Dauer zu stellen.

Die parlamentarische Effektivität bei der Erfüllung der Kommunikationsfunktion wird sich darum – in Anlehnung an die Überlegungen Walter Bagehots[443] und ergänzt um die repräsentationstheoretischen Überlegungen Hanna F. Pitkins[444] – anhand von vier zentralen Fragen erschließen:[445] Auf welche Weise gelingt es dem Europäischen Parlament, als Bindeglied zwischen allen relevanten Akteuren des politischen und gesellschaftlichen Raums zu dienen ('Vernetzungsfunktion')? Inwieweit ist das Europäische Parlament responsiv und transportiert Informationen in den politischen Willensbildungs- und Entscheidungsprozess ('Responsivitätsfunktion')? Wird dieses Einbringen und Umsetzen der Informationen in Form von Diskussionen zwischen einesteils den Parlamentariern untereinander und andernteils der Institution mit Eliten auch nach außen hin sichtbar gemacht ('Darstellungsfunktion')? Und entwickelt sich daraus Repräsentationsglauben, der es der Institution dann auch erleichtert, eine kommunikative 'Führungsfunktion' zu erfüllen?

Die parlamentarische Kommunikationsfunktion des Europäischen Parlaments entfaltet sich natürlich keineswegs autonom. Sie steht vielmehr in einem engen Verhältnis zu den Funktionen, Strukturen und Mechanismen sowie zu den Umweltbedingungen, welche das Parlament jeweils vorfindet. Beispielhaft seien hier die folgenden, mit der Kommunikationsfunktion wechselwirkenden Faktoren genannt: Das Fehlen einer die Regierung tragenden oder die Opposition bildenden Koalition oder Fraktion; das Fehlen einer dauerhaften Verantwortlichkeit einer wirkungsvollen europäischen Regierung (in Form der Europäischen Kommission) gegenüber dem Parlament; die (noch) unterentwickelten parlamentarischen Möglichkeiten, auch öffentlich zu verantwortende, abschließende Entscheidungen zu treffen, weil stets der Rat die – durch parlamentarische Mitgestaltung – getroffenen Entscheidungen der Öffentlichkeit verkündet.

---

443 W. Bagehot 1963, S. 117f.
444 H. F. Pitkin 1972, S. 209ff.
445 Siehe hierzu die ausführliche Darstellung in Kapitel 2.3.2.4.

Außerdem ist die Ausübung der Kommunikationsfunktion des Europäischen Parlaments natürlich vom Rollenprofil seiner Akteure abhängig: Sind etwa die Parlamentarier – wie im Fall des Europäischen Parlaments bis zu seiner Direktwahl – Delegierte einer nationalen Vertretungskörperschaft, findet Repräsentation unter Dominanz der nationalen, nicht der supranationalen Ebene statt. Neben diesen veränderlichen Faktoren spielen aber auch nicht oder nur schwer beeinflussbare Elemente eine wichtige Rolle. Die Vielsprachigkeit und kulturelle Vielfalt Europas zieht etwa ein nahezu vollständiges Fehlen transnationaler medialer Netze nach sich. Da Repräsentation aber letztlich auf nichts als öffentlicher Meinung beruht,[446] kann die Wirkung dieser scheinbar extra-institutionellen Faktoren auf die Institution des Europäischen Parlaments kaum überschätzt werden.

5.4.1. Vernetzung des Europäischen Parlaments

Eine umfassende parlamentarische Vernetzung auf allen Ebenen ist die Basis wirkungsvoller Responsivität, Darstellungskraft und kommunikativer Führungsleistung. Auf nationaler Ebene spielen Parteien dafür eine überaus wichtige Rolle. Thomas Poguntke schreibt in bezug auf die Parteien in der Bundesrepublik Deutschland dann auch:

> „Grundsätzlich ist dazu anzumerken, daß politische Parteien in einem parlamentarisch-repräsentativ verfaßten System – wie dem der Bundesrepublik Deutschland – das demokratietheoretisch wichtigste Verbindungsglied zwischen den Bürgern und den Organen staatlicher Willensbildung darstellen."[447]

Eine ähnlich ausgeprägte Rolle haben die ‚europäischen Parteien' auf supranationaler Ebene aber bislang nicht. Vielmehr sind es die nationalen Parteien, die – sozusagen nebenbei – auch noch für die gesellschaftliche Vernetzung des Europäischen Parlaments ihren Beitrag leisten. Zwar gibt es seit geraumer Zeit supranationale Parteienzusammenschlüsse; doch diese sind den Bürgern weitgehend unbekannt. Gewählt wird eben nicht die Europäische Volkspartei, sondern die CDU in Deutschland oder die ÖVP in Österreich. Wohl wurden mit der Reform des Haushaltsverfahrens und der Direktwahl anfangs die europäischen Parteienzusammenschlüsse en-

---

446 Der Begriff ‚öffentliche Meinung' dient hier als Sammelbezeichnung für alle in der Europäischen Union existierenden Teilmeinungen, die sich nur schwerlich zu ‚der' öffentlichen Meinung zusammenfassen lassen. Zum Problem von Öffentlichkeit und der Herausbildung von Teilöffentlichkeiten siehe H.-J. Trenz 2002 S. 19ff.
447 T. Poguntke 1999, S. 504.

ger.[448] Das konnte jedoch keine nachhaltige Wirkung für die Präsenz in der Öffentlichkeit haben. Denn, wie einer der Abgeordneten schildert, spielten vor allem die Fraktionen des Europäischen Parlaments eine große Rolle bei der Etablierung der supranationalen Parteibündnisse. Es kann also nicht von einer gewachsenen, sondern nur von einer vielfach gewünschten Zweckstruktur gesprochen werden. Jene erfüllt aber eben auch nicht mehr als die Aufgabe eines losen organisatorischen Zusammenschlusses.

„Die Fraktionen haben etwas gemacht, was keiner richtig beobachtet hat. Wir sind der Motor der Bildung europäischer Parteien gewesen. Die nationalen Parteien haben sich eigentlich durch das Europäische Parlament und die Fraktionen, die sich gebildet haben, erst zu wirklichen europäischen Parteien langsam entwickelt. Wir haben ihnen dazu erstens die [...] technischen Möglichkeiten verschafft und zweitens auch die Inhalte verschafft. Die meisten europäischen Parteiprogramme sind wesentlich in den Fraktionen des Europäischen Parlaments mit hervorgerufen. Insofern ist der letzte Aspekt, die Schaffung europäischer Parteistrukturen, eigentlich etwas, was wir bewirkt haben, was man früher so nicht hatte."[449]

Die Gründung politischer supranationaler Parteien hatte jedoch keinen nachhaltigen Einfluss auf deren tatsächliche Wirkung in der Öffentlichkeit: Bei Europawahlkämpfen wird nach wie vor mit dem Logo der nationalen Partei geworben; der Name der supranationalen Partei aber taucht, wenn überhaupt, nur am Rande auf.

Parteien sind jedoch nicht nur überaus notwendige Organisationen politischer Rekrutierung, Sozialisation und Kandidatenpräsentation, sondern sie sind ebenfalls Transmissionsriemen gesellschaftlicher Interessen. Genau jene wichtige Bindegliedfunktion zwischen Bürgern und Parlament kann sich natürlich nur vor einem Hintergrund vollziehen, der von den Adressaten auch für wichtig gehalten wird. Das ist bislang jedoch die nationale, nicht aber die supranationale Kulisse der europäischen Ebene.[450] Wie gut die Verbindung zwischen europäischem System und europäischer Bürgerschaft gelingt, ist also weniger von der supranationalen Partei abhängig als von der Präsenz ihrer jeweiligen nationalen Basis mit eigenen Netzwerken in den einzelnen Staaten, Regionen und Kommunen. Daran dürfte sich erst dann etwas ändern, wenn die Willensbildung auch im Europäischen Parlament entlang parteipolitischer ‚Frontlinien' erfolgt. Denn erst dann würde es für die Unionsbürger wichtig, sich zwischen auf europäischer Ebene agierenden Parteien ebenso zu entscheiden, wie das etwa für parlamentarische Regierungssysteme typisch ist. Eine solcheÄnde-

---

448 Am 4. Mai 1974 wurde die SPE gegründet, am 8. Juli 1976 die EVP. Die Liberalen schlossen sich in Stuttgart am 26./27. März 1976 zu einer europäischen Partei zusammen (Föderation der Liberalen und demokratischen Parteien), die ihren Namen im Laufe des Jahres 1977 in Europäische Liberale Demokraten änderte. 1993 wurde auch eine Dachorganisation der Grünen in Form der Europäischen Föderation der Grünen Parteien gegründet. Zur Entwicklung der europäischen Parteien siehe G. Jasmut 1995, S. 185ff., sowie V. Neßler 1997, S. 44ff. Am 10. und 11. Januar 2004 trafen sich schließlich die Europäischen Linken zu einem Gründungsparteitag in Berlin. Siehe http://sozialisten.de/partei/international/dokumente/view_html?_zid=67&bs=1&n=0 (letzter Zugriff am 28. Januar 2004).
449 Interview Nr. 16, Zeilen 667-678.
450 Vgl. G. Jasmut 1995, S. 130.

rung setzte wiederum noch größeren Einfluss des Parlaments auf Kreation und Amtsführung einer machtpolitisch starken Kommission voraus. Offensichtlich sind manche Parlamentarier jedoch zumindest gedanklich schon genau dort angekommen, wo die institutionelle Entwicklung hingehen müsste, um ein solches Szenario Wirklichkeit werden zu lassen.

> „Wir wollen, viele Kollegen und ich z. B., wir wollen, dass bei der nächsten Europawahl nicht alle, aber doch wesentliche Kandidaten – auch der Kommissionspräsident – zunächst einmal die Hürde der Europawahl durchlaufen. Damit haben sie eine Bestätigung durch die Bürger, so dass sogar Spitzenkandidaten durch die Parteien europaweit benannt werden, wo also dann z. B. die Christdemokraten europaweit sagen: ‚Unser Spitzenkandidat heißt [...] Prodi oder heißt Junker.' Und wenn wir die Möglichkeit dazu haben, werden wir unseren Regierungschefs vorschlagen, dass sie diesen Spitzenkandidaten als Kommissionspräsidentenkandidaten benennen, so dass also der Einfluss in den vielfältigen Phasen noch erhöht wird. Und durch Nizza wurde ja der Einfluss des Parlaments bei der Investitur noch mal gestärkt, was die Einsetzung der Kommissare betrifft – und auch dieses Diskussionsverfahren wurde von Mal zu Mal härter."[451]

Es sind aber nicht nur die Parteien und ihre wichtige Funktion, die für den Vernetzungserfolg des Europäischen Parlaments eine Rolle spielen. Denn derzeit kommen im europäischen politischen System viele Entscheidungen erst durch das Zusammenspiel von Parlament, Rat und Kommission zustande. Deshalb sind die Anknüpfungspunkte an Rat und Kommission für das Parlament von überaus großer Bedeutung. Die Bruchstellen in der Entwicklung dieser Kommunikations- und Interaktionsbeziehungen ergeben sich dabei aus der veränderten parlamentarischen Funktionswirklichkeit auf den Feldern der Gesetzgebung, Kontrolle und Kreation. Aufgrund der zunächst verfügbaren Verfahren bestand anfangs nämlich weder für den Rat noch für die Kommission so etwas wie ‚Zwang zur Kommunikation' mit dem Parlament. Und selbst dort, wo er vertraglich aufgrund von Konsultationspflichten bestand, mussten Informationen mitunter – wie etwa im Isoglucose-Verfahren[452] – erst über den Rechtsweg gesichert werden.

Natürlich beschränkt sich die Interaktion zwischen den Institutionen nicht auf die Formen rechtlich vorgesehener und gerichtlich erzwungener Kommunikation. In der Praxis gibt es nämlich – erstens – regelmäßige Gespräche zwischen Mitgliedern und Mitarbeitern der Kommission und den Parlamentariern. Einesteils besteht mittels der Anfragen an die Kommission eine institutionalisierte Chance dazu; andernteils hat sich die Regel etabliert, die zuständigen Kommissare von Zeit zu Zeit in den entsprechenden Ausschüssen zu wichtigen Themen zu befragen. Das wird von den Parlamentariern auch als gängige Praxis der Informationsakquisition in den Interviews genannt.

> „Deswegen [aufgrund der Notwendigkeit, Informationen zu erhalten, SD] haben die Kommissare in regelmäßiger Folge im Ausschuss zu erscheinen, Berichte zu geben; und zum zweiten ist es so, dass natürlich auch auf informellem Wege Kontakte bestehen, um bestimmte Dinge

---

451 Interview Nr. 9, Zeilen 287-304.
452 Siehe zur möglichen rechtlichen Kontrolle durch das Europäische Parlament Abschnitt 5.2.4.

voran zu bringen. [...] Das ist außerhalb der Sitzung, dass man sich trifft, dass man telefoniert, dass man sich einen Brief schreibt, dass man miteinander essen geht – wie im richtigen Leben."[453]

Wie ein Parlamentarier ganz konkret vorgehen sollte, wenn er beim Aufbau von Netzwerken erfolgreich sein will, zeigt sich an den Äußerungen dieses Abgeordneten, der die von ihm praktizierte Arbeitsweise sehr plastisch darstellt.

„Da gibt es natürlich auch andere Kommunikationsebenen. Auf Abteilungsleiter kommt es an, z.B. gibt es hier so speziell für die CDU/CSU den Freundeskreis der CDU, wo Abgeordnete mit drin sind, wo Beamte der Kommission mit drin sind und da erfährt man auch das eine oder andere. Da kann man sagen, da ist nicht immer der Kommissar derjenige, den man ansprechen muss. Ich sage immer: ‚Wenn ich was unbedingt erreichen möchte, muss ich erst mal den Obergefreiten-Dienstweg gehen'. Wenn ein Leutnant mir sagt: ‚ist abgelehnt', dann kann ich immer noch sagen: ‚Geh ich zum Oberleutnant oder zum Hauptmann'. Aber wenn der General, in diesem Fall der Kommissar, ablehnt, dann werden alle unteren Stränge sich natürlich nicht gegen den Kommissar äußern. Dann muss man ein bisschen weiter unten anfangen, aber das ist eine Sache des politischen Fingerspitzengefühls."[454]

Die *manifeste* Funktion solcher Fragen und Kontakte ist die Informationsbeschaffung. Ihre *latente* Funktion aber besteht darin, durch die Art des Befragens und des parlamentarischen ‚agenda setting' eine antizipierende Wirkung bei den zuständigen Kommissaren zu erzeugen und dadurch den Einfluss des Parlaments zu erhöhen.

Neben der Kommission, mit der die Vernetzung sowohl formal als auch informell recht ordentlich funktioniert, sind – zweitens – die Möglichkeiten der Rückkoppelung mit dem Ministerrat und dem Europäischen Rat von großer Bedeutung. Seit 1988 hat sich die Verfahrensweise eingebürgert, den Parlamentspräsidenten an den Sitzungen des Europäischen Rats teilnehmen zu lassen.[455] Durch diese Regelung wird sichergestellt, dass das Parlament über geplante integrationspolitische Entwicklungen auf höchster Ebene direkt informiert ist.

In der alltäglichen Parlamentsarbeit ist jedoch der kontinuierliche Kontakt mit dem Ministerrat als dauerndem Verhandlungspartner bedeutender als die Teilnahme an den Sitzungen des Europäischen Rats. Da die Ratstagungen nicht öffentlich sind und parlamentarisches Druckpotential mittels Kontrolle nur eingeschränkt verfügbar ist, beruhen die kommunikativen Prozesse zwischen Parlament und Rat hauptsächlich auf zwei formalen Grundlagen. Einerseits werden monatliche Treffen von Ratspräsidentschaft, Kommission und Parlament während der monatlichen Sitzungswoche des Parlaments in Straßburg abgehalten, auf denen strittige Fragen geklärt werden. Diese Prozedur ist seit 1992 auch Bestandteil einer gemeinsamen Erklärung dieser drei Organe.[456] Andererseits können Informationen über die Interessen des Rats, also eigentlich der Summe der Mitgliedstaaten, über den Umweg der Kommission oder der nationalen Parlamente eingeholt werden. Seit 1981, in direkter zeitli-

---

453 Interview Nr. 6, Zeilen 125-133.
454 Interview Nr. 10, Zeilen 278-290.
455 F. Jacobs/R. Corbett/M. Shackleton 1995, S. 281.
456 Ebenda, S. 282.

cher Nähe zur ersten Direktwahl, begann der Präsident des Europäischen Parlaments, die Präsidenten der nationalen Parlamente einzuladen. Inzwischen finden halbjährliche Treffen statt, zu denen jeweils der nationale Parlamentspräsident des Landes einlädt, das gerade im Rat den Vorsitz hat.[457] Trotz solcher Informationsnetzwerke besteht die grundsätzliche Schwierigkeit bei der Vernetzung mit dem Rat für das Europäische Parlament jedoch darin, dass der Rat nicht als homogene Masse greifbar ist. Das konkrete Ausmaß der Unantastbarkeit wird aus der Äußerung dieser Abgeordneten deutlich.

„Der Rat sitzt in der Regel in den Plenumssitzungen, aber da oft auch nicht! Das kritisieren wir immer wieder. Ja, wie wird man da informiert? Eigentlich, wenn ich an meinen letzten Bericht denke, der hängt immer noch im Rat. [...] Wir haben ja auch direkt die Protokolle, wann was auf die Tagesordnung kommt, also nachdem das hier abgehandelt ist. Im Vorfeld...? Ich weiß nicht, ob man im Vorfeld schon erfahren kann, wie der Rat denkt. Das weiß die Kommission. In der Regel sind die Herren und Damen, die dazu arbeiten, sehr wohl [informiert] und die sagen uns schon: ‚Da gibt es Probleme in Frankreich oder da macht Italien nicht mit.' Das kriegt man dann schon raus, aber eine offizielle Information im Vorfeld gibt es nicht. Während aber die einzelnen Abgeordneten – ich weiß z.B. immer auch, was der Deutsche Bundestag, der deutsche Bundesrat zu den einzelnen Themen sagt. Das kriegt man ja alles schriftlich, auch im Vorfeld. Ich weiß es aber nicht von den Franzosen, das kann ich aber über meine Kollegen erfahren."[458]

Aufgrund der schwierigen Vernetzung mit dem Rat insgesamt und dessen großer Heterogenität sind die Verbindungen zur Kommission und zu den nationalen Parlamenten für die Parlamentarier von entscheidender Bedeutung, um etwas über die Linie der nationalen Regierungen zu erfahren; und in der Praxis funktioniert das auch, wie dieser Abgeordnete bestätigt, offenbar recht gut.

„Ein Beispiel ist jetzt die Maschinenrichtlinie. Da macht man da so eine eigene Anhörung, und da habe ich jetzt den Menschen aus dem Bundesarbeitsministerium dazu geladen und der hat mir dann gesagt: ‚Ja, also es steht nicht zu erwarten, dass der Rat [es] schneller als binnen Jahresfrist hinkriegt, da den gemeinsamen Standpunkt zu produzieren.' Der nennt einem auch die Knackpunkte. Aber meistens ist das eigentlich alles sehr vertraulich, und es ist eigentlich auch meine [...] Hauptforderung, die gar nichts kostet: So wie jeder andere Gesetzgeber oder Mitgesetzgeber, der etwas auf sich hält, sollte der Rat künftig öffentlich tagen. Damit man das Gewicht des Argumentes wägen kann."[459]

---

457 Natürlich finden diese Treffen nicht nur deshalb statt, weil das Europäische Parlament mit Informationen aus den Mitgliedstaaten versorgt werden soll und will. Vielmehr haben diese Treffen auch die Funktion, die nationalen Parlamente mit Informationen zu versehen. Denn durch die zunehmende Verlagerung der Entscheidungen auf die supranationale Ebene der EU, sind auch die nationalen Parlamente nur unzureichend in den Willensbildungs- und Entscheidungsprozess integriert. Siehe zur Komplexität und Schwierigkeit der Einbindung nationaler Parlamente in die Entscheidungsfindung den Sammelband mit Fallbeispielen aus allen EU-Mitgliedstaaten von A. Maurer/W. Wessels 2001a und darin vor allem die zusammenfassende Bewertung von A. Maurer/W. Wessels 2001b, S. 425ff.
458 Interview Nr. 23, Zeilen 231-254.
459 Interview Nr. 21, Zeilen 324-333.

Das Parlament ist also bei seinen Vernetzungsbemühungen mit dem Rat deshalb in einer schlechteren Position als im Zusammenspiel mit der Kommission, weil es oftmals keine einheitlichen Positionen unter den einzelnen Regierungen gibt und die Informationsbeschaffung häufig indirekt über die Kommission, die nationalen Parlamente oder auf informellem Weg erfolgen muss. Erschwerend kommt natürlich hinzu, dass die Tagungen des Rats grundsätzlich nicht öffentlich sind.

Die Vernetzungen des Europäischen Parlaments mit Parteien, Institutionen und nationalen Parlamenten sind zwar wichtig; sie allein garantieren jedoch noch keine Aufnahme der Interessen aus der gesellschaftlichen Basis des EU-Systems. Hierzu sind direkte Kontakte zu Interessengruppen, Medien und Bürgern notwendig. Vernetzung mit Interessengruppen wird zwar häufig negativ als Lobbying organisierter Interessen verstanden. Tatsächlich liegt aber ein doppelseitiger Prozess vor. Durch die zunehmende Regelungsdichte und den gestiegenen Einfluss des Parlaments werden dessen Verbindungen zu Interessengruppen wichtiger und häufiger; und auch Interessengruppen suchen natürlich dort Anknüpfungspunkte, wo aussichtsreiche Chancen zur Durchsetzung ihrer Interessen bestehen.[460] Anfänglich wurden supranationale Verbände und Interessengruppen überwiegend bei der Kommission aktiv, was aufgrund von deren Initiativmonopol nicht überraschend war: Wo ließen sich Veränderungen leichter einbringen als bereits im Vorfeld des institutionellen Beratungs- und Entscheidungsprozesses? Nationale Verbände versuchten parallel dazu, ihre jeweiligen Regierungen zu beeinflussen.[461] Die seither eingetretenen Veränderungen lassen sich wie folgt skizzieren:

> "The first wave started when the Marshall plan and the OEEC were launched. They were mostly groupings with a very loose structure, mirroring in this sense the loose power with which the European institutions were vested. The next wave dates from 1952, with the establishment of the ECSC bringing up about ten new organizations, most of them specialized. In 1958 the EEC commission was launched and this had more profound effects; this third wave saw the birth of many European-level federations. In the beginning, and for long time after, the targets of interest groups clearly were the commission, the council, the ESC etc. But since the European Parliament became more important, in particular with the new cooperation procedure under the terms of the SEA, the EP has become an important target for lobbying as well [...]. This clearly marks a fourth wave of integration relevant for interest groups."[462]

Die Zahl der auf europäischer Ebene agierenden Interessengruppen wird von Bernhard Wessels für 1970 mit ca. 300 und für 1990 mit ca. 500 angegeben.[463] Diese Zahlen dürften seitdem weiter gestiegen sein. Denn allein das Parlament gibt die Zahl der akkreditierten Interessenvertreter im Jahr 2003 mit 4654 Personen an.[464]

---

460 T. Würtenberger 1980, S. 29.
461 Ein Aufsatz von Pieter Bouwen, in dem die Zugangschancen zu den Institutionen untersucht werden, geht an dieser Stelle noch weiter und nennt neben national und europaweit operierenden Verbänden auch große Firmen als potentielle Interaktionspartner. Vgl. P. Bouwen 2001.
462 B. Wessels 1999, S. 108f.
463 Ebenda, S. 106.
464 Siehe http://www2.europarl.eu.int/lobyy/lobby.jsp?Ing=de&sort=byorg&index=ALL (letzter Zugriff am 28. Oktober 2003).

Interessengruppen erfüllen also für die Parlamentarier eine sehr nützliche Funktion, indem sie eine weitere Möglichkeit des Informationszugangs bieten, die von den meisten Abgeordneten auch genutzt wird. Hierbei tun sich jedoch erhebliche Unterschiede auf – geprägt von den für Unternehmensgruppen unterschiedlich wichtigen Politikfeldern, auf denen die Abgeordneten agieren. Abgeordnete im Auswärtigen Ausschuss werden nach ihren eigenen Angaben weitaus seltener kontaktiert als etwa Mitglieder des Verkehrsausschusses.[465]

Interessengruppen füllen also einen Teil der parlamentarischen Informationslücke, die im Vergleich zu Kommission und Rat besteht. Parlamentarier werden sich jedoch nicht allein auf diese Informationen verlassen wollen. Als Repräsentanten der Bürger müssen sie auch über Informationsnetzwerke in deren Kreise verfügen. Dabei agierten die Abgeordneten bis zur Direktwahl 1979 vor allem als Repräsentanten ihrer ‚Erstinstitution', also des sie delegierenden nationalen Parlaments. Erst seit 1979 kann von ‚echten' europäischen Volksvertretern gesprochen werden. Und das spiegelt sich auch in der Äußerung dieses langjährigen Mitglieds der SPE-Fraktion wider, wenn er sagt:

> „Trotz aller Kritik daran, dass das [Bemühen der Abgeordneten um Vernetzung mit der Wählerbasis, SD] bei weitem noch nicht ausreichend ist. Aber wenn man es vergleicht mit der Zeit vor der Direktwahl des Europäischen Parlaments, da ist über Europäische Union, europäische praktische Politik überhaupt nicht gesprochen worden, weil die Kolleginnen und Kollegen ja alles delegierte Abgeordnete waren aus den nationalen Parlamenten; und die haben niemals eine Europaveranstaltung gemacht, weil sie nicht wegen Europa gewählt worden sind, sondern weil die ihren nationalen Wahlkreis wieder haben wollten oder wegen der nationalen Politik ihrer Partei wiedergewählt werden wollten. Das hat sich geändert. Die Europaabgeordneten machen – die einen mehr, die anderen weniger – , aber sie machen [...] jedes Jahr eine Fülle von Veranstaltungen, also insofern hat das auch dazu beigetragen, dass europäische Themen – bescheiden genug – aber stärker in den politischen Organisationen, also auch in den Parteien, vorkommen als das vorher der Fall gewesen ist. Dass wir damit nicht zufrieden sind, muss ich nicht betonen, auch nicht sein können, aber wenn man es im historischen Vergleich sieht, hat sich da ungeheuer viel geändert."[466]

Allerdings erwarten die Bürger von ihren Europaabgeordneten, wie aus einer Reihe von Gesprächen mit Mitgliedern des Europäischen Parlaments hervorgeht, häufig immer noch Antworten auf nationale oder gar regionale Probleme.[467] Die Unkenntnis über die tatsächliche Kompetenz eines Europaabgeordneten ist jedoch nicht das einzige Problem für deren Rückkoppelung an die Bevölkerung. Gravierender noch wirkt sich die jeweils enorme ‚Wahlkreisgröße' aus: Ein Mitglied des Europäischen Parlaments hat viel mehr Bürger auf viel größeren Territorien zu vertreten, als das die Pflicht eines Bundestags- oder gar Landtagsabgeordneten ist. Nach der Einführung der Direktwahl hat sich der Repräsentationsquotient durch die Zunahme der

---

[465] Interview Nr. 2, Zeile 966ff., sowie Interview Nr. 18, Zeile 561ff.
[466] Interview Nr. 18, Zeilen 687-705.
[467] Diese ‚Kritik' an den Wählern wurde allerdings nicht vorgebracht solange die Gespräche aufgezeichnet wurden, sondern bezeichnenderweise erst im informellen Teil der Gespräche geäußert.

Abgeordnetenzahlen zwar verbessert. Dennoch ist keine den nationalen Parlamenten vergleichbare *bevölkerungsbezogene* oder *räumliche* Abdeckung erreicht oder auch erreichbar.[468] Im übrigen gibt es große Abweichungen zwischen den Mitgliedstaaten: So haben etwa französische Abgeordnete wegen der geringeren Siedlungsdichte Frankreichs größere ‚Wahlkreise' als die deutschen Abgeordneten, während ein deutscher Parlamentarier mehr Bürger repräsentieren muss als die französischen Mandatare.

Es zeigt sich, dass in der fünften Legislaturperiode (1999-2004) im EU-Durchschnitt der 15 Mitgliedstaaten etwa 1,7 Abgeordnete für eine Million Bürger zuständig sind. Sowohl in Frankreich (ca. 1,5Abg./1 Mill. Bürger) als auch in Deutschland (ca. 1,2 Abg./1 Mill. Bürger) liegt die Zahl jedoch darunter. Dabei fällt auf, dass sich das Verhältnis EU-weit seit 1952 insgesamt verbessert hat, während es sich in diesen beiden Staaten – nach einem großen Fortschritt durch die Direktwahlen – im Jahr 1999 jedoch schlechter darstellt. Der Grund dafür ist der Beitritt relativ bevölkerungsärmerer Mitgliedstaaten Mitte der 1990er Jahre, die bei der Anzahl der Mandate jedoch überproportional vertreten sind.[469] Aus dem gleichen Grund hat sich der geographische Repräsentationsquotient im Jahr 1999 im Vergleich zu 1979 stark verschlechtert. Zwei (Finnland und Schweden) von den drei 1995 beigetretenen Staaten haben nämlich nicht nur eine relativ geringe Bevölkerung, sie sind auch vergleichsweise groß. Vergleicht man nun die Anzahl der Abgeordneten, die für die Fläche von 10.000 qkm zuständig sind, fällt auf, dass Deutschland im Vergleich zum Durchschnitt der EU erheblich besser dasteht, während für Frankreich das Gegenteil zu konstatieren ist. Würde diese Rechnung etwa für einen Vergleich von Finnland und Deutschland angestellt, lägen die Ergebnisse noch weiter auseinander als bei dem Vergleich Deutschlands mit Frankreich – das Betreuungsgebiet eines finnischen Abgeordneten ist nämlich noch größer als das seines französischen Kollegen.

---

468 So repräsentieren – unter Ausschluss möglicher Überhangmandate – in der Bundesrepublik Deutschland etwa 7,25 Abgeordnete jeweils eine Million Bürger (Basis: 598 Abgeordnete; 82,4 Mill. Einwohner). Für eine Fläche von 10.000 qkm sind rechnerisch ca. 16,75 Abgeordnete verantwortlich (Basis Fläche der BRD: 357.031qkm). Zum Vergleich mit den europäischen Dimensionen siehe Tabelle 5.
469 Siehe hierzu etwa die Aufstellung bei B. Suski 1995, S. 201ff.

Tabelle 5: Geographischer und Bevölkerungs-Repräsentationsquotient EU, Frankreich und Deutschland im Vergleich[470]

Jahr	Bevölkerungs-Repräsentationsquotient in Abg./1 Mio. Ew.		
	EWG/EG/EU	Frankreich	Deutschland
1952	0,488	0,429	0,354
1958	0,816	0,788	0,663
1973	0,773	0,691	0,581
1979	1,576	1,511	1,320
1999	1,668	1,487	1,207

Jahr	Geographischer Repräsentationsquotient in Abg./10000 qkm		
	EWG/EG/EU	Frankreich	Deutschland
1952	0,667	0,331	0,732
1958	1,213	0,662	1,449
1973	1,295	0,662	1,448
1979	2,469	1,489	3,258
1999	1,962	1,599	2,773

Für die Möglichkeiten der tatsächlichen Vernetzung zwischen Abgeordneten und Bürgerschaft ist es also nicht nur entscheidend, wie viele Einwohner ein Abgeordneter repräsentiert, sondern auch, in welcher räumlichen Nähe oder Distanz diese potentiell angetroffen werden können. Darum sind die Möglichkeiten eines deutschen Abgeordneten zur Kontaktpflege mit den Bürgern im Grunde sogar besser als die seines finnischen oder französischen Kollegen, da er mehr Personen auf kleinerem Raum erreichen kann.[471]

Es sind aber nicht nur die großen Betreuungsgebiete, die das Wirken der Parlamentarier beeinflussen; auch das knapp bemessene Zeitbudget erschwert deren Ver-

---

470 Die Bevölkerungszahlen basieren auf den Informationen, die von eurostat bereitgestellt werden. Siehe http://europa.eu.int/comm/eurostat/newcronos/queen/display.do?screen=detail&language=en&product=YES&root=YES_copy_539019591709/yearlies_copy_221546607827/c_copy_299982538309/ca_copy_1031761721345/caa_copy_402883654878/caa10000_copy_5 26900717318 (letzter Zugriff am 2. Februar 2004).

471 Natürlich handelt es sich hierbei um eine statistisch ermittelte Größe. In der Praxis wird natürlich nicht das gesamte Bundesgebiet in 99 Betreuungskreise unter allen deutschen Abgeordneten aufgeteilt, sondern es gibt unterschiedliche Gebietsgrößen, abhängig von der Stärke der Fraktionen und der Siedlungsdichte.

netzungsbemühungen.[472] Gerade jenes passt natürlich nicht zur zeitintensiven Reisetätigkeit in großen ‚Wahlkreisen'. Darum kommt Richard S. Katz bei seiner Analyse der Rollenorientierungen von Europaabgeordneten zum Ergebnis, dass diese seltener Kontakt zu ‚normalen Bürgern' *(ordinary citizens)* haben, als dies bei nationalen Parlamentariern der Fall ist.[473] Und auch einer der befragten Abgeordneten kommt zu diesem Ergebnis, wenn er auf die Frage nach dem Sicherstellen einer Verbindung zur Wählerschaft antwortet:

> „Also, bei mir ist es so, dass ich, und das gilt ja nicht nur für mich, ich hab in meinem Bereich, den ich zu Hause vertrete, 2,5 Millionen Bürger, 38 Städte, sieben Kreisparteien oder wenn Sie das in anderen Mandaten mal umrechnen, sind das 10 Bundestagsmandate oder 22 Landtagsmandate. Bei vier Wochen Abwesenheit von zu Hause [...] ist es vollkommen ausgeschlossen, dass im Normalfall der Europaabgeordnete selber der bekannte bunte Hund in den Gassen seiner Region sein kann. Das geht einfach nicht. [Das] ist denkbar unmöglich und deswegen sind die Vergleiche an der Stelle eben zum Scheitern verurteilt, weil man die Präsenz eines Landtagskollegen oder eines Bundestagskollegen eben nicht vergleichen kann mit diesem kontinentalen Parlament, schon deshalb, weil wir ja vier Wochen außerhalb Deutschlands wirken im Parlament."[474]

Die Arbeit vor Ort im ‚Wahlkreis' ist eine Möglichkeit, um mit den Bürgern in Kontakt zu treten; eine weitere besteht natürlich darin, Bürger in das Europäische Parlament einzuladen, damit sie sich vor Ort ein Bild von der Arbeit ‚ihres' Abgeordneten machen können. Natürlich wird auch diese Möglichkeit von den Abgeordneten genutzt.

Wie die nachstehende Tabelle 6 zeigt, lag die Zahl der Besucher im Europäischen Parlament 1999 bei etwa 257.000. Grundsätzlich kann jeder Parlamentarier pro Jahr zwei Besuchergruppen einladen, deren Reise- und Übernachtungskosten durch das Parlament gedeckt werden. Die erheblich größere Zahl an Besuchergruppen insgesamt kommt dadurch zustande, dass es außer den eingeladenen Gruppen auch viele weitere Interessenten für die Arbeit des Parlaments gibt, wie etwa Schulen, Universitäten, Vereine, Verbände, deren Reisen nicht aus Mitteln des Parlaments finanziert werden.[475] Die Zahlen zeigen, dass der Anteil der Bürger, der jährlich durch Parlamentsbesuche erreicht werden kann, weniger als 0,1% der gesamten EU-Bevölkerung ausmacht. Zu effektiver Funktionserfüllung taugt dieses Mittel also allenfalls dann, wenn unter den Besuchern viele Multiplikatoren sind, welche einer weiteren Ausdehnung parlamentarischer Netzwerke dienen.

---

472 Der Sitzungskalender des Europäischen Parlaments sah für das Jahr 2003 bspw. nur vier Wahlkreiswochen vor. Siehe http://www.europarl.eu.int/plenary/cal2003_en.pdf (letzter Zugriff am 3. Februar 2004).
473 R. S. Katz 1999, S. 66.
474 Interview Nr. 3, Zeilen 505-519.
475 Einer der befragten Abgeordneten sagte, dass er pro Jahr neben den zwei offiziellen Besuchergruppen bis zu 40 weitere Gruppen habe, deren Parlamentsbesuch er betreue und zum Teil auch finanziere. Interview Nr. 20, Zeilen 540-547.

Tabelle 6: *Besucherzahlen bei Parlamentsführungen 1981/83 und 1995 - 1999*[476]

Länder	1981		1983		1995		1996		1997		1998		1999	
	Gruppen	Personen	Gruppen	Personen	Gruppen	Personen	Gruppen	Personen	Gruppen	Personen	Gruppen	Personen	Gruppen	Personen
B	81	2553	161	4925	285	11429	372	14668	362	13366	436	17461	370	15140
DK	29	953	60	2218	116	3492	144	4703	166	1987	215	6674	177	5544
D	744	26978	1020	32709	813	26891	1108	37594	1285	44384	1467	49074	1392	48555
GR	5	93	23	578	76	2089	91	2585	98	3012	97	3278	86	2285
ES					184	6799	198	7139	219	7448	255	7876	241	8304
F	182	5888	345	11406	169	5491	394	16535	542	22189	618	25856	688	27560
IRL	18	517	18	519	58	1843	57	1829	64	2097	76	2329	65	2187
I	135	4873	170	5675	230	8366	371	14884	478	20783	538	26438	676	30856
LUX	29	968	27	980	60	2429	77	3428	68	2558	76	2955	54	2491
NL	65	2267	127	3715	222	7605	258	8648	232	7885	293	10344	263	9639
A					72	1799	113	3415	120	3633	171	4826	123	3759
P					64	1842	74	2155	70	2169	86	2349	78	2066
SF					67	1714	181	4033	273	5839	282	5853	215	4686
S					94	2266	210	4716	285	6612	294	7285	235	5123
UK	117	3311	144	4559	341	9862	440	12693	468	13266	482	13950	378	10718
Sonst.	28	828	71	1944	206	5980	321	9286	398	10756	472	22466	451	13031
Weitere[477]						62283		81390		81803		78582		65869
Gesamt:	1433	49229	2166	69228	3057	163180	4409	229701	5128	252787	5858	287596	5492	257813

---

476 Die Zahlen für die Jahre 1981 und 1983 beruhen auf den Angaben von E. Grabitz/O. Schmuck/S. Steppat/W. Wessels 1988, S. 532. Die Angaben für die Jahre 1995-1999 beruhen auf Listen, die vom Besucherdienst des Europäischen Parlamentes zur Verfügung gestellt wurden. Da die Angaben von E. Grabitz u.a. auf eigenen Auszählungen beruhen, sind die Daten nicht unbedingt mit denen für die Jahre 1995-1999 kompatibel! Leider war es – was bezeichnend für die Öffentlichkeitsarbeit des Europäischen Parlaments ist – trotz mehrmaliger Nachfrage nicht möglich, aktuelle Daten zu erhalten.

477 Hierbei handelt es sich um Personen, die zu folgenden drei Gruppen zu zählen sind: Schüler, die über das Programm EUROSCOLA eingeladen werden, Besucher, die über die parlamentarische Gesellschaft angemeldet werden sowie Besucher der von Parlament und Europarat bis zum Umzug in das neue Parlamentsgebäude 1999 gemeinsam angebotenen Besichtigung des Palais de l'Europe.

Neben den Problemen bei der direkten Vernetzung mit den Bürgern gelingt auch die massenmediale Anbindung der Abgeordneten noch unzureichend, auch wenn nicht alle Abgeordneten ein so negatives Bild von der Presselandschaft zeichnen, wie etwa der folgende Abgeordnete der KVEL/NGL.

> „Wenn man über das Europäische Parlament und seine Arbeit informiert werden will, ist die Neue Zürcher Zeitung, obwohl die Schweiz kein Mitglied der EU ist, bei weitem informativer als die FAZ beispielsweise. Es gibt keine ernsthafte Medienöffentlichkeit in Deutschland für europäische Angelegenheiten."[478]

Freilich ist eine überhaupt erst einmal existierende Medienöffentlichkeit die Basis für mediale Vernetzungsmöglichkeiten von Parlamentariern. Das anfänglich mangelnde Medieninteresse für das Parlament wird von einem langjährigen Abgeordneten vor allem auf den thematischen Zuschnitt der europäischen Politik zurückgeführt, wenn er wie folgt berichtet:

> „Schauen sie, am Anfang, als wir hereingekommen sind, waren es faktisch nur Wirtschaftsjournalisten [...], die sind sowieso nur zur Kommission gelaufen, weil in der Kommission diese wirtschaftlichen Details gemacht worden sind. Für unsere politischen Linien haben die überhaupt keinen Sinn gehabt."[479]

An genau jener Haltung der Journalisten hat sich jedoch, anders als von dem zuerst genannten Abgeordneten beschrieben, nach dem Bekunden eines anderen Parlamentariers in den letzten Jahren durchaus einiges verändert.

> „Ja, natürlich, das ist schon besser geworden, verglichen mit der Anfangszeit. Also, von dem Moment an, wo es Gesetzgebungskompetenz, die Mitentscheidungskompetenz des Europäischen Parlaments gegeben hat, also seit Maastricht und von dort aus zunehmend, stelle ich fest, dass zumindest in der überregionalen Presse, Frankfurter Allgemeine, Die Welt, Süddeutsche und Frankfurter Rundschau das Europäische Parlament schon vorkommt – zwar nicht prominent, aber es kommt vor."[480]

Die bessere Berichterstattung in der Presse allein ist jedoch nicht ausreichend, da vor allem die televisuellen Medien in der Wahrnehmung der Bürger eine große Rolle spielen – und genau dort besteht, wie derselbe Abgeordnete weiter ausführt, ein noch viel größeres Defizit für das Europäische Parlament als im Bereich der Printmedien.

> „Wo es [das EP, SD] halt fast gar nicht vorkommt ist das, was man braucht in Deutschland und anderswo inzwischen, nämlich das Fernsehen. Da gibt es das große Manko. Und Fernsehen ist auch wieder eine Sprachfrage; also den spanischen oder den britischen oder den finnischen Kollegen, den müssen Sie übersetzen, also sagen sie [die Journalisten, SD], damit sie nicht übersetzen müssen mit dem blöden Ton im Hintergrund, wollen wir einen deutschen Sprecher, aber da es nun nicht immer einen deutschen Sprecher geben kann, wird es nicht transportiert. Also, das sind alles strukturelle Probleme, ich will gar nicht verschweigen, dass

---

478 Interview Nr. 22, Zeilen 413-417.
479 Interview Nr. 1, Zeilen 805-810.
480 Interview Nr. 18, Zeilen 536-543.

es auch – wie soll ich sagen – technische und hausgemachte Probleme der Öffentlichkeitsarbeit des Europäischen Parlaments gegeben hat und immer noch gibt."[481]

Es gibt also eine zumindest in Ansätzen funktionierende überregionale Presse in den Mitgliedstaaten, die auch über das Europäische Parlament informiert; *transnationale mediale Netze* hingegen fehlen fast vollständig. Die Zeitung *The European* (1991) und der TV-Sender *Euronews* (seit 1993) sind Versuche der Schaffung größerer auf europäische Themen konzentrierter Mediennetze. Faktisch haben alle derartigen Spartenprogramme, zu denen natürlich auch die Sport-, Musik- und Nachrichtenprogramme zählen, in Deutschland nur eine Einschaltquote von ca. 2,5%.[482] Trotz des Fehlens übergreifender europäischer Medien und der Absenz einer europäischen politischen Öffentlichkeit, bestehen doch spezifische Teilöffentlichkeiten. Solche Teilöffentlichkeiten können einesteils thematisch entlang bestimmter Politikfelder, anderenteils regional strukturiert sein. Solche Teilöffentlichkeiten nehmen die sie jeweils interessierenden Themen natürlich zur Kenntnis. Auch die Abgeordneten stellen deshalb immer wieder fest, dass es ihnen gelingt, mittels fachlicher Themen oder regional relevanter Aussagen Zugang zur Presse zu finden.

„Nun, also entweder fragen die selber an, was nicht so häufig vorkommt. Klassisch ist das der Fall, wenn was passiert, also beim Kommissionsrücktritt, bei Nizza, also bei den großen Sachen. Dann melden sich auch, ich übertreibe jetzt mal, das Fehmarnsche Tageblatt und will die Äußerungen des Abgeordneten dazu mit ins Blatt nehmen. Häufiger [gibt es Anfragen] bei den Sachfragen, also von den Redakteuren von Fachzeitschriften, von der Verkehrsrundschau bis sonst was, die sich sozusagen fachlich darum kümmern, bis hin zum Spiegel oder Focus, die irgend etwas aufbereiten. Da findet man sich dann mit dem berühmten Halbsatz wieder: ,Der sagt auch mal was dazu.' [...] Wir haben erlebt, dass in der regionalen Presse, wo nur bedingtes Vorkommen ist, dann wieder Interesse ist, wenn man tatsächlich ganz regionalisiert hingeht. Also wenn ich nach Schleswig, nach Flensburg oder nach Husum oder ich weiß nicht wohin gehe, also eigentlich in der Lokalzeitung. Da findet man sich leichter wieder als in einer Landeszeitung. [Das] hat damit zu tun, dass unsere Medien häufig Brüssel und Straßburg oder Europa über die Agenturen mit abdecken; oder Sie haben Journalisten, die einen Bauchladen haben und mehrere Zeitungen in Deutschland dadurch unter ihren Fittichen haben – das ist so das Geschäft dabei; das ist mühselig, das ist schwierig."[483]

Die regionalen Medien sind also stets dann an den Aussagen der Parlamentarier interessiert, wenn es um lokal relevante Themen geht oder wirklich außergewöhnliche Dinge passieren, die einen hohen Nachrichtenwert haben. Präsenz in den überregionalen Medien herzustellen gelingt hingegen nur, wenn allgemeines europaweites Interesse in der gesamten Bevölkerung der Gemeinschaft, wie etwa im Fall des EURO oder der BSE-Krise, zu erwarten ist. Allein die Funktionselite des Parlaments schafft es, auch mit anderen Themen in den Medien präsent zu sein – allerdings auch eher in der Krise als im Normalfall.

Nach seiner Direktwahl und mit zunehmender Steuerungsfähigkeit wurde das Parlament als Objekt und Partner der Medien attraktiver. Die Journalisten waren

---

481 Interview Nr. 18, Zeilen 543-554.
482 A. Beierwaltes 2000, S. 228.
483 Interview Nr. 5, Zeilen 900-921.

nicht mehr nur auf Brüssel als Ort des Handelns fixiert, sondern interessierten sich auch für Straßburg, den Ort der Plenartagungen des Europäischen Parlaments. Dennoch ist abseits der großen, landesweit verbreiteten Gazetten das Interesse der Medien an europäischen Themen und erst recht an der Tätigkeit des Europäischen Parlaments gering. Die Vernetzungsbemühungen des Europäischen Parlaments leiden also einesteils darunter, dass es keine homogene europäische Öffentlichkeit gibt. Denn jene würde sich erst dann einstellen, wenn das folgende strukturelle Problem gelöst wäre: Nicht die Mitgliedstaaten oder deren Minister, sondern eine von der Parlamentsmehrheit gestützte Regierung müsste Entscheidungen auf europäischer Ebene verkünden. Erst dann würde auch wahrgenommen werden, dass so öffentlichkeitswirksame Entscheidungen, wie etwa die Schaffung einer zweijährigen Gewährleistung auf neu gekaufte Produkte, keine alleinige Leistung des Rats ist, sondern eine, für die das Europäische Parlament wesentlich mitverantwortlich zeichnet.[484] Anderntiels existieren weitere Vernetzungshindernisse, wie etwa der eher formale Stellenwert europäischer Parteien sowie ein Sitzungskalender, der wenig Zeit für die Arbeit vor Ort übriglässt, oder auch der bei manchen Abgeordneten tief verwurzelte Glaube, dass die Medien ohnehin nicht an den europäischen Parlamentariern interessiert seien.[485] Aus all diesen Gründen sind die Vernetzungsbemühungen der Abgeordneten noch verbesserungsbedürftig. Dennoch gelingt es zunehmend besser, eine Verbindung zwischen Parlament und Umwelt herzustellen, so dass eine Basis für Responsivität, Darstellung und kommunikative Führung geschaffen ist.

5.4.2. Responsivität, Politikdarstellung und kommunikative Führung

Nur eine Institution, die halbwegs ordentlich mit ihrer Umwelt vernetzt ist, kann überhaupt responsiv sein. Freilich lässt sich die Frage, ob eine Institution tatsächlich responsiv ist, nur schwer quantifizieren. Repräsentation wird jedoch überhaupt erst dadurch möglich, dass die in repräsentativen politischen Systemen zwangsläufig auftretenden Spannungen zwischen Repräsentierten und Repräsentanten von letzteren auch wahrgenommen und aufgelöst werden. Fraglich ist allerdings, welche Spannungen denn zwischen den europäischen Bürgern und dem Europäischem Parlament überhaupt bestehen könnten. Wenn nämlich die Bürger kaum einzuschätzen wissen, was ihre Abgeordneten tun, besteht auch keine Konkurrenz zwischen dem, was das Europäische Parlament regeln darf und den diesbezüglichen Anliegen der Bürger. Tatsächlich auftretende Spannungen aufgrund von Politikinhalten sind somit nicht allzu häufig. Konflikte entstehen vielmehr – wenn überhaupt – zwischen dem

---

484 Die Richtlinie ist veröffentlicht im ABl. L 171/1999 S. 12 ff. Die Richtlinie wurde zum 1. Januar 2002 in Deutschland umgesetzt.
485 So beklagte etwa einer der befragten Parlamentarier, der als Mitglied im EU-Grundrechtekonvent saß, dass die von ihm zu einem Hintergrundgespräch eingeladenen Journalisten keinerlei Interesse an einem Gespräch zeigten und sich nicht einmal bei ihm meldeten. Interview Nr. 24, Zeilen 441-456.

Anspruch der Bürger an das Handeln der europäischen Institutionen und deren tatsächlicher Tätigkeit, also beispielsweise dadurch, dass die Bürger von den Institutionen andere Einflussnahme erwarten als diese tatsächlich erbringen können. Diese Lücke zu schließen ist allerdings in manchen Fällen weder möglich noch zwingend notwendig. Wenn nämlich ein Europaparlamentarier das Brückenbauprojekt in seiner Stadt beschleunigen soll, so ist das weder seine Aufgabe noch überhaupt wünschenswert; für derlei Anliegen responsiv zu sein, liegt nämlich in der Verantwortung lokaler, regionaler oder mitgliedstaatlicher Politiker.[486] In manchen Fällen kann Responsivität aber selbst dann nicht hergestellt werden, wenn Problem- und Lösungsebene durch die Bürger richtig eingeschätzt werden. Das ist etwa dann der Fall, wenn die Regelungskompetenz, wie im Fall der Gemeinsamen Außen- und Sicherheitspolitik sowie der Zusammenarbeit in der Innen- und Justizpolitik, vor allem in den Händen des Rats liegt. Solche Konfliktlinien können jedoch vom Europäischen Parlament nur schwer aufgelöst werden, da seine Fähigkeiten zur weiteren Systemgestaltung begrenzt sind.

Dass die Ebene der Problemlösungswünsche der Bürger und diejenige der Problemlösungsmöglichkeiten der Abgeordneten in dramatischer Weise auseinanderfallen können, zeigt sich auch daran, dass nur ca. 30% der jährlich beim Ombudsmann des Europäischen Parlaments eingehenden Beschwerden auch tatsächlich in seinen Verantwortungsbereich fallen.[487] Die Erfüllung der Kommunikationsfunktion wird also keineswegs nur durch die nicht vorhandene gemeinsame Sprache und Medienkultur oder durch die unterentwickelten Möglichkeiten europäischer Politikdarstellung in den elektronischen Medien und in der Presse erschwert. Vielmehr kommunizieren die Repräsentierten häufig Anliegen, die nur schwer von den Repräsentanten in konkretes Entscheidungshandeln umgesetzt werden können.

Responsivität beinhaltet im übrigen mehr als die Vernetzung und eine Vielzahl von Kontakten. Denn sonst könnte auch *jede* Teilnahme von Abgeordneten an Veranstaltungen lokaler Vereine als Responsivitätsindikator gewertet werden. Diese ‚symbolischen Akte' dienen jedoch nicht primär der Aufnahme von Wünschen und Sorgen der Bürger zum Zwecke der Einspeisung in den parlamentarischen Willensbildungs- und Entscheidungsprozess, sondern steigern den Bekanntheitsgrad und erhöhen die Chancen der Wiederwahl. Allerdings ist oftmals die persönliche Präsenz des Abgeordneten genau der Wunsch, der durch solche Akte ‚symbolischer Respon-

---

486 Die Regelungskompetenz kann natürlich von Fall zu Fall unterschiedlich organisiert sein – abhängig davon, wie die Aufgabenverteilung auf nationaler Ebene geordnet ist.
487 Häufig ist ohnehin schon die Zuständigkeitsverteilung auf europäischer Ebene für die Bürger unklar. So waren bspw. 72% (1663) der 2316 geprüften Beschwerden, die den seit 1995 eingesetzten Bürgerbeauftragten des Europäischen Parlaments 2002 erreichten, außerhalb seines Mandats. Siehe Der Europäische Bürgerbeauftragte 2003, S. 285. An dieser Verteilung hat sich im übrigen über die Jahre wenig geändert. Wie aus den früheren Berichten ersichtlich ist, lag der Anteil der Beschwerden, die nicht innerhalb des Mandats des Bürgerbeauftragten lagen, von 1996 bis 2001 zwischen 65% und 73%. Siehe Der Europäische Bürgerbeauftragte 1997, S. 106 (1996:65%); Ders. 1998, S. 345 (1997:73%); Ders. 1999, S. 333 (1998:69%); Ders. 2000, S. 329 (1999:73%); Ders. 2001, S. 273 (2000:72%); Ders. 2002, S. 301 (2001:71%).

sivität' ganz konkret erfüllt wird. Unbestreitbar ist es natürlich auch so, dass eine Vermischung von symbolischer und instrumenteller Responsivität stattfinden kann. Eine klare Trennung ist nämlich schon deshalb schwierig, weil auch die Mitglieder freiwilliger Feuerwehren Interessen haben können, die für einen Europapolitiker relevant sind – auch wenn das nicht auf den ersten Blick deutlich werden mag.

Zu den potentiellen Mechanismen der unmittelbaren Aufnahme und responsiven Behandlung von Problemen und Fragestellungen aus der Bevölkerung kann das Petitionswesen dienen. Um es jedoch zu einem wirkungsvollen Mechanismus werden zu lassen, müssen zwei Voraussetzungen erfüllt sein: Einesteils sollten die Inhalte der an das Parlament gerichteten Petitionen tatsächlich so beschaffen sein, dass sich daraus notwendige Steuerungsleistungen ableiten lassen; anderenteils muss es dem Parlament gelingen, den Inhalt von Petitionen in den europäischen Willensbildungsprozess einzubringen. Letzterem sind zwar trotz der Möglichkeit, die Kommission zum Handeln aufzufordern, durch deren Initiativmonopol Grenzen gesetzt; aufgrund der vielfältigen auch informellen Mechanismen würde es dem Europäischen Parlament jedoch gelingen – entsprechenden Kooperationswillen der Kommission vorausgesetzt –, Ordnungsvorstellungen in den Gesetzgebungsprozess einzuspeisen. Da die aus den Petitionen resultierende Steuerungsrelevanz jedoch eher gering einzuschätzen ist, entsteht die Notwendigkeit zu solcher Einspeisung bislang kaum. Im Jahresbericht des Petitionsausschusses heißt es nämlich, dass „the Committee is mainly concerned with examining, debating and resolving the problems of individual citizens raised in the petitions."[488] Die Arbeit des Petitionsausschusses ist also hauptsächlich auf die Lösung ganz konkreter Bürgerbedürfnisse gerichtet und nicht auf die Schaffung von Regelungsinitiativen. Gemessen an der Zahl von 1514 eingereichten Petitionen führte die Arbeit des Petitionsausschusses während des Berichtszeitraums 2002/2003 zu kaum gesamtparlamentarisch relevanten Tätigkeiten. Es kam zur Abstimmung von fünf Berichten im Europäischen Parlament[489] und zur Weiterleitung von 16 Stellungnahmen an andere Ausschüsse, darunter waren lediglich vier Vorschläge zur Richtlinienschaffung.[490]

Durch den Petitionsausschuss hergestellte Responsivität äußert sich also weniger in der Einflussnahme auf die Gesetzgebung als vielmehr in der ganz konkreten Bearbeitung von Bürgeranliegen. Dabei ist das Parlament darauf angewiesen, dass die Kommission, aber auch die Mitgliedstaaten kooperationsbereit sind. Denn das Parlament selbst kann die Missstände natürlich nicht beseitigen, sondern nur gegenüber den jeweiligen Institutionen oder Mitgliedstaaten auf deren Untersuchung und gegebenenfalls Beseitigung drängen. Somit erfüllt das Instrument des Petitionswesens zwar seine Aufgabe als Schaltstelle zur Verteilung von Bürgeranliegen auf die je-

---

488 European Parliament 2003, S. 14.
489 Der Berichtszeitraum ist jeweils das parlamentarische Jahr, also hier der Zeitraum vom 1. März 2002 bis zum 28. Februar 2003. Die fünf abgestimmten Berichte betrafen den Haushalt, die Jahresberichte von Petitionsausschuss und Ombudsmann sowie die Geschäftsordnung und zwei weitere Sonderberichte des Ombudsmannes. Siehe European Parliament 2003, S. 12f.
490 Ebenda, S. 12ff.

weiligen Organe; es bleibt jedoch als Katalysator zur Umsetzung der Bürgeranliegen in konkreten Regelungsoutput relativ unbedeutend. Ein eindeutiger Indikator parlamentarischer Responsivität als das Petitionswesen sind darum Art und Grad parlamentarischer Reaktionen auf bestimmte europaweit interessierende aktuelle Themen, obgleich diese nur selten so viel Aufmerksamkeit wie mit den beiden BSE-Untersuchungsausschüssen oder durch den nicht-ständigen Ausschuss über das Abhörsystem ECHELON erreichen. Oft bleibt es bei eher wirkungslosen Resolutionen.

Wie gut oder schlecht parlamentarische Responsivität gelingt, ist natürlich keineswegs gleichgültig. Responsivität ist nämlich einer der Grundpfeiler des Repräsentationsgedankens, wonach Repräsentierte ihre Angelegenheiten durch Repräsentanten erledigen lassen. Responsivität ist somit die Voraussetzung dafür, dass die Erledigung von Aufträgen der Repräsentierten durch die Repräsentanten tatsächlich stattfinden kann. Dabei darf Responsivität jedoch nicht nur praktiziert werden, sondern sie muss auch demonstriert werden, um begründeten Repräsentationsglauben bei den Bürgern entstehen zu lassen. Dieses Ziel kann indessen nur dann erreicht werden, wenn das Parlament und seine Akteure auch tatsächlich sichtbar machen, dass sie die Anliegen, Wünsche und Sorgen der Bürger in den Willensbildungs- und Entscheidungsprozess eingebracht haben.[491] Erfolgversprechend geschieht das stets dann, wenn die Adressaten glauben, dass sich in den Ergebnissen parlamentarischen Handelns eine Reaktion auf ihre eigenen Anliegen und Wünsche widerspiegelt. Dafür spielt es zunächst keine Rolle, ob sich einzelne Adressaten mit ihren individuellen Meinungen darin wiederfinden. Wichtig ist nur, dass sich der diffuse Glaube einstellt, tatsächlich vertreten zu werden. Die Demonstration der Leistungen des Europäischen Parlaments nach außen funktioniert jedoch nur selten in solch erfolgreicher Weise. Warum das so ist, schildert einer der befragten EVP-Abgeordneten wie folgt:

> „Das hat aber natürlich auch Gründe. Also, zum einen bemerken sie vielfältig, dass alles, was schlecht läuft, auf Europa geschoben wird und alles, was gut läuft, dafür lassen sich die nationalen oder die Landespolitiker feiern. Also, es ist ja nicht so, dass der Herr Kohl oder der Herr Schröder im Bundestag dafür gesorgt haben, dass die Strompreise fallen und dass die Telefonpreise fallen. Der Anstoß wurde aus Europa geliefert zur Liberalisierung – und wenn es schlecht läuft, wird es auf Europa geschoben."[492]

Europa erscheint hier als ziemlich unkonkrete Masse, der *negative* Steuerungsleistungen insgesamt zugeschoben werden, während die nationale Ebene die *positiven* Leistungen für sich in Anspruch nimmt. Das gelingt natürlich deshalb so gut, weil die nationalen Minister nach Ratsentscheidungen als Verkünder der Botschaft vor die Medien treten. Daraus wird also ein doppeltes Problem der Politikdarstellung für das Europäische Parlament sichtbar: Zum einen muss es gelingen, die europäische Verantwortlichkeit auch für gelungene Steuerungsleistungen deutlich zu machen, zum anderen müssen das Parlament und seine Akteure es schaffen, dass jene positi-

---

491 Siehe Abschnitt 2.3.2.4.
492 Interview Nr. 21, Zeilen 495-502.

ven Steuerungsleistungen auch noch ihnen und nicht nur dem Rat oder den Ministern zugerechnet werden. Da das bisher jedoch kaum gelingt, ist die Äußerung eines anderen Abgeordneten ähnlich pessimistisch, wenn er auf die Frage, wie gut die Darstellung der Arbeit des Europäischen Parlaments funktioniert, antwortet:

> „Noch sehr, sehr unzureichend, weil natürlich die Berichterstattung von Ministern immer interessanter ist und negative Nachrichten, skurrile Nachrichten oft ein unzutreffendes Bild bieten. Dort teilen wir das Schicksal mit vielen Parlamenten, dass es sehr schwierig ist, Parlamentsarbeit als solche wirklich dem Bürger vermittelbar zu machen. Wir haben Besuchergruppen, die versuchen, diesen gap zu überwinden, aber es gelingt uns nach wie vor leider nur sehr rudimentär, die ganze Fülle parlamentarischer Aufgaben an die Bürger weiterzugeben. Das ist ein echtes Defizit. Aber so eine ideale Lösung gibt es offenbar in keinem Parlament der Welt."[493]

Darum ist es auch nicht erstaunlich, dass bei den Meinungen der Bürger über die Wichtigkeit einerseits und den Einfluss des Europäischen Parlaments andererseits eine große Lücke klafft. So wird seit einigen Jahren im Rahmen der eurobarometer-Erhebungen immer wieder gefragt, ob die Bürger in Europa glauben, das Europäische Parlament spiele eine wichtige Rolle im Institutionengefüge der Europäischen Union; nahezu 80% der Unionsbürger sind nach diesen Umfragen der Meinung, dass das Parlament eine wichtige Rolle spielt.[494] Die Frage hingegen, ob die Entscheidungen des Europäischen Parlaments großen Einfluss für ihr Leben haben, wird nur von 17% bejaht.[495] Es gibt also ein Missverhältnis zwischen den dem Europäischen Parlament zugeschriebenen Kompetenzen und der Wahrnehmung dessen, was es tatsächlich für den einzelnen Bürger bewirkt. Die Abgeordneten selbst wissen um diese Defizite bei der Darstellung der Arbeit des Europäischen Parlaments. Ihre Reaktionen darauf sind jedoch recht unterschiedlich: Sie reichen von Beschwerden darüber, dass die Gazetten ohnehin nicht an europäischen Themen interessiert seien, über das Beklagen des mangelnden Interesses der Bürger selbst, bis hin zu überaus engagierten Versuchen, die Leistungen des Parlaments vor Ort zu vermitteln.

Vielen Interviews gemeinsam war allerdings die Klage darüber, dass die Präsentation parlamentarischer Leistungen vor allem an zu wenigen ‚Wahlkreiswochen' kranke. Eine Abgeordnete der Grünen bringt ihre Unzufriedenheit über das Zeitbudget in ihrer Antwort auf die Frage nach dem Gelingen der Darstellung politischer Entscheidungen besonders deutlich zum Ausdruck.

> „Das hat mehrere Gründe: Wir sind zu lange in Brüssel. Also wir haben ja doppelt so viel Sitzungszeit wie ein nationales Parlament, und leider gibt es auch für uns nur 365 Tage im Jahr. Wir haben weniger freie Zeit. Also richtig persönliche freie Zeit, die kriegt man einfach überhaupt nicht. Und wir kämpfen jetzt. Es wird ja sehr viel über das Europäische Parlament gelästert, weil es den Freitag streicht, weil es drei bis vier gelbe Wochen hat, also das heißt vier Wahlkreiswochen im Jahr. Und na ja, das ist schon ein großer Kampf, wenn man mal versucht

---

493 Interview Nr. 9, Zeilen 350-360.
494 Damit liegt der Wert für das Europäische Parlament im übrigen höher als die aller anderen Organe der Europäischen Union. Siehe Europäische Kommission 2003 (eurobarometer 59), S. 70.
495 Ebenda, S. 74.

die 12. Straßburg-Woche zu streichen. [...] Eine Straßburg-Woche heißt drei Vorbereitungswochen, und das hat uns ein Verfahren im Europäischen Gerichtshof gekostet, und wir haben das verloren. Ich denke, wir reduzieren oder konzentrieren immer mehr die Zeit auf die wichtigsten Dinge, das ist noch nicht optimal, um mehr Zeit zu gewinnen. [Es] ist im Grunde genommen ein Missverhältnis zwischen dem Pflichtteil, also bei der Sitzung anwesend zu sein und hier in den Ausschüssen aktiv zu sein und dem, was wir zu Hause sind, was auf Kosten des öffentlichen Bekanntheitsgrades des Parlamentes deutlich geht, zumal wir viel größere Wahlkreise haben."[496]

Vor einem solchen Hintergrund fällt es natürlich besonders schwer, kommunikative Führungsfunktion in Form des Eintretens und Werbens für getroffene Entscheidungen zu entfalten. Politik bedarf jedoch auch genau jenes Werbens für ihre Inhalte durch die Repräsentanten, damit sich bei den Bürgern auch tatsächlich Repräsentationsglauben entwickelt. Der Prozess des Werbens und Eintretens für die getroffenen Entscheidungen kann jedoch nur dann gelingen, wenn Abgeordnete auch tatsächlich mit den Adressaten in Kontakt treten, responsiv sind und die Entscheidungen gegenüber den Bürgern darstellen können. Da schon die Umsetzung dieser Aufgaben schwer fällt, gestaltet sich die ‚Königsaufgabe' des Werbens und Eintretens für die Entscheidungen noch schwieriger.

Deshalb beschränkt sich die Leistung des Parlaments und der einzelnen Abgeordneten meist darauf, den Bürgern die institutionellen Machtverhältnisse und Ordnungsarrangements zu verdeutlichen. Hingegen schaffen es die Parlamentarier nur selten, ihre inhaltlichen Positionen für die Adressaten deutlich erkennbar und politisch pointiert zu präsentieren. Eine Ausnahme bilden hier allenfalls besonders exponierte Steuerungsaufgaben.

„Also, wenn man so Knaller hat wie BSE oder das Klonen von Menschen oder jetzt die E-Commerce-Richtlinie, glaube ich, können wir einiges erreichen, weil das im Zentrum der Wahrnehmung bei den Leuten ist. Viele Gesetzgebungsverfahren gehen an den Leuten so vorbei, aber die interessiert das auch nicht, was im Bundestag oder Bundesrat läuft. Das ist nur dann, wenn ein großer Konfliktstoff ist, also wenn dann die Mehrheit im Bundesrat gegen die derzeitige im Parlament, im Deutschen Bundestag, genutzt wird, dann knallt es da, und darüber berichtet man. Leider sind die Zeitungen nicht ganz so in Sachen Europa. Der Euro war wieder ein Thema und ist ein Thema und bleibt es halt auch, das ist klar, das ist neu. Das andere, da muss man viele Probleme überwinden und da hat das Europäische Parlament, glaube ich, eine gute Rolle gespielt. Also, wir haben uns in vielen Bereichen wirklich konkret einbringen können. Allerdings hätte nichts funktioniert, wenn wir nicht unten an der Basis gewesen wären, so dass das Parlament als Institution oft nicht ganz so wahrgenommen wird im Gegensatz zu den Parlamentariern, dann, wenn sie eine Regionalpolitik machen. Also ich mache das immer, [das ist] einer meiner Schwerpunkte. Ich bin in Hessen, ich fahre ziemlich gut durch die Lande, weil ich das brauche, [ich] muss bei den Leuten sein – irgendwie."[497]

Insgesamt ist die Kommunikation zwischen den europäischen Abgeordneten und den Bürgern der Europäischen Union noch verbesserungsfähig. Eine Vermehrung von ‚Wahlkreiswochen' durch Konzentration des Aufenthalts am Sitz des Europä-

---

496 Interview Nr. 19, Zeilen 548-565.
497 Interview Nr. 2, Zeilen 860-881.

ischen Parlaments auf zeitlich reduzierte Sitzungsperioden wäre der eine wichtige Schritt in die wünschenswerte Richtung. Ein anderer bestünde in einer Parlamentarisierung europäischer Politik, welche politische Machtkonstellationen im Europäischen Parlament ebenso für die Medien interessant macht wie das auf nationalstaatlicher parlamentarischer Bühne der Fall ist.

5.5. Erfolge und Schwierigkeiten instrumenteller Funktionserfüllung

Instrumentelle Funktionserfüllung und Leitideenkonstruktion des Europäischen Parlaments haben eine parallele Entwicklung genommen. War die Erfüllung instrumenteller Funktionen im Bereich der Kreation, Kontrolle und Gesetzgebung sowie der repräsentationsbezogenen Aufgaben anfänglich noch sehr reduziert, so ist sie heute vielseitig ausdifferenziert. Zwischen instrumenteller Funktionserfüllung und Leitideenkonstruktion besteht also kaum ein Widerspruch. Denn auch bei der Leitidee gab es eine Entwicklung vom parlamentarischen Forumsgedanken zu der eines parlamentarischen Mitgestalters europäischer Politik. Die Veränderungsprozesse des Europäischen Parlaments sind dabei durch zwei wesentliche Faktoren gekennzeichnet: Einerseits wird die Entwicklung des Parlaments im hohen Maße durch die Primärrechtssetzung der Staats- und Regierungschefs fremdbestimmt, andererseits ist es dem Parlament immer wieder gelungen, im alltagspraktischen Zusammenspiel der Institutionen genau jene Regelungshoheit der Mitgliedstaaten durch den Einsatz geeigneter Mechanismen zu modifizieren.

Das Europäische Parlament steht also grundsätzlich vor zweierlei Herausforderungen: Es muss sich einer sich stetig verändernden Umwelt durch den Umbau seiner Strukturen und Ordnungsprinzipien anpassen, und die parlamentarische Handlungsweise muss über das Maß der Anpassung hinaus fortentwickelt werden, um seiner gewollten Leitidee eines parlamentarischen Mitgestalters näher zu kommen, respektive jene eben auch tatsächlich glaubhaft machen zu können. In den Bereichen der Gesetzgebung und Kreation ist genau jener Prozess besonders leicht erkennbar. So gelang es dem Parlament beispielsweise, dem Rat die Einführung eines Konzertierungsausschusses abzuringen und einen speziellen Mechanismus zur Auswahl der Kommission zur Anwendung zu bringen. Beschränkungen in seiner Anpassungs- und Lernfähigkeit unterliegt das Parlament jedoch stets dann, wenn es um die Ausweitung seiner instrumentellen Funktionen auf neue Politikfelder geht oder aber die Verfahrensregeln auf andere Bereiche ausgedehnt werden sollen. An dieser Stelle sind dem Parlament durch die Regelungsmacht des Europäischen Rats Grenzen gesetzt, die es nicht überwinden kann.

Als einflussreich auf die Erfüllung seiner instrumentellen Funktionen erweist sich für das Europäische Parlament zudem, dass es sich nicht um eine Vertretungskörperschaft eines parlamentarischen Regierungssystems handelt. Deshalb fehlt es nämlich an den typischen Strukturen des Gegenübers von regierungstragender Fraktion oder Koalition und Opposition. Erst ein solches Gegenüber würde die fraktionelle Geschlossenheit jedoch stärken und die Entscheidungsfindung in der Gesetzgebung verlässlicher machen sowie die Auswahl der Kommission parteipolitisch polarisieren und dadurch auch die Kommunikationsfunktion nachhaltig verändern können.

Vor allem bei der Erfüllung der Kommunikationsfunktion sind beim Europäischen Parlament – wie im übrigen bei nationalen Parlamenten auch – Defizite festzustellen. Das hat nicht wenig mit der Tatsache zu tun, dass es sich um eine supranationale Vertretungskörperschaft handelt, für deren Themen es zum Teil nur sehr spezialisierte Teilöffentlichkeiten gibt. Zudem sind auch die Strukturen in Form der häufigen Tagungswochen nicht ganz unschuldig daran, dass kommunikative Funktionserfüllung unterentwickelt bleibt. Dazu gesellt sich außerdem eine starke Ratslastigkeit bei der Entscheidungsverkündung, die dem Parlament häufig eine unglückliche Position zuweist.

6. Symbolische Funktionen des Europäischen Parlaments

Eine Vertretungskörperschaft wird nicht allein durch instrumentelle Funktionserfüllung dauerhaft stabilisiert, sondern es müssen auch die emotionalen Tiefenschichten des Repräsentationsglaubens erreicht werden. Genau das ist die hauptsächliche Aufgabe symbolischer Repräsentation und der symbolischen Funktionen von Parlamenten. Einer effektiv funktionierenden Vertretungskörperschaft sollte es gelingen, mittels symbolischer Funktionen in die emotionalen Tiefenschichten der Adressaten vorzudringen. Dabei gibt es natürlich ein klares Wechselverhältnis zwischen instrumentellen und symbolischen Leistungen: dauerhaft und glaubwürdig symbolisiert werden kann schließlich nur das, was auch ein instrumentelles Gegenstück hat. Denn im Fall des Fehlens von instrumentellen Funktionen gelingt nur kurzfristig überzeugend eine allenfalls deklamatorisch-vorgeblendete Symbolisierung.

Die instrumentelle Funktionsanalyse hat gezeigt, dass es einen deutlichen Wandel der – instrumentell auch ernstgemeinten – Leitidee vom parlamentarischen Forum zum parlamentarischen Mitgestalter gab. Dank der Etablierung geeigneter intra- und inter-institutioneller Mechanismen sowie der von innen und außen angestoßenen strukturellen Wandlungsprozesse ist das Europäische Parlament zu einer relativ machtvollen und in weiten Teilen sehr effektiven Institution geworden. Zwar sind die Transformationsprozesse noch lange nicht abgeschlossen,[498] aber das Europäische Parlament hat insgesamt eine schlüssige Stellung innerhalb des Institutionengefüges der Europäischen Union.

Eine der grundlegenden Hypothesen dieser Arbeit lautet, dass ein effektives Parlament sich durch Funktionserfüllung und gelungene Anpassungsprozesse zur Sicherstellung der instrumentellen *und* symbolischen Funktionserfüllung auszeichnet. Wer an dieser Stelle einen der gravierenden Schwachpunkte der Effektivität des Europäischen Parlaments vermutet, liegt durchaus richtig. Denn, um es vorwegzunehmen, es gelingt dem Europäischen Parlament bisher nicht, seine instrumentellen Leistungen durch symbolische Funktionen angemessen in das gesellschaftliche Umfeld hinein zu transportieren. Und ebenso wenig ist es dem Europäischen Parlament bisher geglückt, erfolgreich seine eigenen Mechanismen, Strukturen und Organisationsprinzipien so zu gestalten, dass sie die effektive symbolische Funktionserfüllung überhaupt ermöglichen würden. Es ist somit auch nicht überraschend, dass die befragten Abgeordneten nur wenig zur Frage parlamentarischer Symbolik aussagen

---

[498] Der im Juni 2003 abgeschlossene Konvent zur Frage einer Verfassung für Europa, deren Ratifizierung nach zwei gescheiterten Referenden in Frankreich und den Niederlanden im Jahr 2005 ausgesetzt wurde, ist das deutlichste Anzeichen für die weitergehende Diskussion um Ziele und Inhalte in der Europäischen Union. Daneben wird auch die am 1. Mai 2004 vollzogene Erweiterung um zehn neue Mitgliedstaaten sicherlich Auswirkungen auf die Funktionserfüllung des Europäischen Parlaments haben.

konnten. Aber zumindest hat ein langjähriges Mitglied des Europäischen Parlaments die Defizite parlamentarischer Symbolisierungsleistungen erkannt und formuliert die Gründe für deren Fehlen wie folgt:

> „Es ist zum Teil damit zu erklären, dass es ein junges Parlament ist, ein neues, das dabei ist, bestimmte Traditionen erst zu entwickeln. [...] Man kann solche Zeichen und solche Symbole ja nicht per Beschluss setzen, sondern die müssen ja einen Gehalt bekommen haben. Und zum anderen liegt es daran, [dass] die Art von Zeichenhaftigkeit halt sehr unterschiedlich ist in den einzelnen Parlamenten. [...] Also das ist in Finnland ganz anders als im italienischen Parlament, um zwei wichtige, sehr auseinanderliegende Beispiele zu nennen. Und die auch auf das europäische zugeschnittene und damit für alle verständliche Symbolsprache, die ist noch nicht gefunden."[499]

Einer der wichtigsten Gründe fehlender Symbolisierungsleistungen ist damit bereits angesprochen. Nationale und supranationale Ebene sind bezüglich ihres Symbolvorrats vollkommen unterschiedlich ausgestattet. In nationalen politischen Systemen ist häufig ein breiter verwertbarer Symbolvorrat vorhanden, der sich in langer Tradition geformt hat, oder es gibt eine leitende Idee, die von sich aus einen leicht nutzbaren Symbolvorrat erschließt.[500] Auf einen solchen traditionellen oder neu generierten Symbolvorrat kann sich das supranationale Europäische Parlament nun aber nicht stützen. Weder die Erfahrungen eines Krieges und die daraus resultierende Schaffung der Europäischen Gemeinschaft für Kohle und Stahl noch der systemkonstruktive Kern eines sich formenden europäischen politischen Systems lassen sich leicht in verständliche Symbole oder Parlamentssymbolik umsetzen, zumal es sich bei beidem nicht um eine originäre Leistung ausgerechnet des Parlaments selbst handelt.

Freilich erfüllt jedes Parlament und auch das Europäische eine gewisse symbolische Funktion bereits dadurch, dass es besteht und sich von jeher als ‚echtes' Parlament gerierte. Allein schon durch die Existenz der Vertretungskörperschaft wurde von Anfang an deutlich, dass der neu gegründete europäische Zusammenschluss mehr sein sollte als eine bloße Organisation.

6.1. Symbolische Repräsentation

Symbolische Funktionen sind kein Selbstzweck, sondern sie sollen überwiegend integrative Wirkung entfalten und bei den Repräsentierten den Glauben an die Funktions- und Leistungsfähigkeit des Parlaments nähren. Häufig dienen bestimmte Mechanismen, Strukturen und Organisationsprinzipien jedoch nicht *allein* einem instrumentellen oder einem ausschließlich symbolischen Ziel. So kann etwa die Zusammensetzung eines Parlaments sowohl symbolische als auch instrumentelle Wirkung entfalten. Am Beispiel der Direktwahlen lässt sich dies leicht darstellen. Die

---

499 Interview Nr. 18, Zeilen 590-608.
500 So beruht beispielsweise die leitende Idee des französischen Parlamentarismus in Form der Verteidigung der Menschen- und Bürgerrechte gegenüber dem französischen Staat auf der erfolgreichen Revolution.

instrumentelle Funktion der Direktwahl zum Europäischen Parlament besteht vor allem darin, dem Parlament Abgeordnete zur Verfügung zu stellen, die sich nicht mehr nur sporadisch und nebenbei, sondern professionell und exklusiv mit europäischer Politik beschäftigen; *symbolisch* kann durch die direkte Wahl zum Europäischen Parlament ausgedrückt werden, dass nicht mehr nur ein am verlängerten Arm der nationalen Parlamente hängendes Organ auf supranationaler Ebene agiert, sondern eine Vertretungskörperschaft, die über eine eigene, auf den freien Wahlen der europäischen Bürgerschaft beruhende Basis verfügt. An diesem Beispiel lässt sich leicht nachvollziehen, dass die Prämissen instrumenteller Funktionspraxis symbolischen Wirkungen entgegenstehen können. Im konkreten Fall ist es nämlich so, dass aufgrund der jeweils national geprägten Kandidatenauswahl und der meist nationalen Themenauswahl in den Europawahlkämpfen gerade nicht das symbolisiert wird, was eigentlich symbolisiert werden soll. Denn auf Seiten der Bürgerschaft wird nicht verankert, dass es sich um ein primär *europäisches* Parlament handelt, wenn es bei den Wahlen und in den Wahlkämpfen fast ausschließlich um *nationale* Themen geht.[501]

Symbolische Repräsentation beinhaltet jedoch noch mehr Aspekte als die – inzwischen oftmals als allzu selbstverständlich akzeptierte – Frage der direkten Wahlen. Die Sitzordnung im Parlament oder die Organisation und Darstellung der Plenardebatten nach außen sind in diesem Kontext ebenfalls von großer Bedeutung. So wurde seit 1958[502] im Europäischen Parlament eine Sitzordnung gewählt, wie sie auch in vielen nationalen Parlamenten üblich ist. Sie orientiert sich nicht an der Nations-, sondern an der Fraktionszugehörigkeit und folgt dem kontinentalen Schema, welches auf die französische Nationalversammlung zurückgeht.[503] Problematisch ist

---

501 Die folgende Feststellung Emanuel Richters für den ersten Wahlkampf zum Europäischen Parlament 1979 hat sicher in weiten Teilen auch heute noch Gültigkeit: „Im europäischen Wahlkampf kamen jedoch die vorhergegangenen Bemühungen um europäische Einigkeit unter den nationalen Parteifamilien nicht voll zum Tragen – der Wahlkampf verlief weitgehend unter den konkurrierenden Parteien der einzelnen Mitgliedstaaten und erhielt so ein deutlich nationales Gepräge." Siehe E. Richter 1980, S. 25. Zum gleichen Wahlkampf siehe außerdem H.-D. Neumann/E.-R. Karnofsky 1980. Für die Wahl 1984 prognostiziert Wichard Woyke die gleiche Tendenz wie E. Richter einige Jahre zuvor: „Deshalb wird der Wahlkampf sehr stark – wie das auch 1979 bereits der Fall gewesen war – mit nationalen Themen besetzt werden. Da eine grundsätzliche Zieldiskrepanz, nämlich Mitgliedschaft oder Nichtmitgliedschaft in der EG, bei den Parteien in der Bundesrepublik nicht besteht, dürfte eine allgemeine europapolitische Diskussion auch während des Wahlkampfes nicht stattfinden. W. Woyke 1984, S. 144.
502 Bis zum Jahr 1958 saßen die Mitglieder des Europäischen Parlaments in alphabetischer Reihenfolge. Siehe Europäisches Parlament 1982, S. 139.
503 Das aus der Assemblée nationale übernommene, kontinentale Prinzip der Sitzordnung legt die Plätze der Fraktionen aufgrund der Einordnung von Parteien auf einem Rechts-Links-Schema fest, wobei sich laut Heinrich Oberreuter die konservativen Kräfte auf der rechten und die am meisten auf Veränderung des bestehenden Systems bedachten Parteien auf der linken Seite finden. Anders hingegen findet die Platzvergabe in England statt, wo traditionell auf der rechten Seite die Mehrheitsfraktion ihre Plätze einnimmt und die Opposition zur Linken des Speakers sitzt. Siehe H. Oberreuter 1970, S. 440f.

hierbei jedoch, dass das Symbolisierte kein entsprechendes instrumentelles Gegenstück hat. Schließlich wird lediglich symbolisch vorgeblendet, es handele sich um ein ganz normales Parlament, in dem die Abgeordneten einer Fraktion ‚wie selbstverständlich' eine geschlossene Gruppe des Parlaments bilden. Jedoch ist das Vorgezeigte realiter gar nicht vorhanden, da die politisch-inhaltlichen Ausrichtungen jener nationalen Parteien, die sich in den einzelnen Fraktionen zusammenfinden, oftmals viel zu heterogen sind. Darum siegt bei manchen Abstimmungen im Parlament die nationale Identifikation über die politische Loyalität zu den Fraktionskollegen. Wenn der Bürgerschaft jedoch effektiv und überzeugend versichert werden soll, es handele sich bei dem Europäischen Parlament um eine *europäische* Institution, so muss dieser faktische Widerspruch aufgelöst werden, um die Glaubwürdigkeit des Parlaments auf Dauer nicht zu gefährden.

Bei anderen Gelegenheiten, wie etwa bei der Demonstration parlamentarischer Arbeitsfähigkeit, versagt die Vorblendung mittels institutioneller Mechanismen sogar vollständig. In handlungs- und entscheidungsfähigen Parlamenten ist während der Plenardebatten in der Regel nur der geringe Teil jener Abgeordneten anwesend, die mit dem zu verhandelnden Sachgegenstand auch tatsächlich betraut sind. Die übrigen Parlamentarier befinden sich – nicht anders als auch im Deutschen Bundestag – in einer der parallel stattfindenden Fraktions- oder Ausschusssitzungen. In nationalen Parlamenten nehmen die wenigen anwesenden Abgeordneten dann die vorderen Plätze im Plenarsaal ein. Durch diesen institutionellen Mechanismus wird auf einfache, aber effektive Weise symbolträchtig dargestellt, dass zwar nur ein Teil des Parlaments seines öffentlichen Amtes waltet, aber dieser Teil ein verkleinertes Abbild des Gesamtparlaments ist.

Im Europäischen Parlament hingegen lassen innerinstitutionelle Regelungen solche Symbolleistung nicht zu und schaffen sogar eine verheerende Wirkung. Wie in vielen nationalen Parlamenten sind auch hier die Sitze im Plenarsaal den Abgeordneten persönlich zugewiesen. Doch anders als in nationalstaatlichen Parlamenten rücken die Europaabgeordneten eben nicht von ihren eigenen Plätzen zur Mitte des ‚Hemicycle' auf, wenn nur ein Teil von ihnen eine Debatte verfolgt. Dadurch entsteht ein verhängnisvoller visueller Effekt: Es verhandelt nicht ein verkleinertes, in dieser Verkleinerung aber ‚komplettes' Parlament, sondern zur Plenarberatung kommen sehr wenige Abgeordnete zusammen, die weit voneinander entfernt sitzen und zum Diskurs nicht wirksam plaziert sind. Die Symbolsprache der Raumverteilung drückt also in nationalen Parlamenten und im Europäischen Parlament unterschiedliches aus, obwohl der Plenarabsentismus in beiden Fällen wohl begründet ist und das wohl bekannteste Problem symbolischer Repräsentation darstellt. Die Anforderungen symbolischer und instrumenteller Funktionserfüllung widersprechen sich nämlich und lassen die symbolischen hinter den instrumentellen Funktionen zurücktreten, weil parallel zu den Plenarsitzungen auch Ausschuss- und Fraktionssitzungen stattfinden. Der Plenarsaal *muss* in Straßburg also weitgehend leer sein, wenn das Parlament effektive instrumentelle Funktionserfüllung betreiben will. Und auch das starre Festhalten an der Sitzordnung, das den negativen Eindruck überhaupt erst vollständig zur Wirkung bringt, *muss* beibehalten werden. Denn die Redezeiten sind sehr kurz und betragen häufig nicht mehr als ein oder zwei Minuten,[504] so dass grundsätzlich vom Platz und nicht vom Rednerpult aus gesprochen wird. Der Gang nach vorn würde also zuweilen länger dauern als die gesamte Redezeit eines Abgeordneten. Außerdem müssen die Redebeiträge simultan übersetzt werden, was sich leichter bewerkstelligen lässt, wenn die Abgeordneten feste Plätze haben und die Dolmetscher wissen, welcher Redner wo sitzt. Instrumentelle Zwänge verhindern an dieser Stelle also bereits jegliche Chance einer effektiven symbolischen Wirkung.

Bei den zahlreich in Straßburg erscheinenden Besuchergruppen, die eine Plenardebatte, nicht aber eine der Gremiensitzungen besuchen, hinterlassen der leere Plenarsaal und die zersplitterte Sitzordnung zwangsläufig einen negativen Eindruck vom Parlamentsbesuch. Manche Parlamentarier versuchen das Problem unvermeidlich misslingender Symbolisierung dadurch zu umgehen, dass sie ihre Besuchergruppen nicht mehr nur nach Straßburg, sondern nach Brüssel einladen.[505] Dort können die Besucher dann die Arbeit in den Ausschüssen und Fraktionen beobachten, also an genau jenen Orten, an denen die parlamentarische Meinungs- und Willensbildung für die Bürger erlebbar wird und auch tatsächlich sichtbar stattfindet.

Wenn das Europäische Parlament aus der Effektivitätsfalle von konträrer symbolischer und instrumenteller Funktionserfüllung entkommen will und anstrebt, seine ‚symbolische Effektivität' weiter zu steigern, dann dürfen kontraproduktive Symbolisierungsleistungen, wie die Besuche des Plenarsaals, in der derzeitigen Form nicht weitergeführt werden. Wenn die Funktionslogik des politischen Systems nur negative Symbolisierung im Plenarsaal zulässt, so sollte zumindest darauf verzichtet werden, diese auch noch gezielt vorzuführen.

6.2. Symbolik und Architektur

Die symbolische Repräsentation misslingt dem Europäischen Parlament nahezu vollständig, weil sich symbolische und instrumentelle Funktionserfüllung aufgrund der Besonderheiten des supranationalen Parlamentarismus noch schwieriger vereinbaren lassen als in vielen nationalen Parlamenten. Doch – wie bereits an anderer Stelle beschrieben[506] – nimmt außer den Besuchergruppen ohnehin kaum jemand etwas von diesen Defiziten wahr, da die mediale Darstellung des Europäischen Parlaments noch immer gering ist. Zudem sind die Mechanismen symbolischer Repräsentation nur schwer zu durchschauen und werden wohl auch deshalb von den Abgeordneten selbst in den Interviews kaum thematisiert. Anders verhält es sich hingegen mit der Architektur eines Parlaments, die für jeden Bürger offensichtlich ist und

---

504 Kurze Redezeiten sind im Europäischen Parlament die Regel. Gemäß Art. 120 GOEP kann eine Hälfte der Redezeit an alle Fraktionen gleich verteilt werden, während die zweite Hälfte gemäß der Fraktionsstärke festgesetzt wird. Aufgrund der unterschiedlichen Scheidelinien (Fraktion, Nation), kommen häufig viele Redner zu Wort, so dass die Redezeit sehr kurz ist.
505 Interview Nr. 15, Zeilen 647-656.
506 Siehe zur institutionellen Vernetzung Kapitel 5.4.1.

sich auch deshalb gut zur Selbstdarstellung eignet. Allerdings sind auch auf diesem Gebiet die Möglichkeiten des Europäischen Parlaments aus verschiedenen Gründen recht begrenzt. Die Symbolsprache der Architektur lässt es an Eindeutigkeit vermissen und trifft auf eine mangelnde Fähigkeit der Adressaten, jene dann auch zu dekodieren.[507] Außerdem fehlte es dem Parlament lange Zeit an geeigneten Gebäuden und ihm blieb der Einfluss auf deren bauliche Gestaltung versagt.

Das Europäische Parlament verfügte jedenfalls über Jahrzehnte nicht einmal über ein eigenes Gebäude, in dem die Plenartagungen abgehalten werden konnten. Bis 1999 tagte man in Straßburg in den Räumen des Europarats. Zuerst versammelten sich die Parlamentarier im alten Palais de l'Europe, von 1977 bis zur Fertigstellung des eigenen Neubaus in den Räumen des neuen Palais de l'Europe.[508] Deshalb verwundert es kaum, dass die Frage der Symbolizität von *parlamentseigener* Architektur aus der Sicht langgedienter Akteure vielfach nur eine geringe Rolle spielt. So äußerte sich ein Abgeordneter, der bereits seit 1979 Mitglied des Europäischen Parlaments ist, auf die Frage, ob es wichtig sei, ein eigenes Parlamentsgebäude zu nutzen:

„Nicht wichtig, nicht wichtig. Also, dass wir zur Miete waren beim Europarat hat [...] unsere eigene Tätigkeit und auch unsere Darstellung nicht beeinflusst oder beeinträchtigt. Im Gegenteil, der Plenarsaal in Straßburg war schon so etwas wie ein Bild für das Europäische Parlament, nicht für den Europarat in der Öffentlichkeit geworden. Also, das Gebäude wurde doch im wesentlichen uns zugeschrieben in der Öffentlichkeit und nicht dem Europarat, [...], was nicht dagegen spricht, dass wir jetzt ein eigenes haben [...]."[509]

Wenn man diesen Worten Glauben schenkt, dann ist es relativ bedeutungslos, welches Gebäude das Europäische Parlament nutzt. Zwar betont der Abgeordnete, dass es die Darstellung nicht beeinflusst, aber Außendarstellung findet ja auch ohnehin kaum statt – und was nicht stattfindet, kann natürlich auch kaum positiv oder negativ beeinflusst werden. Symbolisierungsleistungen, die sich hauptsächlich auf das Zeigen der Existenz des Parlaments beschränken, sind nämlich in praktisch jedem Gebäude gleichermaßen möglich. Deshalb ist es auch nicht überraschend, dass ein weiterer sehr erfahrener Parlamentarier ebenfalls glaubt, dass es für die Selbstdarstellung des Europäischen Parlaments überhaupt keine Rolle spielt, in welchem Gebäude dieses arbeitet. Knapp, aber prägnant formuliert klingt das dann so:

„Die Arbeitsbedingungen müssen stimmen, die Inhalte sind wichtig."[510]

Eine solch reduzierte Wahrnehmung symbolischer Funktionen ist allerdings unzureichend für eine Institution, die sich als parlamentarischer Mitgestalter europäischer Politik versteht. Vorwerfen kann man den Parlamentariern die Marginalisierung

---

507 Freilich ist das eine Grundvoraussetzung dafür, dass ein bestimmter Sinnzusammenhang durch Symbole transportiert werden kann, dessen Botschaft dann auch in das alltagspraktische Verständnis eingeht. Siehe H. Oberreuter 2001, S. 659.
508 Am 28. Januar 1977 wurde das neue Palais de l'Europe durch den Europarat bezogen. Siehe http://www.coe.int/T/E/Com/About_Coe/palais_europe.asp (letzter Zugriff: 27. Januar 2004).
509 Interview Nr. 18, Zeilen 636-645.
510 Interview Nr. 6, Zeilen 255-256.

symbolischer Funktionserfüllung indes kaum. Denn nicht genug damit, dass sie jahrelang nicht auf ein eigenes, selbst gestaltetes Gebäude zurückgreifen konnten, obendrein ist das Europäische Parlament zur Nutzung von gleich drei Sitzungsorten gezwungen. Es existiert also nicht nur *eine* durch Architektur und Bauplastik entsprechend symbolisch aussagefähig zu machende Stätte für das Europäische Parlament, sondern deren drei. Einige Zeit bevor der Parlamentsneubau in Straßburg am 14. Dezember 1999 eingeweiht wurde,[511] wurden nämlich auch neue Parlamentsräumlichkeiten in Brüssel bezogen.[512] Außerdem existiert in Luxemburg seit der Gründungsphase der europäischen Institutionen auch noch ein Gebäude, das vom Europäischen Parlament genutzt wird und in dem zeitweilig ebenfalls Plenartagungen stattfanden. Es handelt sich dabei um das Bâtiment Robert Schuman, ein Hochhaus, das nur dadurch einen europäischen Bezug aufweist, dass vor seinen Türen die Flaggen der Mitgliedstaaten wehen. Daneben nutzt das Europäische Parlament zwei weitere Gebäude in Luxemburg, nämlich das Bâtiment Konrad Adenauer und das Bâtiment Alcide de Gasperi.

Die parlamentarischen Akteure können an diesem Zustand wenig ändern, da dem Europäischen Parlament (noch) kein Selbstbestimmungsrecht in der Sitzfrage zukommt.[513] Zwar werden seit einiger Zeit keine Plenartagungen in Luxemburg mehr abgehalten, weil sich diese Tätigkeit allein auf Brüssel und Straßburg verlagert hat.[514] Aber trotzdem lässt sich nicht *das eine* Gebäude ausmachen, welches ebensolche symbolische Wirkung entfalten könnte wie es der Deutsche Bundestag, das US-Kapitol oder der britische Westminsterpalast tun. Denn ein Parlament muss an *einen* bestimmten Ort geknüpft und mit *einem bestimmten Gebäude* verbunden sein, wenn es effektiv in die emotionalen Tiefenschichten der Adressaten vordringen und dort auch präsent sein will.

Eine Verschärfung des Symbolisierungsproblems tritt dadurch auf, dass das Europäische Parlament nicht selbst der Bauherr der Gebäude war, faktisch also gar

---

511 Die ersten Sitzungen fanden in dem neuen Gebäude bereits seit dem 20. Juli 1999, also gut fünf Monate vor der offiziellen Einweihungszeremonie statt.
512 Die erste Plenarsitzung des Europäischen Parlaments wurde in dem heutigen Trakt Paul-Henri Spaak am 29. und 30. September 1993 durchgeführt. Zu dieser Zeit war nur ein Teil des Gebäudes vollständig erbaut und der gesamte Komplex Altiero Spinelli noch nicht erstellt. Siehe hierzu C. Schöndube 1993, S. 14.
513 Im Dezember 1992 wurde beim Gipfeltreffen der Staats- und Regierungschefs in Edinburgh ausgehandelt, dass das Parlament 12 Sitzungen inklusive seiner Haushaltssitzungen in Straßburg abhalten solle. Das Generalsekretariat verbleibt nach dieser Regelung weiter in Luxemburg; die Ausschuss- sowie evtl. notwendige weitere Plenarsitzungen finden in Brüssel statt. Vgl. ABl. C 341/1992.
514 Hierbei ist anzumerken, dass die Sitzungen in der Regel immer in Straßburg stattfinden. In Brüssel gibt es nur das so genannte Mini-Plenum, welches – nach dem Beschluss, die Sitzungswochen auf die Tage von Montag bis Donnerstag zu verkürzen – von Mittwoch mittag bis Donnerstag mittag abgehalten wird. Im Jahr 2003 gab es acht solcher Sitzungen, wovon eine jedoch nur eintägig war und damit aus dem Zweitagesrhythmus herausfällt. Siehe http://www3.europarl.eu.int/omk/omnsapir.so/calendar?APP=PV1&_LANGUE=DE (letzter Zugriff am 13. Februar 2004).

nicht bestimmen konnte, wie die Architektur beschaffen sein sollte. So sind die Bauwerke, die das Europäische Parlament nutzt, zwar inzwischen fast alle dessen Eigentum, aber über deren Gestaltung konnte es nicht bestimmen, wie aus der folgenden Passage hervorgeht:

> „Also, das, wo wir jetzt sind [im Parlamentsgebäude in Brüssel, SD], sollte mal ein Kongresszentrum werden, und als Parlament haben wir irgendwann gesagt: ‚Das könnte auch was für uns sein.' Das ist schon lächerlich, so was zu machen. Ordentliche Parlamente werden als Parlamente gebaut und auch von denen, die da drin zu tun haben, auch durch den Raumprogrammentwurf konzipiert. Das machen wir hier alles nicht, entsprechend sind die Gebäude auch."[515]

Im Gegensatz zu seinen Parlamentskollegen, die bereits im ersten direkt gewählten Europäischen Parlament saßen, misst dieser seit 1994 im Europäischen Parlament agierende Abgeordnete parlamentarischer Symbolik offensichtlich größere Bedeutung bei und bedauert es deshalb auch, dass das Parlament nicht wie ein „ordentliches Parlament" handelt. Dazu würde nämlich auch das Streben nach einem Parlamentsbau gehören, der die Erwartungen derjenigen erfüllt, die ihn später auch nutzen sollen, nämlich der Parlamentarier. Jedoch verkennt der Abgeordnete auch die breite Uninteressiertheit an symbolischen Fragen, wie sie anhand der Äußerungen seiner beiden Parlamentskollegen dokumentiert wurde. Die Präsentation des Parlaments in einem Faltblatt des Informationszentrums fällt dann auch dementsprechend sachlich aus, wenn es heißt:

> „Nüchterne Ausführung und funktionsbetontes Material: grüner und grauer Granitstein, Buchenholz, Glas, Aluminium, Beton und Stahl."[516]

Dagegen lassen die folgenden Worte der ehemaligen Präsidentin des Europäischen Parlaments, Nicole Fontaine, das Gebäude in einem positiveren Licht erstrahlen:

> „Das Europäische Parlament ist ein privilegierter Ort des Ausdrucks und ein Raum des Dialogs. Hier entsteht ein Europa, dessen wesentlicher Bestandteil die Freiheit ist. Durch seine Architektur symbolisiert das Europäische Parlament die Öffnung und Transparenz eines nicht mehr umkehrbaren Prozesses. Hier ist ein Schmelztiegel verschiedener Kulturen. Hier finden unterschiedlichste Tendenzen den ihnen gemäßen Ausdruck, hier wird unter sorgfältigster Beachtung der Menschenrechte an unser aller Zukunft gebaut. Das Europäische Parlament: eine Architektur für die Zukunft Europas."[517]

Doch auch Nicole Fontaine gelingt es letztlich nicht, den Adressaten des Faltblatts, nämlich den europäischen Bürgern, den Eindruck zu vermitteln, dass dieser Bau etwas mit der konkreten Arbeit des Europäischen Parlaments zu tun hat. Vielmehr sind es die Grundwerte von Freiheit und Achtung der Menschenrechte sowie die Vielfalt der Kulturen, die ihren Ausdruck in der Architektur finden. Mit den Leistungen des Europäischen Parlaments für das politische System hat dies aber nur zum Teil etwas zu tun. Zwar werden die parlamentarischen Entscheidungen ‚im

---

515 Interview Nr. 11, Zeilen 844-849.
516 Siehe Europäisches Parlament, o. J., S. 4.
517 Ebenda, S. 2.

Geiste' dieser Werte getroffen, aber die Position eines parlamentarischen Mitgestalters wird dadurch nicht nachhaltig untermauert.

Wendet man den Blick nun von Brüssel in Richtung Straßburg, so ist festzustellen, dass auch dort die Planung und Konstruktion der Parlamentsarchitektur ähnlich wie in Brüssel verlief. Allerdings war das Bauwerk von Anfang an als Parlament und nicht als Kongresszentrum konzipiert. Trotzdem wurde auch hier weitgehend über die Köpfe der Parlamentarier hinweg entschieden, ohne dass diese großen Einfluss auf die tatsächliche Gestaltung des Bauwerks gehabt hätten.

> „Wir haben es ja nicht selbst gebaut, wir sind ja nicht die Bauherren, sondern das ist eine Gesellschaft, die das macht. Wir konnten Wünsche äußern, aber sagen wir mal, auf die Schönheit oder die Art hatten wir gar keinen Einfluss, sondern die Gesellschaft in Straßburg. Es ist, glaube ich, eine Rentenanlage der Stadt, die das gemacht hat, und das waren französische Architekten hier. Ich weiß gar nicht, welche Architekten das waren,[518] [aber] wir konnten nur nachher, als wir [es] übernommen haben, [...] innen drin umgestalten. Aber wir hatten auch auf die große Gestaltung der Häuser keinen Einfluss, weil wir nicht die Bauherren waren."[519]

Einer der ehemaligen Präsidenten des Europäischen Parlaments bestätigt durch seine Aussage ebenfalls den Eindruck relativer Einflusslosigkeit auf die Schaffung des neuen Parlamentsgebäudes:

> „Das Europäische Parlament hat auf die Architektur des Gebäudes [in Straßburg, SD] keinen Einfluss gehabt. Ich selber habe versucht, wenigstens noch etwas Einfluss zu nehmen auf die Gestaltung des Plenarsaales. Das ist mir aber nur in Grenzen gelungen. Die Planung war fertig und es war ja schon im Bau, als ich Präsident wurde. [...] Ich wollte ihn [den Plenarsaal, SD] kleiner und ich wollte ihn etwas mehr ellipsenförmig haben, um die große Entfernung, die da ja doch besteht zwischen Präsidium und den hinteren Reihen, zu mildern. Und kleiner auch deswegen, [...] um etwas mehr Atmosphäre auch zu schaffen, weil das ist ja nicht ein Kongress so ein Parlament, sondern es ist ein Diskussionssaal, wo man auch ein bisschen die Hitze des Gegners spüren muss – körperlich. [...] Aber das war schon so weit fortgeschritten, dass ich eben gerade verhindern konnte, dass sie noch mehr Platz zwischen den einzelnen Sitzen und einzelnen Reihen vorsahen, als das jetzt der Fall ist. Es ist z. B. nicht eng genug. Hört sich komisch an, aber für eine Plenarsaal-Atmosphäre, vor allen Dingen auch, weil – wie in allen Parlamenten der Welt – die Abgeordneten nicht immer drin sind, muss es so zugeschnitten sein, dass das nicht so auffällt. Also, nicht wegen des Publikums, sondern aus Gründen der Atmosphäre. Gut. Und die Planung war weiter, und es ist eine typisch französische Sache gewesen, damit belästigt man eigentlich das Parlament nicht [...]."[520]

Aus kaum einer Interviewpassage geht klarer hervor, wie wenig Bedeutung der Symbolkraft eines Parlaments für dessen Wirkung auf die Adressaten beigemessen wird – und das sogar von einem seiner ehemaligen Präsidenten. Denn begründet wird der Wunsch nach baulichen Veränderungen nicht mit der symbolischen Wir-

---

518 Das Parlamentsgebäude in Straßburg wurde von ‚Architecture Studio' entworfen, einer 1973 in Paris gegründeten Gruppe von Architekten, Städtebauern, Designern und Innenarchitekten, deren wichtigstes Betätigungsfeld die Planung öffentlicher Bauten ist. Siehe hierzu http://www.architecture-studio.fr/Architecturestudio.php?rubrique=Agence&menu=Pres (letzter Zugriff am 14. Februar 2004).
519 Interview Nr. 15, Zeilen 1391-1401.
520 Interview Nr. 18, Zeilen 652-674.

kung auf die Bürgerschaft, sondern vielmehr mit dem ‚atmosphärischen Innenleben' des Europäischen Parlaments. Dabei wäre gerade über eine gelungene Parlamentsarchitektur eine Wirkung in die emotionalen Tiefenschichten der Bevölkerung möglich. Aber genau dieser Aspekt spielt anscheinend aus der Abgeordnetenperspektive überhaupt keine Rolle. So wurde das neue Gebäude in Straßburg zwar sofort nach seinem Bezug durch die Abgeordneten heftig kritisiert. Aber die Kritik war überwiegend nicht auf die Frage mangelnder Selbstsymbolisierung gerichtet, sondern es ging allein um die (instrumentelle) Funktionalität des Gebäudes. Die Beanstandungen mündeten schließlich in der Einsetzung einer Arbeitsgruppe, die sich der vorgebrachten Mängel annahm. In einer parlamentarischen Aussprache, die am 17. September 1999 stattfand, wurden vor allem die Arbeitsbedingungen der Mitarbeiter des Parlaments kritisiert, die, so der Abgeordnete Glyn Ford, effizientes Arbeiten des Parlaments unmöglich machen würden.[521] Weiterhin waren es vor allem funktionale und technische Aspekte, wie etwa das zu geringe Raumangebot für Abgeordnete und Parlamentsbedienstete, Energieeinsparmöglichkeiten oder die Sicherheit der Fahrstühle, die von den Abgeordneten beklagt wurden. Einige Parlamentarier nutzten die Debatte zudem auch, um sich über die schwierigen Reisebedingungen nach Straßburg zu beschweren. Dadurch wurde ein Thema aufgeworfen, welches nicht im eigentlichen Kontext der Diskussion um Gebäudemängel des Parlamentsgebäudes steht.[522] Obschon es sich bei dieser Frage natürlich um ein wichtiges Kriterium parlamentarischer Funktionserfüllung handelt.

Selten wurde jedoch die Frage thematisiert, ob das Gebäude auf irgendeine Weise Symbolkraft entfaltet. Eine der wenigen Ausnahmen bei der parlamentarischen Aussprache war die Äußerung des Abgeordneten Thomas Mann, der die starke Dominanz von ‚Schwarz' zugunsten von mehr Transparenz und Offenheit demonstrierenden Farben reduziert sehen wollte:

„Einige Kollegen meinen, wir müssten viel mehr Farbe haben. [...] Wir sollten uns an Prinzipien halten. Die Architekten haben Schiefer genommen. Schiefer ist nicht nur schwarz, Schiefer ist weiß und ist silber und ist grau. Das heißt, wir haben sehr wohl Möglichkeiten, aufgrund dieser Farbschattierungen für Veränderungen zu sorgen, damit wir nicht in einem Haus arbeiten müssen, in dem Schwarz nicht nur Würde ausdrückt, sondern in welchem Schwarz zu einer Bedrückung führt. Wir sollten behutsam zu Silber und anderen Farben gehen. Ich glaube, dann

---

521 Siehe http://www3.europarl.eu.int/omk/omnsapir.so/debatsL5?FILE=19990917DE&LANGUE =DE&LEV EL =TOC1 (letzter Zugriff am 25. Juni 2003).

522 Aus den protokollarischen Aufzeichnungen der Sitzung des Europäischen Parlamentes in Straßburg vom 17. September 1999 wird jedoch deutlich, dass die Unzufriedenheit der Abgeordneten nur sehr begrenzt würde gemildert werden können. Wie die deutsche Quästorin Goudelive Quisthoudt-Rowohl feststellt, sind nämlich weite Teile des Gebäudes aufgrund des französischen Urheberrechts geschützt: „Zum zweiten: die Frage der Gestaltung des Gebäudes. Das französische Gesetz ist in dieser Beziehung sehr streng, betrachtet dieses Gebäude als ein Kunstwerk, auf das die Architekten ein geistiges Eigentumsrecht haben." Siehe hierzu http://www3.europarl.eu.int/omk/omnsapir.so/debatsL5?FILE=19990917DE&LANGUE=DE&LEV EL =TOC1 (letzter Zugriff am 25. Juni 2003).

können wir endlich sagen, das steht für mehr Übersichtlichkeit, mehr Transparenz, und wir können uns zeigen, anstatt uns zu verhüllen."[523]

Darüber hinaus finden sich in der Debatte keine weiteren Belege solcher symbolträchtigen Gedankenspiele. Und auch die damalige Präsidentin des Europäischen Parlaments, Nicole Fontaine, ging in ihrer Ansprache zur feierlichen Einweihung des neuen Plenarsaals in Straßburg am 14. Dezember 1999 ebenfalls kaum auf die große Symbolkraft ein, die von dem neuen Parlamentsgebäude hätte ausgehen können. Hervorgehoben wurde in der Rede lediglich der Name des Parlamentsgebäudes, für das Louise Weiss, die erste Alterspräsidentin des direkt gewählten Europäischen Parlaments, Patin gestanden hat.[524] Deren Bekanntheit dürfte wohl über den Kreis der ohnehin an Fragen der europäischen Integration Interessierten hinaus eher gering sein. Außerdem lässt sich mit ‚Louise Weiss' zwar der leitende Gedanke eines friedlichen und freien Europas verbinden. Aber diese Leitidee ist kein originärer Gedanke des Europäischen Parlaments, sondern vielmehr eine der Grundideen europäischer Integration überhaupt.[525]

Die Architektur des Europäischen Parlaments verhilft seiner leitenden Idee eines Mitgestalters europäischer Politik nicht zu einer größeren Präsenz und Wirkung bei den Adressaten. Daran ändert auch die Namensgebung für das Gebäude nichts. Das Europäische Parlament ist also nicht sehr effektiv, was seine architektonische Symbolsprache anlangt, aber vorwerfen kann man dies den parlamentarischen Akteuren kaum. Denn Effektivität symbolischer Funktionserfüllung setzt ein Mindestmaß an Entscheidungskompetenz über das zu verwendende Symbolinventar voraus. Wenn die Freiheitsgrade jedoch so stark beschnitten sind, wie das beim Europäischen Parlament hinsichtlich der Architektur der Fall ist, kann symbolisch nicht das zum Ausdruck gebracht werden, was instrumentell erreicht ist. Aufgrund der Dominanz des Europäischen Rats bei vielen Entscheidungen, wie etwa der Sitzfrage, wird es für das Europäische Parlament unmöglich, selbst für die architektonische Symbolkraft zu sorgen, die es zusätzlich zu seiner schrittweise gewonnenen instrumentellen Stärke bräuchte. Und weil die Parlamentarier sich dieses misslichen Zustands ganz offensichtlich bewusst sind, ‚verschwenden' sie bislang auch wenig Gedanken und Zeit für dessen Abänderung.

---

523 Siehe http://www3.europarl.eu.int/omk/omnsapir.so/debatsL5?FILE=19990917DE&LANGUE =DE&LE VEL=TOC1 (letzter Zugriff am 25. Juni 2003).
524 N. Fontaine 1999, S. 6.
525 Das Problem der geringen Bekanntheit stellt sich auch bei anderen Gebäuden, die das Europäische Parlament nutzt. So wurden die beiden Flügel des neuen Parlamentsgebäudes in Brüssel nach Altiero Spinelli und Paul-Henri Spaak benannt. Ebenso wie Louise Weiss wichtige Akteure des Europäischen Parlaments, aber in der Bevölkerung vermutlich über die nationalen Grenzen hinaus weitgehend unbekannt. In Luxemburg, dem ältesten Sitz des Europäischen Parlaments, werden drei Gebäude genutzt, welche die Namen Konrad Adenauer, Alcide de Gasperi und Robert Schuman tragen.

6.3. Ornamentik, Rituale, Traditionen und Zeremonien

Eine gelungene parlamentarische Architektur ist eine Möglichkeit der Selbstsymbolisierung eines Parlaments. Doch die Architektur ist keineswegs deren einziges Mittel. Ornamentik, Rituale, Zeremonien und Traditionen sind ebenfalls potentiell geeignet, parlamentarische Leistungen nachhaltig in den Köpfen der Bürgerschaft zu verankern. Wenn dem Europäischen Parlament der Transfer seiner Leistungen mittels symbolischer Repräsentation und Architektur nur schwer gelingt, so sollten die Chancen in den Bereichen, in denen das Parlament ein größeres Selbstbestimmungsrecht hat, ungleich höher sein. Die Möglichkeit der Einflussnahme seitens der Staats- und Regierungschefs sind nämlich dort eingeschränkt, wo das Europäische Parlament seine inneren Angelegenheiten zu regeln hat.

Einer der Bereiche, in denen das Europäische Parlament autonome Entscheidungen treffen kann, ist die Gestaltung und ‚Verzierung' der Gebäude mit Kunstgegenständen oder auch anderen symbolträchtigen Ornamenten. Solange das Parlament sich nur bei Institutionen wie dem Europarat in Straßburg eingemietet hatte oder über verschiedene – nicht in seinem Besitz befindliche – Gebäude in Brüssel verstreut war, war solche Form der Selbstsymbolisierung zwangsläufig ausgeschlossen. Trotz der nun vergleichsweise besseren Bedingungen durch die Verfügbarkeit eigener Gebäude in Brüssel und Straßburg hat sich an dieser Form der Selbstinszenierung nicht viel geändert. Die meisten der befragten Abgeordneten konnten sich überhaupt nicht zur Frage der künstlerischen Gestaltung äußern oder antworteten etwa im Stile dieses Parlamentariers:

> „Da haben wir die Kunstkommission, da gibt es einen bestimmten Betrag jedes Jahr, der steht für Kunstwerke zur Verfügung und da gibt es den Vizepräsidenten, der dafür zuständig ist und dann wird so ein Zeug gekauft."[526]

Fraglos könnte durch Kunst etwas über das Selbstverständnis eines Parlaments oder die Zielstellung für dessen Akteure ausgesagt werden. Im Extremfall kann dies sogar darin gipfeln, dass – wie etwa im sozialistischen Parlamentarismus der DDR-Volkskammer – das „Lob des Kommunismus" in der Eingangshalle als Relief zu sehen ist. Darin und dadurch wurde symbolisiert, dass sich die DDR-Volkskammer dem Ziel zum Aufbau des Kommunismus verpflichtet sah.[527] Eine dieser Zielsetzung vergleichbare Intention verbirgt sich hingegen nicht hinter der Arbeit der Kunstkommission des Europäischen Parlaments. Zudem wäre Kunst innerhalb des Europäischen Parlaments auch nur dann nützlich zur Selbstsymbolisierung eines parlamentarischen Mitgestalters europäischer Politik, wenn sie einesteils von den Adressaten wahrgenommen würde und andernteils dazu geeignet wäre, klare Verweise auf eben jene Leitidee der Institution zu schaffen. Handelt es sich jedoch nur um „Zeug" ohne entsprechenden Verweisungszusammenhang, wird das Ziel kaum erreicht werden können. Zumal weder die entsprechende Medienpräsenz gegeben ist

---
526 Interview Nr. 11, Zeilen 854-857.
527 Vgl. hierzu R. Schirmer 2001, S. 175.

noch die Parlamentarier selbst dieser Art der Symbolisierung irgendeine Bedeutung beimessen.

Je länger sich ein Beobachter in den Gebäuden des Europäischen Parlaments aufhält, um so stärker stellt sich ein ‚parlamentsferner' Eindruck ein. Gleicht der Brüsseler Parlamentsbau beim Betreten durch den Haupteingang eher einer Einkaufspassage mit diversen Geldautomaten und einem Devotionaliengeschäft, erinnert das Interieur des Straßburger Baus stark an einen botanischen Versuchspark, gespickt mit allerlei Gewächs und einer wuseligen Masse von Abgeordneten, die in diesem Labyrinth ihre Arbeit tun sollen. Allein das Bildhafte, über visuelle Reize Aufnehmbare, ist also nicht geeignet, dem Betrachter nachhaltig den Eindruck parlamentarischer Mitgestaltung europäischer Politik zu vermitteln.

Abbildung 6: Innenansicht^{528} aus dem Europäischen Parlament in Straßburg

---

528 Bildquelle: P.-F. Mourier 1999, S. 124 (Original in Farbe 22 * 26 cm).

Abbildung 7: Innenansicht aus dem Europäischen Parlament in Brüssel[529]

Ornamentik und Kunst reihen sich also nahtlos in den nicht existierenden Symbolvorrat des Europäischen Parlaments auf anderen Feldern ein. Die Gründe für die Probleme sind dabei nahezu identisch mit denen der symbolischen Repräsentation. Es fehlt an der medialen Vermittlung und an der Tradition, die solche Symbolik überhaupt erst wirksam werden lässt. Viel ist dabei der Tatsache geschuldet, dass das Europäische Parlament über einige Jahrzehnte mit provisorischen Lösungen auskommen musste, welche die Entwicklung eines eigenen bildhaften Symbolvorrats bislang nicht zuließen. Erfolgreicher in der Anwendung müssten sich demgegenüber dann jedoch Rituale und Traditionen oder Zeremonien erweisen, weil sie unabhängig von *einem* bestimmten Ort sind und deren Inszenierung praktisch überall möglich ist.

Rituale sind Verselbständigungen von Handlungen, die keiner besonderen Begründung mehr bedürfen. Sie sind häufig dort anzutreffen, wo Handeln in der immer

---

[529] Bildquelle: Eigene Aufnahme (Original in Farbe 10*15cm, aufgenommen im November 2001).

gleichen Art erfolgt, ohne dass dies von einer größeren Zahl der Akteure in Frage gestellt würde. Deshalb können Rituale dazu dienen, einen sicheren Orientierungs- und Handlungsrahmen zu schaffen.[530] Zur Effektivität einer Institution tragen sie dann bei, wenn es mit ihrer Hilfe gelingt, symbolische oder instrumentelle Funktionserfüllung zu sichern. So könnte etwa das bereits beschriebene Phänomen des ‚Redens vom Platz' als parlamentarisches Ritual bezeichnet werden, das durchaus etwas mechanistisches in sich trägt. Der Ablauf der Rede eines Parlamentariers ist nämlich als institutioneller Mechanismus insofern ritualisiert, als im vorhinein bekannt ist, wie sich ein Redebeitrag im Plenum gestalten wird. Bei Plenarreden wird vom Platz aus gesprochen, relativ genau auf das sehr begrenzte Zeitbudget geachtet, und in der Regel erfolgt keine spontane, sondern eine vorbereitete Aussage. Direkte Nachfragen sind ebenso selten wie Zwischenrufe anderer Abgeordneter.

Diese Eigentümlichkeiten können allerdings kaum effektiv symbolisieren, dass im Plenum die Anliegen der Bürger kontrovers unter Abwägung verschiedener Positionen behandelt werden. Allenfalls kann die Symbolik solcher Rituale den Glauben entstehen lassen, im Europäischen Parlament gäbe es – vielleicht sogar zum Wohle der europäischen Bürger – keinen streitenden Parlamentarismus, sondern es gehe um gemeinsam zielorientierte Mitgestaltung des europäischen Integrationsprozesses und der dazu notwendigen Rahmenbedingungen. Doch – wie gerade die Analyse der instrumentellen Funktionen gezeigt hat – ist die Absenz von regierungstragender Mehrheit und Opposition, die eine solche Darstellung überhaupt erst möglich werden lässt, einer der entscheidenden Gründe für die bislang wenig erfolgreiche Außendarstellung des Europäischen Parlaments. Deshalb macht es schlechterdings keinen Sinn, genau jene Strukturen symbolisch zu präsentieren, deren Existenz für eingeschränkte instrumentelle Funktionserfüllung verantwortlich sind. Durch die Stützung symbolischer Elemente, die einen Widerspruch zu der gewollten instrumentellen Funktionserfüllung darstellen, wird die eigene Leitidee eines Mitgestalters europäischer Politik konterkariert.

Wohl auch aus diesen Gründen, also weil den Parlamentariern durchaus bewusst ist, mit welchen Widersprüchen das Europäische Parlament in seiner täglichen Praxis leben muss, fand unter den Abgeordneten eine spezielle Tradition des Europäischen Parlaments mit Abstand die meiste Beachtung, nämlich die Reden von Staats- und Regierungschefs im Europäischen Parlament. Diese wohl am ehesten als symbolhaltige Zeremonien zu beschreibenden Handlungen können symbolischen Überschuss erzeugen, der dann jedoch nicht selbstproduziert, sondern von außen auf das Parlament projiziert wird. Dies birgt natürlich auch einige Gefahren und sollte nach der Meinung eines langjährigen Mitglied des Parlaments deshalb nicht überbewertet werden:

---

530 Solche Rituale nennt Marc Abélès in Anlehnung an E. Leach ‚technisch rationelle Verfahren', da sie „sich auf bestimmte Zwecke richten [...] und auf rein mechanische Weise beobachtbare Resultate hervorbringen". Von diesen unterscheidet er zusätzlich ‚Kommunikationsverfahren' und ‚magische Verfahren'. Siehe M. Abélès 1993, S. 71.

„Die Zahl der Chefs, der Staatschefs, die hier reden wollen, ist größer als die Zeit, die wir dafür zur Verfügung stellen können. Also, der Andrang ist sehr groß, damit haben wir keine Sorge. In den ersten zwei, drei Jahren war das vielleicht auch eine Art Besonderheit. Das haben wir dann bewertet als eine Art Ernstnehmen des Europäischen Parlaments. Heute müssen wir darauf achten, dass wir dieses Ernstnehmen nicht inflationieren. Aber das ist nicht eine Sache, die bewusst gemacht worden ist, sondern die sich ergeben hat aus unserem eigenen Selbstverständnis und aus den Wünschen von außerhalb, von den Staats- und Regierungschefs. Aber da ist ja, was die eigentliche Symbolik anlangt, auch nicht sehr viel, nicht wahr. Die kommen, werden empfangen, gehen ans Rednerpult und halten ihre Rede."[531]

Ein weiterer Abgeordneter erkennt in diesen zeremoniellen Sitzungen eine Gefahr, die nicht so sehr von der Inflationierung der Anzahl der Reden ausgeht, als vielmehr von der mangelnden Bereitschaft der Abgeordneten, den Sitzungen beizuwohnen. Wenn aber selbst die Abgeordneten kein Interesse an symbolischer Außenstabilisierung haben, so ist nun schon gar nicht damit zu rechnen, dass diese nach außen hin wirken kann:

„Es gibt so gewisse Zeremonien, wenn Staatsoberhäupter auftreten. Das ist immer eine feierliche Sitzung im Europäischen Parlament, und es gebietet einfach die Achtung und der Respekt, den auswärtigen Staatsgästen, die das Parlament besuchen, dass man da dabei ist. Da lege ich zumindest sehr großen Wert drauf. Ich habe mich z. B. geärgert, als Herr Rau da war, in der vorletzten Sitzung im Europäischen Parlament: Eine feierliche Sitzung von 12.00 bis 12.30 Uhr. Das ist eine Möglichkeit, sich darzustellen. Dass dann ein Großteil von Abgeordneten rausgeht, das halte ich für ungehörig."[532]

Natürlich haben solche Sitzungen keine ausschließlich symbolische, sondern zudem eine instrumentelle Komponente, da durch die Ansprachen der Staats- und Regierungschefs nicht nur die Wertschätzung gegenüber dem Parlament zum Ausdruck gebracht wird, sondern aus den Reden häufig auch abgelesen werden kann, welche Richtung von einzelnen Mitgliedstaaten in bezug auf die weitere europäische Integration vertreten wird. Es geht also auch um die Aufnahme von – für die Arbeit des Europäischen Parlaments nicht ganz unwichtigen – politischen Leitlinien der einzelnen Mitgliedstaaten. Die symbolische Wirkung der Ansprachen kann natürlich überhaupt nur dann entfaltet werden, wenn eine Ausdehnung des Rezipientenkreises über die im Plenum anwesenden Parlamentarier hinaus gelingt. Solange dies aber nicht der Fall ist, verstreicht die Chance ungenutzt und die potentielle Wirkung verpufft.

In die gleiche Reihe solcher zwar potentiell wirkungsvollen Zeremonien ist auch die Verleihung des Sacharow-Preises zu stellen. Jedoch wird dieser Zeremonie das gleiche Schicksal zuteil, das auch die feierlichen Ansprachen ereilt: Das Zeremonielle an der Verleihung dieses Preises an Personen oder Organisationen, die sich für Freiheit und Menschenrechte einsetzen, wird von der Öffentlichkeit nahezu überhaupt nicht wahrgenommen. Dabei spiegelt der seit 1988 durch das Europäische Parlament verliehene Preis auf das klarste das Selbstverständnis des Europäischen

---

531 Interview Nr. 18, Zeilen 618-630.
532 Interview Nr. 10, Zeilen 726-746.

Parlaments wider, welches sich auch als Verteidiger von Menschenrechten begreift. Der durch dieses Symbol einzulösende Anspruch findet sein instrumentelles Pendant darin, dass vom Europäischen Parlament eine Zustimmung zu Abkommen mit Drittstaaten immer dann verweigert wird, wenn dort Menschenrechtsverletzungen dauerhaft vorkommen. Seit langer Zeit wird diese Praxis gegenüber der Türkei angewandt.

6.4. Erfolge und Schwierigkeiten symbolischer Funktionserfüllung

Die effektive Erfüllung symbolischer Funktionen gestaltet sich aus verschiedenen – internen wie externen – Gründen für das Europäische Parlament äußerst problematisch. Es mangelt (noch) an dem notwendigen Symbolvorrat, der sich allerdings auch in nationalen Parlamenten meist erst über viele Dekaden entwickelt hat. Zudem spielen eine ganze Reihe von externen Faktoren, auf die das Europäische Parlament häufig nur einen sehr begrenzten Einfluss hat, eine große Rolle. Häufig sind es nun einmal die Mitgliedstaaten – respektive deren Regierungsvertreter auf den Treffen der Staats- und Regierungschefs –, die vielfach die Entscheidungen treffen. Und letztlich hat das Parlament natürlich Defizite bei der Erfüllung symbolischer Funktionen, die es sich selbst zuschreiben lassen muss.

Traditionen, Riten und Symbole lassen sich nun einmal nicht aus dem Boden stampfen. Sie sind das Ergebnis institutioneller Genese und institutioneller Wandlungsprozesse. Parlamentarische Verhaltensweisen entwickeln sich nur sehr langsam zu Traditionen und erst dann können sie auch tatsächlich symbolische Wirkung entfalten. Dabei stehen häufig instrumentelle Funktionen Pate für Rituale, Zeremonien und Traditionen. Die Tatsache etwa, dass im Europäischen Parlament vom Platz aus gesprochen wird und dass dabei nur sehr kurze Aussagen gemacht werden, entfaltet ja nicht nur eine negative symbolische Konnotation bei den Besuchern, sondern es gibt auch einen instrumentellen Hintergrund für diese misslungene Symbolisierungsleistung. Erst durch die Struktur der Redeordnung wurde eine instrumentell effektive parlamentarische Arbeit im Plenum überhaupt ermöglicht, da sie zur Einhaltung des knappen Zeitbudgets dient und die notwendigen Übersetzungsleistungen erleichtert. Instrumentelle und symbolische Funktionserfüllung stehen sich an dieser Stelle also diametral gegenüber. Deshalb ist eine Lösung dieses Problems auf längere Zeit aussichtslos, und durch den Beitritt zehn neuer Mitgliedstaaten wird es sogar zu einer weiteren Verschärfung kommen. Noch mehr Abgeordnete in einem größeren Europa mit einem ausgeweiteten instrumentellen Funktionskatalog lassen es wahrscheinlich werden, dass symbolische Darstellung innerhalb des Plenums noch schwieriger wird als sie ohnehin schon ist.

Optimistischer darf man wohl die Entwicklung auf dem Gebiet der Symbolisierungsleistungen mittels der Architektur und deren Entschlüsselungsfähigkeit durch die Bürger beurteilen. Zwar hatte das Parlament keinen Einfluss auf die Festlegung des Sitzes und es arbeitet auch auf unbestimmte Zeit wahrscheinlich an zwei verschiedenen Orten in Brüssel und Straßburg. Dennoch steigen die Chancen, dass zukünftig eine stärkere Verbindung zwischen Parlament und Bürgern über das Symbol des Parlaments hergestellt werden kann. Wenn es auch nicht das *eine* Bauwerk gibt, so sind es nun aber nur noch deren zwei, mit deren Hilfe eine positive Beziehung zwischen Bürgern und Parlament hergestellt werden muss. Und da eigene Gebäude meist nicht nur ein Provisorium sind, sondern auf längere Nutzungsdauer angelegt werden, ist es wahrscheinlich, dass im Laufe der Zeit sowohl das Brüsseler als auch das Straßburger Parlamentsgebäude zu festen Symbolen parlamentarischer Mitgestaltung europäischer Politik werden.

Jedoch wird eine effektive Symbolisierungsleistung dort weiterhin schwer möglich sein, wo es auch in Zukunft einen Widerspruch zwischen symbolischer und instrumenteller Funktionserfüllung gibt. Dies gilt nicht nur für die Reden vom zugewiesenen Sitzplatz, sondern auch bei einer Reihe anderer instrumenteller Funktionen, deren Erfüllung ein Stück weit nicht passgenau zur symbolischen Leistung des Parlaments ist. In diesem Kontext wäre etwa die starre Sitzordnung oder die relative Leere des Plenarsaals zu nennen. Hier widersprechen symbolische Selbstdarstellung und Leitidee einander sogar. Wenn nämlich nur wenige Akteure im Plenum sind, so erweckt das nicht gerade den Eindruck, dass Europäische Parlament sei eine wichtige und europäische Politik mitgestaltende Vertretungskörperschaft. Zwar gibt es gute Gründe für die Leere des Plenarsaals, weil parallel zu den Plenarsitzungen auch Fraktions- oder Ausschusssitzungen stattfinden, die zwingend notwendig zur instrumentellen Funktionserfüllung sind. Aber instrumentelle Funktionserfüllung kann ausgefallene symbolische Leistungen nicht substituieren, so dass die Inszenierung misslingt, dass im Europäischen Parlament die Bürgerschaft angemessen repräsentiert und die Politik Europas tatkräftig gestaltet wird.

Das Vertrauen in eine Institution und der Glaube daran, dass dort wirklich an der Gestaltung europäischer Politik gearbeitet wird, speisen sich jedoch aus der Erfüllung symbolischer *und* instrumenteller Funktionen. Die Erfüllung der letzteren und somit die Realisierung der Leitidee vom parlamentarischen Mitgestalter europäischer Politik wird aber mit ebensowenig Erfolg zum Ausdruck gebracht wie der ja weiterentwickelte parlamentarische Forumscharakter. Je mehr mediale Aufmerksamkeit das Europäische Parlament auf sich zöge, um so deutlicher würden auch alle diese Defizite. Sie zu beheben ist im Fall des Europäischen Parlaments noch schwieriger als bei den unter ähnlichen Schwierigkeiten leidenden nationalen Parlamenten. Das symbolträchtige Plenum ist nun einmal nie die zentrale Arbeitsstätte eines Parlaments, und die so wichtige Mitgestalterrolle des Europäischen Parlaments lässt sich solange schwer vermitteln, wie die Gesetzgebungsverfahren diffus, die Kontrolltätigkeit extrem undurchschaubar und die Kreationsleistung des Parlaments ohne sonderliche Personalisierbarkeit und Visualisierbarkeit ist.

Darum wird das Europäische Parlament auf lange Zeit in einer selbstinszenatorisch unbefriedigenden Lage bleiben. Seine Leitidee ist zwar schlüssig und entspricht der instrumentellen Funktionswirklichkeit der Institution. Aber das Parlament hat eine Position inne, die wenig Chancen zur selbstdarstellerischen Profilierung bereithält. Darum stützt sich das wirkungsvoll Symbolhafte auch beim Europäischen Parlament eher auf die Verwendung positiv besetzter Zeichen wie etwa der

Europaflagge als auf das Wirken der Institution selbst. Internet-Präsentationen, Informationsbüros des Europäischen Parlaments und die massenhafte Bereitstellung von Dokumentations- und Informationsmaterial allein verhelfen aber auch hier nicht zum Erfolg.

7. Das Europäische Parlament in den Augen der Bürger

Instrumentelle und symbolische Funktionserfüllung gelingt dem Europäischen Parlament unterschiedlich gut. Zwar ist die Leitidee eines parlamentarischen Mitgestalters schlüssig und spiegelt sich auch in den Verfahren der Kreation, Gesetzgebung und Kontrolle wider; und ebenso sind die institutionellen Strukturen, Ordnungsarrangements und Mechanismen geeignet, Funktionserfüllung genau so zu gewährleisten, dass es nicht zu Differenzen zwischen Leitidee und Funktionserfüllung kommt. Jedoch gibt es auf dem Gebiet der repräsentationsbezogenen Funktionen noch Defizite, und auch die Erfüllung symbolischer Funktionen gelingt nur zum Teil so, wie es für eine effektive Vertretungskörperschaft notwendig wäre. Welchen Stellenwert hat also das Europäische Parlament bei den Bürgern? Halten sie es für wichtig, registrieren sie seine Arbeit, wählen sie es überhaupt und bringen sie ihm Vertrauen entgegen? Die Beantwortung dieser Fragen ist zwar nicht die zentrale Aufgabe der Analyse; wohl aber sollte ein erfolgreiches Parlament auch in der Wahrnehmung der Bürger eine erkennbare Rolle spielen. Bisher gibt es allerdings keine breiteren Untersuchungen dazu, wie die *Funktionserfüllung* des Europäischen Parlaments von den Bürgern beurteilt wird.[533] Deshalb werden hauptsächlich die seit 1974 aus den eurobarometer-Erhebungen resultierenden Daten als Quelle zur Beantwortung der Frage nach dem öffentlich wahrgenommenen Stellenwert des Europäischen Parlaments herangezogen.[534]

7.1. Wahlbeteiligung und Perzeption des Europäischen Parlaments

Einen ersten Hinweis darauf, welche Bedeutung das Europäische Parlament in den Augen der Bürger hat, liefert – unabhängig von seiner konkreten Funktionsbewertung – die Wahlbeteiligung. Direktwahlen zum Europäischen Parlament finden seit

---

533 Anders als etwa für den Deutschen Bundestag liegen für das Europäische Parlament bislang keine umfangreichen Untersuchungen vor. Für die Beurteilung der Funktionserfüllung des Bundestages durch die Bürger siehe etwa die Arbeiten von S. S. Schüttemeyer 1986, vor allem S. 160ff., oder W. J. Patzelt 1998. Jedoch fehlt es auch diesen Arbeiten an der Prüfung der Wahrnehmung symbolischer Funktionserfüllung.

534 Ganz offensichtlich gibt es an dieser Stelle noch ein Desiderat in der europäischen Parlamentarismusforschung, welches in nächster Zukunft zu schließen wäre. Problematisch für solche Analysen ist in jedem Fall, dass es von wenigen Ausnahmen abgesehen (O. Niedermayer 1989, 1991, 1994, 2003a, 2003b) kaum supranational angelegte Analysen gibt. Bereits vorliegende Arbeiten, die im weiteren Sinn in diesem Kontext zu nennen sind, wenden sich meist eher der umgekehrten Frage zu, indem sie die Rahmenbedingungen der Existenz oder Herstellung von Öffentlichkeit in der Europäischen Union untersuchen. Siehe etwa A. Beierwaltes 2000; H.-J. Trenz 2002 mit weiteren Nachweisen.

1979 statt. Die Wahlbeteiligung an den Wahlen zum Europäischen Parlament ist seither immer weiter gesunken. Dabei zeichnet die europaweite Wahlbeteiligung allerdings ein verzerrtes Bild, weil es erhebliche Unterschiede zwischen den einzelnen Mitgliedstaaten gibt. Der Grund liegt darin, dass in Belgien, Griechenland, Luxemburg und Italien eine – wenn auch nachsichtig sanktionierte – Wahlpflicht besteht.[535] Würde die Wahlpflicht nicht bestehen, wäre die Quote derjenigen, die zur Wahl gehen, europaweit besehen vermutlich noch geringer als sie mit weniger als 50% in den Jahren 1999 und 2004 ohnehin schon war. Wenn man der Meinung von H. Schmitt und C. van der Eijk folgt, ist der stetige Rückgang jedoch weniger alarmierend als es zunächst scheinen mag.

> „Im Zuge der sukzessiven Erweiterungen der Union ist nämlich der Anteil der Wähler, die unter Wahlpflicht operieren, kontinuierlich zurückgegangen, was fast ‚automatisch' zu einer Abnahme der Wahlbeteiligung führt. Neben der Wahlpflicht beeinflusst auch der zeitliche Abstand einer Europawahl zur nächsten nationalen Hauptwahl die Beteiligungsrate. [...]
>
> Wenn solche Effekte der Komposition der Wählerschaft (Wahlpflichtländer) und der zeitlichen Sequenz (Distanz zur Hauptwahl) aus den beobachteten Beteiligungsraten herausgerechnet werden, bleibt die Wahlbeteiligung bei Europawahlen über die Zeit relativ stabil."[536]

Auch wenn sich der Rückgang der Wahlbeteiligung durch ‚Herausrechnen' einzelner Faktoren evtl. ‚beschönigen' lässt, bleibt es aber eine unbestreitbare Tatsache, dass die Wahlbeteiligung bei den Wahlen zum Europäischen Parlament auf einem sehr niedrigen Niveau angesiedelt ist.

---

[535] Siehe Europäische Kommission 1984 (eurobarometer 22), S. 61.
[536] H. Schmitt/C. v. d. Eijk 2002, S. 5.

Tabelle 7: Wahlbeteiligung in den Mitgliedstaaten bei den Wahlen zum EP 1979-2004 in Prozent[537]

Staat	1979	1984	1989	1994	1999	2004
BE	91,4	92,1	90,7	90,7	91,0	90,81
CZ						28,32
DK	47,8	52,4	46,2	52,9	50,4	47,90
DE	65,7	56,8	62,3	60,0	45,2	43,00
EE						26,83
EL		77,2	79,9	80,4	75,3	63,40
ES			54,6	59,1	63,0	45,10
FR	60,7	56,7	48,7	52,7	46,8	42,76
IE	63,3	47,6	68,3	44,0	50,2	59,70
IT	84,9	83,4	81,0	74,8	70,8	73,10
CY						71,19
LV						41,34
LT						48,38
LU	88,9	88,8	87,4	88,5	87,3	90,00
HU						38,50
MT						82,37
NL	57,8	50,6	47,2	35,6	30,0	39,30
AT				67,7	49,4	42,43
PL						20,87
PT				35,5	40,0	38,79
SI						28,30
SK						16,96
FI				57,6	30,0	41,10
SE				41,6	38,8	37,80
UK	32,3	32,6	36,2	36,4	24,0	38,90
Gesamt:	**62,4**	**59,1**	**58,5**	**56,8**	**49,8**	**45,6**

Eine gewisse Ironie verbirgt sich hinter der Zahl der geringen Wahlbeteiligung aus zweierlei Gründen: Einesteils sind die instrumentellen Funktionen des Europäischen Parlaments seit seiner ersten Direktwahl stetig gewachsen; andernteils messen die Bürger, wenn man den eurobarometer-Umfragen Glauben schenkt, dem Parlament auch eine zunehmend wichtigere Rolle zu, wobei jeweils nach den Wahlen leichte Steigerungen in der perzipierten Rolle des Europäischen Parlaments festzustellen sind. Der in der folgenden Grafik ausgewiesene heftige Bedeutungsanstieg des Eu-

---

537 Quelle: Eigene Zusammenstellung aus Europäische Kommission 1984 (eurobarometer 22), S. 61; M. Westlake 1995, S. 261, sowie Europäisches Parlament 1999, S. 6, und http://www.elections2004.eu.int/ep-election/sites/de/results1306/turnout_ep/turnout_table.html (letzter Zugriff am 14. Juli 2004).

ropäischen Parlaments in den Jahren 2002 und 2003 hingegen ist vermutlich auf eine Änderung in der Art der Befragung zurückzuführen: Es wurde nämlich nicht mehr separat nach der Rolle des Parlaments gefragt. Jene wurde vielmehr gemeinsam mit der Bedeutung der anderen Institutionen erfragt, wobei eben auch Mehrfachnennungen zulässig waren und somit das Parlament im Vergleich mit den anderen Institutionen bewertet werden musste.

Abbildung 8: Rolle des Europäischen Parlaments im Institutionengefüge[538]

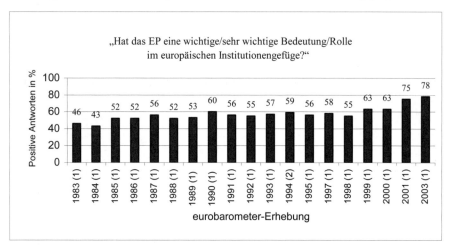

Obwohl das Parlament also nach Meinung der EU-Bürger eine wichtige Rolle im Institutionengefüge spielt, spiegelt sich das weder in der Zahl der Wahlgänger noch in der Anzahl derjenigen wider, die glauben, das Europäische Parlament habe großen Einfluss auf ihr persönliches Leben.

---

538 Die Frage, die zur Ermittlung des Anteils derjenigen genutzt wurde, die dem Europäischen Parlament eine wichtige oder sehr wichtige Rolle im Institutionengefüge beimessen, hat sich im Laufe der Jahre geändert. Anfangs (bis eurobarometer 21) wurde danach gefragt, welche Macht das Europäische Parlament hat, später wurde wahlweise nach der Rolle oder der Bedeutung des Parlaments gefragt. Seit dem eurobarometer 55 wird die Rolle des Europäischen Parlaments zusammen mit jener der anderen Institutionen abgefragt; dabei sind Doppelnennungen möglich. Deshalb sind die Daten auch nur zum Aufzeigen einer Tendenz geeignet, erfüllen aber nicht die notwendigen Gütekriterien zu einem echten Vergleich. Die gestellte Frage lautet: „Sagen Sie mir bitte für jede dieser europäischen Institutionen und Organe, ob sie Ihrer Meinung nach eine wichtige Rolle im Leben der Europäischen Union spielt oder nicht." (Quelle: Europäische Kommission 2002, eurobarometer 57, S. A 13). Zu den Daten in Abbildung 8 siehe: Europäische Kommission 1983 – 2003 (eurobarometer; verschiedene Ausgaben ab Nr. 20- Nr. 59).

Tabelle 8: Auswirkungen des Europäischen Parlaments auf das alltägliche Leben der Unionsbürger 2000/2002/2003 (Angaben in Prozent)[539]

	2000[540]	2002	2003
weit reichende/große Auswirkungen	10	18	17
erhebliche/einige Auswirkungen	46	46	47
geringe/keine Auswirkungen	33	21	22
weiß nicht	12	15	14

Es klafft also eine Lücke zwischen der relativ großen Bedeutung, die dem Parlament beigemessen wird und den perzipierten geringen Auswirkungen auf das persönliche Leben sowie der mageren Wahlbeteiligung. Dafür lassen sich vermutlich drei Ursachen ausfindig machen. Erstens ist es so, dass Bürger bei den Befragungen vermutlich nicht klar zwischen den einzelnen Institutionen zu differenzieren wissen und die Beurteilung verschiedener Dinge, wie etwa die Haltung zur europäischen Integration insgesamt, die wirtschaftlichen Vorteile, Reisefreiheit oder Sicherung des Friedens etc. bei der Einschätzung miteinander vermengen. Zweitens bemerken die meisten Bürger natürlich überhaupt nicht, dass viele Bereiche ihres Lebens durch – unter Mitgestaltung des Europäischen Parlaments zustandegekommene – europäische Regelungen bestimmt werden. Häufig müssen nämlich die auf supranationaler Ebene getroffenen Entscheidungen in den jeweiligen Ländern erst noch in ganz konkrete Gesetze transformiert werden. Deshalb erscheinen sie als nationale Regelungen, sind es aber bei genauem Hinsehen eigentlich nicht.[541] Und drittens liegt die Vermutung nahe, dass hier auch Defizite bei der Erfüllung symbolischer Funktionen eine Rolle spielen. Dem Europäischen Parlament gelingt die Vermittlung seiner Leistungen hinein in die emotionalen Tiefenschichten nur schwer. Ein positives Gefühl stellt sich nur diffus und abstrakt für Symbole wie den Sternenkranz ein, nicht aber für eine einzelne Institution wie das Europäische Parlament.

Ein weiterer – aus diesen Annahmen abzuleitender – Grund für die schwache Wahlbeteiligung liegt im ohnehin geringen Stellenwert der Europapolitik bei den Bürgern. So wird etwa von den deutschen Wählern vorwiegend die Bundesregie-

---

539 Die Frage nach der Bedeutung für das alltägliche Leben wurde in früheren eurobarometer-Umfragen nicht gestellt oder nicht ausgewiesen, so dass leider keine älteren Daten vorliegen. Außerdem war die Skalierung im Jahr 2000 anders als 2002 und 2003, so dass auch hier wieder nur Tendenzen nachgezeichnet werden können. Quelle: Europäische Kommission 2000, 2002, 2003 (eurobarometer 54, 57, 59).
540 Durch Rundungen bei den Prozentangaben kann es bei der Addition der Summen zu Ergebnissen von mehr als 100 Prozent kommen.
541 Siehe zu den Schwierigkeiten bei der Vermittlung europaparlamentarischer Arbeitsergebnisse an die Bürger den Abschnitt 5.4.2.

rung, nicht aber die deutsche Parlamentarierschaft wahrgenommen. Analog dazu fällt den Bürgern auf europäischer Ebene – wenn überhaupt differenziert – der Minister (als Ratsmitglied) oder das deutsche Kommissionsmitglied und nicht der Europaparlamentarier auf. Deshalb haben Europawahlen für die Deutschen den Stellenwert von Nebenwahlen, deren politische Bedeutung noch hinter jener der Kommunalwahlen eingestuft wird.[542] Es liegt also die Vermutung nahe, dass das Europäische Parlament zwar für wichtig gehalten wird, aber im Grunde nicht allzu viel darüber bekannt ist, was es tut. Darum ist die Bereitschaft zu wählen gering und die Einschätzung von Rolle und konkretem Einfluss schlichtweg falsch. Bereits 1991 kam etwa Oskar Niedermayer zu dem Schluss,

> „daß nur sehr wenige europäische Bürger eine absolut korrekte Vorstellung darüber haben, welche Kompetenzen das Europäische Parlament besitzt. Im europäischen Durchschnitt sind dies 4 Prozent. Weit verbreitet ist hingegen das stereotype Bild des ‚machtvollen Parlaments'. [...] Ein stereotypes Bild des ‚machtlosen Parlaments' ist dagegen kaum zu finden. Nur ein Zwanzigstel der Europäer perzipiert das EP auf diese Weise."[543]

Die Bürger *glauben* zwar, dass das Europäische Parlament machtvoll und wichtig ist; sie *wissen* aber nicht, was es tut und spüren die Auswirkungen seiner Arbeit auf ihr persönliches Leben kaum.

Ist dieser Befund nun aber für den Erfolg des Europäischen Parlaments selbst überhaupt wichtig? So ist etwa eine Wahlbeteiligung von ca. 50% natürlich nur aus europäischer Sichtweise problematisch, während eine Wahlbeteiligung von ca. 50-60% in den USA schon seit langem die Regel ist. Im übrigen entspricht eine Wahlbeteiligung von 50% in etwa der Quote der politisch Interessierten, über deren Kreis hinaus die Wahlbeteiligung nach oben treiben zu wollen demokratietheoretisch zumindest fragwürdig ist. Trotzdem herrscht in Europa mit seiner durchweg höheren Beteiligung bei nationalen Wahlen der Eindruck vor, die Quote sei zu gering und müsse gesteigert werden, damit vom Europäischen Parlament tatsächlich legitimitätsstiftende Wirkung ausgehen könne.

Während also die Bewertung der geringen Wahlbeteiligung äußerst ambivalent ausfällt, ist die verzerrte Wahrnehmung von Rolle und Einfluss auf das tägliche Leben schwerwiegender. Denn ein mitgestaltendes Parlament sollte in der Öffentlichkeit auch als genau solches wahrgenommen werden, damit perzipierte und tatsächliche Rolle nicht auseinanderfallen. Das setzt allerdings voraus, dass überhaupt erst einmal etwas von der parlamentarischen Arbeit bei dem Bürger ankommen muss.

---

542 Siehe D. Roth 1994, S. 48, sowie früher bereits K. Reif/H. Schmitt 1980. In jüngster Zeit wurde diese Begründung für die geringe Wahlbeteiligung allerdings vor allem deshalb angezweifelt, weil das Europäische Parlament einen deutlichen Kompetenzzuwachs erfahren hat. Siehe etwa M. Mattila 2003, S. 453. Mattila prüft deshalb den Einfluss verschiedener Variablen auf die Wahlbeteiligung, wie etwa Wahltermin (Jahreszeit, Wochentag), Existenz von Wahlpflicht, generelle Haltung ggü. der EU etc. Dabei kommt er zu dem Schluss, dass die Wahlbeteiligung allein schon dann gesteigert werden könnte, wenn Wahlen nicht im Sommer und nicht an Wochentagen stattfänden sowie die Untergliederung in möglichst kleine Wahlkreise vorgenommen würde. Siehe Ders., S. 466f.

543 O. Niedermayer 1994, S. 36.

Wenn ein Parlament wie das Europäische tatsächlich instrumentelle Funktionen erbringt, von der Tätigkeit des Parlaments aber sehr wenig bei den Adressaten bekannt ist, so liegt die Vermutung nahe, dass es sich um ein Vermittlungsproblem zwischen Parlament und Bürgern handeln könnte. Das gilt um so mehr, als das Europäische Parlament laut eurobarometer-Statistik im Jahr 2002 europaweit unter allen EU-Organen diejenige Institution war, von der die meisten Bürger behaupteten *schon jemals* etwas gehört zu haben.[544] Das zentrale Problem scheint also nicht die generelle Bekanntheit der Institution zu sein, sondern die Kontinuität in deren Wahrnehmung.

Abbildung 9: Medienvermittelte Wahrnehmung des EP durch die Bürger 1977-2002[545]

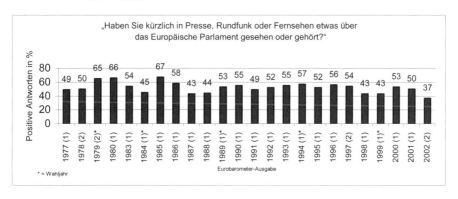

Aus der oben stehenden Tabelle ist eine stark unterschiedliche medial vermittelte Wahrnehmung des Europäischen Parlaments durch die Bürger ablesbar. Bereits anhand der Interviews wurde deutlich, dass es trotz der Bemühungen der Parlamenta-

---

544 Auf die Frage: „Haben Sie jemals etwas über das Europäische Parlament gehört oder gelesen?" antworteten 89% der Befragten in den EU-Mitgliedstaaten mit „Ja". Die Abfrage fand unter Vorlage von Karten statt, auf denen die einzelnen Institutionen genannt wurden. Mit Abstand verzeichnet die Europäische Kommission den zweithöchsten Bekanntheitsgrad (78%), gefolgt von der Europäischen Zentralbank, die immerhin noch 73% zu kennen angaben. Der Ministerrat (63%) folgt erst an fünfter Stelle nach dem Europäischen Gerichtshof (67%). Siehe Europäische Kommission 2002 (eurobarometer 57), S. B 16 (Anhang).

545 Angegeben ist der prozentuale Anteil von Personen, die in den Umfragen für das ‚Standard Eurobarometer' auf die Frage, ob sie kürzlich etwas über das Europäische Parlament in Presse, Rundfunk oder Fernsehen gelesen oder gehört haben, bei den drei Antwortkategorien „Ja", „Nein", „Weiß nicht" mit „Ja" geantwortet haben. Die Ergebnisse basieren auf Befragungen, die in der Regel fünf bis sechs Monate vor dem Erscheinen der eurobarometer in den Mitgliedstaaten der Europäischen Gemeinschaften/Europäischen Union durchgeführt wurden. Quelle: European Commission 1999a, S. 115, sowie European Commission 1999b, S. 76. Datenquelle: Europäische Kommission 1977 -2002 (eurobaromter, verschiedene Ausgaben ab Nr. 6-Nr. 57).

rier nur schwer gelingt, die parlamentarische Arbeit in den Medien zu plazieren.[546] Deshalb weist das Standard-Eurobarometer erhöhte Wahrnehmungswerte des Parlaments auch nur im zeitlichen Umfeld der Wahlen auf: Werbespots oder die Berichterstattung über gerade stattgefundene Wahlen führen dann zu größerer Präsenz. Naturgemäß ist diese dann nicht dauerhaft. Es kommt also zu einer eigenartigen Konstellation: Die Bürger wissen zwar, dass es das Europäische Parlament gibt und sie haben auch irgendwann einmal etwas darüber gehört, aber es findet keine Verstetigung der Wahrnehmung parlamentarischer Aktivitäten statt. Parlamentarische Effektivität bei der Funktionserfüllung steht jedoch im Zweifel, wenn es nicht gelingt, den Adressaten auch tatsächlich kontinuierlich etwas von der Arbeit zu vermitteln. Eine Abnahme auf nur noch 37% der Befragten im Jahr 2002, die (in den letzten Monaten) überhaupt etwas über das Europäische Parlament gehört, gelesen oder gesehen haben, ist dann auch ein erschreckend niedriger Wert und lässt auf misslungene Vermittlungsleistungen schließen.

Wenn die Bürger wenig von der Arbeit des Parlaments wahrnehmen und sie dessen Tätigkeiten auch als eher unbedeutend für ihr persönliches Leben einstufen, ist es überraschend, dass sie ihm trotzdem eine wichtige Rolle zumessen. Es scheint also eine grundsätzlich positive Einstellung gegenüber dem Europäischen Parlament zu geben. Jene Haltung könnte auch erklären, warum die Zahl der beim Europäischen Parlament eingereichten Petitionen jahrelang gestiegen ist. Nach einem leichten Rückgang im Zeitraum von 1998/99 bis 2000/2001 wurde in der Sitzungsperiode 2002/2003 mit 1514 eingegangenen Petitionen der bisherige Höchstwert erreicht.[547]

Abbildung 10: Anzahl der beim EP eingegangenen Petitionen 1971/72-2003/04[548]

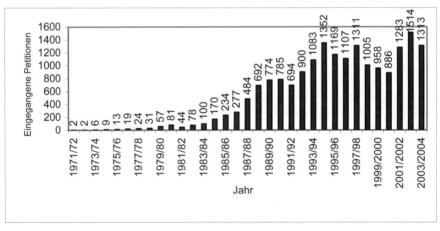

---

546 Siehe dazu ausführlich im Abschnitt 5.4.1.
547 European Parliament 2003a, S. 19, sowie Europäisches Parlament 2001, S. 18f.
548 Quelle: Eigene Zusammenstellung auf der Basis der Tätigkeitsberichte des Petitionsausschusses.

Schubwirkung für diese Art von Resonanz entfalteten offensichtlich primärrechtliche Entwicklungen wie die Einheitliche Europäische Akte oder die Verträge von Maastricht, Amsterdam und Nizza. Wie es jedoch zu dem Einbruch der Zahl der Petitionen in den Jahren zwischen 1998, 2001 und erneut 2004 gekommen ist, ist im Grunde ohne eine tiefere Analyse nicht zu erklären. Denn an der Kompetenzlage hat sich in jener Zeit nichts Grundlegendes geändert. Allenfalls könnte das negative Bild der Kommission im zeitlichen Umfeld ihres Rücktritts auch auf das Parlament projiziert worden sein; dagegen sprechen allerdings ziemlich stabile Vertrauenswerte für das Parlament.[549]

Verglichen mit den Petitionen, die den Bundestag erreichen, ist deren Zahl beim Europäischen Parlament allerdings ohnehin ziemlich gering.[550] Die Zahl ist aber trotzdem ein Indikator dafür, dass das Europäische Parlament tendenziell immer stärker als möglicher Helfer der Bürger zur Kenntnis genommen wird. Zwar erfüllen die an das Europäische Parlament gerichteten Petitionen ebenso wie die Beschwerden an den Ombudsmann primär eine Informationsfunktion für das Parlament, aber ihre gestiegene Anzahl lässt durchaus auf eine veränderte Perzeptionswirklichkeit der Bevölkerung schließen. Auch diese Zahlen lassen also vermuten, dass die Bürger trotz relativer Unkenntnis im Detail eine positive Grundhaltung gegenüber dem Europäischen Parlament insgesamt haben.

7.2. Vertrauen in das Europäische Parlament

Obwohl die Bürger das Europäische Parlament mehrheitlich nicht wählen, dessen Aktivitäten kaum wahrnehmen und auch nicht so recht wissen, was es überhaupt tut, glauben sie, dass es eine bedeutende Rolle spielt und haben anscheinend eine eher positive Haltung zu der Institution. Wie wirkt sich all das nun aber auf das Vertrauen in das Europäische Parlament aus? Unterstützen die Bürger der Europäischen Union das Parlament oder unterstützen sie es eher nicht? Die Frage nach dem Vertrauen in bestimmte Institutionen ist eine der gängigen und in Umfragen häufig gestellten Fragen. Die Beantwortung dieser Frage ist nämlich aus zwei Gründen für die institutionelle Analyse wichtig: Einesteils ist das einer Institution entgegengebrachte Vertrauen die Basis für eine gute Funktionserfüllung. Wie U. Roericht und W. J. Patzelt betonen, vertrauen Bürger „nämlich darauf, dass eine politische Institution die ihr überlassene Entscheidungsmacht sowohl fair, d.h. gerecht und gemeinwohlorientiert, als auch effektiv und kompetent ausübe."[551] Andernteils ist Vertrauen natürlich das Ergebnis von politischem Handeln. Prägnant formuliert klingt das dann so:

---

549 Siehe Abbildung 11 in Kapitel 7.2.
550 In der 9. Wahlperiode (1980-83) 29.749, in der 10. Wahlperiode (1983-87) 49.118 und in der 11. Wahlperiode (1987-90) 52.528. Siehe zu den Zahlen P. Schindler 1994, S. 1197.
551 U. Roericht/W. J. Patzelt 2003, S. 441.

„Einmal entstanden zeigt es [das Vertrauen, SD] an, dass die Wünsche und Vorstellungen der Bürger ausreichend in die Politikgestaltung Eingang gefunden haben, dass Responsivität hergestellt wurde und sich die Bürger erfolgreich repräsentiert fühlen. Und Vertrauen in ein Parlament bedeutet nicht zuletzt, dass dieses Parlament für die Bevölkerung zufriedenstellend funktioniert und es darum keinen Grund gibt, an der Zusammensetzung der Vertretungskörperschaft bei der nächsten Wahl dramatisch viel zu ändern."[552]

Vertrauen in Institutionen und vor allem in Parlamente ist also Ergebnis und Voraussetzung von deren Funktionieren. Und weil Parlamente in demokratischen parlamentarischen Systemen eines der zentralen Steuerungs- und Integrationsorgane sind, macht es – wie Suzanne S. Schüttemeyer bei ihrer Analyse des Deutschen Bundestages herausstellt – „für die politische Effektivität und Stabilität des Systems [...] einen erheblichen Unterschied, ob z.B. dem Parlament oder dem Verfassungsgericht keine Unterstützung von der Mehrheit der Bürger gewährt wird."[553] Konkret heißt das: Vertrauen die Bürger einem Verfassungsgericht nicht, so ist das weniger schädlich für die Stabilität und Funktionserfüllung in einem politischen System, als wenn sie dem Parlament nicht vertrauen.

Seit der Einführung der Unterscheidung in spezifische und diffuse Unterstützung durch David Easton wird bei der Analyse von Vertrauen häufig danach unterschieden, ob es sich um tendenziell eher kurzfristige, output-orientierte oder langfristige, vage Unterstützung für ein Parlament handelt.[554] Freilich sind Analysen der *spezifischen Unterstützung* nur dann möglich, wenn gesicherte Aussagen zur Wahrnehmung des parlamentarischen output durch die Bevölkerung gemacht werden können. Da bislang jedoch keine auf der Funktionswahrnehmung beruhenden empirischen Daten vorliegen, können solche Aussagen – zumindest in dieser Arbeit – auch nicht getroffen werden. *Diffuse Unterstützung* ist hingegen zweierlei: einesteils das mögliche Resultat eben solcher immer wiederkehrender spezifischer Unterstützung, andernteils ein Gefühl dafür, dass eine Institution halbwegs wie gewünscht funktioniert. Wenn also nach dem Vertrauen in das Europäische Parlament gefragt wird, so ist das Ergebnis solcher Befragungen als eine Mischung aus diffuser und spezifischer Unterstützung zu werten. Da jedoch über die Arbeit und somit auch über den output des Parlaments bei den Bürgern selbst wenig bekannt ist, beruht das dem Parlament entgegengebrachte Vertrauen vermutlich überwiegend auf letzterem, also den eher vagen Vorstellungen über die generelle Leistung der Institution.

Die unten stehende Tabelle zeigt, dass das dem Europäischen Parlament entgegengebrachte Vertrauen in den letzten Jahren stetig gewachsen ist. Im Jahr 2003 gaben europaweit 57% der befragten Bürger an, dem Europäischen Parlament zu vertrauen. Die Vertrauenswerte verteilen sich jedoch innerhalb der Europäischen Union recht unterschiedlich. So vertrauten im Jahr 2003 73% der Luxemburger dem Europäischen Parlament, aber nur 34% der Briten. Die Mehrheit der Vertrauenswer-

---

552 Ebenda.
553 Siehe S. S. Schüttemeyer 1986, S. 56.
554 Siehe D. Easton 1975 sowie ders. 1979. Zur Anwendung des Konzepts siehe etwa B. Westle 1989.

te indessen gruppiert sich quer über die Staaten bei der letzten hier dargestellten Erhebung zwischen 55% und 63%.

Der hohe Vertrauenswert für das Europäische Parlament in der luxemburgischen Bevölkerung dürfte auf dessen starke Präsenz in diesem Mitgliedstaat zurückzuführen sein. Für Belgien und Frankreich – die anderen beiden Mitgliedstaaten, in denen Arbeitsorte des Europäischen Parlaments liegen – lassen sich jedoch nur leicht überdurchschnittliche Werte feststellen (63% und 61%). Das mag daran liegen, dass es sich um größere Flächenstaaten handelt und das Leben in diesen Ländern – anders als in Luxemburg – nicht so sehr durch EU-Institutionen beeinflusst wird.[555] Der geringe Vertrauenswert in Großbritannien deckt sich mit einer ohnehin eher europaskeptischen Haltung der Bevölkerung.[556]

---

555 Die Stadt Luxemburg, in der ca. ein Drittel der gesamten Bevölkerung des gleichnamigen Großherzogtums lebt, wird stark durch zwei Faktoren dominiert – den Finanzdienstleistungssektor und den gesamten Komplex ‚europäischer Institutionen'. Dabei spielt das Europäische Parlament zwar eine eher untergeordnete Rolle, da außerdem der EuGH, die Europäische Investitionsbank und der Europäische Rechnungshof in Luxemburg residieren. Wenn aber die Annahme zutrifft, dass die positive Haltung gegenüber dem Parlament auch aus einer eher unkonkreten Zuordnung einer allgemein positiven Haltung gegenüber der EU resultiert, so erklärt das, warum die Luxemburger dem Europäischen Parlament gegenüber sehr positiv eingestellt sind. Zudem sind viele Luxemburger direkt oder indirekt (Wachdienste, Ver- und Entsorgung) bei einer der europäischen Institutionen beschäftigt.

556 So kommt etwa Oskar Niedermayer zu dem Schluss, dass Großbritannien das einzige Land unter den Mitgliedstaaten ist, dessen Netto-Vertrauenswerte (Netto-Vertrauen = Vertrauen – Misstrauen) im Frühjahr 2002 für alle EU-Institutionen außer dem EuGH im negativen Bereich liegen. Bei allen anderen Mitgliedstaaten mit Ausnahme Österreichs, wo der Ministerrat negative Werte erhält, liegen die Netto-Vertrauenswerte für alle EU-Institutionen im positiven Bereich. Siehe O. Niedermayer 2003, S. 145. Zur Bevölkerungseinstellung gegenüber der europäischen Integration siehe u.a. R. Inglehart/K. Reif 1991; R. C. Eichenberg/R. J. Dalton 1993 sowie C. J. Anderson/K. C. Kaltenthaler 1996.

Abbildung 11: Vertrauen in das Europäische Parlament 1995-2003[557]

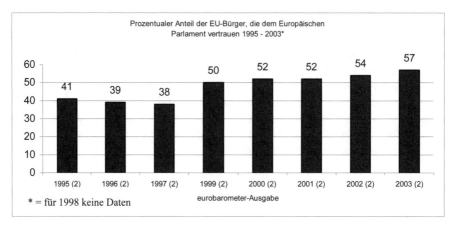

Die europäische Bevölkerung vertraut dem Europäischen Parlament zunehmend, obwohl es nicht kontinuierlich, sondern vor allem punktuell wahrgenommen wird und deshalb auch relativ wenig über dessen tatsächliche Aktivitäten bekannt ist. Jedoch genießt das Europäische Parlament nicht nur absolut besehen ziemlich großes Vertrauen, sondern auch im Vergleich mit den anderen Institutionen der Europäischen Union. In den eurobarometer-Umfragen wird nämlich deutlich, dass das Europäische Parlament EU-weit von allen Organen sogar die höchsten Vertrauenswerte erreicht. Erst danach folgen Europäischer Gerichtshof und Kommission.[558] Zumindest aus deutscher Sicht ist das ein überraschender Befund. Denn aus den Umfragen zu den nationalen Institutionen lässt sich ablesen, dass Polizei und Gerichte die höchsten Vertrauenswerte erreichen. Das mag damit zusammenhängen, dass tendenziell eher den Institutionen vertraut wird, welche „mit der Sicherstellung der Einhaltung allgemeiner Regelungen befasst und tagespolitischen Kontroversen eher entzogen sind."[559]

---

557 Quelle: Europäische Kommission 1995-2003 (eurobarometer, verschiedene Ausgaben ab Nr. 43 - Nr. 59). Die Frage, die zur Ermittlung des Vertrauens in das Europäische Parlament führte, lautete von 1995-97 wie folgt: „Von der Europäischen Union werden viele wichtige Entscheidungen getroffen. Diese können im Interesse von Menschen wie Ihnen liegen, oder aber auch nicht. Können Sie sich Ihrer Meinung nach bei den folgenden Institutionen [im konkreten Fall EP] darauf verlassen, daß sie sicherstellen, daß diese Entscheidungen im Interesse von Leuten wie Ihnen getroffen werden? Können Sie sich darauf verlassen/eher nicht verlassen?" Siehe Europäische Kommission 1997 (eurobarometer 45), S. 97. Seit 1999 basieren die Werte auf der Beantwortung folgender Frage: „Sagen Sie mir bitte für jede dieser europäischen Institutionen [im konkreten Fall EP] oder Organe, ob Sie ihnen eher vertrauen oder nicht vertrauen." Siehe Europäische Kommission 2002 (eurobarometer 57), S. A 14.
558 Europäische Kommission 2003 (eurobarometer 59), S. 71.
559 O. Niedermayer 2003, S. 144.

Vermutlich erklärt sich der hohe Vertrauenswert für das Europäische Parlament zum Teil aus den gleichen Gründen wie jener für nationale Polizei und Gerichte in Deutschland. Das Europäische Parlament ist nämlich ebenfalls den tagespolitischen Kontroversen – anders als nationale Parlamente – weitgehend entzogen. Die Bürger nehmen das Europäische Parlament also nicht als eine streitende Körperschaft wahr, sondern – wenn überhaupt – als relativ geschlossen handelnde Institution – auch wenn das zunehmend weniger der Realität entspricht. Dazu kommt natürlich, dass an das Europäische Parlament nicht die gleichen Erwartungen gerichtet werden wie an ein nationales Parlament. Die Erwartungshaltung gegenüber dem nationalen Parlament ist erheblich größer. Das wiederum hat zur Folge, dass enttäuschte Erwartungen natürlich auch stärker auf das Parlament zurückfallen. Gibt es diese Erwartungen jedoch nicht und nehmen die Bürger kaum etwas von der europaparlamentarischen Tätigkeit wahr, entsteht folglich auch kein Vertrauensverlust. Damit im engen Zusammenhang steht sicherlich, dass die Meinungsbildungs- und Entscheidungsprozesse auf europäischer Ebene für die Bürgerschaft ohnehin eher intransparent sind. Deshalb wird das Bild von der Europäischen Union als grundsätzlich begrüßenswerte Einrichtung auch kaum erschüttert. Allenfalls negative Schlagzeilen wie Vetternwirtschaft und Korruption können solche Auswirkungen haben. Und letztlich gehört zu einem repräsentativen demokratischen System ein Parlament, welches durch die Bürger gewählt werden kann und stellvertretend Funktionen für die Bürger übernimmt. Die generelle Überzeugung, dass es solch einer Vertretungskörperschaft bedarf, wirkt sich also ohnehin schon positiv aus. Kommen dazu noch begünstigende Faktoren wie die geringe Polarisierung der Meinungen, Intransparenz und geringe Erwartungshaltung, stehen die Chancen natürlich nicht schlecht, von der Bevölkerung mit einem hohen Maß an Vertrauensvorschuss bedacht zu werden.

Freilich ist das Vertrauen in das Europäische Parlament dann auch von genau diesen Faktoren abhängig. Würde jedoch der Weg hin zu einem parlamentarischen Regierungssystem eingeschlagen, käme es zwangsläufig zu stärkerer Polarisierung von Meinungen im Parlament, würde vieles durch Regierungskoalition oder Opposition öffentlich gemacht, was bisher im Verborgenen bleibt und würde auch der Vertrauensvorschuss eher durch tatsächlich wahrgenommenen output gerechtfertigt werden müssen. Bislang ist diese Entwicklung jedoch noch nicht zu erkennen, so dass das Europäische Parlament das Vertrauen der Bevölkerung auf mittlere Sicht weiterhin genießen wird.

8. Das Europäische Parlament – erfolgreich und zukunftsfähig

Das Europäische Parlament ist – mit einigen Einschränkungen – eine Erfolgsgeschichte. Niemand wird nämlich ernsthaft bestreiten wollen, dass das Europäische Parlament Funktionen für seine Umwelt erbringt und dass dies zum Nutzen des politischen Systems ist. Denn sukzessive hat sich das Europäische Parlament von einem nur wenige Leistungen erbringenden parlamentarischen Forum des gemeinsamen Gedankenaustausches über europäische Fragen zu einem voll funktionstüchtigen parlamentarischen Mitgestalter gewandelt. Jener Wandlungsprozess, also die Ausdifferenzierung der Funktionen des Europäischen Parlaments, ist zum zentralen Untersuchungsaspekt des Erfolgs in dieser Studie erhoben worden. Dabei wurde die institutionelle Analyse so angelegt, dass das Zusammenwirken von Leitideenkonstruktion, administrativ-organisatorischem Unterbau und instrumenteller sowie symbolischer Funktionserfüllung empirisch geprüft werden konnte. Der methodische Schwerpunkt wurde dabei auf die Untersuchung der Akteurswahrnehmung gelegt, die zudem durch das verfügbare Schrifttum extern validiert wurde. Abschließend wurden die bislang nur spärlich vorhandenen Ergebnisse der Adressatenresonanz auf der Basis von Sekundärdaten fragmentarisch präsentiert, um die Analyse des Erfolgs des Europäischen Parlaments abzurunden.

An dieser Stelle der Arbeit finden sich nun einesteils die zentralen Ergebnisse der Analyse und die potentiellen Entwicklungschancen des Europäischen Parlaments dargestellt; anderenteils werden Aussagen über den Nutzen des Modells einer Erfolgsanalyse für die Parlamentarismusforschung ebenso getroffen wie mögliche Anschlussstellen für zukünftige Untersuchungen und weiterhin vorhandene Forschungsdesiderate benannt.

8.1. Zentrale Ergebnisse der empirischen Studie

Erfolgreich ist ein Parlament dann, wenn es seine Funktionen der intendierten Leitidee entsprechend erbringt, keine offensichtlichen Spannungen zwischen Leitideenkonstruktion und Funktionserfüllung auftauchen und jene auf Dauer gestellt werden kann. Dazu bedarf es notwendiger Anpassungs- und Lernprozesse sowie ausreichender Freiheitsgrade der Entwicklung. Sichtbar wird der Erfolg auf verschiedenen Ebenen, nämlich im Bereich der Funktionen, Strukturen und Mechanismen sowie der Leitideenkonstruktion selbst.

Das Europäische Parlament ist, gemessen an den Effektivitätskriterien, ein erfolgreiches Parlament. Es hat seine Funktionen und seine Leitidee, aber auch seinen administrativ-organisatorischen Unterbau sich verändernden Umweltbedingungen angepasst. Dadurch findet sich ein zentraler Punkt des Kriterienkataloges erfüllt –

nämlich die Fähigkeit einer Institution, Leistungen für das umgebende Milieu *dauerhaft* und nicht nur zeitweilig zu erbringen. Das Europäische Parlament erbringt Leistungen für das politische System bereits seit seiner Gründung im Jahr 1952 in jeweils unterschiedlicher Form. Wesentliche Einschnitte konnten dabei nach den Vertragsreformen oder aber durch vom Parlament selbst angestoßene Veränderungen beobachtet werden. Alle diese Wandlungsprozesse führten dazu, dass Leitideen und Funktionswirklichkeit in einem passgenauen Verhältnis blieben oder dass die Funktionswirklichkeit so verändert wurde, dass sie mit einer vorpreschend formulierten Leitidee passgenau wurde. Meistens war ersteres der Fall und das Europäische Parlament passte sich neuen Gegebenheiten an. Seltener gelang es dem Europäischen Parlament, selbst so großen Einfluss auf das umgebende Milieu auszuüben, dass es die Gegebenheiten verändern konnte.

Das Europäische Parlament erbringt seine Funktionen überwiegend seiner *intendierten und auch instrumentell-ernstgemeinten Leitidee entsprechend*. Es gibt kaum Spannungen zwischen dem, was das Europäische Parlament gemäß eigenem Bekunden tun sollte und dem, was es tatsächlich tut. Freilich gibt es an genau dieser Stelle eine effektivitätsrelevante Einschränkung: Das Europäische Parlament versteht sich seit Mitte der 1970er Jahre immer mehr als parlamentarischer Mitgestalter europäischer Politik. Darum sollten sowohl instrumentelle als auch symbolische Funktionserfüllung gleichermaßen gut gelingen.

Vor allem im Bereich der *symbolischen Funktionserfüllung* weist das Europäische Parlament jedoch Defizite auf. Eine der Grundannahmen dieser Studie lautete: Symbolische Funktionen dienen mehrheitlich der Integration, während instrumentelle Funktionen eher Steuerungswirkung entfalten. Gelingt die Erfüllung symbolischer Funktionen nicht, so müsste also empirisch ein Defizit an integrativer Leistung des Europäischen Parlaments zu konstatieren sein. Jene Defizite in der integrativen Leistung werden auf Seiten der Adressaten etwa in der *geringen Wahlbeteiligung*, einer *wenig differenzierten Wahrnehmung* der parlamentarischen Leistung sowie einem nur oder zumindest überwiegend *diffusen Vertrauen* in das Europäische Parlament deutlich. Allerdings basiert gerade das diffuse Vertrauen auf einer eher vagen und nicht so sehr leistungsbezogenen Vorstellung von der parlamentarischen Arbeit selbst. Die Zweckmäßigkeit gelungener Symbolisation ist also ambivalent: Denn tatsächlich stattfindende Symbolisierungsleistungen schaffen nicht durch ihre bloße Existenz größeres Vertrauen in eine Institution. Sie müssen zur instrumentellen Funktionserfüllung passen. Dann ist eine auf gelungener Symbolisation beruhende Integrationsleistung vermutlich dauerhaft stabiler als jene, die nur auf unsicheren Vermutungen basiert. Darum kann eine gar nicht stattfindende Symbolisierungsleistung evtl. effektiver sein als eine, die nur deklamatorisch vorblendet, dass etwas stattfindet, was realiter nicht existiert. Bei der Analyse symbolischer Funktionserfüllung des Europäischen Parlaments stellten sich vier relevante Faktoren für deren Misslingen heraus.

- Erstens halten die Akteure selbst die symbolischen Funktionen entweder für eine unwichtige Leistung des Parlaments oder haben sich schlichtweg keine Gedanken über eben diese Leistung gemacht. Darum waren die Aussagen in den

Interviews zu Fragen der symbolischen Funktionserfüllung auch überaus spärlich.
- Zweitens kann ohnehin kaum existierende symbolische Funktionserfüllung, zumal dann, wenn sie durch ihr instrumentelles Pendant, wie etwa im Fall des leeren Plenarsaals, sogar noch konterkariert wird, auch nicht von den Medien dargestellt werden.
- Drittens spielen bei der Frage des Erfolgs symbolischer Funktionserfüllung externe Einflussfaktoren eine besondere Rolle. Wenn es um so wichtige Fragen wie die Symbolisierung mittels eines bestimmten Handlungsortes geht, verfügt das Europäische Parlament nicht über ein Selbstbestimmungsrecht.
- Viertens fehlt es an weiteren wichtigen Voraussetzungen, wie etwa Traditionen oder einem eingängigen Gründungsmythos, die sich in das Zentrum der Symbolisierungsleistungen stellen ließen. Die starke Dominanz eines auf die Kontrolle der Montanindustrie ausgerichteten europäischen Integrationsprozesses verhinderte anfangs die Herausbildung eines eigenen Gründungsmythos. Später war häufig nationalstaatliche Fragmentierung dafür verantwortlich, dass sich keine eigene Parlamentsidentität herausbilden konnte.

Freilich sind Defizite bei der Erfüllung symbolischer Funktionen kein alleiniges Kennzeichen des Europäischen Parlaments, sondern finden sich auch in vielen nationalen Parlamenten.[560] Das hat nicht wenig mit der mangelnden Eindeutigkeit von Symbolik und der nicht vorhandenen Fähigkeit zur Dekodierung auf Seiten der Adressaten zu tun. Deshalb ist es ein keineswegs überraschender Befund, dass es gerade auf diesem Gebiet erhebliche Defizite auch des Europäischen Parlaments zu verzeichnen gilt.

Weiterhin ist die Effektivität des Europäischen Parlaments vor allem im Bereich der *repräsentationsbezogenen Leistungen* eingeschränkt. Die Analysekomplexität gerade dieses Kriteriums der Funktionsanalyse geht auf die repräsentationstheoretischen Überlegungen Hannah F. Pitkins zurück. Eine differenzierte Untersuchung zeigte eine auf dem Kontinuum von Vernetzung über Responsivität und Darstellung bis hin zur kommunikativen Führung abnehmende Fähigkeit des Europäischen Parlaments, die einzelnen Aufgaben zu bewältigen. Effektive Vertretungskörperschaften zeichnen sich allerdings dadurch aus, dass sie die Schwelle des reinen Aufnehmens von Wünschen und Sorgen der Bürger und die Einspeisung dieser Anliegen in den politischen Willensbildungsprozess überschreiten. Dies geschieht dadurch, dass sie die Deutungshoheit auf bestimmten Politikfeldern erreichen und dies auch öffentlich zu kommunizieren verstehen. Zu einer gelingenden Erfüllung der Repräsentationsfunktion fehlt es jedoch an zwei wichtigen Voraussetzungen.
- Zum einen muss ein Parlament über genügend Freiheitsgrade verfügen und darf nicht von anderen zentralen Institutionen des politischen Systems in seinem Handeln eingeschränkt werden. Genau das ist jedoch im europäischen politi-

---

[560] Siehe dazu etwa die Beiträge in einem vergleichenden Sammelband zur Frage der symbolischen Funktionen von Parlamenten in W. J. Patzelt 2001d.

schen System der Fall. Selten ist es nämlich das Europäische Parlament, welches ‚letztinstanzlich' die Beschlüsse fasst und diese dann auch gemeinsam mit dem Rat verkündet. In der Regel übernehmen die nationalen Minister diese Funktion und verbreiten die Ergebnisse von Verhandlungen im Stile eines nationalen Verhandlungsergebnisses – wohlwissend, dass ohne das Zutun des Europäischen Parlaments häufig nichts erreicht worden wäre.

- Zum anderen bedarf es supranationaler Medien, welche überhaupt erst einmal die Grundlage für eine verlässliche, europaweite Berichterstattung schaffen. Auch daran mangelt es jedoch bislang, und eine nach wie vor weitgehend national ausgerichtete Nachrichtenlandschaft, wobei sich Journalisten lieber mit ‚ihrem' Minister als mit einem ‚fremden' Parlamentarier auseinandersetzen, erschwert die parlamentarische Leistungsdarstellung und lässt es an der Basis für die Übernahme kommunikativer Führungsfunktion fehlen.

Das Europäische Parlament erfüllt also einige seiner Funktionen mit – aus der Dominanz des Rats herrührenden – Einschränkungen. Das ist einer der zentralen Gründe dafür, dass sich auch andere Funktionsbereiche – verglichen etwa mit den Möglichkeiten eines parlamentarischen Regierungssystems – anders entwickelt haben als in einigen politischen Systemen der Mitgliedstaaten. Gemessen an den Freiheitsgraden der Entwicklung ist das Parlament jedoch sehr erfolgreich. Schließlich ist es dem Europäischen Parlament gelungen, die ihm zur Verfügung stehenden Mittel gezielt und dank selbst geschaffener Mechanismen so einzusetzen, dass es seiner Aufgabe als Mitgestalter europäischer Politik gerecht werden konnte. Nicht zuletzt der Rücktritt der Santer-Kommission hat bewiesen, dass beispielsweise die *Kontrollfunktionen* sehr erfolgreich ausgeübt werden. Schwierig ist die Kontrolle jedoch stets dann, wenn es um die Mitgliedstaaten geht. Denn jene sind dem direkten Zugriff des Europäischen Parlaments natürlich entzogen, so dass rechtliche Kontrolle, wie im Fall des Isoglucose-Urteils, zuweilen der einzige Ausweg aus dem Dilemma ist, wenn das Europäische Parlament übergangen wurde.

Am Beispiel der Investitur der Santer-Kommission konnte zudem gezeigt werden, auf welche Weise ein institutioneller Mechanismus in Form der Einzelbefragung designierter Kommissionsmitglieder implementiert werden kann. Gekoppelt mit der durch die Verträge eingeführten Regel, dass das Parlament zuerst den designierten Kommissionspräsidenten und anschließend – nach Auswahl der einzelnen Kommissare – die gesamte Kommission bestätigen muss, hat das Europäische Parlament recht großen Einfluss auf die Investitur der Kommission, was zuletzt bei der Investitur der von José Manuel Durão Barroso geführten Kommission deutlich unter Beweis gestellt wurde. Der Rolle eines parlamentarischen Mitgestalters wird das Europäische Parlament dadurch bei der *Kreationsfunktion* in jedem Fall gerecht. Freilich ist auch hier das Primat der Nationalstaaten unübersehbar. Es sind nämlich immer noch die mitgliedstaatlichen Regierungen, die Vorschläge unterbreiten und diese durch das Parlament bestätigen oder ablehnen lassen können. Diese Praxis ist ein eindeutiges Kennzeichen dafür, dass es sich beim europäischen politischen System keineswegs um ein parlamentarisches Regierungssystem handelt. Nicht das Parlament allein, sondern Parlament und mitgliedstaatliche Regierungen gemeinsam sind für die Bestallung der Kommission zuständig.

Für die Erfolgsanalyse spielen natürlich auch die parlamentarischen Leistungen im Rahmen der *Gesetzgebung* eine wichtige Rolle. Dabei lässt sich vor allem zweierlei feststellen: Die Gesetzgebungskompetenzen des Europäischen Parlaments sind von allen Funktionsbereichen den größten Wandlungen unterworfen und die parlamentarischen Handlungs- und Entscheidungsmöglichkeiten bei der Gesetzgebung differieren stark und sind dabei von der Wahl der jeweiligen Verfahrensart abhängig.

Die Tatsache, dass es sich beim bislang wirkungsvollsten Verfahren – der Mitentscheidung – nicht um das Standardverfahren der Gesetzgebung handelt, ein formal nicht existierendes materielles Initiativrecht sowie insgesamt sehr komplexe und dadurch nur schwer durchschaubare Verfahrensweisen lassen am Erfolg des Europäischen Parlaments bei der Gesetzgebung zweifeln. Entscheidungen, Richtlinien, Verordnungen und Stellungnahmen, also alle legislativen Akte zusammengenommen, kommen zudem nicht nur unter Beteiligung des Europäischen Parlaments zustande. Häufig findet die Entscheidungsfindung nämlich auch ohne parlamentarische Partizipation im Rahmen der ZIJP oder der GASP statt. Andernteils ist gerade die Gesetzgebungsfunktion bestens geeignet, Wandlungsprozesse und Erfolgsgeschichten des Europäischen Parlaments aufzuzeigen. Die Schaffung so wichtiger Prozeduren wie des Konzertierungsausschusses, die gelungene Durchführung des Mitentscheidungsverfahrens oder aber die stete Verkürzung der Verfahrensdauer lassen nämlich auf erfolgreiche Funktionserfüllung schließen.

Die Leitidee des Europäischen Parlaments beschreibt jenes ohnehin nicht als alleinigen Gesetzgeber. Deshalb kann das Europäische Parlament auch dann sehr erfolgreich sein, wenn es nicht in allen Gesetzgebungsverfahren zu allen Zeiten beteiligt ist. Unmöglich wäre es hingegen, eine Vertretungskörperschaft, die überhaupt nicht an der Schaffung von – das gesellschaftliche Zusammenleben bestimmenden – Normen partizipiert, als erfolgreich zu bezeichnen. Ein genereller Ausschluss bei der Gesetzgebung wäre also ein sicherer Indikator misslungener Steuerungsleistung des Europäischen Parlaments und nicht vorhandener Effektivität. Das Europäische Parlament allerdings ist an einer Vielzahl von Gesetzgebungsprozeduren beteiligt und deren Zahl ist seit der Verabschiedung des Maastrichter Vertrags durchaus gewachsen. Außerdem ist Erfolg keine aktuelle Zustandsbeschreibung, sondern zeigt sich erst im historischen Vergleich, also in genau jenen Wandlungsprozessen, durch welche sich die Mitbestimmungsrechte des Parlaments permanent erweitert haben. Zudem kann nicht allein an einem einzelnen Verfahrensablauf festgemacht werden, ob das Parlament effektiv ist. Erst die Gesamtschau liefert hier ein tragfähiges Ergebnis, welches zeigt, dass die Leitidee der parlamentarischen Mitgestaltung und die Beteiligung an der Gesetzgebung einander nicht widersprechen. Mitgestaltung ist nämlich dann erreicht, wenn das Parlament auch bei der Erfüllung der Gesetzgebungsfunktion an den Entscheidungsprozessen partizipiert und nicht einfach übergangen werden kann. Das ist zweifellos der Fall. Zwar gibt es noch institutionelle

Reserven auf Seiten des Europäischen Parlaments, aber es gibt keinen offensichtlichen Widerspruch zwischen Funktionswirklichkeit und Leitideenkonstruktion.

Neben den instrumentellen und symbolischen Parlamentsleistungen wurde die Fähigkeit des Europäischen Parlaments, seine eigenen *Strukturen, Organisationsformen und internen Mechanismen* jeweils so zu verändern, dass sie zu einer veränderten oder sich verändernden Umwelt passen, als weiteres Kriterium des Erfolgs gewählt. Im Grunde geht es also darum, ob es dem Europäischen Parlament einesteils gelungen ist, sich an veränderte Kompetenzlagen anzupassen, andernteils ist entscheidend, ob das Europäische Parlament selbst zu einer Veränderung der Kompetenzlagen beigetragen hat. Die erste Frage kann relativ leicht durch eine Betrachtung des administrativ-organisatorischen Unterbaus und dessen Entwicklung beantwortet werden. Dabei ist festzustellen, dass das Europäische Parlament eine sehr große Anpassungsfähigkeit bewiesen hat, wobei parlamentarische Organisationsstrukturen ohnehin nur die notwendige Basis eines funktionierenden Parlamentarismus bilden. Denn es liegt in der Natur der Sache, dass größere Kompetenzvielfalt eine stärkere Differenzierung und Arbeitsteilung erfordert. Genau jene arbeitsteiligen Strukturen wurden auch im Europäischen Parlament institutionalisiert, so dass es sich an dieser Stelle als durchaus effektiv erweist.

Die Kompetenzlagen zu verändern und dadurch die funktionale Reichweite zu erweitern ist dem Europäischen Parlament stets dann besonders gut gelungen, wenn es Zustände der Unsicherheit gab oder Rechtslücken des Vertragswerkes ‚ökologische Nischen' zur Entwicklung boten. An erster Stelle ist in diesem Kontext die Fähigkeit des Europäischen Parlaments zu nennen, vorhandene Mechanismen auszunutzen, um sich selbst größeren Einfluss zu verschaffen, wie es etwa bei der Ablehnungsandrohung der von Jacques Santer vorgestellten Kommission im Jahr 1995 geschehen ist. Jener musste darauf reagieren und Zugeständnisse an das Europäische Parlament machen, die dem Parlament mehr Einfluss zusicherten als ihm formal zugestanden hätte. Deutlich wird an diesem Beispiel vor allem, dass es dem Europäischen Parlament häufig mit einfachen Mitteln gelingt, die Fremdbestimmung durch den Ministerrat oder den Europäischen Rat auszuhebeln. Denn durch die große Geschlossenheit, die sich zwar häufig dann negativ auswirkt, wenn es um die Fragen der Symbolkraft geht, kann auf dem Gebiet der weiteren Gestaltung des politischen Systems jedoch viel erreicht werden. Und weil sich die Effektivität des Europäischen Parlaments eben auch an genau diesen Fähigkeiten bemisst, ist es als sehr erfolgreich zu bezeichnen.

8.2. Entwicklungschancen des Europäischen Parlaments

Das Europäische Parlament ist – unter Berücksichtigung der oben genannten Reservepotentiale – eine effektive Vertretungskörperschaft. Trotzdem waren einige Defizite festzustellen. Effektivitätslücken ergeben sich zumeist aus der Funktionslogik des europäischen politischen Systems, das nach wie vor sehr stark vom Primat der

Nationalstaaten geprägt ist. Solange die Konstruktion genau so ist, wie sie zur Zeit eben ist, scheint es für das Europäische Parlament allenfalls graduelle Fortschritte geben zu können. Ein echter Quantensprung, wie ihn etwa der Wandel zu einem parlamentarischen Regierungssystem darstellte, ist deshalb auch unwahrscheinlich. Derlei Wandel würde sich nämlich nicht mit einem starken Ministerrat und einem die Leitlinien Europas bestimmenden Europäischen Rat der Staats- und Regierungschefs vereinbaren lassen. Realistisch scheinen hingegen Entwicklungen, welche in der Kontinuität der bisher erreichten Fortschritte stehen.

- Da das Mitentscheidungsverfahren zwischen Europäischem Parlament und Rat relativ gut funktioniert und durch die Umbauten in den Verträgen auch in seinem zeitlichen Ablauf gestrafft worden ist, scheint eine weitere Ausdehnung zum Standardverfahren der Gesetzgebung in der ersten Säule möglich. Damit verbunden wird vermutlich das Kooperationsverfahren, welches im Grunde nur eine Vorstufe der Entwicklung des Mitentscheidungsverfahrens ist, abgeschafft werden. Anders als im Bereich der ersten Säule wird es vermutlich auf dem Gebiet der zweiten und dritten Säule aussehen. Denn bei der ZIJP und der GASP handelt es sich um jene Regelungsbereiche, die auch bisher nur schwer vom Europäischen Parlament beeinflusst werden können und wo vielfach nur die Konsultation des Parlaments vorgesehen ist. Darum wird das Parlament dort vermutlich noch auf längere Zeit in einer eher unbefriedigenden Lage bleiben.
- Große Anforderungen an das Europäische Parlament wird es durch den Beitritt neuer Mitgliedstaaten geben. Vor allem die Strukturen und Organisationsprinzipien, aber auch die Mechanismen zur Koordinierung der Fraktions- und Ausschussarbeit werden sich erneut bewähren müssen. Da es dem Europäischen Parlament bisher stets gelungen ist, diese Herausforderungen zu meistern, stehen die Chancen auch in diesem Fall recht gut. Denn ein Parlament, das mit 626 Abgeordneten funktioniert, sollte in der Regel mit 732 Abgeordneten ebenso gut funktionieren. Da jedoch nicht nur die Zahl der Abgeordneten, sondern auch die der Mitgliedstaaten steigt und damit die potentielle Fragmentierung aufgrund der Nationalität zunimmt, wird es vor allem zu einer Aufgabe der Fraktionen werden, ihren inneren Zusammenhalt zu verbessern, um auch weiterhin erfolgreich handeln zu können.
- Der Vertrag von Nizza hat zwar noch nicht das Prinzip der Auswahl der Kommissionsmitglieder durch die Mitgliedstaaten durchbrochen, aber zumindest werden diese seit dem Vertrag von Nizza nicht mehr einstimmig, sondern mit qualifizierter Mehrheit durch die Mitgliedstaaten bestimmt. Daraus ergibt sich eine völlig neue Chance für das Europäische Parlament: Gelingt es den Fraktionen im Europäischen Parlament über mitgliedstaatliche Identifikation hinweg parteipolitische Koalitionen zu schmieden, könnte es zu einer tatsächlichen Herausbildung eines Gegenübers regierungstragender und oppositioneller Fraktionen im Parlament kommen.
- Mit einem solchen Schritt wäre gleichzeitig eine stärkere und klarere Profilierung des Europäischen Parlaments in der Öffentlichkeit verbunden. Denn kontroversere Debatten haben natürlich eine höhere Anziehungskraft für die Medien

als relativ homogene Entscheidungen. Das wiederum hätte zur Folge, dass die Chancen des Europäischen Parlaments auf Darstellung und kommunikative Führung steigen könnten.
- Ebenfalls weiter verbessern werden sich vermutlich die Chancen zur Symbolisierung mittels Architektur und Riten, weil es schon eine gewisse Zeit braucht, bis sich bestimmte Dinge in den emotionalen Tiefenschichten der Bevölkerung festgesetzt haben. Da das Europäische Parlament nun aber seit einiger Zeit über eigene Gebäude in Brüssel und Straßburg verfügt, werden diese zukünftig auch enger als zuvor mit dem Europäischen Parlament in Verbindung gebracht werden. Weniger hoffnungsvoll darf man allerdings sein, was die symbolische Repräsentation anlangt. Auf diesem Gebiet widersprechen sich instrumentelle und symbolische Funktionswahrnehmung, ohne dass sich dieses Problem sinnvoll auflösen ließe. Denn die Mitglieder einer tatsächlich instrumentelle Funktionen erbringenden Vertretungskörperschaft werden auch zukünftig nicht zur gleichen Zeit vollständig im Plenarsaal anwesend sein können.

Insgesamt sind die Chancen für das Europäische Parlament gut, seine Position innerhalb des Institutionengefüges weiter auszubauen. Zwar wird es – selbst bei Inkrafttreten einer europäischen Verfassung – keinen Wandel hin zu einem parlamentarischen Regierungssystem geben, aber das Parlament würde in seiner Position als parlamentarischer Mitgestalter weiter gestärkt. Daraus ergeben sich, wie in den zurückliegenden Entwicklungsphasen auch, neue Chancen zu einer weiteren Ausdifferenzierung der Funktionen. Es kann also mit gutem Glauben angenommen werden, dass das Europäische Parlament auch in Zukunft eine Erfolgsgeschichte sein wird.

8.3. Modellqualität und theoretische Anschlussstellen

Das für diese Arbeit genutzte Kategorienmodell ist noch keine Theorie mittlerer oder größerer Reichweite, sondern die Formulierung eines spezifischen Instrumentariums, mit dessen Hilfe eine konkrete Fragestellung beantwortet werden kann. Genau für diesen Zweck hat sich das hier eingesetzte Forschungsmodell zur europaparlamentarischen Erfolgsprüfung als brauchbar erwiesen. Das größte Problem aller Effektivitäts- oder Effizienzdiskussionen besteht nämlich darin, eine geeignete und im Rahmen einer abgeschlossenen Fragestellung auch operationalisierbare Definition anzubieten und diese auch empirischer Prüfung zuführbar zu machen. Das ist in dieser Studie durch eine in allen Teilen historisch angelegte Prüfung gelungen, wobei nachgewiesen werden konnte, dass es sich beim Europäischen Parlament um eine Erfolgsgeschichte handelt. Eine andere als die historische Herangehensweise hätte nicht dasselbe Ergebnis gezeigt, da erst die Prozesshaftigkeit europaparlamentarischer Entwicklung das Erfolgsbild zeichnet.

Ein weiteres zentrales Merkmal der Analyse war die Herausstellung der Leitidee als wichtiges Mittel zur Erfolgsmessung. Leitideen sind als Bündelungen zu verwirklichender institutioneller Geltungsbehauptungen und Ordnungsvorstellungen zu begreifen. Damit ist die Effektivität in doppelter Weise abhängig: einesteils von der Erreichung des Ziels, nämlich der Verwirklichung der Leitidee, andernteils von der Passung zwischen Leitideenkonstruktion und Funktionswirklichkeit. Zudem ist effektive Funktionserfüllung äußerst voraussetzungsreich, weil es dazu eines verlässlichen administrativ-organisatorischen Unterbaus und geeigneter Strukturen und Mechanismen bedarf. Erst die Gesamtheit all dessen macht die Effektivität der Funktionserfüllung aus, welche beim Europäischen Parlament als erwiesen gilt.

Obwohl das Forschungsmodell gewinnbringend eingesetzt wurde und in dieser Studie weiterführende empirische Befunde gewonnen wurden, gibt es Anschlussstellen für zukünftige Analysen sowie offensichtlich existierende Forschungslücken, die im Rahmen dieser Arbeit nicht geschlossen wurden.

Effektivität bemisst sich unter anderem daran, ob es dem Europäischen Parlament gelingt, sich neuen Umweltbedingungen anzupassen. Dabei tauchte der Begriff des Lernens mehrfach auf. Das Ziel dieser Arbeit war es, ein Modell empirisch zu testen und Aussagen über Modellqualität und Funktionserfüllung des Europäischen Parlaments zu machen, ohne eine konkrete Analyse von ‚Anpassen' und ‚Lernen' in den Mittelpunkt zu rücken. Darum wurden beide Begriffe so verwendet, wie sie alltagspraktische Anwendung finden. Jedoch ergibt sich hier ein wichtiger Anknüpfungspunkt für die weitere Forschung. Denn es ist schon von Interesse, wie genau sich das Lernen und die Anpassung einer Institution vollziehen. Zwar konnte in dieser Arbeit das Ergebnis eben solcher Lern- und Anpassungsprozesse präsentiert werden. Jedoch besteht eine offene Flanke darin, Lernprozesse genau zu beschreiben, also den Weg der Aufnahme, Implementierung und Umsetzung von Lernen nachzuvollziehen. Dabei müssten zumindest zwei Ebenen voneinander unterschieden werden: die individuelle und die institutionelle. Außerdem wäre die Frage zu beantworten, ob es sich um aktives oder reaktives Lernen handelt, wobei vermutlich beide Formen im Europäischen Parlament vorfindbar sind. Letztlich hätte man wohl auch zu berücksichtigen, dass es unterschiedliche Komplexitätsstufen des Lernens von einfachen über komplexe bis hin zu reflexiven Formen gibt.

Daneben existiert eine Anbindungsmöglichkeit zu weiterer empirischer Forschung aufgrund der Frage nach institutioneller Anpassung. Anpassung ist als ein Prozess zu begreifen, der sein Ziel in der Angepasstheit formuliert findet. Es liegt nahe, dass die Angepasstheit einer Institution nicht wenig damit zu tun hat, wie gut sie mit den Herausforderungen der Umwelt umgeht. Auch hier wäre die Frage zu beantworten, wie genau dieser Prozess im inneren eines Parlaments abläuft. Zudem könnten Aussagen über den Zusammenhang von Lernen und Anpassung weitere hilfreiche Hinweise zu den Erfolgschancen von Parlamenten liefern.

Aus der Anwendung des Modells hat sich eine weitere wichtige Frage ergeben, deren Beantwortung Nutzen für die Parlamentarismusforschung hätte: Was ist das optimale Verhältnis von Effizienz, Transparenz und Partizipation zueinander und wie kann das gemessen werden? Die drei Begriffe wurden zwar als wichtig in dieser Arbeit erkannt, um Aussagen über die parlamentarische Effektivität treffen zu können, aber es konnte keine Operationalisierung des optimalen Verhältnisses gefunden werden. Trotzdem hatte die Integration der drei Begriffe in das Untersuchungsdesign erhellenden Charakter für die gesamte Analyse. Denn nur durch die ganz konkrete Prüfung der einzelnen Kategorien ist überhaupt deutlich geworden, dass es Wechselverhältnisse untereinander gibt und wie diese beschaffen sind. Folgende auffällige Befunde offenbaren Anschlussstellen zu weiterer Forschung. Ein sehr hohes Maß an Transparenz wirkt eher effizienzhemmend als -steigernd. Wird nämlich zu große Durchschaubarkeit hergestellt, hat dies meist zur Folge, dass auch viele Akteure an der Entscheidungsfindung partizipieren wollen oder sogar müssen. Diese höhere Partizipationschance führt in der Regel zu einer Verzögerung bei der Entscheidungsfindung. Es ist nämlich schon so, dass gerade die Gesetzgebungsprozesse in der Europäischen Union genau diese Mechanismen befördern. Das permanente Nebeneinander vieler Verfahren führt dazu, dass die einzelnen Kategorien mehr oder weniger Bedeutung gewinnen. Während in einem Verfahren, wie etwa der Zustimmung, die Transparenz relativ hoch ist, weil von Parlamentsseite nur darüber zu entscheiden ist, ob etwas bejaht oder verneint wird, wird beim Mitentscheidungsverfahren die Transparenz reduziert. Im Gegenzug sind die Partizipationschancen beim Zustimmungsverfahren gering, auch wenn ein ‚Nein' eine definitive Ablehnung bedeutet. Mitgestaltung im Rahmen der Entscheidungsfindung ist kaum möglich. Anders beim Mitentscheidungsverfahren: Hier ist die Partizipationschance hoch, aber das Verfahren ist nicht sehr effizient, was seinen zeitlichen Rahmen anlangt und transparent ist es aufgrund der vielen Prozessschritte ohnehin nicht.

Das Beispiel macht deutlich, dass solche Aussagen zwar relevant für die Effektivität sind, ihnen fehlt es aber offensichtlich an der Eignung für eine gesamtinstitutionelle Bewertung. Nur fallweise lässt sich das Optimum des triadischen Verhältnisses anhand empirischer Ergebnisse ermitteln. Inner-institutionell basiert das Herausfinden eines solchen Idealzustandes häufig auf dem Prinzip von Versuch und Irrtum, wie etwa an dem häufig veränderten Mitentscheidungsverfahren ablesbar. Jenes inner-institutionell als optimal empfundene institutionelle Arrangement muss dann jedoch nicht zwangsläufig auf der Adressatenseite genauso wahrgenommen werden. Darum können sich erhebliche Widersprüche zwischen Akteurs- und Adressatensicht auftun, die empirisch noch zu prüfen wären.

Damit ist auch ein weiterer, wichtiger Anknüpfungspunkt für die Forschung genannt. Viel zu wenig ist nämlich bislang dauber bekannt, wie das Europäische Parlament auf die Adressaten wirkt. Zwar war es nicht die originäre Aufgabe dieser Studie, deren Wahrnehmung umfassend zu prüfen, gleichwohl zeigte sich, dass es an dieser Stelle auch noch eine offene Flanke in der Parlamentarismusforschung gibt, deren Lückenschluss überaus wünschenswert wäre. Besonders eklatante Forschungslücken existieren auf europäischer Ebene bei all jenen Fragen, die in den Bereich der Außenwahrnehmung von Symbolisierungsleistungen fallen.

Letztlich wäre es natürlich wünschenswert, die Prüfung des Forschungsmodells in den Kontext anderer parlamentarischer Systeme zu stellen, darunter vor allem solche, die weniger Veränderungsdichte aufweisen und/oder nicht freiheitlich demokratischen Charakters sind. In dieser Arbeit fanden nämlich zumeist implizite Vergleiche und vor allem solche mit dem Regierungssystem der Bundesrepublik Deutschland statt. Ein ausgedehnter Vergleich würde jedoch erst beweisen müssen, ob das Forschungsmodell über das in der empirisch idiographisch angelegten Untersuchung hinaus erkannte ebenfalls funktioniert.

Der Erfolg eines Forschungsmodells beweist sich zwar häufig erst durch die vergleichende Prüfung an verschiedenen Fällen, der Erfolg des Europäischen Parlaments jedoch ist unzweifelhaft gegeben. Der besondere Weg des Europäischen Parlaments ist offenbar durchaus erfolgversprechend und kann als Beispiel dafür dienen, wie aus einem ehemals schwachen ein starkes Parlament wird. Solche Wege sind indessen sehr voraussetzungsvoll – nur in freiheitlich demokratischen Systemen existieren anscheinend ausreichende Freiheitsgrade, die solche Entwicklungen tatsächlich zulassen.

Methodischer Anhang

Leitfaden für die Befragung von Abgeordneten des Europäischen Parlaments

I. Einleitung

Einleitungssatz: (gesprochene, nicht gelesene, wichtige Bestandteile der Einleitungskonversation, kann bei Personen, die bereits hinlänglich über unser Forschungsvorhaben informiert sind (bspw. MdEP xxxx), auch weggelassen werden. Hier ist dann direkt mit der ersten Frage zu starten): In unserem Projekt werden verschiedene Repräsentationskörperschaften vergleichend untersucht, eine davon ist das Europäische Parlament. Wir interessieren uns dafür, was das Europäische Parlament für die europäische Integration, das Funktionieren der EU und das Zusammengehörigkeitsgefühl der Europäer leisten kann. Im Rahmen dessen wollen wir herausfinden, wie sich die Akteure selbst die Rolle des EP vorstellen, sowie aus welchen konkreten und atmosphärischen Vorstellungen es sich zu seiner heutigen Rolle, Selbstsicht und Selbstdarstellung entwickelt hat.

(1) Sie sind ja bereits seit längerer Zeit (Zeitangabe in Jahren) Abgeordneter im Europäischen Parlament. Was waren eigentlich Ihre persönlichen Motive, sich um ein Mandat im EP zu bewerben?
<u>Anmerkung:</u> Frage dient dem Einstieg und der Überleitung zur Frage der Leitidee.
<u>Ziel der Frage:</u> Interesse an dem weiteren Gang des Interviews wecken.

II. Fragen zu den Leitideen des EP

(2) Was ist Ihrer Einschätzung nach der Zweck und was ist die Rolle des EP im politischen System der Europäischen Gemeinschaft/Europäischen Union?
<u>Ziel der Frage:</u> Welches sind aus der Sicht des/der Befragten die Leitideen des EP?
<u>Anmerkung:</u> evtl. ist es nötig zwischen dem tatsächlichen und dem eigentlichen Zweck zu unterscheiden, falls die/der Befragte diesen Unterschied macht. Dann zuerst den eigentlichen, also gesollten, danach den tatsächlichen Zweck beschreiben lassen.

(3) Haben Sie im Laufe Ihrer Mitgliedschaft im Europäischen Parlament eigentlich Veränderungen des Zweckes und der Rolle des Europäischen Parlamentes wahrgenommen?
<u>Ziel der Frage:</u> Welches sind aus der Sicht des/der Befragten die Leitideen des EP im Wandel?
<u>Anmerkung:</u> Nächste Frage beachten, da hier explizit nach Wendepunkten gefragt wird, also genau aufpassen, ob nicht hier evtl. Punkte genannt werden! Frage zielt natürlich auf den historischen Charakter.

(4) Welches sind Ihrer Meinung nach die zentralen Wendepunkte einesteils in der Entwicklung des Europäischen Parlamentes, andernteils in der Entwicklung des Selbstverständnisses dieser Institution?

Anmerkung: Selbstverständnis ist etwas anderes als die tatsächliche Entwicklung. Eine Veränderung kann auch stattfinden, ohne daß sich das Selbstverständnis ändert, ebenso ist es umgekehrt denkbar. Durch die Nennung der Wendepunkte sollte es gelingen, die vermuteten Gründe für die Veränderung der Leitidee herauszuarbeiten.
Achtung: Falls von den befragten Personen keine zentralen Wendepunkte genannt werden, ist unbedingt auf die Funktion der Direktwahl, den Maastrichter, Amsterdamer und Nizzaer Vertrag sowie evtl. auf die Verfassungsentwürfe einzugehen.

(4a) Die Frage(n) könnte(n) lauten: "Das Europäische Parlament wurde ja lange Zeit nicht direkt gewählt, sondern rekrutierte sich aus Abgeordneten der nationalen Parlamente. Welche Rolle spielte Ihrer Meinung nach die Direktwahl im Integrationsprozeß?"
(4b) Weitere Nachfrage: "Welche Ereignisse würden Sie, wenn Sie sich die Entwicklung noch einmal vor Augen halten, neben der Direktwahl als besonders bedeutend einschätzen?"
(4c) Evtl. weitere Nachfrage: "Und welche Rolle spielten Ihrer Meinung nach die drei Verfassungsentwürfe des Europäischen Parlamentes?"
(4d) sowie evtl. "Und wie beurteilen Sie aus Ihrer Sicht die Veränderungen, die sich durch die Vertragsrevisionen ergeben haben?"

(5) Wie würden Sie die politischen Grundideen beschreiben, auf denen das Europäische Parlament aufbaut? Folgt die Entwicklung des EP, Ihrer Meinung nach, einem bestimmten Vorbild?

(6) Änderte sich daran aus Ihrer Sicht im Laufe der Zeit etwas?
Anmerkung zu 5+6: Die Fragen sind nur dann zu stellen, wenn entsprechende Informationen aus der vorhergehenden Frage nicht erhoben werden konnten, ansonsten ist diese konkrete Nachfrage überflüssig.
Ziel der Frage: Politische Vorbilder des EP finden und die Veränderung der Vorbilder, wenn vorhanden aufspüren. (evtl. zwei oder drei Extreme vorgeben, BT oder US-Kongreß oder Vollversammlung der UNO).

III. Fragen zu den Funktionen des EP

Überleitung: Das EP hat ja verschiedene Funktionen. Eine seiner Aufgaben ist sicherlich die Mitwirkung an der Verabschiedung von Gesetzen.

(7) Können Sie mir aus Ihrer Erfahrung einmal schildern, wie die Gesetzgebung innerhalb des Parlamentes typischerweise abläuft?
Anmerkung: Generelle Frage, die dem Einstieg in das Feld der Gesetzgebung dient. Hier ist genau aufzupassen, welche Institutionen die/der Befragte als Mitspieler bereits nennt, sowie genau darauf zu achten, ob bereits verschiedene Verfahren der Gesetzgebung unterschieden werden und der unterschiedliche Einfluß, den das EP jeweils hat, bereits benannt wird.
Ziel der Frage: Der/die Befragte soll aus seiner Sicht schildern, wie die Gesetzgebung funktioniert. Dadurch soll deutlich werden, welche Aspekte von den Akteuren als besonders wichtig eingestuft werden.

(8) In der Regel legt die Kommission ja die Gesetzentwürfe vor. Wann und wie erfahren Sie als Parlamentarier eigentlich wie der konkrete Entwurf aussieht?
(8a) Evtl. Nachfrage: Ist es, Ihrer Erfahrung nach, möglich, bereits im Vorfeld darauf zu reagieren? Wenn ja: Und wie geschieht das in der Praxis tatsächlich?
(8b) Und wie ist es umgekehrt, wenn also das Parlament die Kommission zu einem Gesetzentwurf veranlassen will, können Sie mir anhand eines Beispieles erklären, wie das tatsächlich funktioniert?
Ziel der Fragen (8,8a/b): Politikgestaltungsmöglichkeit; institutionelle Partizipation und die Frage mittels welcher Mechanismen dies sichergestellt werden kann.

(9) Wenn ein Gesetzentwurf der Kommission zur Beratung in die Ausschüsse kommt, muß ja ein Berichterstatter bestimmt werden. Wie ist das nun ganz konkret in dem Ausschuß, in dem sie Mitglied sind: Wie wird hier entschieden, welcher Abgeordnete Berichterstatter wird?
Evtl. Nachfrage (9a): Und was zeichnet Ihrer Meinung nach einen guten Berichterstatter aus?
Ziel der Frage: Frage zielt darauf ab, die Mechanismen herauszufinden, die angewandt werden, um Personen in bestimmte Positionen zu bringen. Welche Mechanismen muß der Berichterstatter nun aber seinerseits anwenden?

(10) Im Bereich der Gesetzgebung spielt der Rat ja ebenfalls eine sehr wichtige Rolle. Wie wird eigentlich sichergestellt, daß das Parlament oder der federführende Ausschuß über die jeweiligen Interessen des Rates informiert ist?
Ziel der Frage: Rat und EP üben die Gesetzgebung gemeinsam aus, aber nur im Vermittlungsausschuß treffen sie direkt aufeinander, wenn das formal vorgesehen ist. Wichtige Frage also, wie kommt das Parlament an die Information, welche Haltung der Rat zu einem Gesetzesakt einnimmt.

Überleitung und Frage (11): Neben der Gesetzgebung wirkt das Parlament ja auch kontrollierend. Welches sind nach Ihrer Erfahrung die wichtigsten Kontrollinstrumente des EP?
Ziel der Frage: Mit der allgemeinen Frage nach den Kontrollmöglichkeiten wird intendiert, daß die/der Befragte, über die ihr/ihm wichtig erscheinenden Kontrollfunktionen reflektiert.
Achtung: Für den weiteren Frageverlauf ist es sehr wichtig, an dieser Stelle genau aufzupassen, welche Institutionen und welche Möglichkeiten genannt werden. Der Gesprächsverlauf ist dementsprechend anzupassen!

(12) Falls der Befragte nicht selbst darauf zu sprechen kommt: Innerhalb des Institutionengefüges spielt die Kommission ja eine wichtige Rolle und das Verhältnis zwischen Parlament und Kommission ist deshalb sicher nicht ganz unwichtig.
Inwieweit wirkt das Parlament Ihrer Meinung nach kontrollierend auf die Kommission?
evtl. Nachfrage (12a): Gibt es Ihrer Einschätzung nach auch informelle Wege der Kontrolle? Ich meine: Gibt es Möglichkeiten, die Haltung der Kommission zu beeinflussen, ohne daß die formalen Wege gebraucht werden? Können Sie mir dafür evtl. auch ein Beispiel nennen?
Ziel der Frage: Die Frage zielt auf die Bewertung der Beziehung zw. Parl. und Kommission. Das Parlament ist mit einer Vielzahl von Kontrollrechten ausgestattet, diese gilt es in der weiteren Fragefolge auch alle abzuarbeiten. Ziel muß es sein, den – zumindest vermuteten – Gegensatz zu den Kompetenzen in bezug auf den Rat deutlich werden zu lassen.

(13) Evtl. Frage, falls nicht vorher beantwortet: Das Parlament hat ja inzwischen relativ viel Einfluß bei der Einsetzung einer neuen Kommission. Können Sie mir anhand der Investitur der jetzigen Kommission einmal schildern, wie dieser ganze Prozeß aus Ihrer Sicht abgelaufen ist?
(13a) evtl. Nachfrage: Und wie verlaufen die Entscheidungsprozesse vor der förmlichen Anhörung und Abstimmung im gesamten Parlament? Wie verläuft der Entscheidungsprozeß in Ihrer Fraktion, ich meine: Gab es da Diskussionen um eine gemeinsame Haltung? Und wie wurde in dem Ausschuß, dem Sie angehören, über die Einsetzung der Kommission beraten?
Ziel der Frage: Welche Mechanismen werden deutlich, inwieweit kann das Parlament tatsächlich an den Entscheidungen partizipieren, und wie wird diese Möglichkeit bewertet?
(13b) Weitere Fragen (nur an Pers., die zum entspr. Zeitpunkt MdEP waren). Das Parlament kann der Kommission ja das Mißtrauen aussprechen. Können Sie mir anhand eines Beispieles einmal schildern, wie ein solches Mißtrauensverfahren in der Praxis abläuft?
(13c) Wichtige weitere Nachfragen: Welche Rolle spielen die Ausschüsse, die Fraktionen und die Nationalität bei diesen Entscheidungen?
Ziel der Frage: Welche Mechanismen werden gebraucht, um zu einer einheitlichen Haltung zu kommen, bzw. warum wird diese nicht erreicht. Außerdem: Wie wird ein formal starkes Instrument in den Augen der Parlamentarier wahrgenommen?

(14) Das Parlament muß die Kommission ja für Ihre Haushaltsführung entlasten. Wie bedeutend ist diese Aufgabe Ihrer Meinung nach tatsächlich?
Ziel der Frage: Ähnlich der Frage nach dem Mißtrauensvotum, geht es hier um die Wahrnehmung eines formal sehr starken Funktionsaspekts der Kontrolle in der EU.

(15) Wir haben ja bereits über das Verhältnis des EP zum Rat gesprochen. Eigentlich sind die Möglichkeiten kontrollierend auf den Rat einzuwirken ja eher begrenzt. In der Praxis läuft es aber doch häufig anders. Können Sie mir vielleicht ein Beispiel dafür nennen, wie es auf informellem Weg gelingt, auf den Rat einzuwirken?
(15a) evtl. Nachfrage: (Achtung: Antwort aus der vorherigen Frage berücksichtigen.) In einigen Politikfeldern, also in der IJP und der GASP ist der Einfluß des Parlamentes gering. Wie kann hier eigentlich sichergestellt werden, daß die Interessen des Parlamentes berücksichtigt werden?
Ziel der Frage: Herausfinden der informellen Wege, auf denen es dem Parlament gelingt, auf den Rat Einfluß zu nehmen, obwohl de jure keine Kontrollmöglichkeiten vorhanden sind.
(15b) Wie nehmen Sie persönlich den Rat überhaupt wahr, und welche Position hat der Rat Ihrer Erfahrung nach, ist er eher ein Mitspieler oder ein Konkurrent?
Ziel der Frage: Der/die Befragte soll aus der Sicht des Parlamentes die Kompetenzverteilung zw. Rat und EP darstellen. Frage muß in den Bereich der Kontrolle rücken, da sie eine Bewertung darstellt, die hauptsächlich auf diesen Aspekt abzielt!
(15c) Wie gelingt es dem Parlament in der Regel, daß der Rat es als Akteur ernst nehmen muß und mit ihm kooperiert?
Ziel der Frage: Herausfinden der Mechanismen, die nötig sind, die Arbeit des Rates beeinflussen zu können.

Überleitung: Parlamente sind ja kein Selbstzweck, sondern ganz wesentlich für die Bürger da. Diese sollten dann aber über ihr Parlament schon etwas wissen.

(16) Frage: Wie gut gelingt, Ihrer Meinung nach, die Darstellung des Europäischen Parlamentes nach außen?
(16a) Nachfrage: (Achtung: diese Frage kann nur an Personen gestellt werden, die mindestens seit 1994 im EP sind!) Hat sich in der Form der Selbstdarstellung in Ihrer Zeit als Abgeordneter im Europäischen Parlament etwas geändert?
Ziel der Frage: Einschätzung der Erfüllung der Öffentlichkeitsfunktion des Parlamentes durch den/die Befragte(n). Achtung: evtl. Frage 18 bereits beantwortet!

(17) Wie versuchen Sie persönlich sicherzustellen, daß die Bevölkerung etwas von Ihrer politischen Arbeit im Parlament erfährt?
Ziel der Frage: Strategien der Abg., sich in der Öffentlichkeit zu präsentieren.
(17a) Wie wichtig ist eigentlich der Kontakt zu den Bürgern in Ihrem Heimatland?
Nachfragen: (17b) Und wie stellen Sie diesen Kontakt hauptsächlich her?
Verfügen Sie über ein eigenes Wahlkreisbüro, und wie viele Mitarbeiterinnen und Mitarbeiter beschäftigen sie dort?
Ziel der Frage: Wie wichtig ist die Vernetzung mit der Heimat, und durch welche Mechanismen wird sie sichergestellt?

(18) In den meisten nationalen politischen Systemen spielen Medien wie Presse, Rundfunk und Fernsehen eine wichtige Rolle. Wie schätzen Sie den Stellenwert dieser Medien auf europäischer Ebene ein?
Nachfrage (18a): Und wie ist es in Ihrem speziellen Fall, halten Sie Kontakt zu Medienvertretern und wo finden solche Kontakte hauptsächlich statt?
Evtl. Nachfrage (18b): Wenn Sie jetzt einmal einen Vergleich zu dem Beginn Ihrer Tätigkeit als Abgeordneter hier im EP herstellen. Hat sich seitdem an der Medienlandschaft etwas geändert?
Ziel der Fragen: (zu 18) Sind Medien ein wichtiger Faktor in der Wirklichkeitskonstruktion von Parlamentariern, welchen Stellenwert genießen Sie? Achtung: Je nach dem wie die Eingangsfrage gestellt wird, kann diese Frage dort schon beantwortet sein.
Evtl. als Nachfrage, wenn nicht vorher beantwortet (18c): Wie gelingt es Ihnen persönlich, sich selbst und Ihre Standpunkte zu europäischen Fragen, in den Medien zu plazieren?
Ziel der Frage: Strategien der Akteure, um in einer nicht vorhandenen Medienlandschaft etwas darzustellen.

(19) In den meisten politischen Systemen der Mitgliedstaaten sind verschiedene Interessengruppen oder –verbände aktiv. Wie ist das bei Ihnen persönlich, welches sind die wichtigsten Gruppen zu denen Sie Kontakt halten?
Wenn Kontakt, Nachfrage (19a): Wie kommen diese Kontakte zustande und wo finden sie statt?
evtl. weitere Nachfrage (19b): Warum sind diese Gruppen für Sie wichtig, und welche Rolle spielen solche Kontakte für Ihre persönliche Arbeit hier im Parlament?
Ziel der Frage: In dem Maß, in dem die Entscheidungskompetenz sich auf die europäische Ebene verlagert, ist auch mit einer Zunahme der Beeinflussung von Parlamentariern zu rechnen, Frage muß also einen zeitlichen Horizont haben, wenn sie bejaht wird.

Nachfrage (19c): (Achtung: Nachfrage nur an Personen, die mindestens seit 1994 im EP sind!) Haben sich an den Kontakten zu diesen Gruppen in den letzten Jahren etwas geändert? Ich meine: Haben sie persönlich jetzt häufiger oder intensiveren Kontakt mit den Gruppen (einfügen ‚welche genannt wurden) als bspw. zu Beginn Ihrer Tätigkeit im EP?

IV. Innere Organisation und Funktion (Fraktion, Ausschuss), Entscheidungsfindung

Überleitung: Ich würde jetzt gern noch über die innere Struktur des Europäischen Parlamentes mit Ihnen sprechen. Innerhalb nationaler Parlamente spielen Ausschüsse und Fraktionen ja eine wichtige Rolle.

(20) Welchen Stellenwert hat die Tätigkeit der Ausschüsse, Ihrer Meinung nach, für die Arbeit des EP?
Ziel der Frage: Was leisten die Ausschüsse eigentlich für die Funktionserfüllung des Parlamentes? Allgemeine Frage, die etwas über die funktionale Differenzierung aussagen soll, und wie sie von den Akteuren wahrgenommen wird.

(21) Wie sind Sie selbst eigentlich Mitglied dieses Ausschusses (Namen nennen) geworden?
evtl. Nachfrage bei bestimmten Positionen (21a): Wie sind Sie Vorsitzender/Stellvertreter etc. dieses Ausschusses geworden?
Ziel der Frage: Aufspüren von Mechanismen, die angewandt werden, um Positionen in Gremien zu besetzen.

(22) Wie läuft die Arbeit innerhalb eines Ausschusses eigentlich ab? Ich meine, wie finden Meinungsbildung und Entscheidungsfindung statt? Können Sie das anhand von Beispielen anschaulich machen?
- Folgende Nachfragen sind ggf. sinnvoll (22a-g):
- Nehmen außer den Abgeordneten auch andere Personen an Ausschußsitzungen teil? Welche Personen sind das? Welchen Einfluß haben sie in den Sitzungen?
- Wer bereitet konkret die Ausschußsitzungen vor? Wer legt die Tagesordnung fest?
- Welche Rolle spielt die Nationalität, welche Rolle spielt die Fraktionszugehörigkeit bei den Arbeiten und den Abstimmungen des Ausschusses?
- Gibt es zwischen dem Ausschuß und dem zuständigen Kommissar in der Regel Kontakte? Und wie sieht das bei Mitgliedern des Rates aus? Bestehen hier Kontakte?
- Finden in den Ausschüssen Experten-Hearings statt? Wie wichtig sind diese?
- Ist die Arbeit der Ausschüsse Ihrer Meinung nach effizient? Und welchen Stellenwert hat die Effizienz des Ausschusses für Sie als Parlamentarier?
- Haben Sie in der Arbeit der Ausschüsse während Ihrer Amtszeit konkrete Veränderungen wahrnehmen können?

Ziel der Frage: Die Frage dient dem Auffinden der internen Mechanismen der Ausschüsse und ist eine der entscheidenden Fragen zur Willensbildung. Die Unterfragen haben durchaus den gleichen Stellenwert wie die Hauptfragen.

(23) Ich möchte gern auch noch etwas über die Fraktionen des EP wissen. Wie läuft die Arbeit in der Fraktion eigentlich ab? Wie findet hier der Prozeß der Meinungs- und Willensbildung statt? Vielleicht können Sie auch hier das eine oder andere durch ein Beispiel erläutern.
Mögliche Nachfragen (23a-f):
- Wie ist Ihre Fraktion intern strukturiert und welche Arbeitsteilung gibt es zwischen den internen Gremien? Wie gelangt man in diese Gremien?
- Welchen Einfluß haben die nationalen Heimatparteien der Abgeordneten auf die Arbeit der Fraktionen? Welchen Stellenwert haben die nationalen Parteigruppen innerhalb der Fraktion überhaupt (wie wichtig sind sie)?
- Wer bereitet konkret die Fraktionssitzungen vor? Wer legt die Tagesordnung fest?
- Welche Bedeutung hat für Sie eigentlich der Kontakt mit den anderen Mitgliedern Ihrer Fraktion?
- Gibt es eigentlich regelmäßige Kontakte zwischen Ihrer Fraktion und der Kommission? Gibt es regelmäßige Kontakte zu Mitgliedern des Rates?
- Hat sich Ihrer Meinung nach der Stellenwert und die Arbeitsweise der Fraktion in den letzten Jahren eigentlich geändert?

Ziel der Frage: Die Frage intendiert ähnlich der vorherigen das Verständnis über die tatsächlich ablaufenden Willensbildungsprozesse. Sie hat einen genau so hohen Stellenwert.

(24) Gibt es eigentlich auch regelmäßige Kontakte zu Abgeordneten aus anderen Fraktionen?
evtl. Nachfrage, wenn ja (24a): Gibt es auch so etwas wie regelmäßig zusammenkommende Gruppen von Abgeordneten aus verschiedenen Fraktionen? Sind Sie selbst in einer solchen Gruppe aktiv? Welche Bedeutung hat diese Gruppe für das Parlament, ich meine: ist sie für dessen Arbeit wichtig?
Ziel der Frage: Informelle Kontakte der Abgeordneten untereinander, aber auch Möglichkeit der Informationsbeschaffung.

V. Traditionen, Riten, Zeremonien, Selbstdarstellung und Symbolik

Überleitungssatz: In manchen Parlamenten, etwa im britischen und französischen, spielen Traditionen eine große Rolle – etwa Traditionen bei parlamentarischen Verhaltensweisen, auf Traditionen verweisende Zeremonien oder Traditionen in der Selbstdarstellung des Parlamentes nach außen.

(25) Wenn Sie Ihre bisherige Erfahrung als Mitglied des Europäischen Parlamentes Revue passieren lassen, welche Rolle spielen eigentlich Traditionen oder auf Tradition bezug nehmende Zeremonien in diesem Parlament?
Evtl. Nachfrage (25a): Wie werden eigentlich nationale Traditionen oder zeremonielle Gebräuche in das Europäische Parlament eingebracht, und wie entstehen umgekehrt neue Traditionen oder Zeremonien im Europäischen Parlament?
Ziel der Frage: Wahrnehmung von Traditionen und Riten.

(26) Das Europäische Parlament verfügte ja lange Zeit nicht über ein eigenes Gebäude mit einem eigenen Plenarsaal, sondern tagte in den Räumen des Europarates. Wie wichtig ist Ihrer Einschätzung nach das Vorhandensein eines eigenen Gebäudes für die Selbstdarstellung des Parlamentes?

evtl. Nachfrage (26a): Als das Europäische Parlament sein neues Plenargebäude in Straßburg bezog, gab es da eigentlich Diskussionen darum, wie das Parlament sich nun darstellen sollte. Ich meine durch die Architektur des Gebäudes oder die künstlerische Ausgestaltung des Parlamentes oder Plenarsaales?

Mögliche Nachfrage (26b): Woran scheiterte Ihrer Meinung nach bis zur Fertigstellung des hiesigen Gebäudes eigentlich die Erbauung eines eigenen Parlamentsbaus?

Ziel der Frage: Die Frage zielt darauf ab, herauszufinden, ob die Befragten der Umgebung und der damit verbundenen verhinderten Selbstdarstellung überhaupt Bedeutung beimessen. Nachfrage soll Reflexion über den Symbolisierungswillen erzeugen, wenn die funktionale Komponente nicht der einzige Grund für den Neubau war.

VI. Reform der EU und des EP

Überleitung: Ich möchte jetzt zum Schlußteil meiner Fragen kommen und dabei noch kurz mit Ihnen über den Reformprozess in der EU sprechen.

(27) Seit längerer Zeit wird ja über die Reform der EU und auch des EP diskutiert. Wenn Sie einmal nur an das EP denken, wo ist da Ihrer Meinung nach der größte Reformbedarf vorhanden?

evtl. Nachfrage (27a): Falls der Befragte nicht auf die Kategorien zu sprechen kommt: "Häufig ist davon die Rede, daß mehr Effizienz und mehr Transparenz in der EU erreicht werden müßten. Wie sind Transparenz und Effizienz des EP aus Ihrer Sicht zu beurteilen?

Ziel der Frage: die Kategorien der Effizienz und Transparenz sind so sehr in der öffentlichen Diskussion verankert, daß es wahrscheinlich ist, hier Antworten in dieser Richtung zu erhalten. Falls dies nicht der Fall ist, zeigt es deutlich die Diskrepanz in der Wahrnehmung zwischen der internen und der öffentlichen und politikwissenschaftlichen Diskussion. Evtl. könnte die Frage aber auch wie folgt gestellt werden: "Parlamente in demokratischen Systemen sollen ja durchaus transparent sein. Wie sieht es nun mit der Transparenz des Europäischen Parlamentes insgesamt Ihrer Meinung nach aus?

(28) Haben Sie im Laufe Ihrer eigenen Amtszeit Veränderungen in bezug auf die Transparenz und Effizienz des Europäischen Parlamentes feststellen können?

Ziel der Frage: Aspekt der Historizität in bezug auf die Effizienz und Transparenz des EP.

VII. Schluß

(29) Mittlerweile gibt es das Europäische Parlament seit 48 Jahren. Welchen Beitrag hat es – Ihrer Einschätzung nach – nun insgesamt geleistet, einesteils zum Funktionieren des politischen Systems der Europäischen Union, andernteils zur Identitätsstiftung und Integration eines europäischen Vielvölkerstaates?

evtl. Nachfrage (29a): Haben Sie dann den Eindruck, daß das Parlament eine lernende Institution ist?

Ziel der Frage: Gesamtresümee der Befragten, Abgleich der Kategorie des Lernens.

(30) Ich möchte mich herzlich für das Gespräch bedanken. Fällt Ihnen spontan etwas ein, daß zum Verständnis des EP wichtig ist und daß bislang noch nicht angesprochen wurde?
Ziel der Frage: Frage ist vor allem im pre-test wichtig, um zu sehen, ob die wichtigen Aspekt aus Sicht des Befragten alle im eigenen Frageraster vorkommen.
Anmerkung: Nach Abschalten des Tonbandgerätes noch nach weiteren Ansprechpartnern und evtl. Hilfe bei der Kontaktaufnahme fragen.

Begleitbogen für Interviews

1. Bezeichnung des Interviews (der Datei):
2. Datum des Interviews:
3. Ort des Interviews:
4. Bandnummern:
5. Version des Interviews:
6. Dauer des Interviews.
7. Gesprächspartner (Name, Partei, Fraktion, Funktion)
8. Welche Personen waren zur Zeit des Interviews zeitweise anwesend/in Hörweite?
9. Wieviele Störungen ereigneten sich während des Interviews?
10. Wie glaubwürdig wirkte der Gesprächspartner?

    sehr glaubwürdig   unglaubwürdig

    (1)   (2)   (3)   (4)   (5)

11. Wie kooperativ war der Gesprächspartner?

    sehr kooperativ   unkooperativ

    (1)   (2)   (3)   (4)   (5)

12. Wie konzentriert wirkte der Gesprächspartner?

    sehr konzentriert   unkonzentriert

    (1)   (2)   (3)   (4)   (5)

13. Sonstige Bemerkungen zum Geprächspartner:
14. Sonstige Bemerkungen zum Gesprächsverlauf:
15. Wichtigste Erkenntnisse

Liste der Gesprächs- und Interviewpartner (alphabetisch)

Dr. André Brie, MdEP
Elmar Brok, MdEP
Dr. Hans Udo Bullmann, MdEP
Nils Danklefsen, wissenschaftlicher Mitarbeiter eines MdEP
Markus Ferber, MdEP

Christel Fiebiger, MdEP
Dr. Ingo Friedrich, MdEP
Dr. Otto von Habsburg, ehemal. MdEP
Prof. Dr. Klaus Hänsch, MdEP
Dr. Andreas-Renatus Hartmann, Berater der EVP-ED Fraktion

Dr. Georg Jarzembowski, MdEP
Christa Klass, MdEP
Karsten Knolle, MdEP
Dr. Dieter L. Koch, MdEP
Constanze Krehl, MdEP

Thomas Mann, MdEP
Winfried Menrad, MdEP
Dr. Peter Michael Mombaur, MdEP
Ulrike Müller, wissenschaftliche Mitarbeiterin eines MdEP
Doris Pack, MdEP

Willi Piecyk, MdEP
Christa Randzio-Plath, MdEP
Sakellariou, Jannis, MdEP
Ursula Schleicher, MdEP
Elisabeth Schroedter, MdEP

Jürgen Schröder, MdEP
Feleknas Uca, MdEP
Rainer Wieland, MdEP

(Die Reihenfolge entspricht nicht der Numerierung der Interviews im Text!)

Literaturverzeichnis

Abélès, Marc (1993): Politische Inszenierungen und Rituale in kritischer Sicht. In: Ders./Rossade, Werner (Hrsg.) (1993): Politique Symbolique en Europe. Symbolische Politik in Europa. Berlin: Duncker & Humblot, S. 57-78.

Abels, Gabriele/Behrens, Maria (1998): ExpertInnen-Interviews in der Politikwissenschaft. Das Beispiel Biotechnologie. In: Österreichische Zeitschrift für Politikwissenschaft 1, S. 79-92.

Ad hoc-Versammlung (1953): Entwurf eines Vertrages über die Satzung der Europäischen Gemeinschaft. Abgedruckt in: Auswärtiges Amt (Hrsg.) (1962): Europa. Dokumente zur Frage der europäischen Einigung. Bonn: Bonner Universitätsbuchdruckerei, S. 947-982.

Amm, Joachim (2001): Der Senat Kanadas und die symbolische Repräsentation seiner unvereinbaren institutionellen Leitidee. In: Patzelt, Werner J. (Hrsg.) (2001d): Parlamente und ihre Symbolik. Programm und Beispiele institutioneller Analyse. Wiesbaden: Westdeutscher Verlag, S. 251-292.

Anderson, Christopher J./Kaltenthaler, Karl C. (1996): The Dynamics of Public Opinion toward European Integration, 1973-93. In: European Journal of International Relations 2, S. 175-199.

Atteslander, Peter (1995): Methoden der empirischen Sozialforschung. 8. bearb. Aufl., Berlin/New York: Walter de Gruyter.

Aufenanger, Stefan (1991): Qualitative Analyse semi-struktureller Interviews – Ein Werkstattbericht. In: Garz, Detlef/Kraimer, Klaus (Hrsg.) (1991): Qualitativ-empirische Sozialforschung. Opladen: Westdeutscher Verlag, S. 35-59.

Auswärtiges Amt (Hrsg.) (1962): Europa. Dokumente zur Frage der europäischen Einigung, Bonn: Bonner Universitätsbuchdruckerei.

Bagehot, Walter (1963): The English Constitution. London: Oxford University Press.

Bangemann, Martin/Bieber, Roland (1976): Die Direktwahl – Sackgasse oder Chance für Europa? Baden-Baden: Nomos Verlagsgesellschaft.

Bangemann, Martin/Bieber, Roland/Klepsch, Egon A./Seefeld, Horst (1978): Programme für Europa. Die Programme der europäischen Parteibünde zur Europa-Wahl 1979. Bonn: Europa Union Verlag.

Bangemann, Martin/Klepsch, Egon A./Weber, Beate/Bieber, Roland (1984): Die Abgeordneten Europas. Möglichkeiten und Leistungen. Baden-Baden: Nomos Verlagsgesellschaft.

Beierwaltes, Andreas (2000): Demokratie und Medien. Der Begriff der Öffentlichkeit und seine Bedeutung für die Demokratie in Europa. Baden-Baden: Nomos Verlagsgesellschaft.

Bernart, Yvonne/Krapp, Stefanie (1998): Das narrative Interview. Ein Leitfaden zur rekonstruktiven Auswertung. Forschung, Statistik & Methoden. Band 2. Landau: Verlag Empirische Pädagogik.

Beutler, Bengt/Bieber, Roland/Pipkorn, Jörn/Streil, Jochen (1979): Die Europäische Gemeinschaft. Rechtsordnung und Politik. Baden-Baden: Nomos Verlagsgesellschaft.

Beutler, Bengt/Bieber, Roland/Pipkorn, Jörn/Streil, Jochen (2001): Die Europäische Union. Rechtsordnung und Politik. 5. vollst. neu bearb. und erw. Aufl., Baden-Baden: Nomos Verlagsgesellschaft.

Bieber, Roland (1974): Organe der erweiterten Europäischen Gemeinschaften: Das Parlament. Baden-Baden: Nomos Verlagsgesellschaft.

Bieber, Roland (1976): Funktion und Grundlage direkter Wahlen zum Europäischen Parlament im Jahr 1978. In: Zeitschrift für Parlamentsfragen 2, S. 228-244.

Bieber, Roland (1997): Reformen der Institutionen und Verfahren – Amsterdam kein Meisterstück. In: integration 4, S. 236-246.

Blondel, Jean/Herman, Valentine (1972): Workbook for Comparative Government. London: Weidenfeld and Nicolson.

Bok, Derek Curtis (1955): The First Three Years of the Schuman Plan. Princeton: Princeton University Press.

Bortz, Jürgen/Döring, Nicola (1995): Forschungsmethoden und Evaluation für Sozialwissenschaftler. 2. vollst. überarbeitete und aktualisierte Auflage, Berlin u.a.: Springer Verlag.

Bouwen, Pieter (2001): Corporate Lobbying in the European Union: Towards a Theory of Access. EUI Working Paper SPS No. 2001/5. Florence: European University Institute.

Bowler, Shaun/Farrell, David M. (1995): The Organizing of the European Parliament: Committees, Specialization and Co-ordination. In: British Journal of Political Science 2, S. 219-243.

Bruns, Irmgard (1974): Effizienz und Demokratie: Eine grundsätzliche betriebssoziologische Untersuchung. Berlin: FU Berlin, Dissertation.

Bude, Heinz (1994): Das Latente und das Manifeste: Aporien einer »Hermeneutik des Verdachts«. In: Garz, Detlef (Hrsg.) (1994): Die Welt als Text. Frankfurt: Suhrkamp, S. 114-124.

Buhr, Petra (1994): Armutskarrieren zwischen sozialem Abstieg und Aufstieg. Eine soziologische Studie über Lebensverläufe und soziales Handeln. Bremen: Dissertationsschrift.

Bundesministerium der Finanzen (2004): Monatsbericht 02/2004. [internet: http:///www. bundesfinanzministerium.de/Anlage22923/Bericht-ueber-den-Abschluss-des-Bundeshaushalts-2003.pdf; letzter Zugriff: 26. Februar 2004].

Busch, Eckart (1991): Parlamentarische Kontrolle. Ausgestaltung und Wirkung. 4. überarbeitete Auflage, Heidelberg: Decker & Müller.

Chryssochoou, Dimitris N./Stavridis, Stelios/Tsinisizelis, Michael J. (1998): European Democracy, Parliamentary Decline and the 'Democratic Deficit' of the European Union. In: The Journal of Legislative Studies 3, S. 109-129.

Corbett, Richard (1989): Die neuen Verfahren nach der Einheitlichen Europäischen Akte: Mehr Einfluß für das Europäische Parlament. In: integration 1, S. 22-29.

Corbett, Richard (1993): The Treaty of Maastricht. From Conception to Ratification. A Comprehensive Reference Guide. Essex: Longman Group Ltd.

Coser, Lewis A. (2000): Robert K. Merton. In: Kaesler Dirk (Hrsg.) (2000): Klassiker der Soziologie 2. Von Talcott Parsons bis Pierre Bourdieu. 2. durchges. Aufl., München: Beck, S. 152-170.

Cullen, Michael S. (1989): Parlamentsbauten zwischen Zweckmäßigkeit, Repräsentationsanspruch und Denkmalpflege. In: Schneider, Hans-Peter/Zeh, Wolfgang (Hrsg.) (1989): Parlamentsrecht und Parlamentspraxis in der Bundesrepublik Deutschland. Berlin/New York: Walter de Gruyter, S. 1845-1889.

Dahl, Robert A. (1994): A Democratic Dilemma: System Effectiveness versus Citizen Participation. In: Political Science Quarterly 1, S. 23-34.

Dahrendorf, Rolf (1973): Plädoyer für die Europäische Union. München: R. Piper & Co. Vlg.

Der Europäische Bürgerbeauftragte (1997 – 2003): Jahresbericht 1996 – 2002. Luxemburg: Amt für amtliche Veröffentlichungen der Europäischen Gemeinschaften.

Dörner, Andreas (2002): Parlament, politische Kultur und symbolische Form: Zur Semantik des deutschen Bundestags im Berliner Reichstag. In: Oberreuter, Heinrich/Kranenpohl,

Uwe/Sebaldt, Martin (Hrsg.) (2002): Der Deutsche Bundestag im Wandel. 2. durchgesehene und erw. Aufl., Wiesbaden: Westdeutscher Verlag, S. 241-257.

Dreischer, Stephan (2003): Das Europäische Parlament. Eine Funktionenbilanz. In: Patzelt, Werner J. (2003) (Hrsg.): Parlamente und ihre Funktionen. Institutionelle Mechanismen und institutionelles Lernen im Vergleich. Wiesbaden: Westdeutscher Verlag, S. 213-272.

Duda, Helga (1987): Macht oder Effizienz? Eine ökonomische Theorie der Arbeitsbeziehungen im modernen Unternehmen. Frankfurt a.M./New York: Campus.

Easton, David (1975): A Re-Assessment of the Concept of Political Support. In: British Journal of Political Science 4, S. 435-457.

Easton, David (1979): A Systems Analysis of Political Life. Chicago: The University of Chicago Press.

Edwards, Geoffrey (1998): The Council of Ministers and Enlargement: A Search for Efficiency, Effectiveness, and Accountability. In: Redmond, John/Rosenthal, Glenda G. (Hrsg.) (1998): The expanding European Union: past, present, and future. Colorado/London: Boulder, S. 41-64.

Ehlermann, Claus-Dieter (1986): Die EEA. Die Reform der Organe. In: integration 3, S. 101-107.

Ehlermann, Claus-Dieter/Minch, Mary (1981): Conflicts between Community Institutions within the Budgetary Procedure – Article 205 of the EEC Treaty. In: Europarecht 1, S. 23-42.

Ehlich, Konrad/Switalla, Bernd (1976): Transkriptionssysteme. Eine exemplarische Übersicht. In: Studium Linguistik 2, S. 78-105.

Eichenberg, Richard C./Dalton, Russel J. (1993): Europeans and the European Community: the dynamics of public support for European integration. In: International Organization 4, S. 507-534.

Endruweit, Günter (1979): Elitebegriffe in den Sozialwissenschaften. In: Zeitschrift für Politik 1, S. 30-46.

Engel, Christian/Borrmann, Christine (1991): Vom Konsens zur Mehrheitsentscheidung. EG-Entscheidungsverfahren und nationale Interessenpolitik nach der Einheitlichen Europäischen Akte. Bonn: Europa Union Verlag.

Etzioni, Amitai (1969): Soziologie der Organisationen. 2. unveränd. Aufl., München: Juventa Verlag.

Europäische Kommission (1977 – 2003): eurobarometer – Die öffentliche Meinung in der Europäischen Gemeinschaft/Europäischen Union, Bericht Nr. 6 – 59, Brüssel.

Europäische Kommission (1987 – 2004): XX.-XXXVII. Gesamtbericht über die Tätigkeit der Europäischen Gemeinschaften/Europäischen Union. Brüssel/Luxemburg: Amt für amtliche Veröffentlichungen der Europäischen Gemeinschaften.

Europäische Kommission (2003a): Gesamthaushaltsplan der Europäischen Union für das Haushaltsjahr 2003. Übersicht in Zahlen. Luxemburg: Amt für amtliche Veröffentlichungen der Europäischen Gemeinschaften.

Europäischer Gerichtshof (1980): Rs. 138/79 und Rs. 139/79, Sammlung des Gerichtshofes der Europäischen Gemeinschaften 1980, S. 3333-3426.

Europäischer Rat (1983): Feierliche Deklaration zur Europäischen Union, von den Staats- und Regierungschefs der Mitgliedstaaten der Europäischen Gemeinschaft auf der Tagung des Europäischen Rates in Stuttgart am 19. Juni 1983 unterzeichnet. In: Europa-Archiv 15, S. D 420-D 427.

Europäisches Parlament. Generaldirektion Parlamentarische Dokumentation und Information (1968): Die ersten zehn Jahre. 1958-1968, Straßburg, o.w.A.

Europäisches Parlament. Generaldirektion Wissenschaft (1982): 1952-1982. Ein Parlament in voller Entfaltung. 2. Auflage, Luxemburg: Amt für amtliche Veröffentlichungen der Europäischen Gemeinschaften.

Europäisches Parlament (1984): Der Vertragsentwurf des Europäischen Parlaments für eine Europäische Union. In: Europa-Archiv 8, S. D 209-D 230.

Europäisches Parlament. Generaldirektion Wissenschaft (1989): Ein Parlament in voller Entfaltung. Europäisches Parlament 1952 – 1988. 36 Jahre. 3. Auflage, Luxemburg: Amt für amtliche Veröffentlichungen.

Europäisches Parlament (1994): Entwurf einer Verfassung der Europäischen Union. Abgedruckt in: Stiftung Mitarbeit (Hrsg.) (1994): Wieviel Demokratie verträgt Europa? Wieviel Europa verträgt die Demokratie? Opladen: Leske und Budrich, S. 173-191.

Europäisches Parlament. Generaldirektion für Öffentlichkeit und Information (1999): EP-Wahlen Juni 1999. Wahlergebnisse und gewählte Mitglieder. Dokument: PE 280.462.

Europäisches Parlament. Petitionsausschuß (2001): Bericht über die Beratungen des Petitionsausschusses in der Sitzungsperiode 2000 – 2001 (2001/2010 (INI)). Dokument: PE 302.890.

Europäisches Parlament. Sekretariat „Vermittlungsverfahren" (2002): Handbuch „Vermittlungsverfahren". 3. Ausgabe April 2002, o.w.A.

Europäisches Parlament (o. J.): Ausdrucksstärke. Das Europäische Parlament in Brüssel: ein Konzept in der Vielfalt der Ideen. Informationsblatt, 12 Seiten, o.w.A.

European Commission (1999a): Eurobarometer – Public Opinion in the European Union, Report Number 50, Brüssel.

European Commission (1999b): Eurobarometer – Public Opinion in the European Union, Report Number 51, Brüssel.

European Parliament (1997): Report on alleged contraventions or maladministration in the implementation of Community law in relation to BSE, without prejudice to the jurisdiction of the Community and national courts. Dokument: PE 220.544/fin./A.

European Parliament. Committee on Petitions (2003a): Report on the deliberations of the Committee on Petitions during the parliamentary year 2002-2003 (2003/2069(INI)) Dokument Nr: PE 329.243.

European Parliament. Conciliations Secretariat (2003b): Conciliations Handbook. 5th Edition, September 2003. Dokument DV\500487EN.doc

Everling, Ulrich (1984): Zur Rechtsstruktur einer Europäischen Verfassung. In: Integration 1, S. 12-24.

Evers, Tilmann (1992): Einführung: Das demokratische Dilemma der Europäischen Union. In: Stiftung Mitarbeit (1992) (Hrsg.): Wieviel Demokratie verträgt Europa? Wieviel Europa verträgt die Demokratie? Opladen: Leske und Budrich, S. 11-26.

EVP/ED-Fraktion (1999): Leitfaden für die Mitglieder der EVP/ED-Fraktion im Europäischen Parlament, o.w.A.

Falkner, Gerda/Nentwich, Michael (1992): Das Demokratiedefizit der EG und die Beschlüsse von Maastricht 1992. In: Österreichische Zeitschrift für Politikwissenschaft 21, S. 273-288.

Fixemer, Maria (2001): Die Assemblée nationale – eine zeitlose Institution? In: Patzelt, Werner J. (Hrsg.) (2001d): Parlamente und ihre Symbolik. Programm und Beispiele institutioneller Analyse. Wiesbaden: Westdeutscher Verlag, S. 94-135.

Flick, Uwe (2000): Qualitative Forschung, Theorie, Methoden, Anwendung in Psychologie und Sozialwissenschaften. 5. Aufl., Reinbek: Rowohlt Taschenbuch Verlag.

Fontaine, Nicole (1999): Rede von Frau Nicole Fontaine, Präsidentin des Europäischen Parlaments. In: Europäisches Parlament. Direktion Plan der parlamentarischen Arbeiten (1999): Einweihung des neuen Plenarsaals, 14. Dezember 1999. Rede von Frau Nicole Fontaine, Präsidentin des Europäischen Parlaments. Rede von Herrn Jacques Chirac, Präsident der Französischen Republik. Dokument: PE 168.626, S. 3-7.

Friedrichs, Jürgen (1990): Methoden der empirischen Sozialforschung. 14. Auflage, Opladen: Westdeutscher Verlag.

Furler, Hans (1958): Reden und Aufsätze. 1953 – 1957. Baden-Baden: F. W. Wesel Druck- und Verlagshaus.

Furler, Hans (1963): Im neuen Europa: Erlebnisse und Erfahrungen im Europäischen Parlament. Frankfurt a.M.: Sozietäts-Verlag.

Gäfgen, Gérard (1974): Theorie der wirtschaftlichen Entscheidungen. 3. Auflage, Tübingen: J.C.B. Mohr (Paul Siebeck).

Georgopoulos, Basil S./Tannenbaum, Arnold S. (1957): A Study of Organizational Effectiveness. In: American Sociological Science Review, S. 534-540.

Giering, Claus (2001): Die institutionellen Reformen von Nizza – Anforderungen, Ergebnisse, Konsequenzen. In: Weidenfeld, Werner (Hrsg.) (2001): Nizza in der Analyse. Gütersloh: Bertelsmann, S. 51-144.

Gil-Robles, José Maria (1999): Der Vertrag von Amsterdam: Herausforderung für die Europäische Union. Discussion Paper C 37. Mannheim: Zentrum für Europäische Integrationsforschung.

Glaesner, Hans-Joachim (1981): Das Konzertierungsverfahren zwischen Rat und Europäischem Parlament. In: integration 1, S. 22-27.

Glaesner, Hans-Joachim (1986): Die Einheitliche Europäische Akte. In: Europarecht 2, S. 119-152.

Göhler, Gerhard (1994): Politische Institutionen und ihr Kontext. Begriffliche und konzeptionelle Überlegungen zur Theorie politischer Institutionen. In: Ders. (Hrsg.) (1994): Die Eigenart der Institutionen: zum Profil politischer Institutionentheorie. Baden-Baden: Nomos Verlagsgesellschaft, S. 19-46.

Göhler, Gerhard (1996): Die Eigenart der Institutionen – Replik auf Wolfgang Fach. In: Politische Vierteljahresschrift 3, S. 598-600.

Göhler, Gerhard (1997): Der Zusammenhang von Institution, Macht und Repräsentation. In: Ders. u. a. (1997): Institution – Macht – Repräsentation. Wofür politische Institutionen stehen und wie sie wirken. Baden-Baden: Nomos Verlagsgesellschaft, S. 11-62.

Grabatin, Günther (1981): Effizienz von Organisationen. Berlin/New York: Walter de Gruyter.

Grabitz, Eberhard/Läufer, Thomas (1980): Das Europäische Parlament. Bonn: Europa Union Verlag.

Grabitz, Eberhard/Schmuck, Otto/Steppat, Sabine/Wessels, Wolfgang (1988): Direktwahl und Demokratisierung. Eine Funktionenbilanz des Europäischen Parlaments nach der ersten Wahlperiode. Baden-Baden: Nomos Verlagsgesellschaft.

Grund, Johanna Christina (1995): Ich war Europa-Abgeordnete. Sieben Jahre Tanz auf dem Vulkan. München: Brienna.

Gzuk, Roland (1975): Messung der Effizienz von Entscheidungen. Tübingen: J.C.B. Mohr (Paul Siebeck).

Hallstein, Walter (1951): Der Schuman-Plan. Nachschrift des am 28. April 1951 in der Aula der Johann Wolfgang Goethe-Universität Frankfurt am Main, Mertonstraße 17, gehaltenen Vortrags. Frankfurt a. M.: Vittorio Klostermann.

Harker, Patrick T./Zenios, Stavros A. (2000): Performance of Financial Institutions. Efficiency, Innovation, Regulation. Cambridge u. a.: Cambridge University Press.

Hauenschild, Wolf-Dieter (1968): Wesen und Rechtsnatur der parlamentarischen Fraktionen. Berlin: Duncker & Humblot.

Hauriou, Maurice (1965): Die Theorie der Institution. Berlin: Duncker & Humblot.

Helle, Horst Jürgen (1989): Symbol. In: Görres-Gesellschaft (Hrsg.) (1989): Staatslexikon Recht, Wirtschaft, Gesellschaft in fünf Bänden. Fünfter Band: Sozialindikatoren – Zwingli. 7. völlig neu bearbeitete Auflage, Freiburg u.a.: Verlag Herder, Spalte 405-408.

Herman, Valentine/Lodge, Juliet (1978): The European Parliament and the European Community. London: Macmillan.

Herzog, Dietrich (1993): Der Funktionswandel des Parlaments in der sozialstaatlichen Demokratie. In: Ders./Rebenstorf, Hilke/Weßels, Bernhard (Hrsg.) (1993): Parlament und Gesellschaft. Eine Funktionsanalyse der repräsentativen Demokratie. Opladen: Westdeutscher Verlag, S. 13-52.

Hix, Simon/Lord, Christopher (1997): Political Parties in the European Union. Houndmills u.a.: Macmillan.

Hix, Simon (1999): The Political System of the European Union. Houndmills u.a.: Macmillan.

Hopf, Christel (1978): Die Pseudo-Exploration – Überlegungen zur Technik qualitativer Interviews in der Sozialforschung. In: Zeitschrift für Soziologie 2, S. 97-115.

Hrbek, Rudolf (1999): Europawahl '99: Ein stärker politisiertes EP. In: integration 3, S. 157-166.

Hübner, Emil/Oberreuter, Heinrich (1977): Parlament und Regierung. Ein Vergleich dreier Regierungssysteme. München: Ehrenwirth.

Hübner, Emil/Münch, Ursula (1999): Das politische System Großbritanniens. Eine Einführung. 2. aktual. Aufl., München: Verlag C. H. Beck.

Hübner, Emil (2003): Das politische System der USA. Eine Einführung. 5. aktual. Aufl., München: Verlag C.H. Beck.

Hummer, Waldemar/Obwexer, Walter (1999): Der „geschlossene" Rücktritt der Europäischen Kommission. Von der Nichtentlastung für die Haushaltsführung zur Neuernennung der Kommission. In: integration 2, S. 77-94.

Inglehart, Ronald/Reif, Karlheinz (1991): Analyzing Trends in West European Opinion: the Role of the Eurobarometer Surveys. In: Reif, Karlheinz/Inglehart, Ronald (Hrsg.) (1991): Eurobarometer. The Dynamics of European Public Opinion. Essays in Honour of Jacques René Barbier. Houndmills u.a.: Macmillan, S. 1-26.

Ismayr, Wolfgang (Hrsg.) (1999): Die politischen Systeme Westeuropas. 2. aktual. Aufl., Opladen: Westdeutscher Verlag.

Ismayr, Wolfgang (2001): Der Deutsche Bundestag im politischen System der Bundesrepublik Deutschland. 2. Aufl., Opladen: Leske und Budrich.

Jachtenfuchs, Markus/Kohler-Koch, Beate (Hrsg.) (1996): Europäische Integration. Opladen: Leske und Budrich.

Jacobs, Francis/Corbett, Richard/Shackleton, Michael (1995): The European Parliament. 3. Aufl., London: Cartermill.

Jerkewitz, Jürgen (1989) : Politische Bedeutung, Rechtsstellung und Verfahren der Bundestagsfraktionen. In: Schneider, Hans-Peter/Zeh, Wolfgang (Hrsg.) (1989): Parlamentsrecht und Parlamentspraxis in der Bundesrepublik Deutschland. Berlin/New York: Walter de Gruyter, S. 1022-1053.

Jesse, Eckhard (1997): Die Demokratie der Bundesrepublik Deutschland. 8. aktual. und erw. Aufl., Lizenzausgabe, Baden-Baden: Nomos Verlagsgesellschaft.

Jasmut, Gunter (1995): Die politischen Parteien und die europäische Integration. Der Beitrag der Parteien zur demokratischen Willensbildung in europäischen Angelegenheiten. Frankfurt a.M./Berlin/Bern/New York/Paris/Wien: Peter Lang.

Katz, Richard S. (1999): Role Orientations in Parliaments. In: Ders./Wessels, Bernhard (Hrsg.) (1999): The European Parliament, the National Parliaments, and European Integration. Oxford u.a.: Oxford University Press, S. 61-85.

Kielmansegg, Pater Graf (1995): Läßt sich die Europäische Union demokratisch verfassen? In: Weidenfeld, Werner (Hrsg.) (1995): Reform der Europäischen Union. Materialien zur Revision des Maastrichter Vertrages. Gütersloh: Verlag Bertelsmann Stiftung, S. 229-242.

Kielmansegg, Peter Graf (1996): Integration und Demokratie. In: Kohler-Koch, Beate/Jachtenfuchs, Markus (Hrsg.) (1996): Europäische Integration. Opladen: Leske und Budrich, S. 47-71.

Kißler, Leo (1976): Die Öffentlichkeitsfunktion des Deutschen Bundestages. Theorie – Empirie – Reform. Berlin: Duncker & Humblot.

Klepsch, Egon (1994): Das Europäische Parlament und das Europäische Einigungswerk: Einschätzungen und Vorschläge. In: integration 2, S. 61-67.

Klepsch, Egon/Reister, Erwin (1978): Der europäische Abgeordnete. Ein Leitfaden für die ersten europäischen Wahlen. Baden-Baden: Nomos Verlagsgesellschaft.

Kluxen, Kurt (1991): Geschichte Englands. Von den Anfängen bis zur Gegenwart. 4. Aufl., Stuttgart: Alfred Kröner Verlag.

Körner, Sabine (2003): Transparenz in Architektur und Demokratie. Berlin: Druckerei Conrad.

Kreppel, Amie/Tsebelis, George (1999): Coalition Formation in the European Parliament. In: Comparative Political Studies 8, S. 933-966.

Kuckartz, Udo (1999): Computergestützte Analyse qualitativer Daten. Eine Einführung in Methoden und Arbeitstechniken. Opladen: Westdeutscher Verlag.

Läufer, Thomas (1990): Die Organe der EG – Rechtsetzung und Haushaltsverfahren zwischen Kooperation und Konflikt. Ein Beitrag zur institutionellen Praxis der EG. Bonn: Europa Union Verlag.

Liebold, Renate/Trinczek, Rainer (2002): Qualitative Methoden der Organisationsforschung. Experteninterview [internet: http://www.qualitative-research.net/organizations/or-exp-d.htm; letzter Zugriff: 10. März 2004]

Loewenberg, Gerhard (1969): Parlamentarismus im politischen System der Bundesrepublik Deutschland. Tübingen: Rainer Wunderlich Verlag Hermann Leins.

Loewenberg, Gerhard/Patterson, Samuel C. (1979): Comparing Legislatures. Lanham u.a.: University Press of America.

Marggraf, Rainer (1992): Zum Effizienzbegriff in der umweltökonomischen Literatur. Heidelberg: Forschungsstelle für internationale Agrar- und Wirtschaftsentwicklung e.V.

Marschall, Stefan (2002): Parlamentarische Öffentlichkeit – Eine Feldskizze. In: Oberreuter, Heinrich/Kranenpohl, Uwe/Sebaldt, Martin (Hrsg.) (2002): Der Deutsche Bundestag im Wandel. 2. durchges. und erw. Aufl., Wiesbaden: Westdeutscher Verlag, S. 168-186.

Martiensen, Jörn (2000): Institutionenökonomik. Die Analyse der Bedeutung von Regeln und Organisationen für die Effizienz ökonomischer Tauschbeziehungen. München: Vahlen.

Mattila, Mikko (2003): Why bother? Determinants of turnout in the European elections. In: Electoral Studies 3, S. 449-468.

Maurer, Andreas (1995): Das Europäische Parlament und das Investiturverfahren der Kommission – Bilanz eines Experiments. In: integration 2, S. 88-97.

Maurer, Andreas (1998): Regieren nach Maastricht: Die Bilanz des Europäischen Parlaments nach fünf Jahren „Mitentscheidung". In: integration 4, S. 212-224.

Maurer, Andreas (2002): Parlamentarische Demokratie in der Europäischen Union. Der Beitrag des Europäischen Parlaments und der nationalen Parlamente. Baden-Baden: Nomos Verlagsgesellschaft.

Maurer, Andreas/Wessels, Wolfgang (Hrsg.) (2001a): National Parliaments on their Ways to Europe: Losers or Latecomers? Baden-Baden: Nomos Verlagsgesellschaft.

Maurer, Andreas/Wessels, Wolfgang (2001b): National Parliaments after Amsterdam: From slow Adapters to National Players. In: Dies. (Hrsg.) (2001a): National Parliaments on their Ways to Europe: Losers or Latecomers? Baden-Baden: Nomos Verlagsgesellschaft, S. 425-475.

Mayntz, Renate (1961): Die Organisationssoziologie und ihre Beziehung zur Organisationslehre. In: Schnaufer, Erich/Agathe, Klaus (Hrsg.) (1961): Organisation. Berlin/Baden-Baden: Deutsche Betriebswirte Verlag, S. 29-54.

Mégret, Jaques (1979): Le droit de la Communauté Économique Européenne. 9. Band. L' Assemblée, le Conseil, la Commission, le Comité économique et social. Bruxelles: Édition de l'Université.

Melchior, Joseph (1997): Perspektiven und Probleme der Demokratisierung der Europäischen Union. In: Antalovsky, Eugen/Ders./Puntscher-Riekmannn, Sonja (Hrsg.) (1997): Integration durch Demokratie. Neue Impulse für die Europäische Union. Marburg: Metropolis Verlag, S. 11-66.

Merkel, Wolfgang (1996): Das Demokratie-Effizienz-Dilemma. Die Europäische Union gerät in eine Legitimitätsfalle. In: FAZ vom 24. April 1996, S. 12.

Merton, Robert K./Kendall, Patricia L. (1946): The focused Interview. In: American Journal of Sociology 51, S. 541-597.

Meuser, Michael/Nagel, Ulrike (1991): ExpertInneninterviews – vielfach erprobt, wenig bedacht. Ein Beitrag zur qualitativen Methodendiskussion. In: Garz, Detlef/Kraimer, Klaus (Hrsg.) (1991): Qualitativ-empirische Sozialforschung. Opladen: Westdeutscher Verlag, S. 441-471.

Mezey, Michael L. (1979): Comparative Legislatures. Durham: Duke University Press.

Mieg, Harald A. (2000): Vom ziemlichen Unvermögen der Psychologie, das Tun der Experten zu begreifen: Ein Plädoyer für Professionalisierung als psychologische Kategorie und einen interaktionsorientierten Expertenbegriff. In: Silbereisen, Rainer K./Reitzle, Matthias (Hrsg.) (2000): Bericht über den 42. Kongress der Deutschen Gesellschaft für Psychologie. Lengerich: Pabst, S. 635-648.

Monar, Jörg (2001): Die Kommission nach dem Vertrag von Nizza: ein gestärkter Präsident und ein geschwächtes Organ? In: integration 2, S. 114-123.

Monnet, Jean (1950): Arbeitsdokument Jean Monnets für die Schaffung einer europäischen Montanunion (amtliche Zusammenfassung). Abgedruckt in: Auswärtiges Amt (Hrsg.) (1962): Europa. Dokumente zur Frage der europäischen Einigung. Bonn: Bonner Universitätsbuchdruckerei, S. 698-702.

Monnet, Jean (1976): Mémoires. Paris: Éditions Fayard.

Monnet, Jean (1988): Erinnerungen eines Europäers. Baden-Baden: Nomos Verlagsgesellschaft.

Mourier, Pierre-Francois (1999): Le Parlement Européen à Strasbourg. Besançon: Les Éditions de l'Imprimeur.

Naschold, Frieder (1968): Demokratie und Komplexität. Thesen und Illustrationen zur Theoriediskussion in der Politikwissenschaft. In: Politische Vierteljahresschrift 4, S. 494-518.

Naschold, Frieder (1971): Organisation und Demokratie. Untersuchungen zum Demokratisierungspotential in komplexen Organisationen. 2. Aufl., Stuttgart u.a.: Verlag W. Kohlhammer.

Naßmacher, Karl-Heinz (1972): Demokratisierung der Europäischen Gemeinschaften. Bonn: Europa Union Verlag.

Nerdinger, Winfried (1992): Politische Architektur. Betrachtungen zu einem problematischen Begriff. In: Flagge, Ingeborg/Stock, Wolfgang Jean (Hrsg.) (1992): Architektur und Demokratie. Bauen für die Politik von der amerikanischen Revolution bis zur Gegenwart. Stuttgart: Verlag Gerd Hatje, S. 10-31.

Neßler, Volker (1997): Europäische Willensbildung. Die Fraktionen im Europaparlament zwischen nationalen Interessen, Parteipolitik und europäischer Integration. Schwalbach/Taunus: Wochenschau-Verlag.

Neuhold, Christine (2001): The „Legislative Backbone" keeping the institution upright? The Role of European Parliament Committees in the EU Policy-Making-Process. In: European Integration online Papers (EIoP) 4. [internet: http://www.eiop.or.at/eiop/texte/2001-010a.htm2001; letzter Zugriff: 7. Juni 2003].

Neumann, Hans-Dieter/Karnofsky, Eva-Rose (1980): Der Wahlkampf zum Europa-Parlament. Eine Analyse europäischer Zeitungen. Bonn: Europa Union Verlag.

Niedermayer, Oskar (1991): Public opinion about the European Parliament. In: Reif, Karlheinz/Inglehart, Ronald (Hrsg.) (1991): Eurobarometer: The dynamics of European Public Opinion. London: Billing & Sons Ltd., S. 27-44.

Niedermayer, Oskar (1994): Europäisches Parlament und öffentliche Meinung. In: Ders. (Hrsg.) (1994)· Wahlen und europäische Einigung. Opladen: Westdeutscher Verlag, S. 29-44.

Niedermayer, Oskar (1998): Die Entwicklung der öffentlichen Meinung zu Europa. In: Jopp, Mathias (Hrsg.) (1998): Europapolitische Grundverständnisse im Wandel: Analysen und Konsequenzen für die politische Bildung. Bonn, Europa Union Verlag, S. 419-448.

Niedermayer, Oskar (2003a): Bevölkerungsorientierungen gegenüber einer Reform der Institutionen und Entscheidungsverfahren der Europäischen Union. In: integration 2, S. 141-151.

Niedermayer, Oskar (2003b): Die öffentliche Meinung zur zukünftigen Gestalt der EU. Bevölkerungsorientierungen in Deutschland und den anderen EU-Staaten. Bonn: Europa Union Verlag.

Noelle-Neumann, Elisabeth (1994): Wirkung der Massenmedien auf die Meinungsbildung. In: Dies./Schulz, Winfried/Wilke Jürgen (Hrsg.) (1994): Das Fischer Lexikon: Publizistik, Massenkommunikation. Frankfurt a. M.: Fischer Taschenbuch Verlag, S. 518-571.

Norton, Philip (1994): The Legislative Powers of Parliaments. In: Flinterman, Cees/Heringa, Aalt Willem/Weddington, Lisa (Hrsg.) (1994): The Evolving Role of Parliaments in Europe/L´Evolution du Rôle des Parlements en Europe. Antwerpen/Appeldoorn: MAKLU.

Nugent, Neill (1999): The Government and Politics of the European Union. 4. Aufl., Houndmills u.a.: Macmillan.

Oberreuter, Heinrich (1970): Sitzordnung. In: Röhring, Hans-Helmut/Sontheimer, Kurt (1970): Handbuch des deutschen Parlamentarismus. Das Regierungssystem der Bundesrepublik in 270 Stichworten. München: R. Piper & Co. Verlag, S. 446-448.

Oberreuter, Heinrich (1981): Aktuelle Herausforderungen des Parlamentarismus. In: Ders. (Hrsg.) (1981): Parlamentsreform. Probleme und Perspektiven in westlichen Demokratien. Passau: Passavia Universitätsverlag, S. 11-29.

Oberreuter, Heinrich (1992): Das Parlament als Gesetzgeber und Repräsentationsorgan. In: Gabriel, Oscar W. (Hrsg.) (1992): Die EG-Staaten im Vergleich. Strukturen, Prozesse, Politikinhalte. Opladen: Westdeutscher Verlag, S. 305-333.

Oberreuter, Heinrich (2001): Institution und Inszenierung. Parlamente im Symbolgebrauch der Mediengesellschaft. In: Melville, Gert (Hrsg.) (2001): Institutionalität und Symbolisierung. Verstetigungen kultureller Ordnungsmuster in Vergangenheit und Gegenwart. Köln/Weimar/Wien: Böhlau Verlag, S. 659-670.

Oberreuter, Heinrich/Kranenpohl, Uwe/Sebaldt, Martin (2002): Der Deutsche Bundestag: Konstanz und Wandel eines Parlaments. Zur Einführung. In: Dies. (Hrsg.) (2002): Der Deutsche Bundestag im Wandel. Ergebnisse neuerer Parlamentarismusforschung. 2., durchges. und erweiterte Aufl., Wiesbaden: Westdeutscher Verlag.

Oertzen, Jürgen von (2000): Gruppenanträge im Deutschen Bundestag: ein Reservat des einzelnen Abgeordneten. In: Zeitschrift für Parlamentsfragen 4, S. 804-820.

Olswang, Lesley B. (1990): Treatment Efficacy Research: A Path to Quality Assurance, [internet: http://www.fgse.nova.edu/slp/PDFs/efficacy_article.pdf; letzter Zugriff 31. Juli 2003].

Oppermann, Thomas (1999): Europarecht. 2. vollständig überarbeitete Aufl., München: Beck.

Patzelt, Werner J. (1993): Abgeordnete und Repräsentation. Amtsverständnis und Wahlkreisarbeit. Passau: Wissenschaftsverlag Richard Rothe.

Patzelt, Werner J. (1998): Ein latenter Verfassungskonflikt? Die Deutschen und ihr parlamentarisches Regierungssystem. In: Politische Vierteljahresschrift 4, S. 725-757.

Patzelt, Werner J. (1999): Der Bundestag. In: Gabriel, Oscar W./Holtmann, Everhard (Hrsg.) (1999): Handbuch Politisches System der Bundesrepublik Deutschland. 2. unwesentl. veränd. Aufl., München/Wien: Oldenbourg Verlag, S. 121-179.

Patzelt, Werner J. (2001a): Einführung in die Politikwissenschaft. Grundriß des Faches und studiumbegleitende Orientierung. 4. überarbeitete und wesentlich erweiterte Auflage, Passau: Wissenschaftsverlag Richard Rothe.

Patzelt, Werner J. (2001b): Grundzüge einer ‚institutionellen Analyse' von Parlamenten. In: Ders. (2001d) (Hrsg.): Parlamente und ihre Symbolik. Programm und Beispiele institutioneller Analyse. Wiesbaden: Westdeutscher Verlag, S. 12-38.

Patzelt, Werner J. (2001c): Symbolizität und Stabilität: Vier Repräsentationskörperschaften im Vergleich. In: Melville, Gert (Hrsg.) (2001): Institutionalität und Symbolisierung: Verstetigung kultureller Ordnungsmuster in Vergangenheit und Gegenwart. Köln/Weimar/Wien: Böhlau Verlag, S. 603-637.

Patzelt, Werner J. (2001d) (Hrsg.): Parlamente und ihre Symbolik. Programm und Beispiele institutioneller Analyse. Wiesbaden: Westdeutscher Verlag.

Patzelt, Werner J. (2001e): Parlamente und ihre Symbolik. Aufriß eines Forschungsfeldes. In: Ders. (Hrsg.) (2001d): Parlamente und ihre Symbolik. Programm und Beispiele institutioneller Analyse. Wiesbaden: Westdeutscher Verlag, S. 39-76.

Patzelt, Werner J. (2002): Parlamentarische Geltungsgeschichten. In: Melville, Gert/Vorländer, Hans (Hrsg.) (2002): Geltungsgeschichten. Über die Stabilisierung und Legitimierung institutioneller Ordnungen. Köln/Weimar/Wien: Böhlau Verlag, S. 285-318.

Patzelt, Werner J. (2003a): Einführung in die Politikwissenschaft. Grundriß des Fachs und studiumbegleitende Orientierung. 5. erneut überarb. und wesentl. erweiterte Aufl., Passau: Wissenschaftsverlag Richard Rothe.

Patzelt, Werner J. (2003b): Parlamente und ihre Funktionen. In: Ders. (2003) (Hrsg.): Parlamente und ihre Funktionen. Institutionelle Mechanismen und institutionelles Lernen im Vergleich. Wiesbaden: Westdeutscher Verlag, S. 13-49.

Patzelt, Werner J. (2003c): Institutionalität und Geschichtlichkeit von Parlamenten. Kategorien institutioneller Analyse. In: Ders. (2003) (Hrsg.): Parlamente und ihre Funktionen. Institutionelle Mechanismen und institutionelles Lernen im Vergleich. Wiesbaden: Westdeutscher Verlag, S. 50-117.

Pfetsch, Frank R. (2001): Die Europäische Union. Geschichte, Institutionen, Prozesse. 2. erw. und aktual. Aufl., München: Wilhelm Fink Verlag.

Pitkin, Hanna F. (1972): The Concept of Representation. Berkeley: University of California Press.

Pöhle, Marlies (1978): Direktwahl des Europäischen Parlaments: Ein Ablenkungsmanöver? Zehn skeptische Thesen zu den möglichen Wirkungen. In: Zeitschrift für Parlamentsfragen 2, S. 222-225.

Poguntke, Thomas (1999): Politische Parteien. In: Gabriel, Oscar W./Holtmann, Everhard (Hrsg.) (1999): Handbuch Politisches System der Bundesrepublik Deutschland. 2. unwesentl. veränd. Aufl., München/Wien: Oldenbourg Verlag, S. 501-523.

Price, James L. (1972): The Study of Organizational Effectiveness. In: Sociological Quarterly 1, S. 3-15.

Polsby, Nelson W. (1975): Legislatures. In: Greenstein, Fred I./Polsby, Nelson W. (Hrsg.) (1975): Handbook of Political Science. Volume 5. Governmental Institutions and Processes. Reading u.a.: Addison Wesley Publishing Company, S. 257-319.

Raunio, Tapio (1996): Parliamentary Questions in the European Parliament. Representation, Information and Control. In: The Journal of Legislative Studies 4, S. 356-382.

Raunio, Tapio (1999): The Challenge of Diversity: Party Cohesion in the European Parliament. In: Bowler, Shaun/Farrel, David M./Katz, Richard S. (Hrsg.) (1999): Party Discipline and Parliamentary Government. Columbus: Ohio State University, S. 189-207.

Reding, Kurt (1981). Die Effizienz staatlicher Aktivitäten· Probleme ihrer Messung und Kontrolle. Baden-Baden: Nomos Verlagsgesellschaft.

Rehberg, Karl-Siegbert (1994): Institutionen als symbolische Ordnungen. Leitfragen und Grundkategorien zur Theorie und Analyse institutioneller Mechanismen. In: Göhler, Gerhard (Hrsg.) (1994): Die Eigenart der Institutionen. Baden-Baden: Nomos Verlagsgesellschaft, S. 47-84.

Rehberg, Karl-Siegbert (2001): Weltrepräsentanz und Verkörperung. Institutionelle Analyse und Symboltheorien – Eine Einführung in systematischer Absicht. In: Melville, Gert (Hrsg.) (2001): Institutionalität und Symbolisierung. Verstetigung kultureller Ordnungsmuster in Vergangenheit und Gegenwart. Köln/Weimar/Wien: Böhlau Verlag, S. 3-49.

Reichel, Peter (1979): Politisierung und Demokratisierung der EG? Zur ersten Direktwahl des Europäischen Parlaments. In: Aus Politik und Zeitgeschichte 21, S. 3-22.

Reif, Karlheinz (1992): Wahlen, Wähler und Demokratie: Die drei Dimensionen des demokratischen Defizits. In: Aus Politik und Zeitgeschichte 19, S. 43-52.

Reif, Karlheinz/Schmitt, Hermann (1980): Nine second-order national elections: A systematic framework for the analysis of European elections results. In: European Journal of Political Research 8, S. 3-44.

Richter, Emmanuel (Hrsg.) (1980): Die erste Direktwahl des Europäischen Parlaments. Motive, Wahlkampf, Resultate und Perspektiven. Bonn: Europa Union Verlag.

Roericht, Ute/Patzelt, Werner J. (2003): Wissen und Vertrauen. Zur öffentlichen Wahrnehmung von Parlamenten. In: Patzelt, Werner J. (Hrsg.) (2003): Parlamente und ihre Funktionen. Institutionelle Mechanismen und institutionelles Lernen im Vergleich. Wiesbaden: Westdeutscher Verlag, S. 433-473.

Roth, Dieter (1994): Die Europawahl 1989. In: Niedermayer, Oskar (Hrsg.) (1994): Wahlen und europäische Einigung. Opladen: Westdeutscher Verlag, S. 47-62.

Saalfeld, Thomas (1995): Parteisoldaten und Rebellen. Eine Untersuchung der Geschlossenheit der Fraktionen im Deutschen Bundestag (1949 – 1990). Opladen: Leske und Budrich.

Saalfrank, Valentin (1995): Funktionen und Befugnisse des Europäischen Parlaments. Ihre Bedeutung für das Demokratieprinzip des Grundgesetzes. Stuttgart: Franz Steiner Verlag.

Scharpf, Fritz W. (1985): Die Politikverflechtungs-Falle: Europäische Integration und deutscher Föderalismus im Vergleich. In: Politische Vierteljahresschrift 4, S. 323-356.

Scheuner, Ulrich (1977): Die Kontrolle der Staatsmacht im demokratischen Staat. Die Eingrenzung der Macht in der Verfassungsordnung der Bundesrepublik Deutschland. Schriftenreihe der Niedersächsischen Landeszentrale für Politische Bildung, Hannover.

Schindler, Peter (Hrsg.) (1994): Datenhandbuch zur Geschichte des Deutschen Bundestages. Baden-Baden: Nomos Verlagsgesellschaft.

Schindler, Peter (Hrsg.) (1999): Datenhandbuch zur Geschichte des Deutschen Bundestages. Baden-Baden: Nomos Verlagsgesellschaft.

Schirmer, Dietmar (1995): Politik und Architektur. Ein Beitrag zur politischen Symbolanalyse am Beispiel Washingtons. In: Dörner, Andreas/Vogt, Ludgera (Hrsg.) (1995): Sprache des Parlaments und Semiotik der Demokratie. Studien zur politischen Kommunikation in der Moderne. Berlin/New York: Walter des Gruyter, S. 309-339.

Schirmer, Roland (2001): Die Volkskammer und deren Selbstsymbolisierung. In: Patzelt, Werner J. (Hrsg.) (2001d): Parlamente und ihre Symbolik. Programm und Beispiele institutioneller Analyse. Wiesbaden: Westdeutscher Verlag, S. 136-197.

Schirmer, Roland (2002): Die Volkskammer – ein ‚stummes' Parlament? Die Volkskammer und ihre Abgeordneten im politischen System der DDR. In: Patzelt, Werner J./Ders. (Hrsg.) (2002): Die Volkskammer der DDR. Sozialistischer Parlamentarismus in Theorie und Praxis. Wiesbaden: Westdeutscher Verlag, S. 94-180.

Schirmer, Roland (2003): Was konnte die Volkskammer der DDR tatsächlich bewirken? In: Patzelt, Werner J. (Hrsg.) (2003): Parlamente und ihre Funktionen. Institutionelle Mechanismen und institutionelles Lernen im Vergleich. Wiesbaden: Westdeutscher Verlag, S. 348-432.

Schmitt, Hermann/van der Eijk, Cees (2002): Die politische Bedeutung niedriger Beteiligungsraten bei Europawahlen. Eine empirische Studie über die Motive der Nichtwahl. Tagungspapier für DVPW-Tagung 6.-7. Juni 2002.

Schmuck, Otto/Wessels, Wolfgang (Hrsg.) (1989): Das Europäische Parlament im dynamischen Integrationsprozeß: Auf der Suche nach einem zeitgemäßen Leitbild. Bonn: Europa Union Verlag.

Schmuck, Otto (1992): Der Maastrichter Vertrag zur Europäischen Union: Fortschritt und Ausdifferenzierung der Europäischen Einigung. In: Europa-Archiv 4, S. 97-107.

Schmuck, Otto (1994): Das Europäische Parlament. In: Weidenfeld, Werner/Wessels, Wolfgang (Hrsg.) (1994): Jahrbuch der europäischen Integration. Bonn: Europa Union Verlag, S. 79-86.

Schönberger, Peter (1994): Hauptsache Europa: Perspektiven für das Europäische Parlament. Berlin: Duncker & Humblot.

Schönberger, Peter (1996): Einstellungen und Arbeitsbedingungen von Europa-Abgeordneten aus Deutschland. Ergebnisse einer Umfrage. In: Zeitschrift für Parlamentsfragen 3, S. 410-431.

Schöndube, Claus (1969): Das neue Europa-Handbuch. Köln: Europa Union Verlag.

Schöndube, Claus (1982): Von der gemeinsamen Versammlung zum gewählten Europäischen Parlament. Eine Zwischenbilanz. In: Ders./Erfurth, Willi (1982): Der schwierige Weg nach Europa. Bonn: Europa Union Verlag, S. 11-18.

Schöndube, Claus (1993): 4 von 518. Blick hinter die Kulissen des Europäischen Parlaments. Bonn: Europa Union Verlag.

Schüttemeyer, Suzanne S. (1986): Bundestag und Bürger im Spiegel der Demoskopie. Eine Sekundäranalyse zur Parlamentarismusperzeption in der Bundesrepublik. Opladen: Westdeutscher Verlag.

Schuman, Robert (1950): Erklärung der französischen Regierung über eine gemeinsame deutschfranzösische Schwerindustrie vom 9. Mai 1950. Abgedruckt in: Auswärtiges Amt (Hrsg.) (1962): Europa. Dokumente zur Frage der europäischen Einigung. Bonn: Bonner Universitätsbuchdruckerei, S. 680-682.

Simon, Helmut (1994): Der Verfassungsstreit um den Maastrichtvertrag: Worum geht es? In: Stiftung Mitarbeit (Hrsg.) (1994): Wieviel Demokratie verträgt Europa? Wieviel Europa verträgt die Demokratie? Opladen: Leske und Budrich, S. 59-76.

Spaak, Paul-Henri (1969): Memoiren eines Europäers. Hamburg: Hoffmann und Campe.

Steffani, Winfried (1973): Parlamentarische Demokratie – Zur Problematik von Effizienz, Transparenz und Partizipation. In: Ders. (Hrsg.) (1973): Parlamentarismus ohne Transparenz. 2. Aufl., Opladen: Westdeutscher Verlag, S. 17-47.

Steffani, Winfried (1979): Parlamentarische und präsidentielle Demokratie. Opladen: Westdeutscher Verlag.

Steffani, Winfried (1995): Das Demokratie-Dilemma der Europäischen Union. Die Rolle des Parlaments nach dem Urteil des Bundesverfassungsgerichts vom 12. Oktober 1993. In: Ders./Thaysen, Uwe (Hrsg.) (1995): Demokratie in Europa: Zur Rolle der Parlamente. (Zeitschrift für Parlamentsfragen. Sonderband zum 25jährigen Bestehen). Opladen: Westdeutscher Verlag, S. 33-49.

Suski, Birgit (1996): Das Europäische Parlament. Volksvertretung ohne Volk und Macht? Berlin: Duncker & Humblot.

Technische Universität Dresden (1996): Antrag auf Einrichtung eines Sonderforschungsbereichs „Institutionalität und Geschichtlichkeit" (Finanzierungsantrag 1997 – 1998 – 1999). Dresden, o.w.A.

TEPSA-Forschungsgruppe (1990): Vom „Forum" zum „Mitgestalter": Konzepte für das Europäische Parlament. In: Schmuck, Otto/Wessels, Wolfgang (Hrsg.) (1990): Das Europäische Parlament im dynamischen Integrationsprozeß: auf der Suche nach einem zeitgemäßen Leitbild. Bonn: Europa Union Verlag, S. 31-50.

Thaysen, Uwe (1972): Parlamentsreform in Theorie und Praxis. Zur institutionellen Lernfähigkeit des parlamentarischen Regierungssystems. Eine empirische Analyse der Parlamentsreform im 5. Deutschen Bundestag. Opladen: Westdeutscher Verlag.

Thaysen, Uwe (1976): Parlamentarisches Regierungssystem in der Bundesrepublik Deutschland. Daten, Fakten, Urteile im Grundriß. 2. Aufl., Opladen: Leske Verlag und Budrich GmbH.

Tömmel, Ingeborg (2003): Das politische System der EU. München/Wien: Oldenbourg Verlag.

Trenz, Hans-Jörg (2002): Zur Konstitution politischer Öffentlichkeit in der Europäischen Union. Zivilgesellschaftliche Subpolitik oder schaupolitische Inszenierung? Baden-Baden: Nomos Verlagsgesellschaft.

Tugendhat, Christopher (1980): Der Haushalt der Europäischen Gemeinschaften im Widerstreit der Institutionen. In: Europa-Archiv 9, S. 289-299.

Ungerer, Werner (1986): Die neuen Verfahren nach der Einheitlichen Europäischen Akte: Eine Bilanz aus Ratsperspektive. In: integration 3, S. 95-106.

Veil, Simone (1979): Ansprache von Frau Simone Veil, Präsidentin. Abgedruckt in: Europäisches Parlament (1979): Ansprachen von Frau Louise Weiss, Alterspräsidentin, und von Frau Simone Veil, Präsidentin. Straßburg 17. und 18. Juli 1979, Straßburg: o. w. A.

Veser, Ernst (1999): Semipräsidentielles Regierungssystem und institutionelle Effizienz im Prozess der Transformation. Eine empirische Studie am Beispiel Portugals von 1974 – 1992. Frankfurt a.M. u.a.: Peter Lang.

Wallace, Helen/Wallace, William (2000): Policy-Making in the European Union. 4. Aufl., Oxford u.a.: Oxford University Press.

Weaver, R. Kent/Rockman, Bert A. (Hrsg.) (1993a): Do Institutions matter? Government capabilities in the United States and abroad. Washington: The Brookings Institution.

Weaver, R. Kent/Rockman, Bert A. (1993b): Assessing the Effects of Institutions. In: Dies. (Hrsg.) (1993): Do Institutions matter? Government capabilities in the United States and abroad. Washington: The Brookings Institution, S. 1-41.

Weidenfeld, Werner (1984): Europäische Verfassung für Visionäre. In: integration 1, S. 33-38.

Weidenfeld, Werner/Jung, Christian (1994): Das Entscheidungsgefüge der Europäischen Union: Institutionen, Prozesse und Verfahren. In: Weidenfeld, Werner (Hrsg.) (1994): Maastricht in der Analyse. Strategien und Optionen für Europa. Gütersloh: Verlag Bertelsmann Stiftung, S. 11-53.

Weidenfeld, Werner/Giering, Claus (1999): Die Europäische Union nach Amsterdam – Bilanz und Perspektive. In: Weidenfeld, Werner (Hrsg.) (1999): Amsterdam in der Analyse. 2. Auflage, Gütersloh: Bertelsmann, S. 19-87.

Weidenfeld, Werner/Wessels, Wolfgang (2002): Europa von A – Z. Taschenbuch der europäischen Integration. 7. Auflage, Bonn: Europa-Union Verlag.

Welfing, Heinrich (1995): Parlamentsarchitektur. Zur Selbstdarstellung der Demokratie in ihren Bauwerken. Eine Untersuchung am Beispiel des Bonner Bundeshauses. Berlin: Duncker & Humblot.

Wessels, Bernhard (1999): European Parliament and Interest Groups. In: Katz, Richard S./Wessels, Bernhard (Hrsg.) (1999): The European Parliament, the National Parliaments, and European Integration. Oxford: Oxford University Press, S. 105-128.

Wessels, Wolfgang (1994): Institutionen der Europäischen Union: Langzeittrends und Leitideen. In: Göhler, Gerhard (Hrsg.) (1994): Die Eigenart der Institutionen: zum Profil politischer Institutionentheorie. Baden-Baden: Nomos Verlagsgesellschaft, S. 301-330.

Westlake, Martin (1995): A modern guide to the European Parliament. 2. Aufl., London: Pinter.

Westle, Bettina (1989): Politische Legitimität – Theorien, Konzepte, empirische Befunde. Baden-Baden: Nomos Verlagsgesellschaft.

Winiker, Christian (1998): Politische Partizipation, institutionelle Effizienz und Wirtschaftswachstum in Entwicklungsländern. Aachen: Shaker Verlag.

Wittman, Donald A. (1989): Why Democracies Produce Efficient Results. In Journal of Political Economy 6, S. 1395-1424.

Wittman, Donald A. (1995): The Myth of Democratic Failure: Why Political Institutions are efficient. Chicago/London: The University of Chicago Press.

Woyke, Wichard (1984): Europäische Gemeinschaft – Europäisches Parlament – Europawahl. Opladen: Leske und Budrich.

Woyke, Wichard (1998): Europäische Union. Erfolgreiche Krisengemeinschaft. Einführung in Geschichte, Prozesse und Politiken. München/Wien: Oldenbourg Verlag.

Würtenberger, Thomas (1980): Die Verbändeproblematik aus europarechtlicher und integrationstheoretischer Sicht. In: Messen, Karl Matthias (Hrsg.) (1980): Verbände und europäische Integration. Baden-Baden: Nomos Verlagsgesellschaft, S. 29-43.

Studien zum Parlamentarismus

Das Expertenparlament
Abgeordnetenrollen in den Fachstrukturen
bundesdeutscher Parlamente
Von Dr. Jürgen von Oertzen, Fraunhofer Institut für
System- und Innovationsforschung in Karlsruhe
2005, Band 3, 332 S., brosch., 39,– €,
ISBN 3-8329-1692-X

Wie funktioniert ein Parlament? Was tut ein einfacher Abgeordneter im Parlamentsalltag? Auf der Basis zahlreicher Interviews und Gremienbeobachtungen im Deutschen Bundestag und im Sächsischen Landtag analysiert dieses Buch erstmalig die Rollen jener Abgeordneter, die nicht im Rampenlicht der Medienberichterstattung stehen: Die Berichterstatter, Sprecher und Arbeitskreisvorsitzenden sind es, die im Parlament die inhaltliche Arbeit leisten. Insbesondere in den Arbeitsgruppen und -kreisen der Fraktionen liegt, wie sich zeigt, der Kern der parlamentarischen Willensbildung, und weniger in den Ausschüssen, deren Funktion weitgehend auf einen »Testraum fürs Plenum« reduziert ist.

Der Autor schildert dieses Rollen- und Gremiengefüge mit seiner vierdimensionalen Arbeitsteilung, das den Abgeordneten gut informierte Entscheidungen ermöglicht, andererseits aber deren Responsivität gegenüber der Bevölkerung unnötig einschränkt.

Studien zum Parlamentarismus

Parlamente und ihre Macht
Kategorien und Fallbeispiele institutioneller Analyse
Herausgegeben von Prof. Dr. Werner J. Patzelt,
TU Dresden
2005, Band 2, 305 S., brosch., 34,– €, ISBN 3-8329-1588-5

Woher kommt wie geartete und wie große Macht von Parlamenten? Hierüber informiert der vorliegende Band durch empirische Fallstudien (französische Nationalversammlung, Deutscher Bundestag und Bundesrat, Rat der Europäischen Union, Europäisches Parlament, Volkskammer der DDR) und in theoretisch verdichtenden Kapiteln.

Transnationale Repräsentation in Parlamentarischen Versammlungen
Demokratie und Parlamentarismus
jenseits des Nationalstaates
Herausgegeben von Hidehiko Adachi, Nils Teifke
Von PD Dr. Stefan Marschall, Universität Düsseldorf
2005, Band 1, 377 S., brosch., 39,– €, ISBN 3-8329-1502-8

Die Studie untersucht erstmalig umfassend und systematisch transnationale Parlamentarische Versammlungen und fragt nach den Chancen und Grenzen von parlamentarischer Demokratie in den internationalen Beziehungen.

Bitte bestellen Sie bei Ihrer Buchhandlung oder bei:
Nomos Verlagsgesellschaft | 76520 Baden-Baden
Tel. 0 72 21/21 04-37 | Fax -43 | vertrieb@nomos.de

Nomos